国家社科基金
GUOJIA SHEKE JIJIN HOUQI ZIZHU XIANGMU
后期资助项目

中国工业产能过剩
治理机制与政策研究：
以煤炭行业为例

Research on Governance Mechanism and
Policy for China's Industrial Overcapacity:
A Case Study of the Coal Industry

王德鲁 著

科学出版社
北 京

内 容 简 介

本书以煤炭行业为重点研究对象，通过管理科学、经济科学、信息科学和计算机科学等学科知识交叉，采用多源数据与知识融合驱动的集成建模方法，深入开展全景式工业产能过剩治理机制与政策研究。本书包括四个篇章：理论基础篇（工业产能过剩的经济后果与传导机制）、治理机制篇（工业产能过剩的风险评估、预测预警与调控策略）、治理政策篇（工业产能过剩治理困境的形成机理与协同治理政策）和总结篇（结论与展望）。相关成果不但有助于丰富和完善工业产能过剩治理理论，发展多源数据环境下的评估、预测和决策方法体系，而且能够为政府提供破解产能过剩治理困境的新思路、新途径和新方法，提高产能调控的科学性、精准性和有效性。

本书可供能源经济与管理、能源政策建模、工业部门经济管理等领域的研究人员，政府相关部门的分析与决策人员，以及工业企业的经营管理人员阅读和参考。

图书在版编目（CIP）数据

中国工业产能过剩治理机制与政策研究：以煤炭行业为例 / 王德鲁著.
— 北京：科学出版社，2023.12
国家社科基金后期资助项目
ISBN 978-7-03-075661-9

Ⅰ.①中… Ⅱ.①王… Ⅲ.①煤炭工业－生产过剩－研究－中国
Ⅳ.①F426.21

中国国家版本馆 CIP 数据核字（2023）第 099847 号

责任编辑：陶 璇 / 责任校对：贾娜娜
责任印制：张 伟 / 封面设计：有道设计

科 学 出 版 社 出版
北京东黄城根北街 16 号
邮政编码：100717
http://www.sciencep.com
天津市新科印刷有限公司 印刷
科学出版社发行 各地新华书店经销

*

2023 年 12 月第 一 版 开本：720×1000 1/16
2023 年 12 月第一次印刷 印张：22 1/4
字数：450 000

定价：258.00 元

国家社科基金后期资助项目
出版说明

　　后期资助项目是国家社科基金设立的一类重要项目，旨在鼓励广大社科研究者潜心治学，支持基础研究多出优秀成果。它是经过严格评审，从接近完成的科研成果中遴选立项的。为扩大后期资助项目的影响，更好地推动学术发展，促进成果转化，全国哲学社会科学工作办公室按照"统一设计、统一标识、统一版式、形成系列"的总体要求，组织出版国家社科基金后期资助项目成果。

全国哲学社会科学工作办公室

前　言

产能过剩是长期以来我国工业发展过程中面临的久治未愈的"痼疾",并呈现出行业分布广泛、影响持久等显著特征,该问题能否有效解决已成为国家供给侧结构性改革和经济高质量发展的关键。国家统计局相关数据信息显示,2020年我国10余个重点工业行业产能利用率不足70%,远低于79%~82%的合理区间;在工业和信息化部发布的淘汰落后和产能过剩行业名单中,煤炭、煤电、化纤等20个行业名列其中。值得关注的是,在地缘政治冲突、逆全球化思潮、后工业化、贸易摩擦和环境约束等多重因素影响下,这些行业的产能过剩形势十分严峻。若不及时采取有效措施调整和化解,会使得部分行业长期陷入利润下降、市场竞争恶化、资源要素浪费的困境,最终影响国民经济的高质量发展。

在国家"积极稳妥地推进碳达峰、碳中和"和"经济高质量发展"双重需求下,如何超越传统产能过剩治理模式,构建精准治理决策的整体解决方案已成为政界和学术界共同关注的重要科学问题。这不仅关乎到我国工业行业的健康可持续发展,同时也有助于提升我国国民经济和社会发展的韧性和潜力。因此,深入开展中国工业产能过剩治理机制与政策研究具有重要的理论价值和现实意义。

本书以产能过剩严重、发展空间受限、产业关联复杂、经济地位显著的煤炭行业为重点研究对象,遵循"实地调研→问题提炼→理论阐释→模型构建→实证分析→获得结论→对策建议→有效性研讨"的基本范式,通过管理科学、经济科学、系统科学、信息科学和计算机科学等学科知识的交叉融合,综合运用基于知识驱动的社会调查、演化博弈、计量统计等经典方法和基于数据驱动的运筹优化、机器学习、文本挖掘、系统动力学建模等前沿方法,深入开展中国工业产能过剩的治理机制与治理政策的理论和实证研究。本书主要包括四个篇章:第一篇为理论基础篇,第二篇为治理机制篇,第三篇为治理政策篇,第四篇为总结篇。

本书的理论价值体现为发展完善了工业产能治理的理论体系,拓展丰富了多源数据驱动下工业产能过剩治理的决策建模方法,实践价值体现为为政府部门破解工业产能过剩治理困境提供了新的思考路径和新的建议参考，进而实现工业产能的精准有效调控。本书的主要创新之处体现在以下三个方面。

第一，研究视角创新。不同于基于政府视角和以经济目标为导向的传统研究，本书从利益相关者视角出发，综合考虑产能治理过程中的多重目标、统筹兼顾产能治理参与主体的多方利益诉求，以煤炭行业为实证研究对象，深入探讨了产能过剩的经济后果、治理困境以及全景式治理机制，为相关或相似工业行业的产能过剩治理研究和实践提供新的思考路径。

第二，研究内容创新。不同于探讨产能过剩影响机制与防范机制的传统研究，本书首先从揭示问题出发，将央地政府和企业纳入统一框架，阐明产能过剩治理困境的形成机理，紧接着，定量揭示我国煤炭行业产能过剩时空格局、演变规律及驱动机制，为科学制定调控策略与政策工具优化组合方案提供了坚实的经验证据，为煤炭行业产能过剩治理提供新的理论依据和决策参考。

第三，研究方法创新。不同于以案例分析和理论推演等方法为主的传统研究，本书通过交叉管理科学、经济科学、能源科学与信息科学等多学科知识，综合采用基于数据驱动的建模与仿真等集成化建模方法，面向工业产能过剩治理场景创新构建了一系列多源数据驱动下的评估、预测、预警与决策模型，有效促进多学科视角、方法的交叉和多源数据、知识的融合。

本书的撰写和出版得到了国家社会科学基金后期资助项目（20FGLB049）和国家自然科学基金面上项目（72074210）的资助，在此致以感谢。本书部分内容的组织架构离不开中国矿业大学经济管理学院毛锦琦博士、复旦大学管理学院马刚博士和郑建萍博士、北京航空航天大学经济管理学院万凯迪博士的积极贡献和大力帮助。本书在研究过程中参阅了大量国内外相关文献，在此向这些文献的作者表示衷心感谢。囿于作者水平，书中难免存在不足之处，衷心期望得到学术界同仁及读者的批评指正。

作　者

2022 年 8 月

目　　录

第一篇　理论基础篇

第二篇　治理机制篇

第三篇　治理政策篇

第四篇　总　结　篇

第一篇　理论基础篇

第1章 绪 论

1.1 研究背景

1.1.1 我国工业产能过剩概况

改革开放以来,我国经济的发展状态和运行环境发生了显著的变化(熊升银和王学义,2020)。一方面,经济运行机制从计划型逐步转向市场型,经济增长方式从粗放型逐步转向创新驱动型;另一方面,经济发展目标逐步转向增长与发展统一、增长方式与发展模式统一。然而近年来,随着经济发展质态的调整和变化,我国部分工业领域中出现了供给失衡的问题,产能过剩现象不时发生,产能过剩矛盾逐步凸显。

随着我国经济增速换挡,工业品需求持续走低,工业产能过剩问题愈演愈烈,呈现出行业分布广泛、影响持久等显著特征,已成为影响我国经济未来高质量发展的重大风险,并逐渐演变为我国工业发展过程中面临的久治未愈的"痼疾"。有效化解产能过剩已成为国家供给侧结构性改革和经济高质量发展的关键(张林,2016;Shi et al.,2020)。具体来说,我国产能过剩的行业主要集中在基础设施和传统制造业方面,大致包括煤炭开采、黑色金属开采、有色金属开采、非金属矿开采、造纸、石化炼焦、化工、化纤、黑色金属冶炼、有色金属冶炼、非金属矿物制品等11个行业。其中又以黑色金属冶炼(钢铁)、煤炭和有色金属冶炼(电解铝)行业最为明显。

国家统计局相关数据信息显示,截至2021年第3季度,我国工业产能利用率均维持在78%以下(图1.1和图1.2),产能利用水平仍低于西方国家通常采用的83%~86%的合理区间和我国通常采用的79%~82%的合理区间。工业和信息化部发布的淘汰落后和产能过剩行业名单中,煤炭、煤电、化纤等近20个行业名列其中。图1.3展示了2021年第1季度~第3季度全国三大门类工业(即采矿业,制造业,电力、热力、燃气及水生产和供应业)产能利用率。可以看出,在第3季度,三大门类的产能利用率相对于第2季度均有所下降,且均处于78%以下。由此可见,我国工业产能过剩

形势较为严峻，具有覆盖产业多、涉及范围广的特征，亟须相关措施加以
调整。

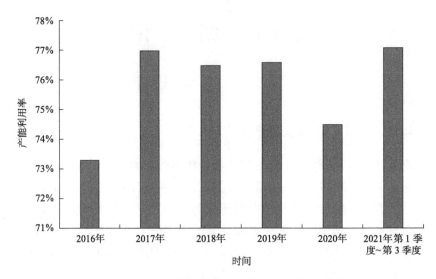

图 1.1　2016~2021 年第 3 季度全国工业产能利用率

数据来源：国家统计局

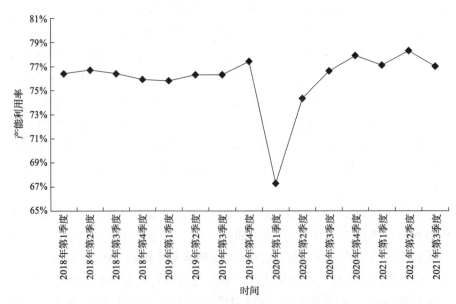

图 1.2　2018 年第 1 季度~2021 年第 3 季度分季度全国工业产能利用率

数据来源：国家统计局

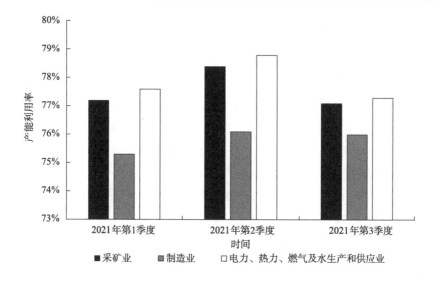

图 1.3   2021 年第 1 季度~第 3 季度全国三大门类工业产能利用率
数据来源：国家统计局

我国工业产能过剩涉及的行业和领域广泛，呈现出全方位产能过剩的新特点。随着工业化进程的不断加快，钢铁、水泥、火电、有色金属、油气、化工等产业规模迅速扩张，这在一定程度上直接带动了煤炭需求的增长。与此同时，煤炭行业及其整条产业链的快速发展也大力促进了我国经济的快速增长。在煤炭发展的"黄金十年"间，投资纷纷涌向煤炭行业，新建煤矿不断增加，煤炭行业产能急剧扩张。然而，近年来煤炭需求却呈逐步下降的趋势。2013 年我国煤炭消费总量已达到 42.44 亿吨的历史峰值，此后便逐年缩减。2020 年我国煤炭消费总量下降至 40.39 亿吨，再加上我国正在积极稳妥地推进碳达峰、碳中和，未来煤炭的需求无疑会进一步缩减。若煤炭产能不加以合理调控，煤炭行业在未来一段时期内将会面临长期产能过剩的趋势。目前我国仍然处于工业化、城镇化加速发展的重要阶段，对能源依然有较强的依赖。2020 年化石能源消费占比 84.1%，其中煤炭消费占比 67% 以上。国家统计局相关数据信息显示，2020 年我国煤炭开采和洗选业产能利用率为 69.8%，远低于西方国家通常采用的 83%~86% 的合理区间和我国通常采用的 79%~82% 的合理区间。因此，煤炭作为我国最基础也是最重要的能源，其产能过剩问题尤其值得社会各界的重点关注。

1.1.2　煤炭行业产能过剩概况

尽管有关煤炭利用的争论长期以来不绝于耳（Sun et al., 2016），但煤炭作为世界上蕴藏量最为丰富的化石能源，在未来很长时间内仍然是全球最重要的基础能源之一（Li and Hu, 2017）。2000年开始，在亚太地区（尤其是中国）的带动下，全球煤炭产量从2000年的47.08亿吨加速上行至2013年的82.56亿吨，涨幅为75%。从2014年开始，全球煤炭产业进入深度调整期，产量连续3年下滑，2014~2016年全球煤炭产量分别为81.79亿吨、79.47亿吨、74.78亿吨，同比分别下降0.92%、2.9%和5.9%。2017~2019年产量止跌回升，2019年生产煤炭81.33亿吨，复合增长率为4.05%。2020年受全球疫情影响，煤炭总产量为77.42亿吨，同比下降4.82%。在我国，"富煤、少气、贫油"的资源状况决定了煤炭占能源消费的主体地位（Zhang et al., 2017）。2001年以来，随着中国经济的发展和煤炭价格的不断升高，大量社会资本涌入煤炭产业，煤炭产能持续增长，煤炭行业发展进入"黄金十年"。2001~2012年，中国煤炭行业固定资产投资由222.19亿元增加到5370.24亿元，年平均增长率达到33.58%，如图1.4所示。在未来相当一段时期内，我国以煤炭为主要能源的格局难以改变。然而，2013年以来，在中国经济增速放缓、能源消费强度降低、环境约束加强等多重因素影响下，中国煤炭产业供过于求矛盾日益凸显，产能过剩问题日益严重（Tang et al., 2016; Song et al., 2017; Wang et al., 2018a）。在此背景下，煤炭价格不断下跌，煤炭企业主营业务收入和利润双双持续下滑，煤炭行业库存水平在高位波动，如图1.5~图1.7所示。

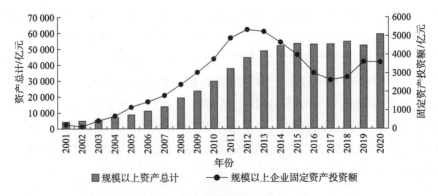

图1.4　2001~2020年中国煤炭行业固定资产投资情况

数据来源：中国煤炭资源网

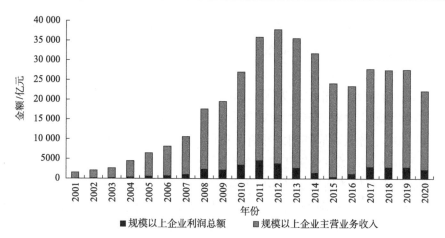

图 1.5 2001~2020 年中国煤炭行业规模以上企业利润总额与主营业务收入

数据来源：中国煤炭资源网

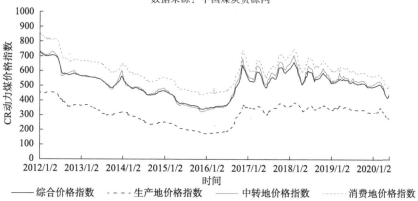

图 1.6 2012~2020 年中国煤炭 CR 动力煤价格指数

数据来源：中国煤炭资源网

图 1.7 2014~2020 年中国煤炭 CR 动力煤库存指数

数据来源：中国煤炭资源网

　　诸多研究表明，对于已经处于产能严重过剩状态的行业而言，市场力量很难在短期内对其做出有效调整，在很大程度上仍有赖于中央政府的行政指令型产能治理政策（Yang and Wu，2016；周密和刘秉镰，2017）。也正是出于市场调节作用失灵的原因，中国政府近年来先后制定了一系列政策措施以化解煤炭、钢铁等行业过剩产能。据作者不完全统计，2010~2019年各级政府部门发布有关产能调控政策文件 400 余份。例如，2009 年国务院印发了《关于抑制部分行业产能过剩和重复建设引导产业健康发展若干意见的通知》，2013 年出台了《关于化解产能严重过剩矛盾的指导意见》，2016 年颁布《关于支持煤炭钢铁行业化解过剩产能实现脱困发展的意见》，2017 年出台《关于推进供给侧结构性改革 防范化解煤电产能过剩风险的意见》，2019 年印发《关于做好 2019 年重点领域化解过剩产能工作的通知》……事实上，2012 年以来的历届中央经济工作会议都将"去产能"列为供给侧结构性改革"三去一降一补"五大任务之首，要求将宝贵的资源要素从产能严重过剩、增长空间有限的产业中释放出来。

　　从实践来看，相关政策措施的效果并不理想（席鹏辉等，2017）。尽管由于经济企稳、停产限产等原因，煤炭、钢铁等行业有所回暖，但其产能过剩的趋势并没有根本改变，并蕴藏着周期性集中爆发的巨大风险。从国家层面来看，产能过剩不仅未能得到有效遏制，反而陷入产能"过剩—化解—不足—激励—再过剩"的恶性循环（张林，2016）。从区域层面看，各地区去产能进度不一，部分省区市进展严重滞后。从企业层面来看，一些大型企业在执行去产能调控政策时存在违规行为。作者于 2017~2019 年对鄂尔多斯、榆林、朔州等重点产煤基地 16 家矿业集团的实地调查发现，多家企业在淘汰产能小于 60 万吨的中小型矿井的同时，对其大型矿井违规扩建，且新增产能远高于退出产能。

　　由此可见，在我国经济下行和去产能压力巨大的背景下，亟须开展工业产能过剩的治理机制及治理政策研究，这对中国经济可持续增长具有重要的理论价值与实践意义。遗憾的是，与大量探究产能过剩影响因素、形成机理与防范机制的文献相比，目前关于中国情境下产能过剩的经济影响，特别是产能过剩治理困境与综合治理机制方面的研究十分匮乏，针对细分行业（如煤炭产业）的定量研究更是乏善可陈（Wang et al.，2018b）。鉴于此，本书立足我国基本国情和工业行业的发展实际，重点探讨中国工业产能过剩的经济后果及传导机制、治理机制与治理政策研究，提出一系列前沿、针对适用的量化工具和方法模型体系，并以产能过剩严重、发展空间受限、经济地位显著且主产地区经济脆弱的煤炭行业为典型对象进行实证研究，研究结果无论是对产能过剩研究领域的深化拓展还是对产能过剩调控政策的制定都具有重要的理论意义和实践价值。

1.2　国内外研究进展及述评

随着全球经济转型和我国供给侧结构性改革的深入推进，产能过剩的前因后果及其科学治理逐步引起学者们的关注，并成为宏观管理与政策领域的热点和前沿问题之一。通过文献收集和分析发现，现有论著运用理论推演、案例分析、博弈论、计量统计等方法，围绕产能过剩的形成机理、测度方法和防范机制等问题进行了广泛而富有成效的探索。下面将围绕本书主要内容，分别对相关研究的主要进展、存在的问题和改进方向进行系统梳理与分析。

1.2.1　产能过剩的经济影响研究进展

目前国内外关于产能过剩的经济影响的探究，主要是从产能过剩背景下的能源价格波动视角展开。国外对资源型区域的经济发展的系统研究始于 20 世纪 60 年代，而专门针对能源价格波动对资源型区域经济发展的影响研究很少，且大都是从"资源诅咒"中抽取出来的。Prebisch（1950）、Singer（1950）的研究表明，发展中国家的经济增长并不全部受益于自身的优势资源禀赋。石油、天然气等矿产资源的价格远低于工业制成品的价格，且从长期来看呈下降趋势，因此资源富集区与经济发达区域长期的贸易将会使资源富集区的经济状况不断恶化。随着研究的深入，Corden 和 Neary（1982）提出了"荷兰病"模型，即初级产品的繁荣在经济处于充分就业时会产生两种效应——"资源转移效应"与"支出效应"。这两种效应会导致"直接逆工业化"及"间接逆工业化"。Corden（1984）研究表明，生产资料从制造业部门向资源产业部门转移的"直接逆工业化"对制造业的挤出作用更大，一是资源部门吸纳劳动力的数量有限；二是资源出口带来的外汇净流入增加会使本币被动升值，两方面原因都打击了国内制造业部门的出口竞争力。Sachs 和 Warner（2001，1997，1995）对"资源诅咒"这一假说进行了开创性的实证检验。Sachs 和 Warner（1999）指出资源产品价格的上涨会促进资源产业部门的繁荣，却不一定有利于资源型区域的可持续发展，有可能产生反工业化现象。Murshed（2004）认为如果一个区域的经济单纯地依赖于几种少数资源的生产和出口，那么区域内的劳动、资金等资源就会向单一资源产业集中，而农业等资源原本就薄弱的产业会进一步弱化，社会发展基础严重削弱。从长远来看，一旦资源产业受到重创，那么将会对区域经济增长和社会发展带来毁灭性的打击。Papyrakis 和 Gerlagh（2006）通过建立迭代模型的研究表明，资源带来的意外收益会挤出投资，而当产出降低的幅度超过资源收入的增加幅度时，"资源诅咒"就会出现。Hodler（2006）、Bhattacharyya 和 Hodler（2010）的研究表明，当资源租金被特殊利益集团的寻租行为霸占，且没有用于长期内的生产性投资时，"资源诅咒"就会出现。对于资源繁荣的地方是否一定会出现"资源诅咒"现象，学者的意见也不尽相同。Sala-i-Martin（2003）通过研究尼日利亚矿产资源发展与经济发展之间的关系，指出石油等矿产资源才会弱化制度质量形成"资源诅咒"，而其他资源则被排除在外。Pendergast（2007）通过实证研究发现，不同种类的自然资源所带来的资源租金的特征是不同的，而这些不同特征的资源租金对经济增长的影响有所不同，如煤炭与石油资源助长了寻租和腐败的滋生，从而容易带来"资源诅咒"，而林业资源却伴随着寻租与腐败的减少。

国内学者主要研究了煤炭价格波动对区域经济增长的影响，且以实证研究为主。曹海霞（2008）研究表明，煤炭价格的上涨能拉动煤炭生产地区的经济增长，而为下游企业生产及城乡居民生活带来一定压力，如增加居民能源消费支出，使电力、炼焦等行业发生亏损。贾琳（2010）从煤炭价格的影响因素入手，研究了煤炭价格波动对山西省地区生产总值的影响，结果表明煤炭价格波动会造成区域经济增长大幅波动，并引发工业化现象和城乡收入差距扩大等社会问题。赵美丽（2011）对"资源诅咒"假说进行了实证检验，结果表明能源价格扭曲阻碍了煤炭城市的经济增长，但宏观政策调整与能源价格改革缓解了相关影响。谢鹍（2012）基于风险价值模型研究煤炭价格与新疆经济增长之间的关系，并发现从长期来看，煤炭价格与新疆经济增长之间存在均衡关系；从短期来看，二者之间为非均衡状态。王珏和冯宗宪（2013）建立对数线性回归模型研究了煤价变动对资源富集地区经济发展的影响，结果表明：对于资源型大省，煤炭价格下跌会对经济增长产生紧缩效果，尤其是短期价格波动对经济增长的冲击更严重。对于煤炭调出量小于煤炭调入量的省区市，煤价下跌对第二产业与经济增长的影响是双向的，甚至可能利大于弊；对于煤炭调出量大于煤炭调入量的省区市，煤价下跌对第二产业发展和经济增长会产生明显的负面冲击，尤其是第二产业。陕西省正在由传统的煤炭外调地区转变为煤炭调入地区，煤价变动对陕西省的第二产业和经济增长产生了正向影响。贺晓宇（2013）基于状态空间模型，研究了安徽省煤炭价格对地区生产总值的影响，结果表明安徽省经济发展随着煤炭价格波动呈现先增长后下降的趋势。毛伟华（2014）通过回归模型分析了煤炭价格波动对内蒙古地区生产总值的影响，结果表明煤炭价格变化在一定程度上引起了内蒙古经济增长的波动。李书方（2014）运用计量经济模型研究了煤炭价格变动对榆林市经济发展的影响，并发现煤炭价格下跌速度变动 1%，榆林市国民生产总值、固定资产投资、财政总收入及物价指数的增速分别下降 3.7%、2.96%、0.002% 和 0.12%。李鲜玲等（2015）对陕西省煤炭价格与地区生产总值之间的关系进行了研究，并发现陕西省煤炭价格与地区生产总值之间具有格兰杰因果关系。

1.2.2 产能过剩形成机理研究进展

产能过剩作为一种经济现象，学者们从不同角度对其形成机理进行了研究。西方国家的产能过剩大都是伴随经济危机而出现的一种短期现象，即周期性产能过剩。对此，国外学者主要是基于微观角度从三个方面阐释产能过剩的形成机理：采用博弈理论分析当面对潜在竞争对手的进入威胁时，在位企业的运营决策如何导致产能过剩问题（Mathis and Koscianski，1997）；将市场特性与博弈论方法结合起来，从寡头共谋的角度探讨企业为追求自身利益最大化采取的投资策略和价格策略如何导致产能过剩（Moret et al.，2020）；从未来市场的不确定性角度出发，探讨企业为提升"运营期权"的存在价值而采取的投资决策如何导致产能过剩（Mulligan，2017）。

关于中国式产能过剩的成因及其关键驱动因素，学者们主要是围绕"市场失灵"和"资源错配"两个核心观点展开探讨。"市场失灵"假说认为产能过剩主要源于市场经济本身，并从微观主体预期（Lin et al.，2010）、总需求不足（Tang et al.，2018）、企业退出机制不畅（Du and Li，2019）等多个角度进行阐述，其中以林毅夫等（2010）的投资潮涌思想为代表。潮涌理论认为，在信息不完全和信息不对称情况下，企业很容易对有前景的产业"英雄所见略同"，从而导致企业投资向某一行业过度集中，进而引发严重的产能过剩，但也有学者认为，当企业进行投资决策时也会考虑"前景产业共识"所带来的市场风险，投资潮涌可能未必出现（Yu et al.，2018）。"资源错配"假说认为转型过程中一些重要资源的错配是中国式产能过剩的重要原因。首先，以地区生产总值增长为核心的地方增长竞争下的政策补贴导致企业"预算软约束"大量存在（包群等，2017）；其次，当某些资源分配约束条件导致服务业部门无法顺利地吸纳土地、劳动力等生产要素流入时，生产要素就只能更多地流入管制较少的工业部门，从而导致投资过热和产能过剩（徐朝阳等，2020；吴福象和段巍，2017）；最后，中央政府和地方政府之间的目标差异导致资源供需信息传导失衡，也是产能过剩形成的重要原因（Yuan et al.，2016；徐业坤和马光源，2019）。

综上可见，国外学者对产能过剩成因的探讨主要是基于由市场决定资源配置的条件下进行的。然而，中国产业发展政策的宏观指导性非常强，国家干预和行政引导的程度较深，产能过剩的根本成因与西方国家有很大的不同。这就要求我们必须从中国国情出发，立足中国的制度背景、行政体制和治理困境，有针对性地开展工业产能过剩治理机制和协同治理政策研究（方福前，2017）。

1.2.3　产能过剩风险评估研究进展

产能过剩风险的精准判别是产能过剩治理研究和实践的必要前提，主要包括产能过剩风险的判别标准、评估指标与方法两个方面。

首先，关于产能过剩风险的判别标准。严格来说，只要是产能利用率小于 100%就存在产能过剩情况。然而，由于市场预期、生产设备投资等诸多因素都会造成企业存在一定程度上的产能过剩现象，故而并非只要理论产能大于实际产出就一定是出现了产能过剩问题，而应该是实际产出与理论产能的偏差达到一定程度，而且由此导致的负面效应大于积极效应时才判定为严重产能过剩问题。从国际经验来看，日本和欧美国家通常引用的合理产能利用率区间为 83%~86%，而从我国实践和相关文献来看，大都将 79%~82%作为合理产能利用率的判别标准（于斌斌和陈露，2019）。

其次，关于产能过剩风险的评估指标与方法。就现有研究而言，学者们普遍采用产能利用率（实际产值与产能产值之比）这一指标来测度产能过剩程度。目前采用的产能利用率测算方法主要有调查法、峰值法（Klein and Preston，1967）、函数法（包括生产函数法和成本函数法）（Zhang et al.，2018；韩国高等，2011）、效率评价法（包括 DEA[①]方法和 SFA[②]）（Chen et al.，2020；Arfa et al.，2017；张少华和蒋伟杰，2017）等四类方法。总体而言，这些度量方法各有优劣，如通过调查法所得到的是工程意义上的生产能力，采用函数法测算得到的是经济学意义上的生产能力，运用效率评价法测算得到的则是技术意义上的生产能力。

目前，工业产能过剩的部分原因还包括非市场因素。当考虑这些因素时，工程意义上产能利用率的技术有效假设、经济学意义上生产能力的企业生产成本最小化或利润最大化假设都并不完全适用，DEA 方法和 SFA 则因忽略

---

① DEA：data envelopment analysis，数据包络分析。

② SFA：stochastic frontier approach，随机前沿方法。

企业的动态决策过程而存在低估产能利用率的倾向。

1.2.4 产能过剩预测预警研究进展

产能过剩的形成和恶化是一个在各种供需力量交互作用下由量变到质变的过程。进行产能过剩发展趋势的精准预测预警，不但有助于促进政府工业产能过剩治理由"应对性"向"前瞻性"转变（Moret et al.，2020），而且能够为地方政府和企业管理与投资决策提供更加理性的指导。

相较于丰富的产能过剩判别和度量方法研究成果，针对产能过剩预测预警方面的研究尚十分匮乏。在经济学和管理学领域，学者们所采用的预测方法主要有回归分析法、灰色预测法、系统动力学方法、机器学习方法和组合模型等五种类型（Kourentzes et al.，2019）。各单一模型根据自身的数学理论都有其不同的优势和不足，具体如表 1.1 所示。总体而言，虽然单一模型易于操作，但模型特点决定了信息来源的单一性，其预测精度还有待提高。组合模型有效集成了各种数据样本的信息和不同模型的优势，能够有效减少或者抵消单个模型中的一些随机因素的影响，提高模型的预测精度和可信度（Wang et al.，2018c）。因此，组合模型已成为预测领域的一个重要研究方向，并涌现出一系列组合预测模型，如 EMD-SVM（empirical mode decomposition-support vector machine，经验模态分解与支持向量机）等（Dong et al.，2019）。

表 1.1 经济与管理领域广泛采用的单预测模型

主要模型	优点	缺点
ARMA 模型	当对非平稳序列建模时，能较好地处理随机扰动因素	当对非平稳序列进行平稳化处理即差分时，往往会丢失原始序列中的重要信息
多元回归模型	参数估计技术比较成熟，预测过程简单	要求数据满足先决条件，回归变量不好考量，而且"假定数据对预测的影响一样"不符合实际
灰色预测模型	不需要影响预测对象的因素数据，能够解决历史数据少、可靠性低的问题	数据灰度越大预测精度越差，而且不适合非指数型趋势的时间序列
系统动力学模型	能够反映多个因素对预测对象的影响，以及各因素之间的非线性动态关系	准确建立各影响因素之间的非线性和动态关系十分困难，而且模型运行成本较高
神经网络模型	对大量非结构性、非精确性规律具有自适应功能，建模时不需要计算统计特征	算法易于陷入局部极小点和过度拟合；网络结构的确定过分依赖经验；解释能力较弱
SVM 模型	在解决小样本、非线性、高维数、局部极小值等模式识别问题中具有显著优势	对缺失数据敏感，大规模训练样本难以实施；解释能力较弱

注：ARMA: auto-regressive and moving average model，自回归与滑动平均模型；SVM: support vector machine，支持向量机

现有文献所采用的预警方法主要有多元判别分析、逻辑斯蒂回归等经典统计方法（Filippopoulou et al.，2020），以及人工神经网络、SVM、决策树、案例推理、随机森林等机器学习方法（Geng et al.，2015），这些方

法可归结为单分类器预警模型。单分类器的预警效果主要取决于样本数据的模式特征，并且每种单分类器都有其特定的不确定性。因此，有必要通过一定的多分类器融合机制来充分发挥各单分类器的优势，提高预警结果的有效性（Wang et al.，2020a）。目前采用的多分类器融合方法主要有随机森林法、遗传算法、多数投票法、贝叶斯法、最小二乘法等（Athey et al.，2019），但这些方法通常将所有基分类器进行融合，当存在误差较大的单分类器时，反而会降低整体预警精度和稳定性。

1.2.5　产能过剩调控机制研究进展

科学的调控机制是促进过剩产能有序退出的重要保障。对于已经处于产能过剩状态的行业而言，其产能过剩调控问题主要包括两个方面——过剩产能退出策略选择与治理政策体系设计。

关于过剩产能退出策略的研究，现有文献主要围绕淘汰落后产能和资源整合两个方面展开。通过淘汰低效率的小型企业既可以压缩产能，又有利于优化行业结构（Liu et al.，2017）。为此，国务院出台了一系列关于淘汰落后产能的相关规定，如为化解煤电过剩产能，各地区应"严格执行环保、能耗、安全、技术等法律法规标准，依法依规淘汰关停不符合要求的 30 万千瓦以下煤电机组"。同时，学术界也从基于行政指令的直接管制和基于市场机制的间接调控（如产能交易许可证制度）两个视角（Shi et al.，2020），对去产能策略展开了积极探讨。然而，由于就业压力的影响，许多地区落后产能关停政策并未得到有效执行（Jia and Nie，2017），而且，经济结构单一的地区往往通过提高大型企业产能来应对小企业关停政策的经济影响，从而弱化这一政策的实施效果（Song et al.，2019）。鉴于大集团、大基地的规模经济效应，资源整合逐渐成为当前去产能的重要途径，但也有学者认为，尽管资源整合有利于提升生产技术和资金筹集能力，控制产能的过快增长，但同时也面临着新的组织风险（He and Li，2012），而且资源错配下的兼并重组很可能会进一步加剧行业产能过剩（曾湘泉等，2016）。因此从实践来看，无论是"一刀切"式的直接关停还是企业间的兼并重组，都未能达到预期的产能调控效果。其根源在于地方政府和企业面临"在去产能、保供应、促增长、稳就业之间实现平衡"的难题，从而制约了地方政府和企业去产能积极性（Shi et al.，2018）。

关于治理政策的研究，现有文献主要围绕调整政府干预范围和完善市场调节机制两个方面展开。例如，调整资源税征收方式，使资源税额与资源市场价格挂钩，加大环境污染税费征收力度，防止政府通过外部化企业成本激发企业过度投资；以技术、能耗、环保等指标为基础调整行业准入条件，让在位企业在竞争环境下而不是进入壁垒环境下生存。这就要求构建多元化的地方干部政绩考核指标体系，规范地方政府行为以合理控制各行业的产能供给（吴利学和刘诚，2018）。同时，考虑到国家政策与地方发展之间的关系，化解过剩产能还需要协调中央、地方和企业间的利益关系，否则将会面临巨大阻力（白雪洁和闫文凯，2017），但也有研究显示，不同市场状态下市场传导机制的非对称性是产能过剩的主要诱因，仅通过市场调节机制是无法有效改善经济运行状态的（孙巍和张子健，2020），而且政府对市场支配能力的降低将会加重投资的潮涌现象，从而加剧产能过剩，因此政府应该充分发挥其重要的辅助作用，及时公布产业信息以防过度投资（杨振兵，2018）。

1.2.6　产能过剩的治理政策研究进展

近年来，随着去产能内涵的不断迭代，去产能政策方面的研究也在逐渐深化。经梳理，具体体现在以下四个方面。

第一，关于行政化调控和市场化调控策略的讨论。Wang 等（2018c）提出资源错配是我国煤炭产能过剩的最重要原因，建议依靠市场机制实现煤炭产能过剩的化解。Shi 等（2018）利用改进的 KEM-China 模型讨论了中国煤炭去产能政策的意外后果，证明煤炭去产能政策实施过程中的技术可行性需提升。Dong 等（2021）发现抑制煤炭产能过剩的政策监管是有效的、及时的，而且成本适中，他们认为，政府调控的产能治理机制能够有效协调市场参与者的集体行动，避免产能过剩陷阱。

第二，关于去产能规模优化及实施策略的讨论。Wang 等（2019）采用多目标组合优化方法制订了省级分配方案（该方案比政府分配方案更高效、环保、经济、公平），定量分析了山东省煤炭去产能规模，并提出低效率的企业主要受市场监管的影响，而政策监管主要影响高效率的企业。Ma 等（2020）提出了兼顾效率与公平的去产能分配方案，以深化煤炭去产能改革的实施。

第三，去产能政策有效性的评估。Hao 等（2019）对煤炭行业去产能政策的进展和效果进行了定性的分析与讨论。X. Wang 等（2020）利用双重差分模型定量评价了煤炭去产能政策对煤炭价格的影响效果，认为 2016年去产能政策使煤炭价格上涨了 3.44%。W. Zhang 等（2020）通过精确断点回归模型估计了去产能政策对中国煤炭企业全要素生产率的因果处置效应。

第四，去产能政策协同性的评估。越来越多的学者发现去产能政策多领域性和复杂性，决定了去产能政策超越了现有的政策领域边界和单个部门的职责范围，如果单一、过量地强调使用任何一种政策都可能对经济的可持续发展和产能过剩治理的有效推动不利。Wu 和 Li（1995）将国家能源政策和地方能源政策进行对比分析，进一步提出化解产能过剩还需要协同不同主体之间的利益关系；Shen 等（2012）指出化解煤炭产能过剩同时伴随着如企业产权、债务问题、人员安置、企业社会负担等历史遗留问题。由此可见，政府部门在制定去产能政策过程中，有必要与其他上级、下级或者同级部门组合起来，在政策层面上产生良好的协同效应，建立健全产能治理长效机制和综合政策体系。

1.2.7　现有研究存在的问题及改进的方向

基于上述分析可以看出，产能过剩的科学治理问题日益受到关注，并取得较为丰硕的研究成果，但在研究内容、范式和方法等方面也存在一些不足或盲区，这也是本书研究努力的重要方向。

（1）关于产能过剩的经济后果及传导机制：现有文献主要采用计量分析方法，从宏观尺度探讨产能过剩对经济与环境的直接影响，鲜有研究从中观尺度考察产能过剩的经济后果及传导机制。鉴于区域间产业发展的不均衡性和脆弱性问题，十分有必要进一步从区域层面深入探讨产能过剩对区域工业经济系统及其脆弱性的冲击效应与传导机制。

（2）关于产能过剩的判别与评估方法。首先，在判别指标和方法方面，尽管产能利用率指标能够直观反映产能的相对利用情况，但未能充分考虑产能过剩形成的动态过程，特别是忽略了行业间的关联效应和信息传递效应对目标行业产能过剩的影响，难以准确反映行业产能过剩状态。因此，需要综合考察行业产能过剩的诱因、程度、效应（如经济、环境和社会效应）等多个维度，来构建产能过剩监测指标体系与评估模型。其次，在判别标准方面，由于我国经济结构、发展水平、产业链价值层级等均不同于西方发达国家，不能盲目照搬他们的判别标准（张林，2016），而且我国生产行业众多，不同行业的地理分布、市场特征、生命周期阶段等也都存在显著性差异，不同行业间的合理或适宜产能利用率理应有不同的判别标准。因此，如何构建科学合理的工业产能过剩监测体系和能够反映不同行业特征的产能过剩指数动态评估方法，精准判别行业产能过剩状态并对其进行整体画像，将是未来研究的重要方向之一。

（3）关于产能过剩的预测与预警方法。首先，在预测方法方面，现有组合模型大都为非劣性模型而非最优模型，其根源在于这些组合模型建构的物理机制不明（表现为基础模型与集成方法的选取缺乏依据），特别是没有考虑数据特征与模型特征间的匹配关系。其次，在报警阈值方面，目前国内外关于产能过剩风险报警阈值确定方面的研究仍是空白,而阈值设计不合理将导致误报、漏报进而造成严重误判。因此,亟须探寻新的组合预测模型建模思路与方法,并开展工业产能过剩治理的报警阈值优化方法研究。

(4)关于产能过剩的调控策略与治理政策。首先,在调控策略方面,现有研究大都采用静态分析方法从宏观总量探讨退出策略及其对产能调控目标的作用,忽略了各省区市经济发展的不平衡性、核心利益相关者发展目标的异质性,特别是宏观环境与供需关系变化对退出策略的影响,降低了调控策略方案的权变性和动态适用性。因此,有必要从利益相关者视角出发,统筹考虑各省区市实际情况和各方利益相关者诉求来探究过剩产能的退出策略设计问题。其次,在治理政策方面,现有研究大都偏重于对某一类政策的内容或效果进行探讨,对于有关政策间的互动和协同效应关注不足,政策设计的碎片化问题突出。随着产能调控政策运行环境复杂性的加剧,如何构建基于多层级、跨部门、多主体协同的治理政策体系,实现指令型与市场型政策工具的协调优化,促进产能调控与其他经济社会目标的协调推动,仍是当前面临的重要挑战。

1.3 研 究 意 义

在国家"积极稳妥地推进碳达峰、碳中和"和"经济高质量发展"双重需求的牵引下,本书针对现有中国式产能过剩及其治理问题研究的局限性,着重开展中国情境下工业产能过剩的经济后果、治理机制与治理政策研究。研究成果不仅有助于丰富和完善产能过剩治理理论,拓展工业产能过剩治理领域的评估、预测、预警和决策方法体系,而且能够为政府提供破解产能过剩治理困境的新思路、新途径和新建议,具有重要的理论价值和积极的实践意义。

1.3.1 理论意义

第一,本书针对产能过剩的严峻性和广泛性特点,采用复杂系统动力学建模与仿真分析方法,探讨产能过剩背景下经济冲击对区域工业经济系统的冲击效应,揭示工业产能过剩的经济后果及传导机制,有助于清晰刻画工业产能过剩的危害及其作用路径,为工业产能过剩的有效治理提供必要的理论基础和前提。

第二,本书针对产能过剩表现形式的多样性,从产业关联视角出发,构建兼顾全面性与重点性、科学性与可操作性的产能过剩动态监测指标体系及评估模型，从而丰富多源数据环境下的评估方法与模型，提高工业产能过剩整体画像和状态判别的精准性；针对工业产能过剩监测数据的多源异构性，采用集成化的最优数据挖掘方法和数据特征驱动的多模态信息集成建模方法，建立多源数据环境下的工业产能过剩统计监测、预测与预警理论方法与模型体系，提高工业产能过剩治理的有效性和及时性。

第三，本书针对产能过剩调控决策机制具有跨层级、多主体、多目标和高维非线性的特征，采用二层多目标非线性规划方法，构建工业产能过剩调控省级配额分配模型及其求解算法；运用多主体动态演化博弈分析方法，揭示出工业产能过剩治理困境的形成机理；在探讨当前去产能政策的有效性和协同性的基础上，定量揭示不同类型、不同层级政策间的阻碍效应、对冲效应、互补效应和叠加效应，提出面向煤炭行业的产能过剩协同治理政策优化策略，提高产能调控策略选择和政策靶向的精确度。

1.3.2　现实意义

第一，本书以产能过剩严重、能源结构主体地位明显、产业关联复杂的煤炭行业作为典型的实证研究对象，构建涵盖"统计监测→预测预警→分层调控→协同治理"的全景式工业产能过剩精准治理机制，这有助于研判产能过剩风险发展态势，消解产能调控政策的滞后性问题，提高产能过剩治理政策工具的前瞻性和科学性。

第二，本书预估工业产能过剩的发展态势，提出统筹兼顾核心利益相关者诉求的工业产能调控省级配额分配方案，为国家和地方有关部门优化区域产能布局提供决策参考；探讨工业产能过剩的经济后果与治理困境，揭示工业产能过剩时空格局、演变规律及驱动机制，实证评估当前我国工业行业不同类型、不同层级产能调控相关政策间的协同效果，提出过剩产能协同治理的政策优化策略，为国家和地方有关部门构建工业产能过剩防范体系，建立工业产能过剩调控触发机制提供必要的理论依据。

第三，本书在工业产能过剩治理方面的理论梳理、方法融合、模型构建和实证分析成果不仅为政府部门实施工业产能过剩治理的新思路、新途径和新建议，进而推动产能过剩治理模式转型，提高产能过剩调控的精准性和有效性，破解煤炭行业产能过剩治理困境提供切实的决策参考和政策启示，而且对钢铁、水泥、化纤、光伏、船舶等具体行业产能过剩治理研究和实践具有重要的借鉴和参考价值，从而助力国家供给侧结构性改革和经济高质量发展目标的实现。

1.4 研 究 内 容

本书主要内容及其内在逻辑关系如图1.8所示。

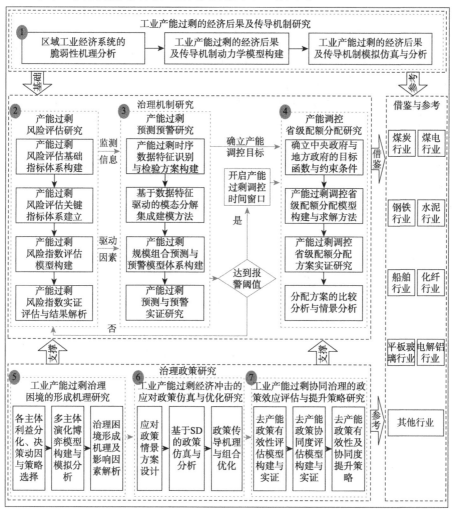

图 1.8 本书主要内容及其内在逻辑关系

SD：surrogate data method，替代数据法

1. 工业产能过剩的经济后果及传导机制研究

揭示产能过剩的经济后果及传导机制是开展产能过剩治理与应对政策研究的现实基础和必要前提。现有文献主要采用计量分析方法，从宏观尺度探讨产能过剩对经济与环境的直接影响，鲜有研究从中观（区域）尺度

考察产能过剩的经济后果及其传导机制。考虑到资源型地区经济基础的不均衡性和产业发展的脆弱性，该部分重点探讨了产能过剩对区域工业经济系统的冲击效应及其传导机制，主要研究内容如下。

首先，在文献资料调研和数据收集、整理与统计的基础上，分析我国煤炭行业投资、产销、库存、价格、绩效等关键指标的波动特征，厘清了煤炭产能过剩的现状、特征和表现形式，运用产业关联、系统脆弱性、自组织演化等理论知识，剖析产能过剩对区域工业经济系统及其核心产业子系统的脆弱性传导关系。

其次，选取我国最大的煤炭资源型城市——内蒙古自治区鄂尔多斯市为对象，采用复杂系统动力学建模方法构建了区域工业经济系统响应产能过剩的情景仿真模型，并采用情景分析法进行产能过剩背景下煤炭价格下滑、市场需求降低等扰动情景的描述方案设计，分别设定了基准（baseline scenario，BS）情景、煤炭价格下挫（coal price scenario，CPS）、油价下挫（oil price scenario，OPS）及组合下挫（synthetic price scenario，SPS）四个扰动情景。

最后，通过模拟仿真讨论了产能过剩情景下煤炭、化工及下游关联行业的产值和利润变化情况，阐明了不同扰动情景下区域工业经济系统的动态演化规律，定量揭示了产能过剩对区域工业经济系统及其核心产业子系统的冲击效应与传导机制。

2. 工业产能过剩风险评估模型构建与实证研究

构建科学全面的产能过剩风险评估体系有助于把握产能过剩的时空演化规律，促进中央政府产能过剩治理由"应对性"向"前瞻性"转变，并为地方政府发展管理和企业投资决策提供理性指导。基于产能利用率指标的传统产能过剩风险评估方法，未能充分考虑行业关联效应对产能过剩的影响，难以科学表征产能过剩分析的动态过程和状态演变。鉴于此，该部分主要研究内容如下。

首先，剖析目标行业产能过剩形成与恶化的动态过程及行业间的关联机制与信息传导效应，在此基础上，从目标行业及其关联行业的基本特征、供给状况、需求状况、经济环境绩效等多维视角出发，建立工业行业产能过剩风险评估的基础指标体系。

其次，为提高统计监测的可操作性和结果可靠性，针对基础指标体系的多维层次化和监测数据的多源稀疏性，采用数据驱动的非线性数据降维和关联关系挖掘方法提取产能过剩的主要特征，构建工业产能过剩风险评估的关键指标体系,从而既保证统计监测内容的全面性,又突出监测内容的重点性。

最后,采用数据驱动的集成化机器学习方法构建工业产能过剩风险指数评估模型,选取煤炭行业为实证对象,测算和分析近年来我国煤炭行业产能过剩风险水平及其波动特征,进而系统回溯和深度解析我国煤炭行业产能过剩的驱动机制、治理策略等关键问题,并从全局视角完成煤炭行业产能过剩状态的整体画像及其动态演变规律的理论诠释。

3. 工业产能过剩规模组合预测预警模型构建与实证研究

建立超前精准的产能过剩预测与预警机制是降低调控政策滞后性,提高产能调控前瞻性和政策工具有效性的重要保证。现有组合预测预警模型大都为非劣性模型而非最优模型,其根源在于这些组合模型建构的物理机制不明,特别是没有考虑数据特征与模型适用性之间的匹配关系。鉴于产能过剩时间序列数据构成的复杂性及现有组合预测预警建模方法的局限性,该部分主要研究内容如下。

首先,引入复杂系统领域的前沿分析技术——多尺度分析法,构建产能过剩时间序列数据特征检验方案,对其平稳性、非线性、复杂性等本质特征和周期性、突变性、随机性等模式特征进行有序梳理和统计检验,全面识别产能过剩时序数据的各种特征,并挖掘其主要特征。

其次,将“数据特征驱动”与“多模态信息集成”建模思想进行有机融合,创建了新的“数据特征驱动的模态分解集成”建模框架、方法和流程,进而根据产能过剩时间序列数据特征识别结果,分别确定了模态分解、模态重构、模态预测&预警与集成预测&预警方法的类别,并设计了与之适配的算法,以保证模型数据假设与之兼容。同时引入模式特征变量对拟合函数进行修订,以有效刻画其主要模式特征,从而形成产能过剩规模组合预测预警模型体系。

最后,利用以上方法、模型和煤炭行业的历史数据资料,进行了煤炭行业产能过剩的分量预测、集成预测及预警阈值优化的实证分析,预估和剖析了我国煤炭行业产能过剩的未来发展趋势、风险水平及其关键驱动机制,进而确定和建立了煤炭行业产能过剩调控的触发机制。

4. 工业产能过剩调控省级配额分配模型构建与实证研究

工业产能调控决策是一个典型的多层级、多主体、多目标、高维、非线性优化问题,不仅涉及中央、地方、企业等多方决策主体,还面临成本、效率、环境、公平等多项目标和约束,同时需要融合多部门数据信息,从而造成决策信息冗余及其处理难题。鉴于此,该部分从利益相关者视角出发,重点研究了产能过剩调控省级配额分配模型与最优分配方案,具体内容如下。

首先,基于文本新闻、政策文件、论坛评论等互联网信息和实地调查信息,厘清了中央政府、地方政府、工业企业等利益相关者对产能过剩调控的认知关系及其发展目标与利益诉求,在此基础上,从提升发展质量、改善生态环境、满足市场需求、降低去产能成本、保障分配公平等方面,分别确立了中央政府和地方政府的决策目标与约束条件,并将其与决策偏好演化等共同作为决策模型的情景和信息要素。

其次,以中央政府为上层决策者、地方政府为下层决策者,分别建立了二者在产能调控目标分配中的目标函数和约束函数,进而针对产能调控任务分配问题的复杂动态博弈特征,采用基于 Stackelberg 博弈的二层多目标动态规划方法,构建了工业产能过剩调控省级配额分配模型,并针对决策信息冗余及其处理难题,提出了基于自适应学习的模型求解新方法。

最后,利用与 25 个产煤省区市有关的数据资料进行模型参数估计和求解,得到煤炭行业产能调控省级配额分配方案,并从不同利益相关者视角比较了该优化方案与其他分配方案的差异性,继而结合我国宏观经济和煤炭行业发展趋势,采用情景分析法和比较分析法,考察了不同情景下产能调控配额分配方案的差异性,验证了所建模型的内在一致性和分配结果的合理性。

5. 工业产能过剩治理困境的形成机理研究

阐明产能过剩治理困境的形成机理是有效开展过剩产能治理研究的重要理论基础。现有相关研究主要是基于地方政府和生产企业间的博弈行为进行的,未将中央政府纳入分析框架,难以充分体现中国情境下产能过剩治理的复杂动态交互关系。鉴于此,该部分主要研究内容如下。

首先,通过文献调研和分析,梳理了我国煤炭行业管理体制的演变历程,剖析了当前中国煤炭产能过剩治理的基本策略、模式和机制;从信息不对称和信息不完全视角出发,厘清了煤炭行业产能过剩治理过程中中央政府、地方政府和煤炭企业等主体的决策动因及其策略选择。

其次,针对煤炭行业产能过剩治理过程中复杂动态博弈且多方参与的问题,分析了我国煤炭行业产能过剩治理系统的演化博弈关系,进而构建了由中央政府、地方政府和煤炭企业三类种群组成的动态演化博弈模型,并提出基于系统动力学方法与动态演化思想的产能过剩治理演化博弈模型及其稳定性求解策略。

最后，通过博弈模型均衡点稳定性的解析分析和模拟仿真，探讨了各决策主体的策略选择及其演化路径，明晰了各决策主体间的行为交互作用机制，揭示了不同因素变化对演化博弈系统及各主体稳定策略的影响，阐明了我国煤炭行业产能过剩治理困境的形成机理。

6. 工业产能过剩经济冲击的应对政策仿真与优化研究

有效降低产能过剩对地区发展的冲击与影响，实现去产能过程中地区经济效益的最大化，既是产能调控顺利推进的基本前提，也是事关地区经济稳定的关键所在。鉴于当前应对政策设计碎片化的问题，该部分基于情景仿真模型构建和有关研究成果，重点开展了产能过剩经济冲击的应对政策组合优化策略研究。

首先，采用数据驱动的集成化建模方法，分别构建了产能过剩背景下煤炭资源型城市工业经济系统（coal-based cities industrial ecosystem，CCIES）的脆弱性评估指标体系与评估模型，实证揭示了 CCIES 脆弱性的时空格局、演变规律及其主要影响因素，从而为相关政策设计提供了必要的现实依据。

其次，收集、整理和分析了国家与地方有关部门出台的各类应对产能过剩经济冲击的政策文件，结合现有相关文献研究成果，采用情景分析法分别对降低煤炭行业产能过剩经济冲击的政策工具情景方案进行了科学设计。

最后，利用研究过程中所建立的情景仿真动力学模型，分别模拟分析了不同应对政策情景下 CCIES 脆弱性水平的动态演化规律，揭示了各项应对政策的作用效果、传导机制和有效性。在此基础上，进一步模拟分析了不同扰动情景下不同应对政策工具组合对煤炭资源型城市工业经济影响的方向、强度和路径，定量揭示了不同应对政策工具间的阻碍效应、对冲效应、互补效应和累积效应，继而根据分析结果，从整体视角出发探讨了煤炭产能过剩经济冲击的应对政策工具组合策略，提出了有针对性的具体政策建议。

7. 工业产能过剩协同治理的政策效应评估与提升策略研究

构建协同高效的治理政策体系是产能调控方案有效落实的根本保障。鉴于当前去产能政策间、非去产能与去产能政策间、行政指令型与市场调节型政策间协同性较低这一突出问题，该部分基于以上成果，进一步开展了基于多层级、跨部门、多主体协同的产能过剩治理政策组合优化策略研究，主要研究内容如下。

首先，在对我国煤炭行业去产能政策进行梳理的基础上，借助断点回归方法揭示了去产能政策在经济、环境和社会效益方面的有效性，分别从产能利用、绩效、绿色、安全、社会等多个维度实证考察了煤炭行业去产能政策的实施效果，并对政策效果的地区异质性进行了深入探讨。

其次，采用文本挖掘方法剖析了各级各类政策文本背后隐藏的内在逻辑和深意，构建了基于多维信息融合的产能治理政策协同度评估模型，实证测度了我国煤炭产能过剩治理政策间的纵向协同度（地方政策与中央政策之间的一致性）、横向协同度（部门政策之间的协调性）、时间协同度（前后政策之间的连贯性）及综合协同水平。

最后，基于去产能政策的有效性和协同性评估结果，针对当前去产能政策的优势和不足，剖析了不同产能调控情境下不同政策工具组合的纵向、横向、时间与综合协同水平及其关键影响因素，从局部与整体、短期与长期的角度，提出了基于多层级、跨部门、多主体协同的煤炭产能过剩协同治理政策工具组合优化策略。

1.5　研究方法与技术路线

1.5.1　研究方法

本书遵循"实地调研→发掘现实问题→提炼科学问题→理论阐释→模型构建→实证分析→获得结论→对策建议→有效性研讨"的基本范式，通过管理科学、经济科学、系统科学和计算机科学等多学科知识的交叉与融合，综合运用社会调查、演化博弈、计量统计等经典方法和基于数据驱动的运筹优化、机器学习、文本挖掘、系统动力学建模等前沿方法，开展中国工业产能过剩的经济后果及传导机制、治理机制与治理政策研究。主要方法如下。

1. 社会调查法

通过实地调查和深度访谈，深入调研以煤炭行业为典型研究对象的中国工业产能过剩的主要特征、表现形式和治理现状，系统总结出煤炭资源型城市可持续发展面临的主要问题和挑战。调研过程中所发现的问题也成为下一步研究的切入点和突破口。

2. 演化博弈方法

采用动态演化博弈方法，构建了中国情境下基于多主体的工业产能过剩治理系统演化博弈模型，并将基于系统动力学方法的计算机仿真手段与动态演化思想有机融合，通过模型解析分析和仿真分析，探讨了我国煤炭行业产能过剩治理困境的形成机理与关键影响因素。

3. 计量统计方法

根据研究样本的基本数据特征，采用动态面板回归模型和动态面板门槛回归分析方法，实证分析了工业产能过剩治理的产业关联效应；采用变系数固定效应面板模型和似乎不相关回归分析方法，实证测算了我国煤炭行业边界产能、产能利用率及全要素生产率；采用普通最小二乘回归分析方法，估计出所建情景仿真系统动力学模型的有关参数；采用断点回归方法测度了去产能政策的多维有效性。

4. 系统动力学方法

针对系统关系复杂、数学表达式烦冗、参数庞大等问题，采用基于数据驱动的复杂系统动力学建模与仿真方法，开发了工业产能过剩的经济后果及传导机制与应对政策的情景仿真模型，以及工业产能过剩协同治理政策效应评估模型，进而分别开展了不同扰动情景和政策工具情景下的模拟仿真与结果分析。

5. 机器学习方法

采用数据驱动的集成化机器学习方法，构建了 CFS-ARs-DEA 的产能过剩统计监测指标体系与评估模型，以及基于 RS-TOPSIS-RSR 的煤炭城市工业经济系统脆弱性评估模型；创建了"数据特征驱动的模态分解集成"建模方法，并据此分别构建了基于 EEMD-LSSVM-ARIMA 的产能过剩预测模型和基于 SMF-DFA 的产能过剩预警模型。

6. 运筹优化方法

采用二层多目标非线性动态规划方法，构建了产能过剩调控省级配额分配模型，并针对模型的复杂性、下层规划模型的非凸性及决策信息冗余及其处理难题，采用基于数据驱动的改进粒子群遗传算法探寻该分配模型的全局最优解。

7. 文本挖掘方法

借助 ROST Content Mining 与 Ucinet 软件，采用文本挖掘方法剖析了各级各类产能过剩治理政策文件背后隐藏的内在逻辑和深意，并构建了基于多维数据信息融合的产能过剩治理政策协同度综合评估模型。

1.5.2 技术路线

围绕本书研究内容，从研究步骤、研究路径和研究方法三个维度对本书研究的技术路线进行梳理，具体如图 1.9 所示。

图 1.9　研究技术路线图

1.6 本 章 小 结

本章首先介绍了本书的研究背景，提出了研究问题，并从理论与实践角度阐述了研究的意义。其次，从工业产能过剩的形成机理、判别标准与测度方法、预测与预警方法、调控机制与治理政策等方面对国内外现有文献和研究成果进行了系统梳理与归纳，对其存在的不足之处或盲区进行了简要评价。最后，介绍了本书的主要研究内容与主要观点、研究方法和技术路线，并从研究视角、研究内容、研究方法等方面归纳了本书的学术创新和学术价值。

第 2 章　研究的理论与方法基础

2.1　理　论　基　础

2.1.1　可持续发展理论

20 世纪五六十年代，在经济增长、人口激增和资源耗竭所形成的环境压力下，人们逐渐对"增长等同于发展"的模式产生了质疑。1962 年，美国生物学家莱切尔·卡逊（Rachel Carson）发表了轰动全世界的环境科普著作《寂静的春天》，引发了人类关于发展观念上的争论。1987 年 WCED（World Commission on Environment and Development，世界环境与发展委员会）在《我们的共同未来》报告中对可持续发展进行了定义："既满足当代人需要，又不对后代人满足其需要的能力构成危害的发展。"1992年联合国在巴西里约热内卢召开世界环境与发展大会，并通过了《21世纪议程》和《里约环境与发展宣言》（茶娜等，2013）。随后可持续发展理论被逐渐发展完善，归纳起来可以从生态环境和经济发展两个角度理解其内涵。

人类社会的发展离不开资源与环境，只有保证生态的和谐可持续，才能保障人类社会的不断进步。生态的可持续发展要求既要满足当代人的需求，更不能剥夺后代人应有的权利。在生态环境视域下，地区可持续问题关系到煤炭资源型城市和煤炭产业的协同发展问题。然而，作为相对高污染、高排放的行业，若不加以排放控制或清洁改造，煤炭产业的大规模高速发展容易引发一定的生态环境损失，不仅为地区人民的生存环境带来严重不良影响，也极大限制了煤炭产业的健康发展。事实上，生态可持续的理想状态是稳定地、平衡地可持续发展。在维持地区经济水平过程中，要始终注重并以生态可持续的理念作为指导思想，不能无限度开采煤炭资源，破坏生态环境以至超出承载力范围，造成不可挽回的生态破坏。事实上，只有煤炭资源型城市、煤炭产业和自然生态协同发展，才能显著降低资源型城市的脆弱性，实现可持续发展。

经济发展能够极大地丰富社会财富，提高人民的收入水平，是可持续发展的核心问题，但传统的经济发展模式往往一味追求经济增长，片面强调 GDP（gross domestic product，国内生产总值）增长速度，且局限于眼前的利益，忽略长远发展。这种发展的后果就是工业化以来全球气候环境的急剧恶化，如温室效应、极寒天气、土地荒漠化、资源枯竭等无一不在警示人们片面追求经济增长所带来的严重不良后果。因此，转变经济发展观念至关重要，只有遵循经济发展规律，实现煤炭产业的高质量发展，才能改善煤炭资源型城市的经济发展环境，提高资源的利用效率。

2.1.2　产业关联理论

1. 产业关联内涵

产业关联是产业经济学的基础理论，是指在经济活动中，各产业之间存在的广泛的、复杂的和密切的技术经济联系，其研究的重点是产业之间的中间投入和中间产出之间的关系，其研究工具主要是列昂惕夫的投入产出法（杨公朴和夏大慰，2005）。自 20 世纪 30 年代美国著名经济学家瓦西里·列昂捷夫（Leontief，1986）首创投入产出方法和理论以后，现在的产业关联理论的深度和广度有了很大的发展，从传统的国家国民经济部门或者产业之间的关系应用领域，拓展到目前的区域经济、国际经济关系领域，以及各种特殊问题研究如环境污染、人口、教育等投入产出分析（魏然，2010）。

产业关联的基本含义是指国民经济各部门在社会再生产过程中所形成的直接和间接的相互依存、相互制约的技术经济联系，主要包括产业之间投入产出、供给需求的数量关系。其投入品和产出品既可以是各种有形产品和无形产品，也可以是实物形态或价值形态的投入品或产出品，其技术经济联系和联系方式既可以是实物形态的联系和联系方式，也可以是价值形态的联系和联系方式（Hirschman，1958；周振华，2004）。产业关联理论借助投入产出表，用定量的方法对产业之间在生产、交换和分配上发生的联系进行分析与研究，揭示产业结构的演变规律，为制定产业政策、确立产业发展方向提供咨询。

2. 产业链结构组成

产业链是资源在流动中创造价值的连续体，是企业相互合作，通过信息交流与共享，各种资源要素彼此配套形成的一个动态系统。随着社会分工的细化，没有任何一种产品或服务可以由一家企业完全提供。一个企业所能向顾客提供的价值，不但受制于其自身的能力，而且受上下游企业的制约，因为产业链条中的企业是相互依存的（李心芹等，2004）。因此，企业应注意强化产业链中的薄弱环节，主动帮助制约自身价值链效率的上下游企业提高运作效率，从而提高整个产业链的运作效能，使其竞争优势建立在产业链释放的整体效率基础上（侯治平等，2020）。产业链一般由核心企业和节点企业组成，产业链上各节点企业之间的关系表现为垂直方向的纵向关联、水平方向的横向关联、侧向的混合关联，它是存在于特定空间范围内，包括人口、资源、环境、经济、社会等诸多要素的网状结构（郁义鸿，2005；芮明杰和刘明宇，2006）。

3. 产业链组织性质

产业链中的企业之间有三种主要关系，即纯粹的市场交易关系、产权关系和契约关系。其中，产权关系一般体现为企业通过兼并、收购、持股、控股等形式对其他企业进行纵向控制或实行纵向一体化管理；契约关系是指企业之间通过契约合同所建立的既非产权又非完全商品交易的关系。可见，产业链是一种组织系统，这种组织系统既非纯企业也非纯市场，而是介于企业、市场之间的一种中间组织。又由中间组织的性质可知，产业链是"有组织的市场"和"有市场的组织"双重属性的合作竞争型准市场组织。

产业链在弥补市场分工的不完备性和契约的不完善性的同时，又具有企业科层内部金字塔控制结构在组织和管理生产方面的优势，能将市场不可能专业化和单个企业无力一体化的经济活动纳入由众多企业构成的高度专业化的分工与协作网络中。在生产方面，产业链内的企业形成一个网络化协作，资源、能力优势互补的生产联合体，从而大大提高产业链的生产效率。在交易方面，产业链以较低的交易成本实现了较高的交易市场化程度，因而是一种节省交易费用的制度安排。

4. 产业关联方式

产业关联方式是指产业部门间发生联系的依托或基础，以及产业间相互依托的不同类型，这些依托构成了产业关联的内容（刘贵富，2006）。产业关联的主要依托方式包括产品或劳务联系、生产技术联系、价格联系、劳动就业联系和投资联系五种方式，其中产品或劳务联系是产业之间最基本的联系，而生产技术联系、价格联系、劳动就业联系和投资联系都是在产品或劳务联系的基础上派生出来的联系（Carnovale et al.，2017）。具体而言：①产品或劳务联系是指社会再生产过程中，每一个产业部门都不能脱离其他产业部门而存在，一些产业部门为另一些产业部门提供产品或劳务，这是产业间发生联系最广泛、最基本的情形。②生产技术联系是指社会再生产过程中，一些产业部门为另一些产业部门提供满足技术性能要求的机器、产品零部件、原材料及劳务等，这就造成了产业之间的生产工艺、操作技术等存在着必然的联系。不同的产业部门的生产技术要求不同，产品结构的性能也不同。③价格联系是指在商品经济中，表现为以货币为媒介的等价交换关系的产品之间投入与产出之间的联系，这种联系使不同产业之间不同质的产品和劳务联系得以用价格形式来进行统一度量与比较，为价值型投入产出模型的建立打下了坚实的基础。④劳动就业联系是指社会化大生产使产业间的发展相互制约和相互促进，即某一产业的发展会带动相关产业的发展，从而使相关产业增加了劳动就业机会。⑤投资联系是指为促进某一产业的发展，必然要有一定量的投资，但由于该产业发展受到相关产业发展的制约，就必然要增加一定的投资来保证相关产业的发展，因而某一产业的直接投资会导致大量的相关产业的投资。

按照不同的分类方法，产业关联的分类也有所不同。按照产业之间的供给与需求联系可分为通过供给关系与其他产业部门发生的关联的前向关联和通过需求联系与其他产业部门发生的关联的后向关联；按照产业之间技术工艺的方向和特点可分为单向联系和环向联系，单项联系是指先行产业部门为后续产业部门提供生产时直接消耗的产品，但后续产业部门的产品不再返回先行产业部门的生产过程，而环向联系是指先行产业部门为后续产业部门提供产品作为生产性直接消耗，同时后续部门的产品也返回相关的先行产业部门的生产过程；按照产业之间的依赖程度可分为两个产业部门之间存在着直接提供产品、技术的直接联系和两个产业部门本身不发生直接的生产技术联系，而是通过其他一些产业部门的中介才有的间接联系。

2.1.3 信息不对称理论

信息不对称是指经济活动中的各主体信息拥有量不对等，一些主体处于信息优势的一方，一些主体处于信息劣势的一方。由于社会的发展，劳动分工越来越细化，专业化程度也越来越高，不同工种的专业人士与非专业人士之间自然就会存在一些信息壁垒，信息分布趋于差异化。在古典经济学家的分析框架中，市场会在亚当·斯密最早论述过的"看不见的手"的作用下达到供给和需求的均衡，这一过程中消费者和生产者都拥有做出正确决策所需要的完全信息。然而，这一前提条件陆续受到质疑，后期有一大批经济学家突破信息完全的分析框架，为信息的不对称性研究和深入开展奠定了理论基础。美国经济学家阿克罗夫（Akerlof）在 1970 年提出逆向选择理论，揭示了信息不对称是如何导致市场失灵的，使人们认识到了信息在经济活动中的重要作用，随后这一理论得到了众多学者的深入研究。信息不对称在现代社会中是客观存在且无法避免的，它指出了信息对市场经济的重要影响。

信息不对称理论主要研究在信息不对称情况下双方如何尽量消除这种不对称，从而实现均衡。一般来说，信息不对称模型大致包括四种类型：逆向选择模型、信号传递模型、信息甄别模型、隐藏信息或者行动的道德风险模型，这些模型为解决经济发展问题提供了重要的参考。信息不对称理论在煤炭行业产能过剩问题上主要体现为两方面：一是中央政府与地方政府之间；二是地方政府与煤炭企业之间。针对前者，地方政府作为产能调控政策的执行者，其执行力度仅自己真正了解，而产能调控政策的发起者——中央政府则难以掌握该详尽信息。针对后者，煤炭企业作为煤炭产能调控的直接参与主体，其去产能规模和努力程度是企业拥有的信息，地方政府作为监管主体则处于信息劣势的一方，这种信息不对称使得各参与主体的去产能策略行为受到较大的影响，产能调控政策在执行过程中效应不断削弱，甚至完全失效。

2.1.4　利益相关者理论

利益相关者理论起源于 20 世纪中期，在理论研究和实证验证方面获得发展，受到了众多学者的关注。利益相关者是指任何能够影响组织目标的实现过程，或者受目标实现过程影响的群体和个人，由于利益相关者对组织具有利益或权利要求，所以其对组织或企业的影响不可忽视。利益相关者可以通过直接的压力或间接的信息表达来传递利益并影响组织的实践。以企业的社会责任作为基本出发点，利益相关者理论认为组织或企业的发展离不开利益相关者的参与，企业在追求自身利益最大化的同时，还应该考虑到利益相关者的短期利益、整体利益及长远利益，主动承担起一定的社会责任。

煤炭行业作为一个特殊的产业，在去产能时会涉及多个利益主体。利益相关者理论为分析煤炭产能过剩问题提供了指导思路。按照利益相关者理论的分析框架，首先回答在去产能过程中，包括哪些主要的利益相关者，即有哪些主体能够影响产能调控政策的实施效果；其次确定利益相关者在去产能过程中担任怎样的角色，即每个利益相关者和煤炭产能过剩有怎样的利益关系；最后根据各主体的利益需求确立去产能协调机制。

煤炭产能调控问题往往涉及中央政府、地方政府及煤炭企业、矿工和社会公众等多方利益，这些利益相关者具有不同的利益需求，对煤炭产能过剩治理的参与方式和影响程度都不尽相同。通过利益相关者理论分析明确各利益主体拥有的权利和责任，并设定一个机制来协调参与主体之间的相互冲突机制，对于保障产能调控政策的执行效果和有效化解严重过剩产能具有重要的意义。同时，利益相关者分析也是煤炭产能过剩治理策略演化博弈探究的前提，是突破煤炭产能过剩治理的困境，形成各利益主体去产能的内外部合力。

2.1.5　系统脆弱性理论

脆弱性的概念起源于对自然灾害的研究（Turner et al.，2003），目前已广泛应用到生态学（徐广才等，2009）、气候变化（Martensa et al.，2009）、可持续性科学（张平宇，2007）、经济学（Adger，2006）等众多学科。研究范围从最初的单一系统脆弱性研究发展到耦合系统脆弱性研究，由自然系统脆弱性延伸到人文系统脆弱性（Cutter et al.，2003）、人类–环境耦合系统脆弱性的研究。经济要素开始作为区域脆弱性的一个重要影响因素，人类社会对全球环境变化的影响（Eakin and Luers，2006）及人类社会对全球变化的响应与适应问题也越来越多地被学者们所关注（王黎明等，2003）。以下从脆弱性的内涵、分析框架、机制与调控对其研究现状进行综述。

1. 脆弱性的内涵

众多学者对不同学科视角和研究对象下的脆弱性概念有不同的理解与阐释，但在人地系统脆弱性研究领域对脆弱性内涵的理解初步达成了一些共识，主要表现在脆弱性客体具有多层次性、施加在脆弱性客体上的扰动具有多尺度性、脆弱性总是针对特定的扰动而言、脆弱性是系统固有的一种属性等四个方面（李鹤等，2008）。目前脆弱性已经成为一个"概念的集合"，包括系统对扰动的暴露、敏感性、恢复力、适应能力等众多构成要素和社会、经济、环境、制度等多维度脆弱性（李鹤和张平宇，2011）。

本书认为脆弱性是指系统（子系统、系统组分）对系统内外扰动的敏感性及缺乏应对能力从而使系统的结构和功能容易发生改变的一种属性。它是源于系统内部的、与生俱来的一种属性，只有当系统遭受扰动时这种属性才表现出来。系统的内部特征是系统脆弱性产生的主要、直接原因，而扰动与系统之间的相互作用使其脆弱性放大或缩小，是系统脆弱性发生变化的驱动因素，但这种驱动因素的作用是通过影响该系统内部特征而使系统的脆弱性发生改变，并最终通过系统面对扰动的敏感性及应对能力来体现的。

有关脆弱性的研究还常常涉及风险、弹性、适应性等相关概念。其中，风险和脆弱性的概念尤为相似，都涉及风险源、暴露、敏感性、系统等内容，对二者的关系与差别最普遍的理解是，风险是脆弱性的功能，脆弱性是调节风险的系统内在属性（刘小茜等，2009）。脆弱性与适应性密切联系，脆弱性反映了系统在干扰下受到损害的程度，适应性则反映了系统对内外条件变化做出调整从而避免危险的能力。一般而言，系统的脆弱性越高，其适应能力就越低。弹性是一个系统在遭受扰动时能吸收干扰和重组，并仍能保持基本相同的功能结构、特性和反馈的能力。脆弱性和弹性之间的不同在于弹性指的是系统从动力学非结构变化中恢复的能力，而脆弱性是指维持系统结构的能力。

2. 脆弱性的分析框架

伴随着脆弱性内涵的丰富及应用领域的拓展，众多探讨脆弱性成因及其影响因素相互作用关系的分析框架涌现出来，如早期的风险-灾害模型与压力-释放模型（Blaikie et al.，2014）、驱动力-压力-状态-影响-响应模型（Smeets and Weterings，1999；Polsky et al.，2007）、地方灾害脆弱性分析框架（Cutter et al.，2003）、双重结构的脆弱性分析框架（Bohle，2001）、可持续性科学中的脆弱性分析框架（Turner et al.，2003）、暴露-敏感-适应模型（Polsky et al.，2007）等，对于脆弱性分析与评价具有重要的指导意义。例如，Turner 等（2003）提出的 SUST 脆弱性分析框架将脆弱性研究与人-环境耦合系统结合起来，强调了扰动的多重性与多尺度性，突出了脆弱性产生的内因机制、地方特性及其跨尺度的转移传递过程，人-环境耦合系统脆弱性的多因素、多反馈、跨尺度特点得到较好的刻画，对于探讨人-环境耦合系统相互作用机理具有重要的借鉴意义。驱动力-压力-状态-影响-响应模型是对状态-压力-响应模型的改进，用于分析外部驱动力、环境压力、现状、影响与响应之间的关系，具有非常清晰的因果关系。暴露-敏感-适应模型是 Polsky 等（2007）受美国公共空间计划（Project for Public Spaces）整合框架的启示提出的脆弱性分析框架，该模型将脆弱性分解为暴露程度、敏感性和适应潜力 3 个维度，并对脆弱性的综合性质进行了有效分解。

从脆弱性分析框架的发展演变来看，大致经历了从面向单一扰动的脆弱性分析发展到多重相互作用扰动背景下的脆弱性分析，由只关注自然系统或人文系统的脆弱性延伸到人-环境耦合系统的脆弱性分析，由静态的、单向的脆弱性分析转向动态的、多反馈的脆弱性分析，要素拓展和学科综合化的演化特征非常明显。

3. 脆弱性的机制与调控

长期以来，政治生态学、灾害管理、可持续生计及恢复力研究领域在揭示脆弱性产生的社会、制度驱动力及其调控方面开展了大量研究工作。例如，Pelling（1999）对圭亚那城市人口在洪灾扰动下的脆弱性研究发现，只有通过改善资源利用和分配的决策过程才能降低城市人口对洪灾的脆弱性。此外，一些研究还通过对适应能力的分析来解释研究对象的脆弱性机制与调控，如以 Holling（2001）为首的著名国际性学术组织"恢复力联盟"运用适应性循环理论对社会-生态系统的动态机制进行描述和分析。Vasquez-Leon 等（2003）阐述了资源政策、种族划分、社会阶层如何影响美国-墨西哥边界的农民对扰动因素的生计缓冲能力。上述案例在研究方法上越来越重视利益相关者的参与在脆弱性机制与调控中发挥的重要作用，同时突出了制度、政策、社会资本等经济要素在个体或群体脆弱性特征、原因及调控研究中的地位。现有研究大多在特定空间尺度及某一时间截面展开，关于脆弱性单元空间分布格局与特征方面的研究成果较为丰富，但在时间维度上对脆弱性动态变化及其驱动因素的耦合作用过程与机制探讨不够，在空间尺度上对脆弱性跨尺度传递与转移过程的研究较为薄弱，造成脆弱性过程与机制方面的研究进展相对滞后，不利于有针对性地指导适应性能力建设。

2.1.6　政策评估理论

政策评估是指对政策干预的因果效应进行估计，又可称为政策对个体的处理效应（treatment effect）进行估计。政策评估的目的是对政策予以正确评估，以便发现问题、总结经验，对政策适时微调，提高政策的科学性和可实践性，促进政策目标的顺利实现，为制定新政策与配套措施提供借鉴，改进政策系统。根据政策实施的过程，可以将一个国家或部门的政策分为三类，不同的政策类型刚好对应了不同的评估方法。第一种是"先行先试"的政策，这类政策往往是决策层无法准确预判其社会和经济影响，政策的容错空间小，需要挑选一些地区或者行业做政策试点，如果试点的效果比较理想，则可以在全国层面推广，反之则不推广。第二种政策是"一刀切"的政策，这类政策的实施往往是因为一些外在条件限制，无法在全部范围内实施，需要集中资源重点发展某些地区或者某些行业。"一刀切"的政策有两个要点：一是其门槛是非常清晰的，超过（或者低于）该门槛才会进入政策范围；二是符合政策条件的那些群体会得到较多的资源支持。第三种政策是"一次性推开"的政策，这类政策往往带有自上而下的特征，决策层对该政策的效应有充分的论证和把握，能够合理预期政策带来的冲击，并且做好了相应的备案，因此可以选择某一时点在全国范围内一次性推开。严格来说，前两种政策是可以用科学评估方法对政策效应进行合理估计的，而"一次性推开"的政策是很难找到合适方法进行评估的。

从科学的意义上来说，评估一项政策的实施效应其背后的基本逻辑如下：在给定其他条件相同的情况下，实施政策后的表现与假定没有实施政策后表现的差异。我们经常采取的方法是，直接比较那些受到政策干预的人群和未受到政策干预的人群的差别，将这个差别等价于政策实施的效果，这种简单比较的统计方法，其背后包含了一个极其苛刻的要求，那就是将未受到政策干预的人群作为政策干预人群的反事实。其本质上是要找到反事实参照组。反事实参照组要满足两个基本条件：一是要保证呈现反事实的特征，即一旦实验组没有受到政策影响，实验组的结果应该与反事实组是完全一致的；二是反事实参照组不能受到实验组的影响，即那些受到政策干预的人群不能把这种影响传递给其他人，理论上是允许实验组内部互相影响的，但如果这种影响外溢到参照组，无论这种外溢是主观原因还是客观原因，都会导致对政策效应估计的偏误，一般情况下都是低估了政策的效应。

政策评估通常包括定性与定量评估、事前与事后评估。学术界一般重点研究的是事后的政策实施效果和影响评估。绝大多数的政策并不是根据评估的要求来实施的，因此政策评估的数据并不是一种实验数据，而是一种观测数据，即政策实施之后收集的数据。在大多数情况下，政策评估方并没有直接参与到政策的设计和实施过程中，无法按照科学评估方法的要求来构造和生产数据，因此利用观测数据来实施政策评估就必须遵循相应的前提条件，重点体现在满足研究方法所需的前提假设上。总之，针对不同的数据结构和政策类型采用不同的评估方法，并反复检验该方法的适用性。

2.1.7 政策协同理论

政策协同是基于当代国家治理体系和治理问题日益复杂化的背景，在"政策管理""整体性政府"实践和经验的基础上，由西方学者提出的一套理论。它强调在共同的目标下，政府部门之间应当从政策制定到政策执行的全过程实现政策目标、工具、措施等方面的相互支持与配合，从而达到减少组织冲突、实现整体收益最大化的目的。现阶段学界对"政策协同"认知趋于三种——能力观、过程观和状态观。首先，能力论者偏向于将政策协同解释为内生能力。Metcalfe（1994）认为政策协同是使政策实施的整体表现优于部分的总和，或至少防止解体和碎片化的一种能力。其次，过程论者的代表有 Burns（2002）、Kooiman（2000），认为政策协同是两个或更多政策或规划相互匹配或协调，以达成共同目标的过程。最后，状态论者的代表有 Peters（1998）、Bolleyer（2011），认为政策协同是政府的政策或规划达到最小的冗余和缺失、最大化连贯一致，以及有序的状态。显然，三种定义范式之间存在一定的继承关系，无论是强调内生能力、决策过程，还是最优状态，都包含"政策一致性和整体优越性"这一核心思想，强调不同政策要素间的有效跨界合作，从而提升政策的公共价值。

对于政策协同的内容和方式，Meijers 和 Stead（2004）率先提出政策协同可以发生在不同部门之间，称为决策的"组织间协同"，也可以发生在同一部门内不同业务单位之间，称为决策的"组织内协同"。OECD（2000）认为政策协同主要有横向协同、纵向协同、时间维度协同，其中，横向协同是指政策之间的相互支持，避免政策目标相互冲突或者政策内容不一样；纵向协同确保政策产出能够与决策者原始的意见相一致；时间维度协同确保当今政策在可预见的未来具有持续效力。Huang 等（2018）追随 Meijers 和 Stead（2004）、OECD（2000）的观点，进一步提出政策协同主要包括上下级政府之间的纵向协同，同级政府之间、同一政府不同部门之间的横向协同，以及政府公共部门与非政府组织之间的内外协同。Vakili 等（2012）强调为了提高政策实施效果，要加强政府与公益组织和行业自治组织等非政府组织之间的协同。总之，基于理论的本质特征，国内外学者从不同的层次、视角出发，运用不同方法对政策协同的方式、内容、问题和目标等展开了深入研究。其中，政策协同评估为逐渐兴起的研究领域之一。

目前，学界形成了三种较为成熟的政策协同分析框架：第一种从政策结构和政策要素入手，构建基于政策层级、政策主体和政策工具等多个维度的分析框架；第二种针对量化研究而设计，主要将相关政策划分为若干结构化特征，包括时间、主体、目标、工具和机制等；第三种依据国家行政权力结构与政策类型，通过编制政策量化标准操作手册来对政策的力度进行打分。尽管当前相关领域的政策协同评估模型无外乎都是从公共政策的基本要素入手，运用文本分析、内容分析、政策计量等方法对政策的主体、目标、手段、工具、措施、力度等进行协同性评估，进而得出相应的结论，但从政策领域的复杂性角度看，相关研究仍然存在一定的不足：一是通过对发文时间和数量的统计难以真正反映政策协同的实际效果；二是对全部相关政策进行分析不具备经济效率；三是对政策的分类赋分方式存在一定的不合理之处，其主观性往往会出现影响政策效应真实性的情况。

2.2　方法基础

2.2.1　系统动力学方法

1956 年，美国麻省理工学院的福瑞斯特（Forrester）教授创立了系统动力学。系统动力学是一门研究信息反馈，认识系统和解决系统问题的学科，其核心思想是将系统作为一个整体而非孤立的个体来分析复杂问题，目前已被广泛运用于宏观经济、项目管理、学习组织、物流与供应链等诸多领域（李永忠等，2017；林芹和郭东强，2017）。系统动力学的建模步骤可以分为以下五步（图 2.1）（钟永光等，2013）：明确问题，确定系统边界；提出动态假说；写方程来描述动态假说；测试模型使其符合建模目的；政策设计与评估。值得注意的是，系统动力学建模是一个不断反馈的过程，建模过程中这五个步骤有着密切的联系而非简单的线性排列，建模需要反复修改和斟酌。

1. 明确问题，确定系统边界

系统动力学建模最重要的一步就是明确问题，即清晰模型所要实现的目的。围绕一个研究对象建立起的全面而庞大的模型过于复杂而失去了其有用性，因为模型的有用性正体现它能够简化现实，提供一个人们能够理解的表达方式。当我们针对问题进行建模的时候，只需要关注于特定问题所设计的要素，从而能够更有针对性地解决我们的问题。因此，系统动力学的建模需要先明确问题，明晰我们真正关心的事项，并据此确定系统边界。

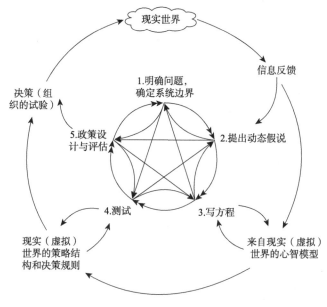

图 2.1　系统动力学建模步骤

2. 提出动态假说

　　动态假说是关于问题如何产生的可行假说。这一步骤主要包含两部分内容，即问题的内生性解释与绘制系统结构图。内生性意味着从内部产生，是由模型中的变量和因素的交互作用产生的。内生性理论通过模型中的变量和因素的交互作用产生系统的动态。通过定义系统构筑及交互的规则，可以探索与此决策规则对应的行为模式，并可揭示出改变规则后行为的变化。在此基础上，利用系统动力学所提供的工具，将动态假说可视化。这些工具主要包括系统边界图、子系统图、因果回路图和存量流量图。

　　（1）系统边界图。系统边界图通过列出内生变量、外生变量及从模型中排除在外的关键变量概括了模型的范围。

　　（2）子系统图。子系统图刻画了模型的整体结构，包括子系统之间的物流、资金流和信息流等。

　　（3）因果回路图。因果回路图用以表示系统反馈结构和因果关系，主要由变量和因果链构成。每条因果链都具有极性，或者为正（＋）或者为负（－），该极性指出了当独立变量变化时相关变量的变化趋势（表 2.1）。在因果关系图中也会标出重要的反馈回路。因果关系图的一大特点是逻辑清晰、构图简单易懂，适合建模初期的系统构图，也常被用于与他人进行思维的沟通，是一个很好的传递思想的媒介。因果关系图并未区分流量和存量，因而因果关系图更多是停留在定性分析上，无法实现模型的定量模拟（钟永光等，2013）。

表 2.1　因果关系链的极性

符号	解释	数学公式
X $\overset{+}{\frown}$ Y	在其他条件相同的情况下，如果 X 增加（减少），那么 Y 增加（减少）到高于（低于）原所应有的量。在累加的情况下，X 加入 Y	在其他条件相同的情况下，$\partial Y / \partial X > 0$ 在累加的情况下，$Y = \int_{t_0}^{t}(X + \cdots)\mathrm{d}s + Y_{t_0}$
X $\overset{-}{\frown}$ Y	在其他条件相同的情况下，如果 X 增加（减少），那么 Y 减少（增加）到低于（高于）原所应有的量。在累加的情况下，X 从 Y 中扣除	在其他条件相同的情况下，$\partial Y / \partial X < 0$ 在累加的情况下，$Y = \int_{t_0}^{t}(-X + \cdots)\mathrm{d}s + Y_{t_0}$

（4）存量流量图。当建模项目需要区分变量并量化模型时，需要在因果关系图的基础上构建存量流量图。存量流量图主要包含四种变量，分别为存量（状态变量）、流量（速率变量）、辅助变量和常量。其中，存量是累积量，表征系统的状态，而流量代表存量的变化速率。流入量使存量增加，流出量使存量减少。存量和流量的表示方法如图 2.2 所示。存量以矩形代表，流入量和流出量由箭头指向（指离）存量的管道表示，存量变化量是流入量和流出量的结合，用双向箭头表示，阀门表示流量受到其他因素影响可以改变，云则代表流量的源和漏。辅助变量是中间变量，主要用于帮助状态变量和速率变量实现信息的传递，它随着相关变量的变化而瞬时发生变化。常量则是在研究中保持不变或者变化甚微的量。

图 2.2　存量流量图

3. 写方程

无论是因果回路图，还是存量流量图，都只是以图形化的方式对系统反馈进行展示，并未实现系统的定量控制。要想实现模型的仿真模拟，需要在存量流量图的基础上，构建系统动力学方程，用以阐述和量化变量之间的具体关系，从而实现从概念图向定量模型的转变，为研究模型中隐含的动力学特性打下基础。

4. 测试

系统动力学模型作为现实世界一个简化和抽象的缩影，无法也无须深入刻画现实世界的每一个细节，但问题的关键要素必须符合逻辑和客观规律，这就要求我们对模型进行测试，检验其合理性和真实性，对于存在问题的模型需要施行进一步调试，以确保模型能够真正解决所提出的问题。总的来说，测试一般包括行为一致性检验、历史检验、真实性检验和灵敏度检验。行为一致性检验主要考察模型运行状态与现实系统行为的一致性，检验模型的行为模式是否符合现实世界；历史检验是对比分析仿真值和历史值间的误差，误差率一般用"（仿真值-历史值）/历史值"来衡量，该比率越小说明模型越贴近现实，越具有真实性和可靠性；真实性检验是在模型建立后，通过标准的约束描述语言，具体地描述模型约束（模型应该遵守的一些基本假定），并通过运行模型来检验系统的行为模式是否违反这些约束；灵敏度检验是对模型进行敏感性分析，通过改变系统参数发现主要变量的变化幅度，帮助建模者发现政策设计中所需考虑到的主要参数。

5. 政策设计与评估

在灵敏度检验结果的基础上，根据研究主题进行政策设计，并设定相关参数。通过模拟仿真发现关键变量的变化趋势，综合分析各政策对系统演化行为的影响，对比分析各调控政策的实施效果，并探讨政策间的耦合性（协同效应及挤出效应），从而可以在此基础上，针对问题实现一系列调控政策的制定。

2.2.2　演化博弈方法

演化博弈理论起源于 20 世纪 90 年代，该理论是对传统博弈理论的完善和发展。传统博弈理论在分析问题时具有一定的局限性（威布尔，2006），它假设所有参与者均为完全理性的且拥有共同的知识，这就要求每个博弈主体具有完全相同的决策环境、理性层次和逻辑思维，但这种情况在现实中是不存在的。另外，传统博弈理论还忽略了博弈过程是动态的，无法对博弈主体的策略行为变化和系统达到均衡的演化过程进行动态描述与解释。为克服上述局限，把博弈理论分析和动态演化过程描述相结合，出现了演化博弈理论，它既不要求博弈主体是完全理性的，也不要求信息掌握完全，强调动态演化过程，重点解释博弈主体为何达到及如何达到均衡状态（谢识予，2001；张维迎，2004），而传统博弈理论重点分析的是静态均衡和比价均衡（易余胤和刘汉民，2005）。演化博弈理论中生物适应度函数是由传统博弈理论中的支付函数转化而来的（Smith and Price，1973），演化稳定均衡是在引入突变机制后由纳什均衡精炼得到的（Smith，1982），复制动态模型经过选择机制构建而成（Taylor and Jonker，1978）。演化博弈理论最初应用于生物进化的竞争或者选择问题上，如今经过发展，该理论作为一个重要的动态分析工具已经在经济、金融、能源等领域得到了广泛的应用。

在系统演化过程中，各行为主体的策略选择实际上并非处于静止状态，而是随着时间的推移及综合各种信息在不断调整变化，呈现出复杂动态博弈的特性。传统博弈理论假定在已知的决策环境下，博弈主体是完全理性的，掌握的信息十分全面，具有完美的预判能力，策略选择能够使得自身利益最大化，但这种假设条件在实际的博弈过程中是不存在的，尤其是在煤炭去产能这样一个利益相关者多、交互性强、过程复杂的博弈中，更不能保证完全理性的条件。因此，运用演化博弈理论来探讨工业产能调控过程中各参与主体的行为选择和稳定策略，能够更加清晰地厘清各参与主体动态策略的演化路径。

2.2.3　多目标规划方法

1. 单层多目标规划方法

单层多目标规划是指只有一个决策主体，变量在满足给定的约束条件下，研究多个目标函数同时极大化（或极小化）的问题（刘海林和刘永清，2002）。一般单层多目标规划包含 5 个基本要素：决策变量、多目标函数、可行解集、偏好关系和解的定义。单层多目标规划可以描述成如下形式：

$$\begin{cases} \min F(x) = \left(f_1(x), \cdots, f_m(x) \right) \\ \text{s.t. } g_i(x) \leqslant 0, \ i=1,2,\cdots,p \\ \quad\ h_j(x) = 0, \ j=1,2,\cdots,q \end{cases} \quad\quad (2.1)$$

其中，$x = (x_1, x_2, \cdots, x_n)$ 为 n 维决策向量；目标函数为 $F(x) = \left(f_1(x), \cdots, f_m(x) \right)$，$m \geqslant 2$；可行域记为 $X = \left\{ x \in R^n \mid g_i(x) \leqslant 0, i=1,2,\cdots, p, h_j(x) = 0, j=1,2,\cdots,q \right\}$。

定义 2.1： 对于可行点 $x^* \in X$，若任意的 $x \in X$，有 $f(x) \leqslant f(x^*)$，则称 x^* 为多目标规划式（2.1）的绝对最优解。若不存在 $x \in X$，使得 $f(x^*) \leqslant f(x)$，则称 x^* 为多目标规划式（2.1）的有效解。

有效解通常也称非劣解或 Pareto 最优解。绝对最优解在多目标决策问题中通常是不存在的，因此多目标决策问题的本质就是决策者根据偏好关系在有效解之间权衡，找到最好的满意解（石连栓等，2009）。

在现实生活中，多目标决策问题广泛存在。很多决策问题包含了多个参与者，在决策时要考虑不同参与者的利益，由于决策问题的复杂性和事物的广泛联系性，决策结果的影响也是多个方面的，在决策过程中必须对这些影响进行权衡（陶化成，1982）。因此结合去产能背景，关于去产能的决策问题中也存在着多个决策目标。

2. 二层规划方法

二层规划问题起源于 20 世纪 50 年代 Stackelberg 在研究非平衡市场经济中提出的一种博弈模型，用于解决两个决策者之间的对策问题（Strehlow and von Stackelberg，1950）。二层规划的提出是对多目标规划的完善和发展，解决了传统多目标规划中只能有一个决策主体的局限性。二层规划是一种具有二层递阶结构的系统优化问题，上层的决策影响着下层的目标实现，而下层的决策又影响着上层的目标实现，上层问题和下层问题都有各自的决策变量、约束条件和目标函数。在现实社会中，上下层决策者通常隶属于不同的部门，代表不同的利益，具有相对的独立性。二层规划作为一个重要的优化方法和手段，目前已在经济管理（Quashie et al.，2018；Xiao et al.，2018）、网络规划（Londono and Lozano，2014；Baffier et al.，2018）、工程问题（Muhuri and Nath，2019；Elsido et al.，2019）、电力定价（Savelli et al.，2018）、交通优化（Jung et al.，2016；Gaspar et al.，2015）及其他领域（Iturriaga et al.，2017；Feijoo and Das，2015）得到了广泛应用。

二层规划是一种对多层递阶决策问题进行系统优化的方法之一。其决策机制如下：首先上层向下层宣布自己的决策，该决策直接影响下层的可行域和目标函数，下层在上层影响下进行决策，并将自己的最优决策反馈给上层。下层的决策也会影响上层的目标函数的可行性，进而上层再次调整决策直至其目标函数值最优。双层规划的基本形式为

$$
\begin{cases}
\max\limits_{x} F(x,y) \\
\text{s.t. } f_i(x,y) \leqslant 0 \quad (i=1,2,\cdots,n) \\
x \geqslant 0
\end{cases}
\tag{2.2}
$$

其中，y 为下层问题式（2.2）的解。

$$\begin{cases} \max_{y} G(x,y) \\ \text{s.t. } g_k(x,y) \leqslant 0 \quad (k=1,2,\cdots,m) \\ y \geqslant 0 \end{cases} \tag{2.3}$$

上述 $F(x,y)$、$G(x,y)$ 分别为上层和下层规划的目标函数，$x \in R^{n_1}$，$y \in R^{n_2}$ 分别为上层、下层规划的决策变量。

记容许集 Ω：

$$\Omega = \left\{ \begin{array}{l} (x,y) \in R^{n_1+n_2} \mid f_i(x,y) \leqslant 0, g_k(x,y) \leqslant 0, \\ x > 0, y > 0, i=1,2,\cdots,n; k=1,2,\cdots,m \end{array} \right\}$$

对于任意的 $x > 0$，下层规划问题（2.2）的合理反应集为 $M(x)$：

$$M(x) = \left\{ y \in R^{n_2} \mid y \in \arg\max\{G(x,y), y \in \Omega(x)\} \right\}$$

上层规划问题（2.2）的可行域为

$$S = \left\{ (x,y) \in R^{n_1+n_2} \mid (x,y) \in \Omega, y \in M(x) \right\}$$

定义 2.2：如果对于任意的 $(x,y) \in S$ 都有 $F(x,y) \leqslant F(x^*,y^*)$，称 $(x^*,y^*) \in S$ 为二层规划的最优解。

性质 2.1：若 $F(x,y)$、$G(x,y)$、$f_i(x,y)$、$g_k(x,y)$ 都是连续可微函数，则二层规划问题的解 (x^*,y^*) 必在 Ω 极点取得。

3. 最优化方法

最优化方法（也称作运筹学方法）是近几十年形成的，它主要运用数学方法研究各种系统的优化途径及方案，为决策者提供科学决策的依据。最优化方法的主要研究对象是各种有组织系统的管理问题及其生产经营活动。最优化方法的目的在于针对所研究的系统，求得一个合理运用人力、物力和财力的最佳方案，发挥和提高系统的效能及效益，最终达到系统的最优目标。

传统的优化方法包括了梯度下降法、牛顿法、拟牛顿法、共轭梯度法等。它们都是解决非线性优化问题最有效的方法之一，其最核心、最基本的优化思想类似于梯度下降法：将函数在该点处目标函数下降最快的方向作为搜索方向来寻求最优解，但牛顿法、拟牛顿法和共轭梯度法都是在梯度下降法的基础上改进而来的，优化了迭代步长，避免了计算 Hesse 矩阵求逆的缺点，使得这些算法更适合复杂困难的问题。

随着近现代计算机技术的发展，一些更为智能、更为优化的算法——启发式优化算法出现了。启发式优化算法是指在解决某类问题时利用过去的经验总结，选择有效范围内的方法，而不是系统地、以确定的步骤去搜寻最优解。其核心思想是通过多轮的搜寻迭代过程搜索符合约束条件的最优或次优解。常用的智能算法原理包括遗传算法原理、蚁群算法原理、粒子群算法（particle swarm optimization，PSO）原理等。

1）遗传算法原理

遗传算法是模拟达尔文生物进化论的自然选择和遗传学机理的生物进化过程的计算模型，是一种通过模拟自然进化过程搜索最优解的方法（Y. Wang et al.，2020）。当利用遗传算法求解问题时，问题的每一个可能解都被编码成一个"染色体"，即个体，若干个个体构成了群体（所有可能解）。在遗传算法开始时，总是随机地产生一些个体（即初始解），根据预定的目标函数对每一个个体进行评估，给出一个适应度值，基于此适应度值，选择一些个体用来产生下一代。选择操作体现了"适者生存，劣者淘汰"的原理，"好"的个体被用来产生下一代，"坏"的个体则被淘汰。选择出来的个体经过交叉和变异算子进行再组合生成新的一代，这一代的个体由于继承了上一代的一些优良性状，故在性能上要优于上一代，这样逐步朝着最优解的方向进化（Ramachandran et al.，2020）。因此，遗传算法可以看成一个由可行解组成的群体初步进化的过程。

2）蚁群算法原理

蚁群算法是计算机模拟蚂蚁在自然界中寻找食物的过程的算法（Jian and Li，2019）。它是一个正反馈过程。蚁群在觅食过程中受到信息素的影响，成为一种集体行为。只有蚁群的集体行动才会产生"智能"行为。单个蚂蚁的行为不具备上述特征。在以往的研究中，蚁群算法的一些规则可以总结如下（Kim et al.，2016；Kawashima，2013；Lee et al.，2015）。

（1）蚂蚁感知的范围。

在寻找食物的过程中，蚂蚁需要不断地探索寻找食物的位置。

（2）蚂蚁寻找食物环境。

在寻找食物的过程中，蚂蚁的生存环境并不是一成不变的，而是随着蚂蚁的活动而变化。在这种变化过程中，可能会有障碍物、其他蚂蚁、信息素等。蚂蚁寻找食物时依赖信息素，而信息素受时间和路径长度的影响。

（3）蚂蚁觅食规律。

当蚂蚁寻找食物时，如果有食物，它会在感知范围内朝食物的方向移动。如果在感知范围内找不到食物，蚂蚁就会向信息素浓度更高的方向移动。在这一过程中，蚁群有一定的概率不会遵循这一规则而向其他方向移动。如果这些蚂蚁找到较短的路径，新路径上的信息素浓度会更高，从而吸引蚁群中的大多数蚂蚁。总之，蚁群中的蚂蚁总是朝着最短路径的方向收敛，这是一个正反馈过程。

（4）蚂蚁运动规律。

如果有信息素在蚂蚁所能感知的范围内，蚂蚁就会向更高浓度的信息素的方向移动。在同样的情况下，如果没有信息素，蚂蚁会朝着原来的方向移动。

（5）遇到障碍。

在寻找食物的过程中，由于环境的复杂性，蚂蚁可能会遇到障碍。如果发生这种情况，且环境中有信息素，蚂蚁就会向更高浓度的信息素的方向移动；反之，没有信息素，蚂蚁就会随机选择路径以避开障碍物。

（6）蚁群关联规则。

在整个寻找食物的过程中，每只蚂蚁似乎都是独立存在的，但在信息素的影响下，整个蚁群中的蚂蚁相互作用，形成了一定的"智能"行为。

3）PSO 原理

PSO 是模拟鸟类群体捕食行为的方式来搜寻最优解的算法，主要用于解决最优化问题（Gao and Su，2020）。PSO 的数学方法是 n 个粒子（裂解）形成一个种群 $S=\{x_1, x_2, \cdots, x_n\}$ 在 m 维空间中。其中，第 i 个粒子代表一个 D 维向量，$X_i = (x_{i1}, x_{i2}, \cdots, x_{iD})$，$i = 1, 2, \cdots, n$，即 m 维空间中第 i 个粒子的位置。根据目标函数，计算每个粒子的适应度（如距离）。P_{ti} 表示粒子 i 迭代到 t 次所经历的最优解，$\text{rand}(2)$ 表示整个种群迭代到 t 次所经历的最优解，$V_i = (v_{i1}, v_{i2}, \cdots, v_{iD})$ 表示粒子 i 的速度。基本 PSO 的迭代方法如下（Gharavian et al.，2017）：

$$V_i^{t+1} = \omega V_i^t + c_1 \text{rand}(1)\left(P_i^t - X_i^t\right) + c_2 \text{rand}(2)\left(P_g^t - X_i^t\right) \quad （2.4）$$

$$X_i^{t+1} = X_i^t + V_i^{t+1} \quad （2.5）$$

其中，$i = 1, 2, \cdots, n$ 为粒子标签；t 为迭代次数；ω 为惯性权重；c_1 和 c_2 为学习因子（取正）；$\text{rand}(1)$ 和 $\text{rand}(2)$ 为介于[0，1]的随机数。对于粒子 i 在时间 k 处的 D 维移动速度 v_{id}^k，应与式（2.6）一致：

$$\begin{cases} v_{id}^k = v_{d,\max}, \text{if } v_{id}^k = v_{d,\max} \\ v_{id}^k = -v_{d,\max}, \text{if } v_{id}^k < v_{d,\max} \\ i = 1, 2, \cdots, m \\ d = 1, 2, \cdots, n \end{cases} \quad （2.6）$$

2.2.4　组合预测方法

组合预测在 1969 年由 Bates 和 Granger 首次提出，作为预测领域研究的重要分支，该理念一经提出便受到了高度重视，该方法现已被广泛应用于能源预测、宏观经济预测、消费预测等领域。传统的预测方法在其各自的适用领域都表现出了良好的预测性能，但是，现实世界中事物的发展规律会受到很多随机因素的影响，表现形式十分复杂，再加上受到各种突发因素的影响，数据的发展趋势具有波动性和不确定性。现有的单一预测模型在处理数据时会受到一些限制，导致预测性能不理想。组合预测理论将不同的模型进行组合以发挥各模型的优点，克服了单一模型在预测时可能产生的局限性，充分利用各种单项预测方法所提供的有效信息（Holden and Peel, 2010），捕捉到复杂数据中更全面的信息，提升了预测性能（Tulyakov et al., 2008）。

现有的预测方法大致分为单模型预测和组合预测。单模型又可分为两类：计量模型和人工智能模型。常用的计量模型包括指数平滑模型（Taylor, 2008）、ARIMA 模型（autoregressive integrated moving average model, 自回归积分滑动平均模型）（de Assis Cabral et al., 2017）、灰色模型。计量模型虽然对符合其假设条件的时间序列数据具有良好的预测性能，但计量模型大多基于线性假设，在复杂度较高的非线性时间序列中预测效果不佳（Y. Zhang et al., 2019）。因此，人工智能模型因具有良好的自学习和自组织能力，能够逼近非线性函数的优势被广泛用于预测（Wu et al., 2020），其中，SVM（Al-Musaylh et al., 2018）、人工神经网络（Khwaja et al., 2017）受到了很多的关注。虽然人工智能模型有很好的泛化能力，但它们也存在参数敏感性、局部最优及过度拟合等问题（Yu et al., 2017）。

由此可见，计量模型和人工智能模型都存在自身的优势与不足。组合预测方法凭借其可以集成单模型优点并弥补不足的独特优势受到越来越多的关注。多种算法的有序组合能有效利用各种方法的长处以弥补其他方法的不足，采用定性与定量相结合的组合预测模型可提升预测精度（Aiolfi et al., 2010）。近年来，学者们在完善单项模型筛选方法和单项模型组合形式等方面展开了许多尝试，丰富了组合预测的理论内涵。同时，还就预测模型结构设定、参数估计和模型检验方法进行修正与扩展，推动了组合预测理论的快速发展（凌立文和张大斌，2019）。

2.2.5　断点回归方法

断点回归设计被认为接近于随机试验，能够有效验证变量之间的因果关系。自 Lee 和 Lemieux 在 2010 年提出了运用断点回归方法进行经验分析的规范后，断点回归方法被运用于经济学、政治学、教育学等学科的研究中。与传统的计量模型和回归方法相比，断点回归方法在政策评估方面备受学者青睐，归因于其特有的优势：可以将某项政策与其他影响因素剥离，通过检验政策实施带来的跳跃效应来定量评判政策效果。与工具变量法和双重差分法相比，断点回归设计更接近于随机试验，因而从理论上讲是更好的因果识别方法，其中运行变量往往为时间或空间（地理边界）。当时间或空间达到政策开始执行的要求时，政策作用主体必须会受到政策影响，否则政策不会发生作用。因此，政策实行前后被解释变量的差异反映了政策的效果。这一识别方法的基本思想是利用政策规则上的非连续特征，这种政策规则使得当某个可观测的特征变量等于或大于某个阈值时，经济个体就会接受处理效应。只要经济个体不能够完全操纵驱动变量，那么因变量的非连续变动就可以视作是由处理状态引起的。

断点回归是目前广泛应用的一种政策评估和因果关系识别的实证研究策略，其核心思想是某项外生的制度断点按照一定规则将样本分配到断点两侧，从而造成一种自然实验的效果。断点两侧的样本越接近于断点，则样本间的系统差异越小；若被解释变量此时在断点处出现跳跃，则认为此时存在政策的处理效应。相较于传统的双重差分法和工具变量法，该方法假设条件更为宽松，不要求有关变量保持相对独立且服从特定分布，同时借助简单的图示法就可以检验其假设条件是否满足，且能较好地解决模型中的内生性问题。

2.2.6　文本挖掘方法

文本挖掘方法是近些年来数据挖掘领域的一个重要的分支。文本挖掘也叫文本数据挖掘、文本分析，是指从海量的文本数据中发现高质量的信息，并自动识别文本数据集中的模式和关系的过程。文本挖掘的核心思想是利用文本切分技术，抽取文本特征，将文本数据转化为能描述文本内容的结构化数据，然后利用聚类、分类技术和关联分析等数据挖掘技术，形成结构化文本，并根据该结构发现新的概念和获取相应的关系，目的在于从大规模的文本数据集中发现潜在的、有意义的知识，即对文本数据集及文本关系的理解，并最终将其转化为计算机可识别、可处理的知识。该方法的关键是先提取文本中重要词条，再根据关联技术、聚类技术或者分类技术，最终转化为结构性文本，获取相应的文本关系。

考虑到政策文本的特点是文本较长、语义完整、术语较多且不具有固定结构，因此本书在去产能政策协同度评估部分从横向协同、纵向协同和时间协同三个维度来构建政策文本挖掘模型来探讨去产能政策的协同情况，从而为优化产能调控政策提供客观真实的决策支撑。

2.2.7　模拟仿真方法

国外学者将复杂系统分析设计的研究模型应用于政府的政策分析始于19世纪 70 年代（Bahn et al.，1998），而国内学者主要根据模型做了大量的实证研究。本书着重梳理了政策分析的方法，常用政策模拟方法如下。

（1）可计算的一般均衡（computable general equilibrium，CGE）模型：CGE 模型是目前应用于经济领域的一种政策模拟工具。Olatubi 和 Hughes（2002）重点研究环保政策对农业部门的影响，该研究通过建立路易斯安那州的区域性 CGE 模型，来分析湿地保护计划对各部门特别是农业部门的影响。Dessus 和 O'Connor（2003）研究了常规污染物控制的共生效益和温室气体减排政策对公众健康的影响。杨岚等（2009）建立 CGE 模型研究了征收能源税对经济、环境各部门的影响。前者研究了征收不可再生能源从价资源税，降低重工业出口退税等不同政策工具对宏观经济的影响，后者则主要分析了我国能源税对能源、经济和环境等各部门的影响。刘小敏和付加锋（2011）针对我国 2020 年单位 GDP 的二氧化碳排放总量下降的目标，利用 CGE 模型的宏观平衡和政策分析能力，估计我国 2020 年碳排放量目标执行难易程度。原磊和王秀丽（2013）采用 CGE 模型模拟了三种不同宏观政策取向对工业经济系统的影响。

（2）动态随机一般均衡（dynamic stochastic general equilibrium，DSGE）模型：Iwata（2011）利用 DSGE 模型研究了不同的财政政策对宏观经济波动的影响；Ambler（2007）利用非线性 DSGE 模型来分析货币政策对实体经济的作用；Zeng（2011）通过建立 DSGE 模型研究了当存在金融中介摩擦时，非传统货币政策的传播机制及其对金融部门的影响；杨翱等（2014）采用 DSGE 模型模拟了不同的碳排放政策对宏观经济发展的影响。

（3）结构向量自回归（structural vector autoregressive，SVAR）模型：SVAR 模型在国内外货币政策研究中得到了广泛应用，如 Iacoviello（2000）利用 SVAR 模型研究了欧洲 6 个国家房价与宏观经济的动态关系；Elbourne（2008）利用 SVAR 模型研究了英国房地产市场在货币政策传导机制中的作用。国内研究则主要包括：谢赤和邓艺颖（2003）分析了 SVAR 模型在货币政策传导机制中的应用；崔畅（2007）通过 SVAR 进行了货币政策对股票价格动态冲击的识别检验；李树丞等（2008）、虞晓芬和薛永晓（2008）运用 SVAR 对我国房价在货币政策传导中的作用进行了分析。

（4）系统动力学模型：宋学锋和刘耀彬（2006）根据城市化与生态环境耦合内涵，建立了江苏省城市化与生态环境系统动力学模型，并选取五种典型的耦合发展模式进行情景模拟，得出分阶段和分地域的推进人口城市化发展模式和社会城市化发展模式，可以实现该省人口、经济、城市化和生态环境协调发展的目标；刘志强等（2010）构建了农业经济系统模型，并对不同农业资源保障政策进行了模拟仿真；Ansari 和 Seifi（2012）通过建立系统动力学模型实证分析了伊朗钢铁工业及水泥行业的能源消耗与二氧化碳排放等环境污染问题，制定并模拟了相应能源政策，解决伊朗在相应行业内的环境问题等；Jeon 和 Shin（2014）利用系统动力学模型预测和分析了可再生能源政策，并对能源可再生发展的成本进行评估，制定了相关的能源发展政策；Song 等（2014）通过分析我国的能源系统，构建了能源、经济、环境和人口的系统动力学模型，对相关调控政策和影响因素进行分析，并提出了我国能源可持续发展的政策建议；Liu 等（2015）采用系统动力学模型模拟分析了不同的交通政策对北京交通系统二氧化碳排放的影响；唐丽敏等（2013）通过分析物流与经济、能源和环境之间的关系，建立了物流节能减排的系统动力学模型，并对不同的物流减排政策进行了模拟仿真；周李磊等（2015）构建了重庆市经济–资源–环境系统（economy-resources-environment system，ERE）模型，模拟了不同政策情景下重庆市的经济发展情况。

总体而言，传统模型（如一般均衡模型）通常假定经济系统的结构是未知的，且这些模型能够处理的信息是有限的，因此不能较好地反映经济发展的动态过程，而 CCIES 与工业产能过剩治理系统作为一个复杂的大系统具有高阶次、反馈回路多等特点，适宜采用系统动力学方法来进行研究。

2.3　本章小结

本章主要对本书研究内容所涉及的理论基础和方法基础进行了系统梳理。具体来讲，本章研究的理论基础主要包括可持续发展理论、产业关联理论、信息不对称理论、利益相关者理论、系统脆弱性理论、政策评估理论和政策协同理论，方法基础主要包括系统动力学方法、演化博弈方法、多目标规划方法、组合预测方法、断点回归方法、文本挖掘方法、模拟仿真方法等。这些源于多领域、多学科的知识与方法为本书研究的全面和深入实施奠定了坚实的理论与方法基础。

第 3 章　工业产能过剩的经济后果及传导机制研究

揭示产能过剩的经济后果及传导机制，有助于深刻理解产能过剩的危害，也是开展产能过剩治理机制和治理政策研究的必要前提。鉴于区域经济发展的不均衡性，产能过剩不可避免地会对地区经济发展产生一定程度的冲击，具体表现为产品价格下跌和市场需求萎缩。为此，本章研究基于城市区域视角，以中国最大的煤炭资源型城市——鄂尔多斯市为对象，重点探讨产能过剩对区域工业经济系统的经济冲击及传导机制。具体而言，本章分析了产能过剩背景下区域工业经济系统的脆弱性机理，构建了产能过剩的经济后果及传导机制动力学模型，并以鄂尔多斯市工业经济系统为实证分析对象，考察了产能过剩对区域工业经济系统的经济冲击及影响路径，探讨了产能过剩情景下区域工业经济水平的演变规律。研究结果不但有助于深刻理解工业产能过剩的经济后果及传导机制，而且为产能过剩背景下区域经济可持续发展能力提升策略制定提供新的理论依据和分析工具。

3.1　区域工业经济系统脆弱性机理分析

3.1.1　区域工业经济系统脆弱性动态演化机制

作为研究复杂系统的新兴工具，复杂网络关注个体与整体之间的关系，从而在宏观整体演化和微观个体行为之间架起了一座桥梁。行为主体、资源及活动的发生是网络的三个基本变量（Hakansson，1987）。网络的动态变化和网络上的动态变化是网络动态性的两个方面，前者指网络自身的演化和结构变化，如节点与连接的增减变化；后者指网络中节点自身的属性变化和发展，如决策能力、应对能力的变化（Watts and Strogatz，1998）。其中，行为主体即网络节点，活动的发生即网络连接，资源是系统演化的基础，网络的动态变化即整体网络的动态性，网络上的动态变化即节点的动态性。

区域工业经济系统要保持良好的发展状态需要应对系统内外多重扰动因素。系统在受到外部冲击时往往具有三种防御机制：一是感知外界变化的敏感性，使系统有更多的应对时间；二是采取有效的抵抗，以保持系统的稳定性，降低灾难或危险的程度；三是如果系统遭到破坏，能够进行一定程度的自我修复（张青等，2011）。这三种防御机制分别对应着系统脆弱性属性的三个方面，即敏感性、抵抗力与自我修复力。因此，区域工业经济系统复杂网络脆弱性的演化机制蕴含于网络节点与网络整体的动态演化中。

1. 网络节点的脆弱性演化机制

区域工业经济系统复杂网络中的节点主要指各种形式的企业主体，其行为倾向和结果的形成与演化机制决定着企业主体的脆弱性。企业是具有自组织、自适应特性的个体，企业应对环境变化时的基本行为可以用主体的基本行为模型描述。如图 3.1 所示，网络中企业的执行系统是企业行为形成的核心，由企业节点接收某个时刻外部输入信息前的属性决定。企业作为资源的集合体，会随着其既定管理框架内可获得的资源集合的扩张而成长（Penrose，1995）。执行系统可以抽象为三个部分，即探测器、规则集和响应器。其中，探测器接收处理外部信息，规则集对接收到的信息做出反应，而响应器则用来输出消息。企业根据以往经验在适应新环境的过程中改变它从环境中接收信息、处理信息与作用于环境的能力。通过与环境的交互，企业在激励与响应中不断变化，其动态性不断推动着节点自身脆弱性的演化。

基于脆弱性属性对企业的行为机制进行分析，企业的敏感性决定它的承受能力，表现为对外界扰动的响应程度。不同敏感性的主体会对不同的扰动强度与类型做出不同的反应，如敏感性越强，主体的响应程度越大；主体与不同关联主体之间的关系类型不同，可能处于控制、从属或平等的地位，主体可能会对来自被依赖主体的信息做出较大响应，而不对来自依赖主体的信息做出响应。企业的应对能力（抵抗力与自修复能力）决定它的处理能力。当主体接收到的脆弱性达到引发其自身脆弱性的阈值时，主体会通过规则集选择其应对措施，从而产生不同的抵抗或修复效果。若不同应对能力的主体解决问题的水准不同，则不同规则集支配下形成的行为速度与方式也不同。例如，由于组织惯性不同程度地存在，企业的应对行为会出现不同程度的"迟钝"或"延迟"现象（吕一博等，2015）。敏感

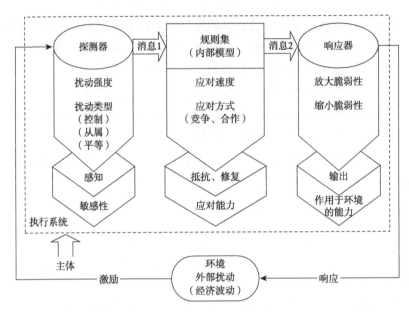

图 3.1　基于脆弱性的区域工业经济系统复杂网络主体基本行为模型

性与应对能力共同构成了主体的脆弱性属性，表现为主体作用于环境的风险功能，其整个决策过程可能成功或失败，从而向环境输出不可预测的放大或缩小的脆弱性。具体而言，主体的反应速度越快，应对能力越强，其成功概率越大。通过与环境的不断交互，企业的脆弱性随着企业属性的演化而演化。

2. 网络整体的脆弱性演化机制

资源是系统演化的基础，系统中不同位置的资源充裕度不同，不同网络位置的企业可获得的资源也不同。企业通过资源扩张谋求自身最大化利益，而网络是区域工业经济系统中企业获取资源的主要途径。系统中的不同位置上分布着不同的资源与若干主体，一方面，企业通过在网络上移动，与相邻企业之间建立互惠共生、偏利共生等多种关系（孙博和王广成，2012），互相交换资源与信息；另一方面，企业个体在做出行为选择时会同时受到利益需求驱动和网络结构约束两种力量的作用（Holmes and Marsden，1981）。因此，企业个体的资源管理行为，在网络结构视角就表现为对网络关系的管理。资源的稀缺性决定了企业在获取资源的过程中既有竞争也有合作，并且网络内的资源在不停地创造和流动，企业会随着资源的变化不断调整其网络关系，网络中所有企业的网络行为的动态耦合共同构成了系统的行为演化，即整体网络的动态性。

网络整体的脆弱性演化机制由节点的脆弱性演化机制与复杂网络上的传播动力学机制共同构成。根据网络传播学相关理论，即使是微小的传染源也足以在庞大的网络中蔓延。当系统暴露于危险中时，企业节点的自身脆弱性先成为调节风险的因素，部分脆弱节点受损之后成为系统的风险源，风险通过节点企业之间的网络管理行为在系统中传播，在分岔、混沌和一般的不稳定震荡等动力学机制作用下，不同网络结构的区域工业经济系统会产生不同的系统行为，响应外部环境变化并引起环境中的某些变化，推动网络整体脆弱性的不确定演化。

根据以上两方面的分析，区域工业经济系统复杂网络的脆弱性动态演化体现在三个层次，即外界环境的变化、网络内资源的变化，以及网络结构的变化（企业的消亡与重生、关系的断裂与重建）。其中，外界环境的变化是外在驱动力，网络内资源的变化是内在驱动力，而网络结构的变化是直接动力。

3.1.2 区域工业经济系统脆弱性动态演化图景

区域工业经济系统的脆弱性演化遵循着混沌（平衡态）→有序→混沌（非平衡态）的自组织过程，既是一种过程，也是一种结果。在过程上包含对外部环境激励的感知、响应与应对等，而在结果上表现为其系统结构、功能、生态经济效益等的变化。区域工业经济系统的脆弱性是在不断演替变化的，系统在平衡态与非平衡态、有序与无序、稳定与不稳定的推动下不断革新，脆弱性被扰动风险激发会打破系统的稳态，新形成的相对稳定系统具有新的脆弱性属性，系统的脆弱性属性随着系统演化阶段的更替而更替，系统的脆弱性状态随着功能的变化而变化。空间上的环境变化和时间上的历史轨迹相互作用形成了区域工业经济系统的时空脆弱性。

如图 3.2 所示，区域工业经济系统处在混沌的经济环境中，其脆弱性首先诱发于特定的外部扰动，外部环境的变化通过引起系统内部要素的随机涨落，导致系统脱离原有形态嵌入非平衡态条件中，脆弱性在随机涨落与非线性机制的共同作用下自组织演化，以致系统突变产生新的结构。外部扰动首先会使网络中的脆弱性节点受到影响并成为风险源，脆弱性节点通过与关联节点进行能量、物质、信息的交换对环境变化做出响应，并引发系统局部结构的变化，变现为系统整体稳定性的偏离。微涨落不能打破原有系统存在的秩序，脆弱节点可通过自身的调节消除脆弱性影响，使系统回归到相对稳定状态。当具备一定外界条件时，局部脆弱性通过企业之间资金链、供应链、技术链等网络关系的耦合作用，在非线性机制下迅速放大扩散，局部脆弱性演化为系统的整体脆弱性，并通过系统内各个要素的变化引起系统形态、结构和功能由量到质的非线性变化，即新的有序结构源于原有结构的破坏，原有结构的破坏源于微涨落的放大，微涨落的放大以临界点失稳为条件。涨落对系统演化的作用是双向的，既有可能推动系统的进化，也可能使系统走向退化。在系统脆弱性自组织的过程中，若没有政府的有效调控或政府调控失效，协同作用将推动脆弱性这一无序性因素成为序参量，并引导区域工业经济系统的无序演化，最终导致网络结构的破坏甚至系统的崩溃，表现为企业关系破坏、大量企业停产、生态功能破坏、经济环境绩效下降等。区域工业经济系统在政府调控下利用外部环境和自身现有资源，通过反复实践和利用有限多元化适应环境变化，则会推动稳定性成为系统演化的序参量，主导系统形成新的有序结构并逐步降低系统的脆弱性。当达到一种状态向另外一种状态转变的临界点时，系统总是面临多种可能的状态选择。区域工业经济系统中的网络主体会在竞争与合作中改善自身适应能力，延续自身有效规则、学习模仿竞争者的成功经验，宏观上表现为系统的分岔与突变，如循环产业链的专业化延伸、生态链接技术的创新等。

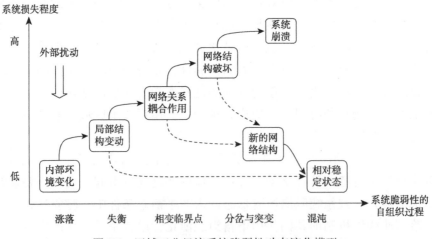

图 3.2　区域工业经济系统脆弱性动态演化模型

　　在区域工业经济系统脆弱性的自组织演化中，系统的网络结构在外部扰动和内部要素交换的共同作用下发生变化，脆弱性的非线性传导扩散以网络关系和要素变动的存在为前提。在复杂多变的扰动环境中，区域工业经济系统脆弱性的自组织在结构、功能和涨落的相互作用下发生，形成整体无序与有序之间的动态演化过程。

3.1.3　区域工业经济系统响应产能过剩的脆弱性传导关系

根据 Mathews 和 Tan（2011）、Yao 等（2015）的研究，区域工业经济系统由原生产业子系统和外生产业子系统两个子系统构成。原生产业子系统指煤炭开采、加工形成的生产系统；外生产业子系统指以煤炭为消费品的各类产业及其下游产业的集合，如化工、电力、建材、冶金、制造业等产业。区域工业经济系统的整体演化和健康发展与两个子系统的合理组织、有序运作、相互协调密切相关。区域工业经济系统脆弱性是指受到外界干扰前后区域工业经济系统的损失程度或故障程度。现有的脆弱性概念模型大多是针对某一类系统构建的，重点关注生态系统脆弱性分析。因此，在众多的脆弱性分析框架中，本书以驱动力-压力-状态-影响-响应模型（Smeets and Weterings，1999）清晰的因果关系为基础，结合暴露-敏感-适应模型（Polsky et al.，2007）对系统性能的分解，建立"产能过剩引起的经济冲击→结构演化→功能退化→绩效下降"的传导关系模型，如图3.3所示。

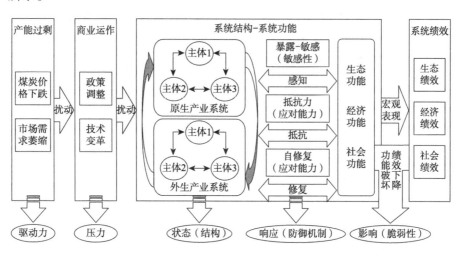

图 3.3　区域工业经济系统响应产能过剩的脆弱性分析框架

区域工业经济系统是模仿自然生态系统设计的由一系列主体或子系统构成的相互联系、相互影响的体系。系统依其不同的结构实现不同的功能，而特定功能的实现需要具备一定的结构。在相对稳定的经济环境中，区域工业经济系统通常具有较强的自组织能力。具体表现为资源、能量和信息在纵横交织的产业链网间的高效循环利用，系统在社会-经济-生态功能的协同作用下产生良好的生态和经济绩效。但是，当系统暴露于经济冲击中时，则表现出明显的自适应能力不足。内部经济要素的重新配置及资源状况的变化，会引起系统内部结构向着不利于系统社会、经济和生态功能正常发挥的方向演变，最终导致矿区社会绩效、经济绩效和生态绩效的下降。区域工业经济系统内部结构通过影响系统对扰动的防御机制（即感知外界变化，采取有效的抵抗及一定程度上的自我修复）改变系统的功能。因而，内部结构是区域工业经济系统脆弱性产生的直接因素，产能过剩引起的经济冲击是脆弱性演变的驱动因素，但这种驱动因素通过影响系统结构特征使系统脆弱性发生改变。

具体而言，能源商品的价格对宏观经济环境的变化较为敏感。在产能过剩背景下，煤炭价格下跌和市场需求萎缩往往会打破区域工业经济系统内部主体之间原有供需关系的平衡，引发区域工业经济系统内企业市场战略、生产规模的调整。这些变化又会引发企业之间的信息、产品、副产品和废弃物交换关系等经济与生态关系的改变，进而推动区域工业经济系统战略、结构、空间布局及其生态环境关系的调整。区域工业经济系统内部组成要素之间相对稳定联系的变化意味着系统原有内部结构的变动。在不对系统施加人工干预的情形下，区域工业经济系统内部连接关系的破坏，将导致系统社会、经济和生态功能的下降。区域工业经济系统内部结构在系统要素及子系统间的反馈耦合作用下不断演化，直至进入新的稳定状态。

综上所述，区域工业经济系统的演进是系统内部各主体协同发展的集体效应，而系统的整体脆弱性则是通过各主体之间的反馈耦合作用体现出来的。内部结构的差异会使区域工业经济系统呈现出不同的脆弱性特征，而且系统脆弱性会随着系统内部结构的改变而不断演化。

3.2　工业产能过剩的经济后果及传导机制动力学模型构建

3.2.1　研究对象选取

综合考虑我国煤炭资源型城市的特征，本章研究选取典型的煤炭资源型城市——鄂尔多斯市作为实证研究对象。

鄂尔多斯市作为我国最大的煤炭和煤化工基地，其煤炭资源拥有量及年产量居全国之首。根据鄂尔多斯市统计局的数据，2019 年，该地区已探明煤炭储量达 2017 亿吨，约占中国总储量的 11%，原煤产量达到 6.79 亿吨，占全国原煤总产量的 17.63%。自 2004 年 8 月中国第一个煤制油项目在鄂尔多斯市开工建设以来，经过多年的发展，鄂尔多斯市形成了由乌兰木伦、汇能、大陆、准格尔等 4 个煤化工工业园组成的煤化工产业基地。多年来，煤炭产能过剩造成了鄂尔多斯市的经济出现了较大的起伏，2013 年煤炭产业产值首次出现负增长，企业利润也大幅下滑，鄂尔多斯市的工业经济发展正面临着前所未有的挑战。因此，选取鄂尔多斯市进行实证讨论具有一定的代表性。

3.2.2　系统边界确定

建立系统动力学模型的前提是明确系统边界，也就是其子系统构成。系统动力学理论认为，人是有限理性的，不可能建立一个无所不包的模型，或有能力对这样一个模型进行分析。这就要求在构建系统动力学模型之前首先要确定哪些关键要素应该纳入模型之中，哪些相关度低的要素应排除到模型之外。如果在建模之初没有对模型边界进行合理界定，致使很多不重要的因素混杂其中，那么将会导致研究者无法抓住重点要素与作用关系，因此需要首先对模型边界进行确定。

根据已有研究文献（Mathews and Tan，2011；Song and Li，2012；Yao et al.，2015）和鄂尔多斯市的实际经济状况，我们将鄂尔多斯市工业经济系统划分为 4 大子系统，分别为煤炭产业子系统、煤化工产业子系统、下游工业产业子系统和生产性服务业子系统。煤炭产业子系统是指煤炭开采、加工形成的生产系统。煤化工产业子系统是指以煤炭为原料，经过化学加工使煤转化为气体、液体、固体燃料及化学品的生产系统。下游工业产业子系统是指以煤炭和煤化工产品为消费品的各类产业及其下游产业的集合，包括电力、化工、建材、冶金及其他制造业等产业。生产性服务业子系统是指为上述三个子系统正常运行和发展提供各种保障的服务子系统。煤炭产业尤其是煤化工产业是一种典型的资本密集型和技术密集型产业，而且主产区与市场需求区存在巨大的空间距离。因此，我们主要从金融服务、物流服务和科技服务三个方面考察其对鄂尔多斯市工业经济发展的支撑作用。鄂尔多斯市工业经济系统的基本构成如图 3.4 所示。

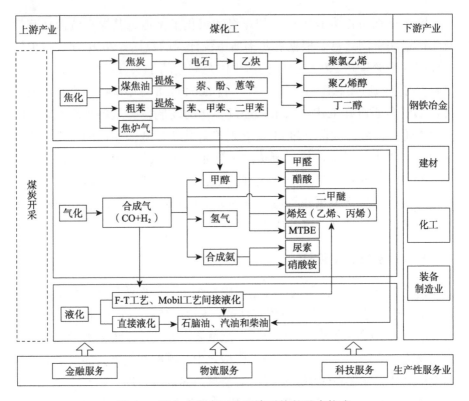

图 3.4　鄂尔多斯市工业经济系统的基本构成

MTBE：methyl tertiary butyl ether，甲基叔丁基醚

3.2.3　子系统因果关系分析

　　煤炭产业子系统因果关系图如图 3.5 所示，煤炭产业利润总额主要由煤炭产业总收入和总成本所决定，包括煤炭价格、煤炭销量、煤炭产业生产成本、物流成本、煤炭产业库存成本及煤炭产业其他相关成本。其中，煤炭价格作为外生变量和煤炭销量共同决定了煤炭产业的总收入，煤炭销量由煤炭产量和煤炭产销比决定，体现了煤炭产量的提升对利润总额的正向影响。煤炭产业生产成本的大小由煤炭产量所决定，煤炭产量越高，相应的生产成本也会越大，体现了煤炭产量的提升对利润总额的负向影响。物流成本的大小由煤炭销量所决定，煤炭销量越大，相应产生的物流费用也会越多，而煤炭产业库存成本由煤炭销量和煤炭产量共同决定。另外，根据生产理论，煤炭产量主要由科技服务水平、煤炭产业人力资本投入及煤炭产业生产资本投入 3 个方面共同决定，同时会受到限产政策的约束。

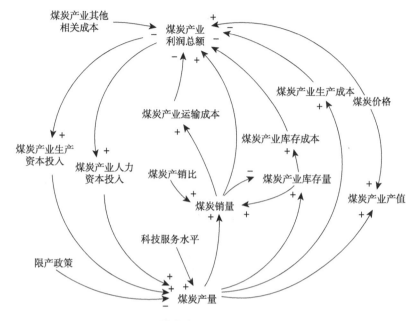

图 3.5　煤炭产业子系统因果关系图

　　煤化工产业子系统因果关系图如图 3.6 所示，与煤炭产业子系统因果关系图基本相似。煤化工产业利润总额由煤化工产业的总收入和总成本决定，包括了煤化工产品的市场价格、产品销量、生产成本、采购成本和库存成本。其中，煤化工产品的市场价格和煤化工产品销量共同决定了煤化工产业的总收入，煤化工产品销量由煤化工产品产量和煤化工产品产销比决定，体现了煤化工产品产量的提升对利润总额的正向影响。生产成本的大小由煤化工产品产量所决定，产量越高，相应的生产成本也会越大，体现了煤化工产品产量的提升对利润总额的负向影响。与此同时，煤化工产品的市场价格除受到其市场供给与需求的影响之外，还会受到原油价格的影响。当国际油价处于高位时，煤化工产品的市场价格也随之提升，而当国际油价下跌时，煤化工产品的比较优势下降，其营利能力随之下降。

　　下游工业产业子系统因果关系图如图 3.7 所示。由于煤炭和煤化工下游产业的类型较多，而且建材、钢铁、机械等工业品主要销往其他地区，故我们对下游工业产业子系统的因果关系做了简化处理。下游工业产业的利润主要受销售收入和总成本的影响，煤炭价格的下跌有利于其降低采购成本，提高利润总额。反过来，下游工业产业利润越高，其扩大再生产的动力和能力就越强，相应的资本投入就越多，产业收入和产值也就越大。

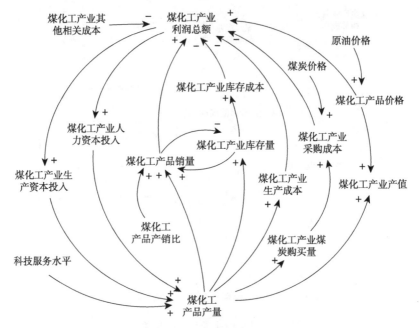

图 3.6　煤化工产业子系统因果关系图

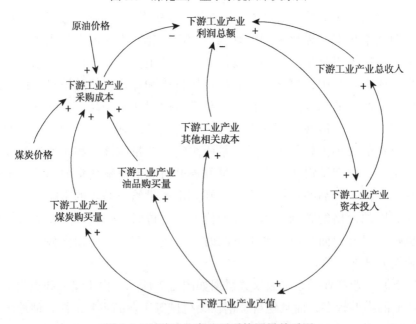

图 3.7　下游工业产业子系统因果关系图

生产性服务业子系统因果关系图如图 3.8 所示，主要体现为生产性服务对经济发展的服务支撑作用，具体表现在 3 个方面：一是地区工业总产值的增加会吸引更多的金融机构入驻，增加当地的资本供给，进而促进煤炭、煤化工及其他产业的生产性资本投资，最终促进地区工业总产值的增长。二是区域经济的发展将有助于增加政府财政收入和企业资金实力，进而增加政府和企业在技术开发、人才培养等方面的投入，提升区域创新能力；反过来，科技服务水平的提升又会促进产品质量提高、产业结构升级和劳动生产率提高，进而提高区域产业竞争力，增加工业总产值。三是区域经济的发展将带动当地交通基础设施建设和货运交通运输业的发展，进而提高区域物流服务水平；反过来，物流服务水平的提高又会减少煤炭、煤化工及其他产业的库存积压和运营成本，促进相关产业高效、协调发展，提高城市经济运行质量。

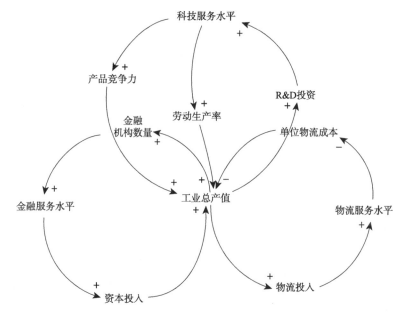

图 3.8　生产性服务业子系统因果关系图

3.2.4　系统流图构建

虽然因果关系分析可以描述各个变量与系统之间的逻辑关系，但是并不能够识别不同变量之间的区别，因此需建立系统的流图。根据以上建立的各变量之间的相互关系，我们使用 Vensim PLE 仿真工具构建出"区域工业经济系统应对煤炭价格冲击的系统动力学模型"系统流图，系统共包含了 8 个状态变量（L）、11 个速率变量（R）和 65 个辅助变量（A），如图 3.9 所示。

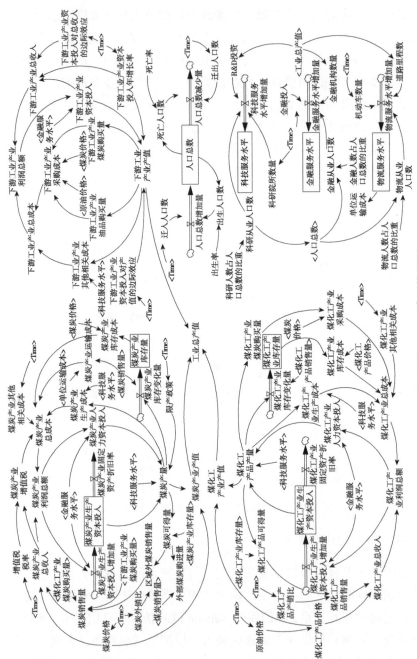

图 3.9 鄂尔多斯市工业经济系统流图

Time 代表时间变量

3.3　工业产能过剩的经济后果及传导机制模拟仿真与分析

3.3.1　动态方程、数据来源与参数设定

1. 动态方程与数据来源

根据系统动力学原理，需要设定函数来描述变量间的影响关系，本章主要采用 Cobb-Douglas 生产函数及利润函数等来刻画相关主要变量间的逻辑关系，构造了 84 个系统动力学方程。本章数据主要采用《鄂尔多斯统计年鉴》《鄂尔多斯年鉴》《鄂尔多斯市统计与发展公报》内的有关数据。煤炭价格、煤炭物流成本和煤炭生产成本方面的数据分别来自中国煤炭市场网的煤炭产业数据库、中国能源网的石油产业数据库、内蒙古煤炭交易中心数据库和实地调研。

1）煤炭产业子系统的主要方程式

（L）煤炭产业生产资本投入=INTEG（煤炭产业生产资本投入增加量−煤炭产业固定资产折旧率×煤炭产业生产资本投入）+煤炭产业生产资本投入初值，单位：亿元；注：煤炭产业生产资本投入初值=41.201；煤炭产业生产资本投入的数据来源于《鄂尔多斯统计年鉴》。

（L）煤炭产业库存量=INTEG（煤炭产业库存变化量）+煤炭产业库存初值，单位：亿元；注：煤炭产业库存初值=0.0018；煤炭产业库存是指当期鄂尔多斯市煤炭产业的总库存量，煤炭产业库存量数据来源于《鄂尔多斯市统计与发展公报》。

（R）煤炭产业固定资产折旧率=28.08，单位：%；注：煤炭产业固定资产折旧率是通过算术平均法得到的，数据来源于《鄂尔多斯统计年鉴》。

（R）煤炭产业库存变化量=煤炭产量−煤炭销售量，单位：亿元。

（A）煤炭产业利润总额=煤炭产业总收入−煤炭产业总成本，单位：亿元；注：煤炭产业利润总额的数据来源于《鄂尔多斯统计年鉴》。

（A）外部煤炭购进量=MAX（煤炭销售量−煤炭可得量，0），单位：亿元。

（A）煤炭产业总收入=煤炭价格×煤炭销售量，单位：亿元；注：煤炭产业总收入的数据来源于《鄂尔多斯统计年鉴》。

（A）煤炭产业总成本=煤炭产业增值税+煤炭产业库存成本+煤炭产业运输成本+煤炭产业生产成本+煤炭产业其他相关成本，单位：亿元；注：煤炭产业总成本的数据来源于《鄂尔多斯统计年鉴》。

（A）煤炭产业产值=煤炭价格×煤炭产量，单位：亿元；注：煤炭产业产值是指当期所生产的煤炭总量在市场价格下的总价值，数据来源于《鄂尔多斯统计年鉴》。

（A）煤炭产业人力资本投入=煤炭产业利润总额对人力资本投入的影响系数×煤炭产业利润总额+金融服务水平对煤炭产业人力资本投入的影响系数×金融服务水平，单位：亿元；注：煤炭产业利润总额对人力资本投入的影响系数=0.054 98；金融服务水平对煤炭产业人力资本投入的影响系数=0.023 53。相关参数是以煤炭产业利润总额和金融服务水平为自变量，以煤炭产业人力资本投入为因变量进行统计回归得到的。煤炭产业人力资本投入的数据来源于《鄂尔多斯统计年鉴》。

（A）煤炭产量=科技服务水平×（煤炭产业人力资本投入^煤炭产业人力资本投入弹性系数）×（煤炭产业生产资本投入^煤炭产业生产资本投入弹性系数），单位：亿吨；注：煤炭产业人力资本投入弹性系数=0.048 445；煤炭产业生产资本投入弹性系数=0.569 73。相关参数是以煤炭产业人力资本投入（取对数）和煤炭产业生产资本投入（取对数）为自变量，以煤炭产量（取对数）为因变量进行统计回归得到的。煤炭产量的数据来源于《鄂尔多斯统计年鉴》。

（A）区域外煤炭销售量=煤炭可得量×煤炭外销比，单位：亿吨；注：区域外煤炭销售量的数据来源于《鄂尔多斯市统计与发展公报》。

（A）煤炭销售量=区域外煤炭销售量+煤化工产业煤炭购买量+下游工业产业煤炭购买量，单位：亿吨；注：煤炭销售量的数据来源于《鄂尔多斯市统计与发展公报》。

（A）煤炭可得量=煤炭产量+煤炭产业库存量，单位：亿吨。

（A）煤炭价格=WITH LOOKUP（Time），初值（[（2004，0）-（2025，1000）]，（2004，387），（2005，429），（2006，431），（2007，471），（2008，731），（2009，603），（2010，752），（2011，824），（2012，703），（2013，591），（2014，520），（2015，430），（2016，430），（2017，430），（2018，430），（2019，430），（2020，430），（2021，430），（2022，430），（2023，430），（2024，430），（2025，430）），单位：元/吨；注：煤炭价格的数据来源于中国煤炭市场网。

（A）煤炭产业生产成本=煤炭产业单位生产成本×煤炭产量，单位：亿元；注：煤炭产业单位生产成本=1.956 36/（科技服务水平^2）；煤炭产业生产成本的数据来源于实地调研，主要包括神东公司、华电煤业、蒙泰煤电集团、神华集团和徐矿集团。

（A）煤炭产业库存成本=IF THEN ELSE（煤炭产业库存量>0，煤炭价格×0.07×煤炭产业库存量，0），单位：亿元；注：IF THEN ELSE（*a*，*b*，*c*）是条件选择函数，如果 *a* 条件满足，则函数的数值为 *b*，否则为 *c*。煤炭产业库存成本的数据来源于实地调研，主要包括神东公司、华电煤业、蒙泰煤电集团、神华集团和徐矿集团。

（A）煤炭外销比=WITH LOOKUP（Time），初值（[（2004，0）-（2025，1）]，（2004，0.921 697），（2005，0.8787），（2006，0.8562），（2007，0.846 539），（2008，0.826 26），（2009，0.809 74），（2010，0.817 53），（2011，0.820 37），（2012，0.858 36），（2013，0.849 36），（2014，0.817 62），（2015，0.826 58），（2016，0.844 07），（2017，0.844 07），（2018，0.844 07），（2019，0.844 07），（2020，0.844 07），（2021，0.844 07），（2022，0.844 07），（2023，0.844 07），（2024，0.844 07），（2025，0.844 07）），单位：Dmnl；注：煤炭外销比的数据来源于《鄂尔多斯市统计与发展公报》。

（A）煤炭产业运输成本=单位运输成本×煤炭销售量，单位：亿元；注：煤炭产业运输成本来源于内蒙古煤炭交易中心。

（A）增值税税率= WITH LOOKUP（Time），初值（[（2004，0.1）-（2025，1）]，（2004，0.13），（2005，0.13），（2006，0.13），（2007，0.13），（2008，0.17），（2009，0.17），（2010，0.17），（2011，0.17），（2012，0.17），（2013，0.17），（2014，0.17），（2015，0.17），（2016，0.17），（2017，0.17），（2018，0.17），（2019，0.17），（2020，0.17），（2021，0.17），（2022，0.17），（2023，0.17），（2024，0.17），（2025，0.17）），单位：Dmnl；注：在降低增值税（VAT）情景下，这一变量被修改为"增值税税率=WITH LOOKUP（Time），初值（[（2004，0.1）-（2025，1）]，（2004，0.13），（2005，0.13），（2006，0.13），（2007，0.13），（2008，0.17），（2009，0.17），（2010，0.17），（2011，0.17），（2012，0.17），（2013，0.17），（2014，0.17），（2015，0.17），（2016，0.13），（2017，0.13），（2018，0.13），（2019，0.13），（2020，0.13），（2021，0.13），（2022，0.13），（2023，0.13），（2024，0.13），（2025，0.13））"。

（A）限产政策= WITH LOOKUP（Time），初值（[（2004，0）-（2025，1）]，（2004，0），（2005，0），（2006，0），（2007，0），（2008，0），（2009，0），（2010，0），（2011，0），（2012，0），（2013，0），（2014，0），（2015，0.3），（2016，0.3），（2017，0.3），（2018，0.3），（2019，0.3），（2020，0.3），（2021，0.3），（2022，0.3），

（2023，0.3），（2024，0.3），（2025，0.3）），单位：亿吨；注：在限制产能（PL）情景下，这一变量被修改为"限产政策=WITH LOOKUP（Time），初值（[（2004，0）-（2025，1）]，（2004，0），（2005，0），（2006，0），（2007，0），（2008，0），（2009，0），（2010，0），（2011，0），（2012，0），（2013，0），（2014，0），（2015，0.3），（2016，0.33），（2017，0.363），（2018，0.3993），（2019，0.439 23），（2020，0.483 15），（2021，0.531 47），（2022，0.584 62），（2023，0.643 08），（2024，0.707 38），（2025，0.778 12）））"。

2）煤化工产业子系统的主要方程式

（L）煤化工产业生产资本投入=INTEG（煤化工产业生产资本投入增加量-煤化工产业固定资产折旧率×煤化工产业生产资本投入）+煤化工产业生产资本投入初值，单位：亿元；注：煤化工产业生产资本投入初值=19.5；煤化工产业生产资本投入的数据来源于《鄂尔多斯统计年鉴》。

（L）煤化工产业库存量=INTEG（煤化工产业库存变化量）+煤化工产业库存初值，单位：亿吨；注：煤化工产业库存初值=0.0048；煤化工产业库存量是指当期鄂尔多斯市煤化工产业总的库存量，数据来源于《鄂尔多斯市统计与发展公报》。

（R）煤化工产业生产资本投入增加量=煤化工产业利润总额对生产资本投入的影响系数×煤化工产业的利润总额+金融服务水平对煤化工产业生产资本投入的影响系数×金融服务水平，单位：亿元；注：煤化工产业利润总额对生产资本投入的影响系数=0.171 36；金融服务水平对煤化工产业生产资本投入的影响系数=0.300 24。相关参数是以煤化工产业利润总额和金融服务水平为自变量，以煤化工产业生产资本投入增加量为因变量进行统计回归得到的。煤化工产业生产资本投入增加量的数据来源于《鄂尔多斯统计年鉴》。

（R）煤化工产业固定资产折旧率=16.86，单位：%；注：煤化工产业固定资产折旧率是通过算术平均法得到的，数据来源于《鄂尔多斯统计年鉴》。

（R）煤化工产业库存变化量=煤化工产品产量-煤化工产品销量，单位：亿吨。

（A）煤化工产业利润总额=煤化工产业总收入-煤化工产业总成本，单位：亿元；注：煤化工产业利润总额的数据来源于《鄂尔多斯统计年鉴》。

（A）煤化工产业总收入=煤化工产品价格×煤化工产品销量，单位：亿元；注：煤化工产业总收入的数据来源于《鄂尔多斯统计年鉴》。

（A）煤化工产业总成本=煤化工产业采购成本+煤化工产业生产成本+煤化工产业库存成本+煤化工产业其他相关成本，单位：亿元；注：煤化工产业总成本的相关数据来源于《鄂尔多斯统计年鉴》。

（A）煤化工产业产值=煤化工产品价格×煤化工产品产量，单位：亿元；注：煤化工产业产值是指当期煤化工产业生产出来的产品总量在市场价格下的总价值，数据来源于《鄂尔多斯统计年鉴》。

（A）煤化工产业人力资本投入=煤化工产业利润总额对人力资本投入的影响系数×煤化工产业利润总额+金融服务水平对煤化工产业人力资本投入的影响系数×金融服务水平，单位：亿元；注：煤化工产业利润总额对人力资本投入的影响系数=0.093；金融服务水平对煤化工产业人力资本投入的影响系数=0.0062。相关参数是以煤化工产业利润总额和金融服务水平为自变量，以煤化工产业人力资本投入为因变量进行统计回归得到的。煤化工产业人力资本投入的数据来源于《鄂尔多斯统计年鉴》。

（A）煤化工产品产量=科技服务水平×（煤化工产业人力资本投入^煤化工产业人力资本投入弹性系数）×（煤化工产业生产资本投入^煤化工产业生产资本投入弹性系数），单位：亿吨；注：煤化工产业人力资本投入弹性系数=0.0918；煤化工产业生产资本投入弹性系数=0.101 289。相关参数是以煤化工产业人力资本投入（取对数）和煤化工产业生产资本投入（取对数）为自变量，以煤化工产品产量（取对数）为因变量进行统计回归得到的。煤化工产品产量的数据来源于《鄂尔多斯统计年鉴》。

（A）煤化工产品销售量=可得到的煤化工产品量×煤化工产品产销比，单位：亿吨；注：煤化工产品销售量的数据来源于《鄂尔多斯市统计与发展公报》。

（A）煤化工产品可得量=煤化工产品产量+煤化工产业库存量，单位：亿吨。

（A）原油价格=WITH LOOKUP（Time），初值（[（2004，0）-（2025，200）]，（2004，53），（2005，56.7417），（2006，58），（2007，67），（2008，79），（2009，83），（2010，62），（2011，107.8），（2012，111.1），（2013，107.408），（2014，93.06），（2015，50），（2016，50），（2017，50），（2018，50），（2019，50），（2020，50），（2021，50），（2022，50），（2023，50），（2024，50），（2025，50）），单位：美元/桶；注：原油价格的数据来源于中国能源网的石油产业数据库。

（A）煤化工产业生产成本=煤化工产业单位生产成本×煤化工产品产量，单位：亿元；注：煤化工产业单位生产成本=13.624/（科技服务水平^2）；

煤化工产业生产成本的数据来源于实地调研,包括神东公司、中煤集团、神华集团和伊泰集团。

（A）煤化工产品产销比= WITH LOOKUP（Time）,初值（[（2004,0）-（2025,2）],（2004,0.9487）,（2005,0.9751）,（2006,0.9827）,（2007,0.9913）,（2008,0.9607）,（2009,0.9617）,（2010,0.9414）,（2011,0.9685）,（2012,0.9343）,（2013,0.9392）,（2014,0.9125）,（2015,0.9217）,（2016,0.953 15）,（2017,0.953 15）,（2018,0.953 15）,（2019,0.953 15）,（2020,0.953 15）,（2021,0.953 15）,（2022,0.953 15）,（2023,0.953 15）,（2024,0.953 15）,（2025,0.953 15））,单位:Dmnl;注:煤化工产品产销比是指当期煤化工产品销量占煤化工产品可得量的比重。煤化工产品产销比的数据来源于《鄂尔多斯市统计与发展公报》。

（A）煤化工产业煤炭购买量=煤化工产品单位耗煤量×煤化工产品产量,单位:亿吨,注:煤化工产业煤炭购买量的数据来源于《鄂尔多斯统计年鉴》。

（A）煤化工产业采购成本=煤炭价格×煤化工产业煤炭购买量,单位:亿吨。

（A）煤化工产业库存成本= IF THEN ELSE（煤化工产业库存量>0,煤化工产品价格×0.07×煤化工产业库存量,0）,单位:亿元;注:煤化工产业库存成本来源于实地调研,包括神东公司、中煤集团、神华集团和伊泰集团。

3）下游工业产业子系统的主要方程式

（A）下游工业产业利润总额=下游工业产业总收入-下游工业产业总成本,单位:亿元;注:下游工业产业利润总额的数据来源于《鄂尔多斯统计年鉴》。

（A）下游工业产业总收入=下游工业产业资本投入对总收入的边际效应×（1+下游工业产业投资年增长率）×下游工业产业资本投入,单位:亿元;注:下游工业产业总收入的数据来源于《鄂尔多斯统计年鉴》。

（A）下游工业产业总成本=下游工业产业采购成本+下游工业产业其他相关成本,单位:亿元;注:下游工业产业总成本的数据来源于《鄂尔多斯统计年鉴》。

（A）下游工业产业产值=下游工业产业资本投入对产值的边际效应×（1+下游工业产业投资年增长率）×下游工业产业资本投入,单位:亿元;注:下游工业产业产值的数据来源于《鄂尔多斯统计年鉴》。

（A）下游工业产业资本投入对产值的边际效应= WITH LOOKUP（Time），初值（[（2004，0）-（2025，2）]，（2004，1.403），（2005，1.121），（2006，1.059），（2007，1.051），（2008，1.035），（2009，1.066），（2010，1.053），（2011，0.868），（2012，1.041），（2013，1.012），（2014，1.052），（2015，1.06），（2016，1.06），（2017，1.06），（2018，1.06），（2019，1.06），（2020，1.06），（2021，1.06），（2022，1.06），（2023，1.06），（2024，1.06），（2025，1.06）），单位：Dmnl；注：下游工业产业资本投入对产值的边际效应是通过下游工业产业的资本投入和产值的历史数据求得的。

（A）下游工业产业油品购买量=下游工业产业单位产值油品消耗量×下游工业产业产值，单位：亿吨；注：下游工业产业单位产值油品消耗量=$1.429×10^{-6}$，相关参数是以下游工业产业产值为自变量，以下游工业产业油品购买量为因变量进行统计回归得到的。下游工业产业油品购买量的数据来源于《鄂尔多斯统计年鉴》。

（A）下游工业产业煤炭购买量=下游工业产业单位产值煤炭消耗量×下游工业产业产值，单位：亿吨；注：下游工业产业单位产值煤炭消耗量=0.000 644 76，相关参数是以下游工业产业产值为自变量，以下游工业产业煤炭购买量为因变量进行统计回归得到的，下游工业产业煤炭购买量的数据来源于《鄂尔多斯统计年鉴》。

（A）下游工业产业采购成本=煤炭价格×下游工业产业煤炭购买量+原油价格×下游工业产业油品购买量，单位：亿元。

（A）下游工业产业其他相关成本=下游工业产业单位其他相关成本×下游工业产业产值，单位：亿元；注：下游工业产业单位其他相关成本=0.013 932/（科技服务水平^2），下游工业产业其他相关成本的数据来源于《鄂尔多斯统计年鉴》。

（A）下游工业产业资本投入对总收入的边际效应= WITH LOOKUP（Time），初值（[（2004，0）-（2025，2）]，（2004，1.515），（2005，0.923），（2006，0.904），（2007，0.84），（2008，0.89），（2009，1.062），（2010，1.047），（2011，0.864），（2012，1.055），（2013，1.034），（2014，1.028），（2015，1.037），（2016，1.02），（2017，1.02），（2018，1.02），（2019，1.02），（2020，1.02），（2021，1.02），（2022，1.02），（2023，1.02），（2024，1.02），（2025，1.02）），单位：Dmnl；注：下游工业产业资本投入对总收入的边际效应是利用下游工业产业的资本投入和总收入的历史数据计算得到的。

（A）下游工业产业资本投入=下游工业产业利润总额对资本投入的影响系数×下游工业产业利润总额+金融服务水平对下游工业产业资本投入的影响系数×金融服务水平，单位：亿元；注：下游工业产业利润总额对资本投入的影响系数=0.047 13；金融服务水平对下游工业产业资本投入的影响系数=0.035 92，相关参数是以下游工业产业利润总额和金融服务水平为自变量，以下游工业产业资本投入为因变量进行统计回归得到的。下游工业产业资本投入的数据来源于《鄂尔多斯统计年鉴》。

（A）下游工业产业资本投入年增长率=WITH LOOKUP（Time），初值（[（2004，0）-（2025，0）]，（2004，0），（2005，0），（2006，0），（2007，0），（2008，0），（2009，0），（2010，0），（2011，0），（2012，0），（2013，0），（2014，0），（2015，0），（2016，0），（2017，0），（2018，0），（2019，0），（2020，0），（2021，0），（2022，0），（2023，0），（2024，0），（2025，0）），单位：Dmnl；注：在发展替代产业（AI）情景下，这一变量被修改为"下游工业产业资本投入年增长率=WITH LOOKUP（Time），初值（[（2004，0）-（2025，1.2）]，（2004，0），（2005，0），（2006，0），（2007，0），（2008，0），（2009，0），（2010，0），（2011，0），（2012，0），（2013，0），（2014，0），（2015，0），（2016，0.03），（2017，0.03），（2018，0.03），（2019，0.03），（2020，0.03），（2021，0.03），（2022，0.03），（2023，0.03），（2024，0.03），（2025，0.03））"。

4）生产性服务业子系统的主要方程式

（L）人口总数=INTEG（人口总数增加量-人口总数减少量）+人口总数初值，单位：万人；注：人口总数初值=135.975，人口总数的数据来源于《鄂尔多斯年鉴》。

（L）科技服务水平=INTEG（科技服务水平增加量）+科技服务水平初值，单位：Dmnl；注：科技服务水平初值=0.139 87，科技服务水平是通过 Cobb-Douglas 生产函数进行统计回归得到的，相关数据来源于《鄂尔多斯统计年鉴》。

（L）金融服务水平=INTEG（金融服务水平增加量）+金融服务水平初值，单位：亿元；注：金融服务水平初值=169.965，金融服务水平采用金融业年末贷款余额来衡量，数据来源于《鄂尔多斯统计年鉴》。

（L）物流服务水平=INTEG（物流服务水平增加量）+物流服务水平初值，单位：Dmnl；注：物流服务水平初值=0.2017，物流服务水平采用内蒙古物流协会发布的物流发展指数来衡量，该指标包含了物流产业基础设施发展指数、物流发展与经济增长关系指数和物流发展对环境的影响指数三个方面。

（R）人口总数增加量=出生人口数+迁入人口数，单位：万人。

（R）人口总数减少量=死亡人口数+迁出人口数，单位：万人。

（A）出生人口数=人口总数×出生率，单位：万人；注：出生人口数的数据来源于《鄂尔多斯年鉴》。

（A）迁入人口数= WITH LOOKUP（Time），初值（[（2004，0）-（2025，4）]，（2004，2.2954），（2005，2.6261），（2006，3.9355），（2007，3.2131），（2008，3.6466），（2009，2.4013），（2010，2.1815），（2011，1.9035），（2012，1.7391），（2013，1.7724），（2014，1.7825），（2015，1.7243），（2016，1.7243），（2017，1.7243），（2018，1.7243），（2019，1.7243），（2020，1.7243），（2021，1.7243），（2022，1.7243），（2023，1.7243），（2024，1.7243），（2025，1.7243）），单位：万人；注：迁入人口数的数据来源于《鄂尔多斯年鉴》。

（A）死亡人口数=人口总数×死亡率，单位：万人；注：死亡人口数的数据来源于《鄂尔多斯年鉴》。

（A）迁出人口数= WITH LOOKUP（Time），初值（[（2004，0）-（2025，4）]，（2004，2.0124），（2005，2.1787），（2006，2.5007），（2007，1.5775），（2008，2.4359），（2009，1.0475），（2010，1.1752），（2011，0.9863），（2012，1.37），（2013，1.2519），（2014，1.3522），（2015，1.2573），（2016，1.2573），（2017，1.2573），（2018，1.2573），（2019，1.2573），（2020，1.2573），（2021，1.2573），（2022，1.2573），（2023，1.2573），（2024，1.2573），（2025，1.2573）），单位：万人；注：迁出人口数的数据来源于《鄂尔多斯年鉴》。

（A）出生率=1.3414，单位：%；注：出生率是通过算术平均法得到的，数据来源于《鄂尔多斯年鉴》。

（A）死亡率=0.5708，单位：%；注：死亡率是通过算术平均法得到的，数据来源于《鄂尔多斯年鉴》。

（A）科研从业人口数=人口总数×科研人数占人口总数的比重，单位：万人；注：科研从业人口数的数据来源于《鄂尔多斯年鉴》。

（A）金融从业人口数=人口总数×金融人数占人口总数的比重，单位：万人；注：金融从业人口数的数据来源于《鄂尔多斯年鉴》。

（A）物流从业人口数=人口总数×物流人数占人口总数的比重，单位：万人；注：物流从业人口数的数据来源于《鄂尔多斯年鉴》。

（A）科研人数占人口总数的比重=0.144，单位：%；注：科研人数占人口总数的比重是通过算术平均法得到的。

（A）金融人数占人口总数的比重=0.449，单位：%；注：金融人数占人口总数的比重是通过算术平均法得到的。

（A）物流人数占人口总数的比重=0.27，单位：%；注：物流人数占人口总数的比重是通过算术平均法得到的。

（A）R&D 投资=R&D 投资影响系数×工业总产值，单位：亿元；注：R&D 投资影响系数=0.009，相关参数是以工业总产值为自变量，以 R&D 投资为因变量进行统计回归得到的，R&D 投资的数据来源于《鄂尔多斯统计年鉴》。在 TI 情景下，R&D 投资影响系数=0.02。

（A）金融投入=WITH LOOKUP（Time），初值（[（2004，0）-（2025，300）]，（2004，6.404 15），（2005，8.531 11），（2006，12.025），（2007，15.5898），（2008，19.82），（2009，37.3273），（2010，48.363），（2011，60.7222），（2012，68.672），（2013，73.33），（2014，77.72），（2015，82.39），（2016，87.33），（2017，92.57），（2018，98.13），（2019，104.02），（2020，110.26），（2021，116.87），（2022，123.88），（2023，131.32），（2024，139.2），（2025，147.55）），单位：亿元；注：金融投入的数据来源于《鄂尔多斯统计年鉴》；在加大金融投入（FS）情景下，这一变量修改为"金融投入=WITH LOOKUP（Time），初值（[（2004，0）-（2025，300）]，（2004，6.404 15），（2005，8.531 11），（2006，12.025），（2007，15.5898），（2008，19.82），（2009，37.3273），（2010，48.363），（2011，60.7222），（2012，68.672），（2013，73.33），（2014，77.72），（2015，82.39），（2016，88.98），（2017，96.09），（2018，103.78），（2019，112.09），（2020，121.08），（2021，130.74），（2022，141.20），（2023，152.49），（2024，164.69），（2025，177.87））"。

（A）金融机构数量=单位工业产值金融机构数量×工业总产值，单位：个；注：单位工业产业产值金融机构数量=0.067，相关参数是以工业总产值为自变量，以金融机构数量为因变量进行统计回归得到的。金融机构数量的数据来源于《鄂尔多斯统计年鉴》。

（A）道路里程数=单位工业产值道路里程数×工业总产值，单位：千米；注：单位工业产值道路里程数=2.156，相关参数是以工业总产值为自变量，以道路里程数为因变量进行统计回归得到的。道路里程数的数据来源于《鄂尔多斯统计年鉴》。

2. 相关参数设定

运用系统动力学需要对所建立方程的相关参数进行确定，主要采用算术平均法、统计回归法和表函数法来确定系统参数，具体如下。

1）算术平均法

利用历史数据求算术平均值，主要包括出生率（0.013 414）、死亡率（0.005 708）、科研人数占人口总数的比重（0.001 44）、金融人数占人口总数的比重（0.004 49）、物流人数占人口总数的比重（0.004 49）。

2）统计回归法

在 SPSS 软件的支持下，采用一元线性回归模型确定参数，主要包括煤炭产业人力资本投入和生产资本投入的弹性系数（0.048 445, 0.569 73）、煤化工产业人力资本投入和生产资本投入的弹性系数（0.0918, 0.101 289）、科研投入系数（0.009）、金融服务水平对煤炭产业生产资本投入的影响系数（0.24）、金融服务水平对煤炭产业人力资本投入的影响系数（0.023 53）、金融服务水平对煤化工产业生产资本投入的影响系数（0.300 24）、金融服务水平对煤化工产业人力资本投入的影响系数（0.0062）、煤炭产业利润总额对生产资本投入的影响系数（0.13）、煤炭产业利润总额对人力资本投入的影响系数（0.054 98）、煤化工产业利润总额对生产资本投入的影响系数（0.171 36）、煤化工产业利润总额对人力资本投入的影响系数（0.093）、单位煤化工产品煤炭采购量（0.674 91 吨/元）、单位下游工业产值煤炭采购量（0.000 644 76 吨/元）、单位下游工业产值油品采购量（1.429×10^{-6} 吨/元）等。

3）表函数法

对于两个变量之间存在非线性关系及系统外部因素，采用表函数法来进行确定，主要包括煤炭价格、国际原油价格、煤炭产销比、煤化工产品产销比、限产政策、增值税税率等。

3.3.2　模型有效性检验

1. 真实性检验

系统动力学模型是对现实世界的简化描述，模型是不可能与真实系统完全一样的，但如果要系统有效，必须和现实的误差不能太大。因此对建立的系统动力学模型进行有效性检验。以 2004 年作为仿真初始年，本章对人口总数、地区工业总产值等几个能够反映系统行为的状态变量进行历史真实性检验，结果显示预测值与真实值的误差均不超过 10%（表 3.1），模型拟合度较高，适用性较强，具有较好的复制能力，可以作为模拟和预测的依据[①]。

表 3.1　真实性检验结果

状态变量	指标	2004年	2005年	2006年	2007年	2008年	2009年	2010年	2011年	2012年	2013年	2014年	2015年
人口总数/万人	仿真值	137.3	138.8	141.3	143.9	146.2	148.7	150.8	152.9	154.5	156.2	157.9	159.6
	真实值	136	137	141	144	146	149	152	154	152	154	155.9	157.3
	误差	0.96%	1.31%	0.21%	−0.07%	0.14%	−0.20%	−0.79%	−0.71%	1.64%	1.43%	1.28%	1.46%
煤炭产业产值/亿元	仿真值	112.3	218	275.6	422.9	949.5	944	1542	2433	2432	2368	2218	1936
	真实值	108.7	199	277.1	438.1	881.2	1047	1514	2417	2338	2310	2247	2071
	误差	3.31%	9.55%	−0.54%	−3.47%	7.75%	−9.84%	1.85%	0.67%	4.02%	2.51%	−1.29%	−6.52%
煤炭产业利润/亿元	仿真值	17.3	52.04	80.2	147.5	331.7	399.3	511.8	693.2	718.4	557.5	288.1	53.43
	真实值	17.2	51.8	79.8	146.9	313.9	390.5	509.5	694.2	719.47	594.8	267.5	58.27
	误差	0.58%	0.46%	0.50%	0.41%	5.67%	2.25%	0.45%	−0.15%	−0.14%	−6.27%	7.70%	−8.30%
煤化工产业产值/亿元	仿真值	19.19	32.62	49.96	103.8	178.7	221.4	135.5	449.3	485	511.5	427.1	234.1
	真实值	21.08	35.8	55.5	114.7	187.65	225.05	133.4	437.7	490.1	523.2	453.6	257.2
	误差	−8.97%	−8.88%	−9.98%	−9.50%	−4.77%	−1.62%	1.57%	2.65%	−1.04%	−2.24%	−5.84%	−8.98%
煤化工产业利润/亿元	仿真值	3.96	3.64	4.01	8.55	23.81	16.15	−2.29	40.6	34.46	34.59	27.94	−15.37
	真实值	3.71	3.47	3.91	8.53	22.46	15.01	−2.5	35.7	34.71	33.53	25.24	−16.1
	误差	6.74%	4.90%	2.56%	0.20%	6.01%	7.59%	−8.40%	13.73%	−0.72%	3.16%	10.70%	−4.53%
下游工业产业产值/亿元	仿真值	146	204	292.2	406.2	544.5	726.2	1015	875	1131	1441	1556	1640
	真实值	146.4	204.3	292.3	406.6	544.7	730.2	1033	889	1155	1434	1589	1794
	误差	−0.27%	−0.14%	−0.03%	−0.09%	−0.03%	−0.54%	−1.74%	−1.57%	−2.07%	0.48%	−2.07%	−8.58%
下游工业产业利润/亿元	仿真值	18.3	18.2	22.9	29.3	63.6	90.9	172.6	112.8	161.1	282.1	290.3	345.5
	真实值	18.5	18	23	29.27	65.6	97.07	178.7	117.8	146.7	274.08	290.9	372.4
	误差	−1.08%	1.11%	−0.43%	0.10%	−3.04%	−6.35%	−3.41%	−4.24%	9.81%	2.92%	−0.21%	−7.22%

---

①　在进行系统动力学的误差检验时目前没有严格的判别标准，在实际研究过程当中，大都根据实际研究问题进行确定，并通常以 10%或 20%的误差范围作为判别标准。根据本章研究主题，由于煤炭产业、煤化工产业和下游工业产业的产值与利润的影响因素众多，而且各变量之间的关系非常复杂，故我们认为 10%的误差范围在一定程度上是可以接受的。

续表

状态变量	指标	2004 年	2005 年	2006 年	2007 年	2008 年	2009 年	2010 年	2011 年	2012 年	2013 年	2014 年	2015 年
地区工业总产值/亿元	仿真值	278	454.7	616.8	931	1672	1891	2692	3757	4049	4322	4201	3810
	真实值	276.1	439.2	624.9	959.5	1613	2002	2681	3745	3983	4267	4290	4123
	误差	0.68%	3.52%	−1.29%	−2.97%	3.65%	−5.54%	0.41%	0.32%	1.65%	1.28%	−2.07%	−7.59%
地区工业总利润/亿元	仿真值	39.5	73.9	107.2	185.5	419.1	513.5	682.1	846.5	920	874.3	606.4	383.5
	真实值	39.6	73.4	106.8	184.7	402.09	502.6	685.8	847.8	900.9	902.4	583.6	414.6
	误差	−0.25%	0.68%	0.37%	0.43%	4.23%	2.16%	−0.53%	−0.15%	2.12%	−3.21%	3.91%	−7.50%

2. 敏感性检验

为了实现系统的最优控制及发现对系统行为具有显著影响的变量,我们进行了敏感性检验,具体如表 3.2 所示。从敏感性检验结果中可以看出,限产量年增长率及增值税税率对煤炭产业利润总额具有显著影响;金融投资年增长率、R&D 投资影响系数及煤炭价格对煤炭产业的利润和产值具有较大的影响。对于煤化工产业子系统来说,煤炭价格对其利润总额产生了较大的影响;金融投资年增长率、R&D 投资影响系数及原油价格则对煤化工产业产值和利润总额的影响均为显著。在下游工业产业子系统中,煤炭价格和原油价格均对下游工业产业的利润总额产生了一定的影响;金融投资年增长率、下游工业产业投资年增长率及 R&D 投资影响系数则对下游工业产业的产值和利润产生了较大的影响。这意味着以上变量需要进行进一步的检验与验证。

表 3.2　敏感性检验结果

检验参数	检验范围	系统中受影响的主要变量	敏感度*
煤炭价格	300~700 元/吨	煤炭产业利润总额（very sensitive）	165%~197%
		煤炭产业产值（very sensitive）	152%~185%
		煤化工产业利润总额（more sensitive）	110%~127%
		煤化工产业产值（less sensitive）	85%~93%
		下游工业产业利润总额（more sensitive）	104%~117%
		下游工业产业产值（less sensitive）	80%~85%
原油价格	30~80 美元/桶	煤化工产业利润总额（very sensitive）	170%~195%
		煤化工产业产值（very sensitive）	164%~175%
		煤炭产业利润总额（less sensitive）	73%~109%

续表

检验参数	检验范围	系统中受影响的主要变量	敏感度*
原油价格	30~80 美元/桶	煤炭产业产值（not sensitive）	30%~35%
		下游工业产业利润总额（more sensitive）	105%~123%
		下游工业产业产值（less sensitive）	75%~94%
限产量年增长率	5%~15%	煤炭产业利润总额（more sensitive）	115%~137%
		煤炭产业产值（more sensitive）	120%~135%
		煤化工产业利润总额（not sensitive）	1%~3%
		煤化工产业产值（not sensitive）	2%~5%
		下游工业产业利润总额（not sensitive）	4%~5%
		下游工业产业产值（not sensitive）	2%~6%
增值税税率	10%~20%	煤炭产业利润总额（very sensitive）	175%~189%
		煤炭产业产值（more sensitive）	136%~142%
		煤化工产业利润总额（not sensitive）	1%~4%
		煤化工产业产值（not sensitive）	3%~5%
		下游工业产业利润（not sensitive）	2%~6%
		下游工业产业产值（not sensitive）	2%~4%
单位产值公路里程数	1.5~3 千米/亿元	煤炭产业利润总额（less sensitive）	57%~79%
		煤炭产业产值（less sensitive）	52%~61%
		煤化工产业利润总额（not sensitive）	11%~14%
		煤化工产业产值（not sensitive）	15%~17%
		下游工业产业利润总额（not sensitive）	13%~15%
		下游工业产业产值（not sensitive）	12%~17%
金融投资年增长率	5%~10%	煤炭产业利润总额（more sensitive）	133%~157%
		煤炭产业产值（more sensitive）	127%~149%
		煤化工产业利润总额（more sensitive）	115%~138%
		煤化工产业产值（more sensitive）	126%~142%
		下游工业产业利润总额（more sensitive）	132%~148%
		下游工业产业产值（more sensitive）	125%~136%
R&D 投资影响系数	0.008~0.03Dmnl	煤炭产业利润总额（very sensitive）	173%~215%

续表

检验参数	检验范围	系统中受影响的主要变量	敏感度*
R&D 投资影响系数	0.008~0.03Dmnl	煤炭产业产值（very sensitive）	187%~226%
		煤化工产业利润总额（very sensitive）	175%~192%
		煤化工产业产值（very sensitive）	183%~204%
		下游工业产业利润总额（more sensitive）	137%~156%
		下游工业产业产值（more sensitive）	127%~143%
下游工业产业投资年增长率	5%~10%	煤炭产业利润总额（more sensitive）	107%~121%
		煤炭产业产值（more sensitive）	125%~142%
		煤化工产业利润总额（more sensitive）	113%~135%
		煤化工产业产值（more sensitive）	120%~134%
		下游工业产业利润总额（very sensitive）	174%~221%
		下游工业产业产值（very sensitive）	181%~232%

注：某一变量相对于检验参数的敏感度的公式为 $S_t = \left| \left[(Y_t' - Y_t)/Y_t \right] \middle/ \left[(X_t' - X_t)/X_t \right] \right|$，其中，$S_t$ 表示某一变量相对于检验参数在时间 t 的敏感度；Y_t 和 Y_t' 分别表示某一变量在检验参数经过时间 t 调整前后的数值；X_t 和 X_t' 分别表示检验参数在时间 t 调整前和调整后的数值。如果 $S_t \geqslant 100\%$，则称该变量对检验参数敏感（more sensitive）；否则不太敏感（less sensitive）。如果 $S_t \geqslant 150\%$ 或者 $S_t \leqslant 50\%$，则称该变量对检验参数非常敏感（very sensitive）或者不敏感（not sensitive）

3.3.3　情景方案设计

产能过剩背景下的煤炭价格下跌会影响到作为主要消费能源的石油价格，因此，为了探寻煤炭价格下跌对煤炭资源型城市工业经济发展的影响，根据中国宏观经济、煤炭产业和石油产业的现状，以及煤炭价格和原油价格预测方面的已有相关成果（Liu and Wu，2015；Zhang et al.，2015；Zhao et al.，2015；Zhou et al.，2015），我们对煤炭价格和原油价格分别建立了单一能源价格波动情景和组合波动情景，具体见表 3.3。

表 3.3　能源价格情景设计

情景设计	项目	2015 年	2016 年	2017 年	2018 年	2019 年	2020 年	2021 年	2022 年	2023 年	2024 年	2025 年
BS 情景	煤炭价格/（元/吨）	430	430	430	430	430	430	430	430	430	430	430
	原油价格/（美元/桶）	50	50	50	50	50	50	50	50	50	50	50

续表

情景设计	项目	2015 年	2016 年	2017 年	2018 年	2019 年	2020 年	2021 年	2022 年	2023 年	2024 年	2025 年
CPS 情景	煤炭价格/（元/吨）	430	408.5	388.1	368.7	350.2	332.7	316.1	300.3	300	300	300
	原油价格/（美元/桶）	50	50	50	50	50	50	50	50	50	50	50
OPS 情景	煤炭价格/（元/吨）	430	430	430	430	430	430	430	430	430	430	430
	原油价格/（美元/桶）	50	47.5	45.1	42.9	40.7	38.7	36.8	34.9	33.2	31.5	30
SPS 情景	煤炭价格/（元/吨）	430	408.5	388.1	368.7	350.2	332.7	316.1	300.3	300	300	300
	原油价格/（美元/桶）	50	47.5	45.1	42.9	40.7	38.7	36.8	34.9	33.2	31.5	30

随着钢铁冶金、建材等主要用煤行业市场需求的下降和节能减排的不断深化，煤炭产业供大于求的格局在短期内难以扭转。在此背景下，我们预计未来一段时期内中国煤炭价格仍将在低位徘徊，而且可能会进一步小幅下跌。据此，我们以 2015 年的煤炭价格基准参数为 BS 情景，并在此基础上设计了煤炭价格逐年下跌 5% 的情景。

受美国页岩油气冲击的影响，国际油价在 2014~2015 年持续下跌，而欧佩克等石油供应方为了保住市场份额，坚决不减产，导致国际原油供大于求。截至 2015 年 12 月，WTI 原油价格已经跌至 40 美元/桶，据此，我们以 2015 年为 BS 情景，并在此基础上设计了原油价格逐年下跌 5% 的情景。

需要说明的是，能源价格不可能无限下跌，而且 2004~2015 年煤炭和原油的最低价格分别为 305 元/吨和 31.5 美元/桶，因此我们分别将 300 元/吨和 30 美元/桶设定为煤炭和原油价格的最低阈值，当价格跌至相应的阈值时将不再下降。

3.3.4　仿真结果与分析

图 3.10（a）和 3.10（b）展示了煤炭产业产值和利润总额在不同能源价格情景下的变化情况。在 CPS 情景中，煤炭产业的产值和利润均大幅下滑，但二者的变化存在一定差异。具体而言，随着煤炭价格的下跌，煤炭产业的产值在 2022 年之前一直在下降，之后开始小幅上升，而其利润一直不断下跌，而且降幅比产值更大。主要原因在于煤炭产业的产值是由煤炭

价格和产量共同决定的。一方面，煤炭价格的下降会降低煤炭产业的利润；另一方面，对于煤化工产业和下游工业产业来说，煤炭价格的下降可以降低其采购成本。它们将会拥有更多的资金用于扩大再生产，从而增加了煤炭消耗，刺激了煤炭生产。对于煤炭产业的利润来说，其是由煤炭价格、销量和成本共同决定的。不断下降的煤炭价格将会降低煤炭产业的总收入，当煤炭价格跌破成本价时，煤炭产业就会出现亏损，并且这一状况不会改善，除非煤炭价格再一次上升。在 OPS 情景中，虽然与 BS 情景和 CPS 情景相比，煤炭产业的产值和利润略微较低，但总体而言石油价格下跌的影响并不显著。这是因为煤化工产业占鄂尔多斯市工业总产值的比重还不是很高，油价下跌所引发的煤化工产业对煤炭需求的下降对煤炭产业影响相对较小。在 SPS 情景中，煤炭产业产值和利润都是最小的。

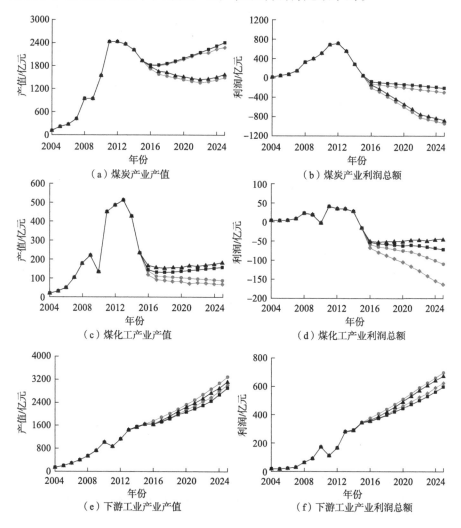

（a）煤炭产业产值

（b）煤炭产业利润总额

（c）煤化工产业产值

（d）煤化工产业利润总额

（e）下游工业产业产值

（f）下游工业产业利润总额

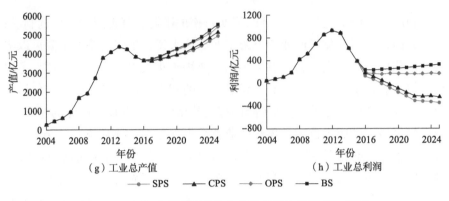

图 3.10　产能过剩情景下各产业的产值和利润变化情况

　　图 3.10（c）和 3.10（d）展示了煤化工产业产值和利润总额在不同能源价格情景下的变化情况。在 CPS 情景中，煤化工产业的产值和利润都是最大的，而且随着煤炭价格的下跌，这两项指标均呈现出平稳增长的趋势。这一结果意味着，煤炭价格的下跌虽然会对煤炭产业造成不利影响，但却会由于降低煤化工产业的生产成本而促进其发展。在 OPS 情景中，煤化工产业的产值和利润都是最低的，而且，随着石油价格的下跌，在开始之初产值急剧下降，但在 2019 年之后下降速度有所减缓，而利润始终表现出快速下降的趋势。在 SPS 情景中，煤化工产业的产值和利润处于以上两种情景之间，并且其变化趋势与在 OPS 情景下相似。

　　图 3.10（e）和 3.10（f）展示了下游工业产业产值和利润总额在不同能源价格情景下的变化情况。在 SPS 情景下，产值和利润都是最大的，意味着煤炭和原油价格的下跌将有助于降低相关产业的生产成本，进而促进这些产业的发展。而且，随着时间的推移，其他工业的产值和利润的增长速度越来越快。此外，其他工业的产值和利润在 CPS 情景下比在 OPS 情景下要好。这是因为在鄂尔多斯市除煤炭和煤化工以外的其他工业部门中，直接以煤炭为消费品的电力产业所占比重最大，同时对煤炭价格的波动也更为敏感。

　　图 3.10（g）和 3.10（h）展示了工业总产值和总利润在不同能源价格情景下的变化情况。结果显示，在 SPS 情景下，总产值和总利润都是最小的，较于 OPS 情景，总产值和总利润在 CPS 情景下更小，表明煤炭价格下降对鄂尔多斯市工业经济的影响更大。由此可以看出，尽管煤炭价格的下跌有助于鄂尔多斯市煤化工及其他工业产业的发展，但由于这些产业占该地区经济的比重小于煤炭产业，故难以对冲能源价格下跌对煤炭产业的不利影响。值得注意的是，无论是在 CPS 情景、OPS 情景还

是 SPS 情景下，鄂尔多斯市工业总产值和总利润的变化趋势均截然不同。具体而言，随着煤炭或石油价格的下跌，工业总产值仍呈现出逐年递增的趋势；在 CPS 情景下，工业总利润在开始急剧下滑，在 2022 年之后逐渐趋于平稳；在 OPS 情景下，工业总利润变化较为平稳，仅表现出轻微的下降。

3.4　本 章 小 结

为探讨产能过剩的经济影响及传导机制，本章在对区域工业经济系统脆弱性机理进行分析的基础上，以中国最大的煤炭城市——鄂尔多斯市为研究对象，采用系统动力学方法，构建了鄂尔多斯市工业经济系统应对产能过剩冲击和能源价格冲击的系统动力学模型，并基于不同的扰动情景进行了模拟仿真分析。得到的主要结论如下：鄂尔多斯市工业经济系统内各产业在产能过剩冲击情景下的演化行为及趋势不尽相同。具体而言，由于产能过剩所引起的煤炭价格和原油价格的双重下跌将会促进非资源型产业的发展，但却会对煤炭产业、煤化工产业及鄂尔多斯市整体的工业经济发展产生较大的不利影响，而且煤炭价格下跌对工业总利润的不利影响要大于其对总产值的影响。总体而言，本章研究结果揭示出了产能过剩对区域工业经济系统的影响效应和作用机理，厘清了产能过剩的经济后果及传导机制。

第二篇　治理机制篇

第4章　工业产能过剩风险评估模型构建与实证研究

构建科学全面的产能过剩风险评估体系有助于把握行业性产能过剩的时空演化规律，促进中央政府产能过剩治理由"应对性"向"前瞻性"转变，并为地方政府发展管理和企业投资决策提供理性指导。为准确把握产能过剩状态和波动规律，需要充分考虑产业间的关联机制和信息传递效应，构建科学全面的产能过剩风险监测指标体系和评估模型。然而，基于产能利用率指标的传统产能过剩评估方法，未能充分考虑行业关联效应对产能过剩的影响，难以准确反映行业产能过剩的动态过程和状态。本章基于产业关联理论，采用数据驱动的研究范式，构建了基于 CFS-ARs-DEA 方法的工业产能过剩评估指标体系及模型，并选取煤炭行业为典型对象进行了实证分析。研究发现，2008~2017 年煤炭行业产能过剩情况呈现出下降—上升—下降的周期性特征，且近几年过剩水平仍处高位，除受到自身供需状况影响外，关联行业的环境效益和基本面状况对煤电产能过剩也具有显著影响。本章通过鲁棒性分析对评估模型的可靠性和评估结果的稳健性进行了验证。本章构建的工业产能过剩评估的指标体系和模型能够科学表征产能过剩风险的动态发展过程与状态，有助于地方政府制定产能调控政策并为企业投资决策提供指导。

4.1　工业产能过剩风险评估体系构建

4.1.1　工业产能过剩风险评估模型框架

基于数据驱动的思想和产业关联理论，本章构建了 CFS-ARs-DEA 的产能过剩风险评估模型，如图 4.1 所示。该模型依照指标选取、指标约简、指标关联、指标赋权与综合指数合成的思路展开，融合了多组相适的算法，具有一定的优越性，能够准确与科学地度量产能过剩的风险水平。具体而言：在阶段 1，按照初始指标选取全面性的原则，通过综合考察研究目标行业及其关联行业的生产运营模式，厘清关联行业与目标行业之间的信息传递和联系机制，并对产能过剩驱动因素的影响因子维度进行梳理，进而建立起系统性的工业产能过剩风险评估初始指标体系；在阶段 2，为减少指标间的信息冗余度，降低计算复杂性，同时也为了保证约简结果的可解释性，使用 CFS（correlation-based feature selection，基于相关性的特征选择）算法对初始指标体系进行约简；在阶段 3，为剔除指标与目标变量间的弱相关性，改进综合值的计算精度，同时也为了抓取具有代表意义的重要影响因子，使用 ARs（association rules，关联规则）算法对约简后的指标进行关联分析，从而得到最终进行评估合成的指标体系；在阶段 4，采用 DEA 模型求解各指标权重，并计算得到产能过剩风险评估的综合指数，最后对评估结果进行鲁棒性检验，验证评估方案的稳健性与合理性，得到工业产能过剩风险评估结果。

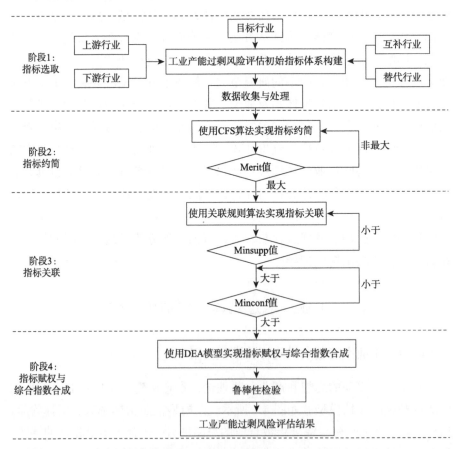

图 4.1　工业产能过剩风险评估模型框架

4.1.2　产业关联机制分析

产业关联机制本质上是一种由产业间需求与供给的关系而形成的技术经济联系。各产业部门之间基于一定的经济技术联系，围绕着中间投入与产出的流动，依据特定的逻辑关系和时空布局，形成包括产品、技术、价格、劳务及投资等联系方式的关联关系形态，然而单纯的产业关联并不足以对行业的产能过剩产生深刻的影响，产业关联所引起的信息传递效应是牵动目标行业产能过剩的关键所在。

在关联行业中，既有在纵向产业结构中通过中间产品投入的供求关系产生联系的上游与下游行业，也有在横向产业结构中因协作或者竞争而产生联系的互补行业及替代行业（王缉慈，2004；Schlag and Zeng，2019），其产业构成如图4.2所示。关联行业影响目标行业产能过剩的主要渠道在于影响目标行业的供给与需求，从而对其产能投入与利用产生直接或间接的影响。

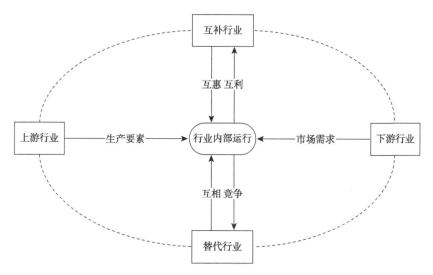

图 4.2　工业产业关联机制的概念框架

1. 纵向关联结构

从纵向来讲，关联行业指上下游行业，主要是由生产要素的供需关系而产生的。在纵向的关联产业链条中，每一环产业都向上游行业发出需求，同时又向其下游行业提供生产要素。上游行业主要负责向下游行业提供生产要素，而下游行业则根据末端市场需求向上游行业提出订单需求，把产品和技术作为联系，将投入与产出作为纽带，通过要素的链式流动，上下联动自上而下延伸，从而紧密相连，实现上下游行业的匹配，并实现整个上下游行业群的共同增值。在某种程度上可以认为产能过剩是供求关系失衡的结果，因而纵向关联结构中的上下游行业供需状态会对目标行业的产能利用产生重要影响。

产能的充分利用，除了受到行业自身技术、资金等要素的影响，既需要上游行业生产要素充分供应的推动，又需要下游行业充分需求的拉动。因此，对于上游行业的供应与下游行业的需求呈利好的因素，最终将有助于抑制处于中游行业的产能过剩。然而，值得注意的是，虽然上下游两个层面的因素彼此独立，但对单方面的利好信息长期而言可能无法有效发挥化解过剩产能的作用。对于处于中游行业的最大利好源自上游供应与下游需求之间的平衡，任何一面的弱势可能都会演变成"瘸腿走路"，反而会使整个行业陷入困境。例如，作为钢铁行业上游的煤炭行业，当产量增加时必将作用于价格机制，从而将廉价的供应信息传导至下游的钢铁行业，从而刺激钢铁行业的开工增产。作为钢铁行业下游的机械设备制造业，当消费者需求扩张时，需求信息将以订单的形式沿着产业链条依次向上延伸，最终反馈至上游钢铁行业，刺激其进行扩产。当只有煤炭行业的供应能力增加，而下游行业需求不变甚至萎缩时，位于中游的钢铁行业产能利用率可能在短期内有所提高，但长期而言反而可能出现严重的产能过剩。这是由于上游原材料的廉价供应可能诱发钢铁行业不理性地增加产能，而下游销路并未拓宽，随着时间推移，多余产能无法消化从而形成产能过剩。

2. 横向关联结构

从横向来讲，关联行业指互补行业与替代行业，主要由行业之间的协作与竞争关系产生。其中，从事互补产品生产以及提供配套技术支持的行业成为互补行业，而从事替代品生产或者技术研发的行业成为其替代行业。互补行业之间由于产业要素的相互补偿和相互依赖的关系，互惠互利，互相依托，共同实现价值增值。替代行业之间由于与目标行业的销售市场趋同，双方利益点直接发生碰撞与摩擦，在现实中往往呈现此消彼长、互相牵制的运营局面。因而一方的经营发展现状与前景的好坏也会扰动另一方，从而对另一方的产能投入与使用产生影响。

通常意义上，互补行业的相对强势与替代行业的相对弱势对于目标行业的产能利用是个利好信息。由于消费品的互补性，当市场青睐一方行业并增加其产品订单时，也必将提振其互补行业的产品和订单需求，从而刺激其开工扩产，增加产能的利用。典型的互补行业有石油与运输业，而替代品的冲突与矛盾属性使得替代行业无法实现共赢的发展，任何一方获得了政策、市场的青睐，都将在同一时间对另一方的需求前景造成打击，削弱投资者的投资意愿，降低设备利用率，增加产能剩余。因此，任何一方的快速发展往往意味着另一方的衰落与颓势，也就会对另一方的产能利用形成不可避免的负面效应。典型的替代行业有煤电与水电等新能源电力行业。

受此启发，本章在构建产能过剩风险评估初始指标体系时，将目标行业纵向的上下游行业，以及横向的互补行业及替代行业的相关影响指标也纳入了风险评估范畴，以全面覆盖影响工业产能过剩风险的因素。需要指出的是，尽管关联行业对研究目标行业的影响大致可以预见，然而复杂的产业关联机制与信息传递效应增加了主观判断的误差概率，因此，必须对关联行业的影响因素进行数据分析，以校正误差，增加评估结果的精确性。这也将是本章后续研究所要重点探究的内容。

4.1.3　产能过剩风险评估指标体系构建

在确定工业产能过剩风险评估的行业范畴之后，需要进一步确定各行业的评估指标。在以往的研究中，学术界常使用产能利用率或者绩效类指标作为判断产能过剩存在的依据，如行业营收、利润、亏损面等。这样的评估体系过于侧重从产能过剩引发的经济后果中追踪过剩产能的形成，忽略了其他从根源上干扰行业产能利用的因素，具有较强的片面性与滞后性。因此，为了全面衡量工业产能过剩的风险因素，本章基于产能过剩形成机制和驱动机理的已有研究，归纳总结了评估工业行业产能过剩的四个主要维度，具体包括行业绩效、供给、需求及行业基本面。之后通过对四个主要维度的进一步拆分，构建系统性的工业产能过剩风险评估基础指标体系。如图 4.3 所示，共 32 个指标，其中，行业绩效属于产能过剩的结果性因素，供给、需求及行业基本面则属于动因性因素，供给、需求又进一步可以归为市场性因素，行业基本面则属于非市场因素。

1. 行业基本面

各行业之间在产业结构、市场化水平等方面存在固有的差异，这种异质性决定了行业特有的运营模式与营利能力，使得各行业具有不同的化解过剩产能的弹性空间，以及行业抵抗产能过剩冲击的能力存在显著的差异。例如，我国产能过剩现象严峻的行业多是煤炭、钢铁等受国家行政力量干预较强的行业，而纺织、服装等轻工业却因为较为完善的市场化条件很少出现类似周期长、影响严重的产能过剩问题。因此，行业基本面是影响我

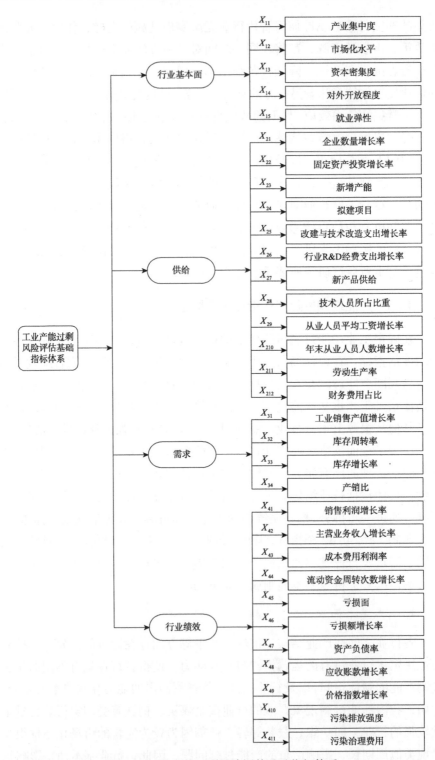

图 4.3　工业产能过剩风险评估基础指标体系

国工业行业产能过剩风险的重要因素，也就需要纳入指标体系之中。经过对已有产能过剩影响因素的文献梳理，本章在这一基本面维度中选取的指标有产业集中度、市场化水平、资本密集度、对外开放程度、就业弹性。这 5 个指标对行业产能利用的主要影响如下。

产业集中度是指在某行业的相关市场之中，产值或产量等指标排名前 n 家最大企业占有的市场份额总和，常被用来度量行业竞争度与垄断程度。该指标被用来衡量整个行业的市场结构集中程度，是量化描述市场势力的一个重要指标。较高的产业集中度说明行业内的资源大量集中在头部企业之中，头部企业对市场的支配力与引导力较强，有利于企业把握市场的投资总量，降低出现大量中小企业盲目跟风与无序扩张的可能性。在此，用 CR-5[①]指数来衡量产业集中度。

市场化水平是指市场在资源配置中所起作用的程度。较高的市场化水平一方面能够通过竞争的优胜劣汰实现资源的合理配置，促进行业内生产要素的合理流动，帮助有着先进技术与创新能力的优质企业获得更多的资本投入，刺激行业内部结构优化，实现效率最大化，提升全行业的技术实力与竞争能力，最终扩大产品销售市场。另一方面，能够促使企业遵循价格机制规律，以市场需求引导投资与生产计划，减少行业的不理性投资，从而降低产能过剩发生的风险。因此市场化水平对于决定行业产能利用状况有着显著作用。在此用非国有企业销售产值在全行业的占比代表市场化水平。

资本密集度包括人力与物质资本密集度，是行业生产过程中的一项基本特征。资本密集度越高，意味着固定资本的成本越高，投资风险越大，行业退出壁垒也就越高。正如韩国高等（2011）发现，我国轻工业的产能利用率普遍地高于重工业的产能利用率。其中十分重要的一个原因就是重工业较轻工业需要更大规模的固定资产投入，包括生产设备、厂房等。这些固定资产从投产到形成使用的周期长，更新速度慢，并且具有较高的专用属性，一经投入就转化为高昂的沉没成本，从而让整个行业形成较高的退出壁垒。因此当经济处于下行阶段，市场需求发生滑坡时，大量企业可能无法正常退出产能，形成严重的产能过剩问题。本章使用固定资产净值年平均余额占工业销售产值的比重来衡量资本密集度。

对外开放程度的高低反映了企业开拓海外市场的能力。一方面，开拓海外市场有利于发展行业产品的多元化，以及提高产品质量与竞争力。另

---

① CR-5 指产值或产量等指标排名前 5 的企业占有的市场份额总和。

一方面，当行业面临内需不足的困境时，拥有较高对外开放程度的行业可以通过海外出口化解过剩产能。因此，通常而言，对外开放程度较高的行业抵抗产能过剩风险的能力更高。国际上一般使用外贸依存度评估对外开放程度。本章使用出口额与工业销售总产值的比值代表对外开放程度。

就业弹性指的是企业能够根据生产计划变更的需要调整人力资源计划的能力。减少失业、工资刚性等社会保障因素常常导致富余劳动力无法正常退出行业，显著干扰了企业根据市场灵活调整产能的能力（马红旗等，2018）。这一点在占有国民经济较高比重的国有企业身上体现较为明显，因为国有企业往往肩负了维持社会福利与保障的重要责任。较高的就业弹性说明企业能够根据市场行情的转化调整可变成本，并以此控制产能规模在合理水平。本章用从业人数对存货与应收账款之和的弹性值衡量就业弹性。存货与应收账款之和越大则行业处于越不利的经营环境。就业弹性越大对改善产能过剩就越有利。就业弹性公式如下：

$$\frac{e_{it}-e_{it-1}}{e_{it-1}} \bigg/ \frac{\left[(s+r)_{it}-(s+r)_{it-1}\right]}{(s+r)_{it-1}} \qquad (4.1)$$

其中，e_{it} 表示企业第 t 期的从业人数；e_{it-1} 表示企业第 $t-1$ 期的从业人数；$(s+r)_{it}$ 表示企业第 t 期的存货与应收账款之和；$(s+r)_{it-1}$ 表示企业第 $t-1$ 期的存货与应收账款之和。

2. 供给与需求

作为市场经济中的基本特征，供需关系的变化是决定行业产能利用率水平的直接因素（W. Sun et al.，2017）。在完善的市场环境中，企业往往依据市场的现有需求及需求的预期增长来制订生产计划，保证供需平衡。当经济波动加剧，或者市场机制遭到破坏时，某些企业按现有生产能力提供的产品供给量就有可能超过市场需求容量，形成超额供给，一旦超额供给未能有效及时化解，就将积聚闲置产能。当闲置产能超过了一定的临界值时，就会形成产能过剩问题。因此衡量产能是否过剩的一个基本依据是看行业目前的供给投入形成的产品生产能力与市场需求是否匹配。

供给反映了生产要素的投入，是目前中国经济出现产能过剩问题的主要源头。当全社会对某个行业前景普遍看好时，大量资本就会涌入，从而推动产能的快速扩张。一旦宏观经济发生波动，市场无法消化这部分产能，就可能会出现严重的产能过剩。因而行业供给投入是在评估产能过剩风险时需要重点考察的维度。针对供给要素的不同，本章从固定资产、劳动力、技术及信贷投资 4 个维度选取指标。

需求往往呈现顺经济周期性的变化，反映了行业生产的产品、提供的服务在市场中占有的容量。行业的生产以市场需求为指引，通过市场需求消化产能。因此，需求侧的平稳或者增长对于降低产能过剩风险有着极为重要的影响，刺激需求端的稳定增长历来也是治理产能过剩的一项基本方针。在需求层面，本章使用工业销售产值增长率、库存周转率、库存增长率及产销比 4 个指标考察市场需求的变动趋势。

3. 行业绩效

行业绩效从经济效益与环境效益两个子维度进行度量。当行业产能最终出现过剩时，整体的经济效益必将明显下滑。具体表现有价格下跌、产能利用率下降、利润下降、亏损面增加、负债增长等。其中，产能过剩带来的经济后果会首先反映在产品价格的下跌上。其次，价格的下跌会进一步促使企业缩减产出，降低产能利用率以稳定市场价格，阻止价格跌势。然而在短时间之内，价格下跌、企业减产等会导致企业的营收与利润下滑，增加企业库存，扩大行业内部的亏损面，导致企业更多举债等行为。这些经济效益指标由产能过剩问题引发，是产能过剩的结果，因而能够最直观地反映该行业存在产能过剩的可能性是否在加大。由于这些指标也带有先天的滞后性，无法及早地反映出当前的产能利用状态。当仅仅通过这些指标度量出行业发生产能过剩问题时，往往产能过剩形势已经十分严峻。因而经济效益指标最容易获取，但也存在严重的不足。

除反映经济效益的指标外，环境效益的指标也不能忽略。当一个行业的产能利用率较高而环境污染问题较为突出时，也有可能存在严重的产能过剩隐患。事实上，环境污染成本的外部化是一种价格扭曲，会造成价格失实，增加行业的不理性投资。如果将高污染企业造成的负面效应合理地计入企业生产成本，行业价格将会上升，而市场需求下跌将积聚过剩产能，最终抑制产能利用率（韩国高，2018）。本章用污染排放强度代表环境效益，纳入指标体系。污染排放强度通过对行业排放的废水、废气与固体废物排放求和平均计算测得。

4.2 基于 CFS-ARs-DEA 的工业产能过剩风险评估模型构建

4.2.1 指标约简

为了减少初始数据集中的冗余度，降低计算复杂性，在构建综合指数前需要进行指标约简。特征提取和特征选择是降维的两种有效方式。对于许多不要求可解释性的原始数据，特征提取如主成分分析是首选的。然而，这些算法创建了一组新的特征，故不利于我们进一步分析。与之相反的特征选择技术，通过识别并保留特征空间中最具代表性的指标，最大化保留原始特征空间意义，以增强模型可读性与可解释性。

在特征选择算法中，模拟退火、遗传算法等封装式算法的计算复杂度大，且有高度的过拟合风险，决策树、随机森林、SVM 等集成式算法相对依赖于分类器选择。CFS 算法是一种依据特征相关性进行约简的滤波式算法，能够有效地捕捉特征相关性，且计算复杂性相对较小。不同于其他滤波式算法，CFS 算法对每一个特征子集而非单个特征的价值进行评估、排秩，并自动识别与样本相关性最大及与其他特征相关性最小的特征集（Doshi and Chaturvedi，2014）。这样我们不必人为指定保留特征的个数，减少了构建综合指数的主观性，因此我们选择 CFS 算法做指标约简。使用这种算法约简的依据如下。

最优的特征子集应该包含与类之间高度相关同时与数据集中其他特征尽量不相关的特征（Nguyen et al.，2011）。其中，特征子集相关性的计算方程为

$$\text{Merit}_s = \frac{k\overline{r}_{cf}}{\sqrt{k+k(k-1)\overline{r}_{ff}}} \tag{4.2}$$

其中，Merit_s 代表包含 k 个特征的特征子集 S 的相关值；$\overline{r}_{cf}$ 代表特征-类平均相关性；$\overline{r}_{ff}$ 代表特征-特征平均相关性。相关性用 Pearson 相关系数度量，计算相关系数之前所有的变量需要做标准化处理。CFS 算法用最佳优先搜索特征子集空间，搜索过程如下。

步骤 1：从空集开始依次添加单个特征，生成 n 个单特征集 M_{1i}；

步骤 2：计算 n 个特征集的 Merit 值；

步骤 3：选择 M_{1i} 中 Merit 值最大的特征和第二大的特征，组成新的特征集 M_{2i}；

步骤 4：如果新特征集的 Merit 值小于原来 M_{1i} 中的最大 Merit 值，则将该第二大的特征删除，将第二大 Merit 值的特征替换为第三大的特征，组合成新的特征集；

步骤 5：重复迭代，直到找出使 Merit 最大的特征组合。

4.2.2　指标关联

经过约简之后的指标冗余性降低了，但可能会有部分指标与产能过剩的相关性较低。因此在计算综合指数之前，我们将第一次约简后保留的指标与产能利用率关联，挖掘各指标与产能过剩的相关关系，删减部分弱相关指标。为此我们使用关联规则完成这项工作。

由于可以有效地从大量随机、模糊、有噪声的数据中提取项目之间未知却有价值的信息，关联规则自 Agrawal 提出以来在诸多领域得到了应用（Agrawal et al.，1993；Li et al.，2019）。关联规则算法作为一种基于客观数据挖掘和分析影响因素与风险行为之间隐藏关系的方法，能够描述评估指标间的密切关联程度。上阶段的指标约简可能会降低部分指标与目标变量的相关性，因此我们采用关联规则算法将约简后的保留指标与产能利用率进行关联分析，以剔除部分与行业产能过剩弱相关的指标。关联规则算法旨在挖掘形如 $X \Rightarrow Y$（X 为规则的前件，Y 为规则的后件，且 $X \cap Y = \varnothing$）的关系，它反映了当前件 X 中的项目出现时，后件 Y 中的项目也会出现的规律。判断关联规则主要有两个标准：支持度（support）和置信度（confidence）。前者指 X 和 Y 在数据集 D 中同时发生的概率，后者指在前件 X 发生时后件 Y 也发生的概率，其数学表达分别为

$$支持度(X \Rightarrow Y) = \frac{\text{sum of } XY}{D\text{在数据库中的全部记录}} \quad (4.3)$$

$$置信度(X \Rightarrow Y) = \frac{XY\text{求和}}{X\text{求和}} \quad (4.4)$$

只有当一条规则的支持度与置信度同时达到最小支持度（minsupport）和最小置信度（minconfidence）标准时才能称为强关联规则。最小支持度代表了用户关心的关联规则的最低重要性，支持度不小于最小支持度的项集称为频繁集，长度为 k 的频繁集称为 k-频繁集。最小置信度规定了关联规则必须满足的最低可靠性。

其后，使用 Apriori 算法寻找所有与产能利用率有强关联关系的指标。Apriori 算法可以从事件中挖掘项集间的强关联关系。传统的关联规则算法如 Apriori 算法是在各事件中挖掘项集间的强关联关系。对于探究时间序列指标间的关系，需要对我们输入的数据做一些调整。我们寻找与产能利用率增速变化呈同向（反向）变动的指标，增长速度通过对各指标求导得到。当一个指标与产能利用率的增速变化同向（反向）变动的年数达到最小支持度和最小置信度标准时，即与产能利用有强关联关系的指标。特别地，若是同向变动的年数达到最小支持度和最小置信度标准则是与产能利用正

相关，即与产能过剩负相关的指标。反之则是与产能过剩正相关的指标。在这个过程中，一部分指标与产能利用率增速的变化关系不明确，我们将其删减作为约简的第二部分。接下来使用 Apriori 算法寻找所有与产能利用率有强关联关系的指标。该算法的原理是如果项集 X 是频繁集，那么它的非空子集都是频繁集，步骤如下。

步骤 1：设置最小支持度和最小置信度阈值；

步骤 2：遍寻项目数据库 D，先生成候选项集 I_1，之后针对频繁的 1-项集，依据最小支持度标准进行剪枝，生成 1-频繁集 L_1；

步骤 3：根据 L_1 得到候选 2-项集 C_2，再根据最小支持度对 C_2 剪枝，得到 2-频繁集；

步骤 4：重复迭代，直到无法产生更高阶的频繁集为止；

步骤 5：从全部频繁集中挖掘出所有大于等于最小置信度的强关联规则。

4.2.3　指标赋权与综合指数合成

确定最终的指标体系之后，需要为指标赋权来构建综合指数，这是综合指数评价法的关键步骤。目前主要赋权方法有等权法、主成分分析法、因子分析法、专家经验法、熵权法、DEA 赋权法等（张子婷等，2020）。等权法最简单直白，应用的局限也最大；主成分分析法与因子分析法能保留原始数据大部分信息，但是对每个成分的解释可能比较模糊；专家经验法如层次分析法（analytic hierarchy process，AHP）等是一种主观的赋权方法，可信度与精确度都容易受到攻击；熵权法通过指标的变异程度确定权重，但缺少指标之间的横向比较。

近年来，DEA 赋权法在综合指数的应用中逐渐增多。这种方法从传统 DEA 模型的无参数效率评估方法中演化而来，不需要权重的先验信息，而自动选择对每个单元的评估最有利的一组指标权重，使每个决策单元的综合指数值最大（最小），从而衡量最佳情况下单元间相对性能的高低。本章使用 DEA 赋权法构建产能过剩风险综合指数。

根据 Zhou 等（2007）最初提出的 DEA 赋权模型，设有 m 个单元（DMUs）和 n 个指标，I_{ij} 代表第 i 个单元的第 j 个指标值。参照传统的 DEA 数学模型，指标值作为输出，数值 1 作为虚拟输入，同时，w_{ij} 代表第 i 个单元的第 j 个指标。该模型具体实施步骤如下。

步骤 1：计算对每个单元最有利的权重，使指数值最大，该线性规划模型如下：

$$gI_i = \max \sum_{j=1}^{n} w_{ij} I_{ij}$$

$$\text{s.t.} \quad \sum_{j=1}^{n} w_{ij} I_{kj} \leqslant 1, \quad k = 1, 2, \cdots, m \tag{4.5}$$

$$w_{ij} \geqslant 0, \quad j = 1, 2, \cdots, n$$

步骤 2：计算对每个决策单元最不利的权重，使每个单元的综合指数值最小，该线性规划模型如下：

$$bI_i = \min \sum_{j=1}^{n} w_{ij} I_{ij}$$

$$\text{s.t.} \quad \sum_{j=1}^{n} w_{ij} I_{kj} \geqslant 1, \quad k = 1, 2, \cdots, m \tag{4.6}$$

$$w_{ij} \geqslant 0, \quad j = 1, 2, \cdots, n$$

步骤 3：计算得到最大与最小的综合指数 gI_i 与 bI_i，设置一个调整参数将 λ 与 bI_i 组合，得到综合指数：

$$\text{CI}_i = \lambda \frac{gI_i - gI^-}{gI^* - gI^-} + (1 - \lambda) \frac{bI_i - bI^-}{bI^* - bI^-} \tag{4.7}$$

其中，gI^* 与 gI^- 分别代表所求 gI 中的最大值与最小值；bI^* 与 bI^- 分别代表所求 bI 中的最大值与最小值。

可以看出，线性规划模型是 DEA 赋权的关键步骤，然而这种线性规划模型存在以下弊端：第一，调整参数 λ 是人为设定的，这就带来了不可避免的主观性。第二，对于每个决策单元，模型为各指标赋予的权重不同，这种变权重使得每个指标在不同年份之间的加权值不具有可比性。第三，这种模型没有对权重做出范围的限制，可能会出现指标 0 权重的情况，这显然不符合现实。为克服以上缺陷，本章借鉴 Hatefi 和 Torabi（2010）的做法对前述 DEA 赋权法做出调整。值得注意的是，本章所要求的产能过剩风险综合指数，与 Hatefi 和 Torabi 构建的赋权模型有所不同。对于他们研究的能源可持续性指数（sustainable energy index）与技术成就指数（technology achievement index），为使每个决策单元的表现最佳，最有利的评估权重应该使加权得到的综合指数值尽量大，而本章所要求的产能过剩风险综合指数恰好相反，最有利的评估权重应该使得到的综合指数值尽量小。鉴于此，本章对 DEA 模型做出如下调整：

$$\min M$$

$$M - d_i \geqslant 0, \quad i = 1, 2, \cdots, m$$

$$\text{s.t.} \quad \sum_{j=1}^{n} w_j I_{ij} - d_i = 1, \quad i = 1, 2 \cdots, m \qquad (4.8)$$

$$w_j \geqslant \varepsilon, d_i \geqslant 0, \quad i = 1, 2, \cdots, m; j = 1, 2, \cdots, n$$

首先，引入一个大于零的变量 d_i 将不等式变为等式。为使每个决策单元的产能过剩风险的评估表现最好，应该寻找 d_i 的最小值，使得综合指数值 $\text{CI}_i = 1 + d_i$ 最优且 CI_i 的权重尽可能小。这样转换为求 d_i 的最小值。其次，为将变权重调整为不变权重，采用最小-最大法，使得全部 d_i 中的最大值最小。为此，设置一个 M 为全部 d_i 的最大值，再将目标函数调整为使 M 值最小，这样就将所有变权重改为了不变权重。最后，为了使此 DEA 模型求得的每个指标权重都不为 0，引入一个无穷小的正数 ε 作为不变权重的下限。基于以上调整，优化后的 DEA 模型能够自动求得工业产能过剩风险综合指数。

4.3　煤炭行业产能过剩风险评估实证分析

4.3.1　样本选择与数据来源

我国"富煤、少气、贫油"的资源禀赋条件决定了煤炭在我国能源消费中占据的主体地位。自 2001 年以来，我国经济的高速增长及煤炭需求的不断旺盛促使资本、热钱大量流入煤炭行业，迅速推动煤炭产能扩张。根据国家统计局的数据，2001~2012 年，煤炭行业固定资产投资规模从222.2 亿元激增至 5370.2 亿元，平均年化增长率高达 32%。然而，随着近些年来我国经济增长的放缓、能源消费强度的下滑及环境规制的收紧等诸多因素的影响（朱亮峰和朱学义，2021），煤炭行业供过于求的矛盾日益加剧，出现了十分严峻的产能过剩问题。根据国家统计局的数据，截至 2019 年，中国煤炭行业的产能利用率仅有 70.1%，远低于业内普遍认可的 79%~82%的合理产能利用率区间。受产能过剩问题的影响，煤炭价格显著下滑，如图 4.4 所示。随之而来的是行业利润的下跌及亏损面的扩大，到 2017 年底，行业亏损面高达 27%。与此同时，在能源转型趋势下，煤炭资源消费在一次能源消费中占的比重持续降低，2017~2020 年，全国煤炭消费占比从 60.4%降低至 57%。尽管如此，作为我国能源结构的主体，煤炭行业关联较为复杂，与下游的煤电、钢铁、建材、化工四大高能耗行业联系密切，对整个中下游工业产业的发展有重要影响。煤炭行业紧密的行业关联特征使其十分适用于本章提出的产能过剩评估模型。因此，选择煤炭行业作为实证范例不仅仅是十分必要的，还具有典型的代表意义。

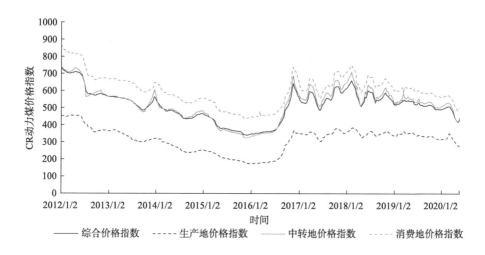

图 4.4　2012~2020 年中国煤炭 CR 动力煤价格指数

通过对煤炭行业的产业关联机制进行梳理可知，与煤炭行业联系最为密切的关联行业主要包括下游的煤电、钢铁、建材、化工四大行业。截至2018 年底，四大行业消费煤炭占比接近八成，其中煤电行业独占近五成，而钢铁、建材、化工行业消费煤炭所占比重分别约为 11%、12% 和 4%。因此本章指标体系除包含煤炭行业之外，也将煤电、钢铁、建材、化工四大行业纳入评估，共计 5 个行业。

考虑到煤炭行业及其关联行业的行业特征具有一定异质性，在图4.3所示的基础指标体系基础上，结合行业统计数据的可得性，分别从行业绩效、供给、需求及行业基本面 4 个维度建立煤炭及其 4 个关联行业的风险评估初始指标体系，如表 4.1 所示。需要说明的是，由于煤炭与下游钢铁、建材、化工等行业具有一定的共性，故这些行业大部分指标相同，不同之处在于对煤炭行业我们添加了产能利用率这项指标。相对而言，煤电行业较为特殊，一方面其主要统计指标如装机容量、发电量是以上 4 个行业不具备的；另一方面电力行业也不存在库存等指标。最终我们将煤炭行业与煤电行业分别列出一个独立的指标体系，而钢铁、建材、化工 3 个行业共属一个指标体系。综上，经过系统考察和初步筛选后，我们得到了共计 111

个指标的煤炭行业及其下游行业产能过剩风险评估初始指标体系, 如表4.1所示。

表 4.1　煤炭行业及其下游行业产能过剩风险评估初始指标体系

煤炭行业			下游行业			
			钢铁、建材、化工行业		煤电行业	
维度	指标	编号	指标	编号	指标	编号
行业基本面	产业集中度	L_1	产业集中度	E_1	产业集中度	H_1
	市场化水平	L_2	市场化水平	E_2	对外开放程度	H_2
	资本密集度	L_3	资本密集度	E_3	—	—
	对外开放程度	L_4	对外开放程度	E_4	—	—
	就业弹性	L_5	就业弹性	E_5	—	—
供给	企业数量增长率	L_6	企业数量增长率	E_6	装机容量增长率	H_3
	固定资产投资增长率	L_7	固定资产投资增长率	E_7	在建项目增长率	H_4
	改建与技术改造支出增长率	L_8	改建与技术改造支出增长率	E_8	完成电力投资增长率	H_5
	从业人员平均工资增长率	L_9	从业人员平均工资增长率	E_9	发电量增长率	H_6
	年末从业人员人数增长率	L_{10}	年末从业人员人数增长率	E_{10}	—	—
	劳动生产率	L_{11}	劳动生产率	E_{11}	—	—
	财务费用占比	L_{12}	财务费用占比	E_{12}	—	—
需求	工业销售产值增长率	L_{13}	工业销售产值增长率	E_{13}	全社会用电量增长率	H_7
	库存周转率	L_{14}	库存周转率	E_{14}	—	—
	库存增长率	L_{15}	库存增长率	E_{15}	—	—
	产销比	L_{16}	产销比	E_{16}	—	—
行业绩效	产能利用率	L_{17}	销售利润增长率	E_{17}	利润总额增长率	H_8
	销售利润增长率	L_{18}	主营业务收入增长率	E_{18}	设备利用小时数增长率	H_9
	主营业务收入增长率	L_{19}	流动资金周转次数增长率	E_{19}	污染排放强度	H_{10}
	流动资金周转次数增长率	L_{20}	亏损面	E_{20}	—	—
	亏损面	L_{21}	亏损额增长率	E_{21}	—	—
	亏损额增长率	L_{22}	资产负债率	E_{22}	—	—

续表

煤炭行业			下游行业			
			钢铁、建材、化工行业		煤电行业	
维度	指标	编号	指标	编号	指标	编号
行业绩效	资产负债率	L_{23}	应收账款增长率	E_{23}	—	—
	应收账款增长率	L_{24}	价格指数增长率	E_{24}	—	—
	价格指数增长率	L_{25}	污染排放强度	E_{25}	—	—
	污染排放强度	L_{26}	—	—	—	—
初始指标个数/个	26		25×3=75		10	

为保证研究数据的可得性和完整性，表 4.1 中各指标数据的统计区间为 2008~2017 年。其中，煤炭、钢铁、建材、化工行业的数据主要出自《中国工业统计年鉴》《中国环境统计年鉴》《中国劳动统计年鉴》，煤电行业的数据除上述年鉴外还取自《中国电力年鉴》。另外，使用平滑指数法与牛顿插值法补齐部分指标数据的缺失值，使用最小-最大法将数据标准化，便于后续指标约简和赋权阶段的计算。

4.3.2　指标约简与赋权结果

首先，分别使用 CFS 算法和关联规则算法对上述 111 个指标进行约简和关联分析，该阶段工作借助 Python 3.7 完成。以往研究关联规则在小样本案例的运用中常设置最小支持度与最小置信度在 0.4 和 0.6 左右（Li et al.，2019），本章在此设置最小支持度为 0.55，最小置信度为 0.8，从而保留与产能过剩风险有强关联关系的指标，并判别各指标的影响方向。指标约简和关联分析结果如表 4.2 所示，其中正相关影响性用"+"表示，负相关影响性用"-"表示。结果显示，经过约简与关联分析后，最终有30 个指标得以保留。其中，CFS 算法对每个行业剔除了约 60%的指标，结果符合 CFS 算法的正常约简范围。表4.2 所示的保留指标基本覆盖了行业基本面、供给、需求和行业绩效 4 个维度。值得注意的是，煤炭行业的指标体系中剔除了行业基本面维度的指标。这是因为，相比于要素供给、市场需求与行业绩效维度，行业基本面状况对行业的经营不产生直接影响且存在较强的滞后性。综上，经过指标约简与关联，有效解决了指标间的信息冗余和相关性问题，从而有助于提高评价结果的科学性和合理性。

表 4.2　煤炭及其关联行业指标约简与关联分析结果

维度	煤炭行业			钢铁行业			建材行业		化工行业		煤电行业		
	初始指标	约简结果	关联结果	初始指标	约简结果	关联结果	约简结果	关联结果	约简结果	关联结果	初始指标	约简结果	关联结果
行业基本面	L_1	保留	–	J_1	保留	–					H_1	保留	删减
	L_2	保留	删减	J_2	保留	–	保留	删减	保留	删减	H_2	保留	删减
	L_3			J_3									
	L_4	保留	–	J_4			保留	–	保留	删减			
	L_5			J_5									
供给	L_6			J_6							H_3	保留	–
	L_7	保留	–	J_7			保留	–			H_4		
	L_8	保留	–	J_8	保留	–	保留	–			H_5		
	L_9	保留	–	J_9	保留						H_6	保留	–
	L_{10}			J_{10}	保留								
	L_{11}	保留	–	J_{11}			保留	–	保留	–			
	L_{12}			J_{12}									
需求	L_{13}	保留		J_{13}			保留	–	保留	–	H_7		
	L_{14}	保留	–	J_{14}					保留	删减	H_8		
	L_{15}			J_{15}									
	L_{16}	保留		J_{16}	保留	–							
行业绩效	L_{17}	保留	–	J_{17}					保留	–	H_9	保留	–
	L_{18}			J_{18}							H_{10}		
	L_{19}	保留	删减	J_{19}			保留	删减			H_{11}	保留	+
	L_{20}			J_{20}	保留	删减	保留	删减	保留	+			
	L_{21}			J_{21}	保留	删减			保留	删减			
	L_{22}			J_{22}									
	L_{23}			J_{23}			保留	+	保留	+			
	L_{24}			J_{24}									
	L_{25}			J_{25}	保留	–			保留	删减			
	L_{26}												
保留个数/个	8			7			6		5		4		

其次，使用优化后的 DEA 模型完成指标赋权和风险综合指数合成。在计算综合指数之前，先将与产能过剩风险呈反向变动的指标取相反数，将其同向化。其中，S_1 到 S_8 为煤炭行业保留指标，S_9 到 S_{15} 为钢铁行业保留指标，S_{16} 到 S_{21} 为建材行业保留指标，S_{22} 到 S_{26} 为化工行业保留指标，S_{27} 到 S_{30} 为煤电行业保留指标。我们借助线性规划软件 Lingo 来完成 DEA 指标赋权与综合指数合成。最终所得 2008~2017 年煤炭行业产能过剩风险评估结果，如图 4.5 所示。

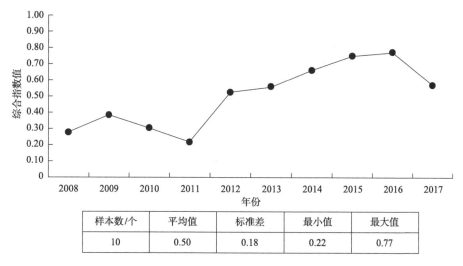

样本数/个	平均值	标准差	最小值	最大值
10	0.50	0.18	0.22	0.77

图 4.5　2008~2017 年煤炭行业产能过剩风险评估结果

根据图 4.5 可以发现，2008~2017 年，煤炭行业产能过剩风险综合指数的波动变化较为剧烈，2016 年的产能过剩风险最高，2011 年的产能过剩风险最低。根据其波动趋势，大致可以将煤炭行业产能过剩风险划分为三个阶段。具体而言，第一阶段为 2008~2011 年，煤炭行业产能过剩风险出现小幅的倒 "U" 形起伏，先是在 2009 年上升，随后维持下跌至 2011 年，并于该年达到 2008~2017 年风险最低水平。第二阶段为 2011~2016 年，风险水平持续攀升，并于 2016 年创煤炭行业产能过剩风险的最高值。第三阶段为 2017 年，煤炭行业产能过剩风险出现一定程度的回落。总之，2008~2017 年中国煤炭行业产能过剩风险呈现出上升—下降—上升—下降的周期性特征，且近几年风险水平仍处高位。

4.3.3　鲁棒性分析

在综合指数合成过程中，指标的选择和赋权不可避免地存在一些主观性。由于没有公认的最佳方法，这些主观选择有可能导致最终的风险评估结果出现偏差。因此，为确保上述评估结果是稳健的，需要对综合指数合成方案进行鲁棒性检验。具体而言，除采用 DEA 赋权法以外，我们还分别采用了等权法与熵权法来对指标进行赋权，将三种赋权方法得到的评估结果进行对比，如图 4.6 所示。

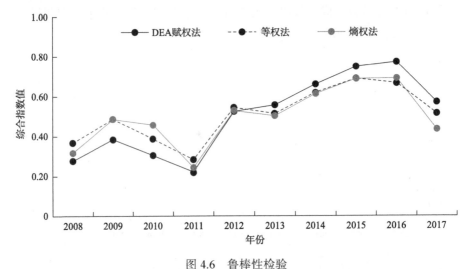

图 4.6　鲁棒性检验

利用 Pearson 相关系数来分析三组评估结果的相关性。经计算，DEA 赋权法得到的评估结果与等权法、熵权法评估结果的相关系数分别为 0.95 和 0.90，表现出了较强的相关性，说明评估结果较为稳健。根据图 4.6 可以发现，三组产能过剩风险综合指数计算结果的波动趋势基本一致，但由于不同方法的赋权原理存在差异，故得到的相应的综合指数在数值上不可能完全相同，但就本章的检验结果来看，其差距并不显著，最大差值仅为 0.12，处于合理范围之内。综上，可以认为本章提出的工业产能过剩风险综合指数合成方案通过了鲁棒性检验。

4.3.4　煤炭行业产能过剩风险波动规律成因分析

为深入挖掘煤炭行业产能过剩风险波动的成因，将煤炭行业产能过剩风险综合指数与其他 4 个下游关联行业的贡献指数的波动规律一一对比，如图 4.7 所示。其中，各行业的贡献指数是指根据 DEA 生成权重计算得到的煤炭与其他 4 个关联行业指数合成值。

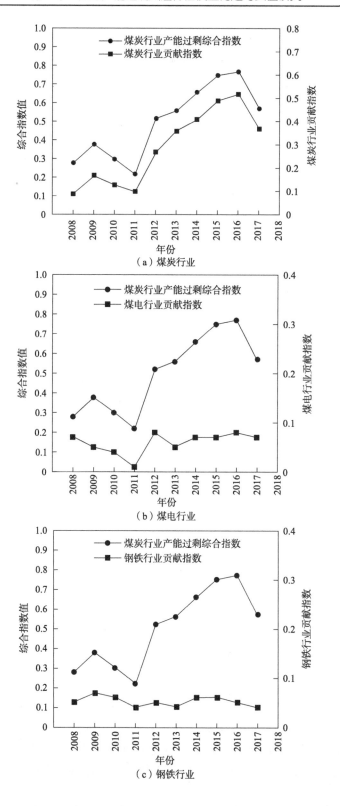

（a）煤炭行业

（b）煤电行业

（c）钢铁行业

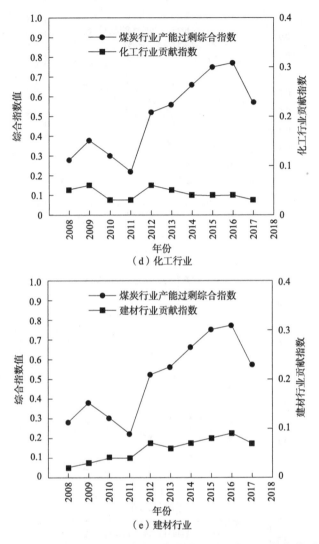

图 4.7　煤炭行业产能过剩风险综合指数与关联行业贡献指数对比

（1）2008~2011 年煤炭行业产能过剩风险整体呈下降趋势，而在 2009年曾出现短暂上扬。煤炭行业与下游的钢铁、化工行业的贡献指数曲线均呈现类似的起伏变化，煤电行业的贡献指数则是稳定下降。从时间来看，2008~2011 年煤炭行业产能利用率有所提高，并且其下游行业的经营效益稳定增长，技术与劳动力等要素供给投入持续提升。与此同时，各行业的市场需求也在改善，具体表现为工业销售产值、库存周转率等指标值的上升。这些利好共同推动了煤炭行业产能过剩风险水平的下降，而在 2009 年，除煤炭行业之外，下游各行业的绩效、供给、需求状况均出现了一定程度的恶化，这些关联行业经营形势的变动最终波及煤炭行业，导致煤炭行业产能过剩风险陡增。

（2）自 2011 年起，煤炭行业的产能过剩风险逐渐攀升，并于 2016 年达到 2008~2018 年的风险最高水平。在各行业中，除钢铁行业与化工行业之外，煤炭行业与煤电、建材行业的贡献指数均保持上升态势。就现实情况而言，煤炭、煤电、建材行业的经营绩效、要素供给、市场需求等指标在这段区间出现了不同程度的下滑，其中尤以煤炭行业自身经营形势的恶化最为突出。截至 2016 年，煤炭产能利用率较 2011 年大幅下滑 21%。不仅如此，伴随着行业效益的持续恶化，煤炭行业的固定资产投资、技术改造支出、劳动生产率等供给侧投入也明显下跌。这是煤炭行业产能过剩风险攀升的主因。

（3）2017 年煤炭行业产能过剩风险有所下降，但仍处高位水平。从图4.7 中看，各行业的经营状况均在这一年有所改善。伴随着煤炭行业产能利用率的上升，煤炭行业各项投资指标开始回升，营业收入、资金周转状况有所回暖。下游行业中煤电行业的发电量大幅增长，设备利用小时数也逆转了下跌势头。下游其余行业的经济效益也明显好转，资金、技术与劳动力等生产要素投入有所增长。煤炭行业与下游行业经营状况的诸多利好因素有助于化解过剩的煤炭产能，煤炭行业产能过剩风险也因此在这一年中出现回落。

总体而言，煤炭行业产能过剩风险水平受其关联行业经营状况的影响较为显著。因此，在考察煤炭行业产能过剩风险时，要将自身行业发展特征与行业关联效应综合纳入评估范畴，不仅要关注影响煤炭行业风险水平的既定因素，还必须系统考量源自各关联行业的随机因素。

4.3.5　基于关联分析的煤炭行业产能过剩风险驱动因素

现有文献基本只关注了行业内部导致产能过剩的因素，而忽略了关联行业的驱动机制。为探究关联行业对煤炭行业产能过剩风险形成的具体影响，我们使用关联分析对煤炭行业产能过剩的影响因素进行回溯，将各指标与煤炭产能利用率指标的支持度与置信度按大小排列，并判断各指标的影响方向。使用符号 MT、HD、GT、JC、HG 分别代表煤炭、煤电、钢铁、建材、化工 5 个行业，关联分析结果如表 4.3 所示。从表 4.3 中的保留指标可以发现，除煤炭行业自身的产能利用率、发电量增长等指标外，下游行业对其产能过剩的影响因素源自绩效、供给、需求、行业基本面等多个维度。考虑到现有研究关于产能过剩影响因素的正负性探讨还存在一定的空白，并且各关联行业的环境效益与基本面状况的影响难以直接识别，本章将根据关联规则对此进行重点关注。

表 4.3　煤炭行业产能过剩影响因素关联分析结果

指标	支持度	置信度	排列	方向	指标	支持度	置信度	排列	方向
产能利用率 MT	1	1	1	－	改建与技术改造支出增长率 GT	0.67	1	4	－
固定资产投资增长率 MT	0.89	1	2	－	从业人员平均工资增长率 GT	0.67	1	4	－
改建与技术改造支出增长率 MT	0.89	1	2	－	年末从业人员人数增长率 GT	0.67	1	4	－
对外开放程度 MT	0.78	1	3	－	产销比 GT	0.67	1	4	－
库存周转率 MT	0.78	1	3	－	污染排放强度 GT	0.67	1	4	－
装机容量增长率 HD	0.78	1	3	－	工业销售产值增长率 HG	0.67	1	4	－
发电量增长率 HD	0.78	1	3	－	销售利润增长率 HG	0.67	1	4	－
设备利用小时数增长率 HD	0.78	1	3	－	对外开放程度 JC	0.67	1	4	－
应收账款增长率 HG	0.78	1	3	＋	固定资产投资增长率 JC	0.67	1	4	－
应收账款增长率 JC	0.78	1	3	＋	改建与技术改造支出增长率 JC	0.67	1	4	－
产业集中度 MT	0.67	1	4	－	劳动生产率 JC	0.67	1	4	－
从业人员平均工资增长率 MT	0.67	1	4	－	工业销售产值增长率 JC	0.67	1	4	－
劳动生产率 MT	0.67	1	4	－	市场化水平 GT	0.56	1	5	－
污染排放强度 HD	0.67	1	4	＋	劳动生产率 HG	0.56	1	5	－
产业集中度 GT	0.67	1	4	－	亏损面 HG	0.56	1	5	＋

　　就环境效益维度的影响而言，Du 和 Li（2019）探讨了环境因素对能源领域产能过剩的影响，认为环境的负面效应越高，潜在的产能过剩问题越大。然而，上下游行业的环境问题是否会对产业链中其他行业的产能过剩产生影响尚未可知。本章的关联分析结果显示，煤炭产能过剩与下游煤电行业的污染排放强度同向变动，而与下游钢铁行业的污染排放强度反向变动。为分析该结果，先要指出行业的污染排放强度往往与行业所受环境规制力度呈负相关关系，即当行业出现了较为严重的污染问题时，通常需要加强环境规制力度。环境规制对行业产能利用的影响主要遵循"成本效应"与"创新补偿效应"（Cai and Ye，2020）。在一定门槛值之内，政府

环境规制的逐步增加加大了企业的污染治理成本，从而倒逼企业调整其产品结构及管理模式，提高技术创新能力，有利于企业降低成本并且提升产品竞争力，最终创造可观的市场需求并增加行业产出。当政府环境规制超出一定门槛值时，企业的创新投入带来的营收已不足以弥补高额的污染治理成本，加大企业的生产负担，最终降低企业的产出。因而可以推断煤电行业环境规制的力度低于特定的门槛值，使得"创新补偿效应"高于"成本效应"，最终下游煤电行业充沛的产出水平保障了上游煤炭行业的市场需求，有利于化解煤炭过剩产能。因此煤炭产能过剩与下游煤电行业的污染排放强度正相关，而钢铁行业环境规制的力度高于特定的门槛值，使得"创新补偿效应"小于"成本效应"，最终下游市场不利信息传导至上游煤炭行业，增加了煤炭产能过剩的风险。因此煤炭产能过剩与下游钢铁行业的污染排放强度负相关。

就行业基本面状况而言，关联结果显示，煤炭行业的产业集中度、对外开放程度与行业产能过剩呈负相关关系，下游钢铁行业的产业集中度、市场化水平及建材行业的对外开放程度均与煤炭行业产能过剩呈负相关关系。对此可以从三方面进行解释：第一，产业集中度的提高减少了煤炭行业的无序竞争，使上游煤炭行业与下游行业的议价能力提高，能够增加煤炭行业利润并提升行业发展质量，而对外开放程度的提高拓宽了煤炭行业的市场销路，有利于在国内市场需求不足时通过海外市场化解过剩产能。第二，下游钢铁行业的产业集中度、市场化水平的提高保障了市场机制的运行，给予企业更多灵活调整经营的空间，从而为煤炭行业释放正确的市场信息，使其及时调整运营策略以降低产能过剩风险。第三，下游建材行业对外开放程度的提高有利于增加行业的市场需求，由于产业链上下游行业之间紧密的经济技术联系，下游建材行业需求的增加最终将传递至上游煤炭行业，故有利于抑制煤炭产能过剩。

4.4　本章小结

构建科学全面的工业产能过剩风险评估体系是实现产能科学合理调控的基础。本章基于产业关联理论，采用数据驱动的研究范式，构建了基于CFS-ARs-DEA方法的工业产能过剩评估指标体系及模型，并选取经济地位显著、产能过剩严重、发展空间受限且产业关联复杂的煤炭行业为典型对象进行了实证分析。实证结果检验了提出的风险评估体系的合理性、科学性与实用性，并对以往研究中忽略的驱动工业行业产能过剩的因素做出探究，得到的主要研究结论如下。

首先，对目标行业（即煤炭行业）的产业关联机制进行梳理，确定其关联行业的构成。其次，基于目标行业及其关联行业的异质性与数据完整性的考虑，搭建初始评估指标体系，确定研究年份区间。再次，使用 CFS-ARs-DEA 的综合评估模型，测算得到煤炭行业产能过剩风险水平，发现煤炭行业产能过剩风险水平均呈现出下降—上升—下降的周期性特征，且近几年风险水平仍处高位。最后，为了检验产能过剩风险综合指数测算的合理性与稳健性，我们采用了等权法与熵权法来对指标进行赋权，并利用 Pearson 相关系数法将三种赋权方法得到的评估结果进行对比，分析结果通过了鲁棒性检验。

通过深入对比煤炭行业自身及其他关联行业的贡献指数的波动规律，探究了煤炭行业产能过剩风险波动规律的成因，发现煤炭行业产能过剩风险水平受其关联行业经营状况的影响较为突出。因此在评估工业行业的产能过剩风险时，既要关注影响目标行业的既定因素，还必须系统考量源自各关联行业的随机因素。

基于关联规则剖析了煤炭行业产能过剩的风险驱动因素，研究发现，除受到自身供需状况影响外，关联行业的环境效益和基本面状况对于煤炭行业的产能过剩也具有显著影响，这些被忽视的驱动因素值得未来进一步研究。

第5章 工业产能过剩规模组合预测模型构建与实证研究

建立超前精准的产能过剩预测机制是降低调控政策制定和实施滞后性，提高产能调控前瞻性和政策工具有效性的重要保证。根据第 4 章的研究结果可知，煤炭、煤电、钢铁、建材、化工等 5 个行业的产能过剩水平波动较大且仍处于高位。然而，在产能过剩的预测及调控方面，现行产能过剩调控政策制定和实施的滞后性可能会影响政策工具的有效性，现有组合预测模型大都为非劣性模型而非最优模型，其根源在于这些组合模型建构的物理机制不明，特别是没有考虑数据特征与模型适用性之间的匹配关系。因此，本章试图构建出一个高精度的工业产能过剩规模组合预测模型，并以煤炭行业为实证对象进行模型验证。首先，在对煤炭行业产能过剩的时序数列进行分解重构及其数据特征识别的基础上，对其产能过剩状况进行分量预测和集成预测的实证分析。其次，预估和剖析产能过剩的未来发展趋势、过剩规模水平。最后，根据时序数据特征和预测趋势从多维度对产能过剩的致因结构特征进行深入分析。本章所提出的基于"数据特征驱动的模态分解集成"的组合预测模型可以为全面把握产能过剩的演化规律提供科学的依据，为产能过剩的有效调控和精准治理提供有效的决策工具。

5.1 工业产能过剩规模组合预测模型构建

5.1.1 工业产能过剩规模组合预测模型框架

鉴于以往预测模型构建对数据特征的忽视与产能过剩复杂系统预测建模的困难，本章研究有机融合数据特征驱动与多模态信息集成建模思想，创新构建"数据特征驱动的模态分解集成"方法，据此构建工业产能过剩规模组合预测模型。其中，数据特征驱动建模思想是模型构建的根本依据，模型特点与所研究时序的数据特征相匹配是构建有效模型的根本条件；多模态信息集成建模思想决定建模的主要流程步骤，引入分解步骤不仅降低复杂系统的建模难度，而且可以更清晰地把握系统内外部的各种属性和影响要素，有效提高分析和预测性能。具体而言，本章构建了一个集集合经验模态分解（ensemble empirical mode decomposition，EEMD）、最小二乘支持向量机（least squares support vector machines，LSSVM）、ARIMA 三种方法为一体的组合预测模型（EEMD-LSSVM-ARIMA），对工业产能过剩状况和水平进行定量分析与预测。该模型框架如图 5.1 所示，主要包括五个步骤。

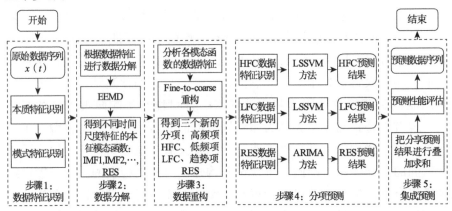

图 5.1　组合预测模型框架

步骤 1：对原始数据序列本质特征和模式特征进行识别。本质特征识别采用 Augmented Dickey-Fuller（ADF）检验识别数据的平稳性，采用线性回归残差分析法识别数据的线性，采用关联维数识别数据的复杂性；模式特征识别采用功率谱分析识别周期性，采用 Mann-Kenddall（MK）检验识别突变性。

步骤 2：根据对数据本质特征和模式特征的识别结果，使用与之相匹配的 EEMD 方法对工业产能过剩规模的时间序列数据进行分解，得到若干个具有不同时间尺度特征的本征模态函数（intrinsic mode function，IMF）及趋势项（residuals，RES）。

步骤 3：对分解得到的 IMF 和 RES 进行数据统计特征分析，把统计特征相似的 IMF 采用 Fine-to-coarse 规则进行重构，得到三个新的分项，即高频项（HFC）、低频项（LFC）和趋势项（RES），其目的是使数据分解结果具有更加规律的波动特征和显著的经济含义，进而来定量描述原始序列数据的波动规律。

步骤 4：以数据特征为驱动建模的原则，在对各分项进行本质特征和模式特征识别的基础上，针对各分项选择适宜的预测方法，采用擅长非线性预测的 LSSVM 方法对高频项和低频项进行预测；采用擅长线性预测的 ARIMA 对趋势项进行预测，得到各分项的预测结果。

步骤 5：把分项预测结果进行叠加求和，获取到最终的集成预测结果，并依据相应的评价准则来评估模型的预测性能。

5.1.2　数据特征识别与检验

全面、准确地识别所研究序列数据特征，是构建科学有效的模型的前提。受多种影响因素共同作用，时序数据往往呈现出多维数据特征。因此，引入复杂系统领域的前沿分析技术——多尺度分析法，构建煤电产能过剩时间序列数据特征检验方案，从而更系统完备地识别出复杂时序的数据特征。根据现有文献（Xie et al.，2017；Yu et al.，2015；Tang et al.，2014），时间序列可能具有的主要数据特征包括两个类别：本质特征和模式特征。其中，本质特征包括平稳性/非平稳性、线性/非线性和复杂性；模式特征包括周期性、突变性。数据特征识别与检验方法如表 5.1 所示。

表 5.1　数据特征识别与检验方法

主要特征	特征类型	检验方法	具体步骤
本质特征	平稳性/非平稳性	ADF 检验	若 ADF 检验值大于某显著水平值，则不能通过检验，即数据不平稳
	线性/非线性	线性回归残差分析法	首先，采用线性 AR（p）模型对数据进行线性拟合，其中，阶数 p 的确定根据 AIC（Akaike information criterion，赤池信息量准则）标准；其次，引入 BDS 检验对残差的独立性进行检验
	复杂性	关联维数	采用 G-P 算法，其中，延迟时间用自相关函数确定，嵌入维数用试凑法确定。若关联维数小于 1，则复杂度低；若大于 1 小于 2，则复杂度中等；若大于 2，则复杂度高
模式特征	周期性	功率谱分析	周期运动在功率谱中对应锋尖，若锋尖位于零处，其功率强度随着频率的上升反而下降，则周期模式不显著
	突变性	MK 检验	构建统计量 UF_k 和 UB_k，若这两条曲线出现交点，且交点在临界直线之间，则交点对应的时刻就是突变开始的时刻，$\mathrm{UF}_k = \dfrac{S_k - E(S_k)}{\sqrt{\mathrm{Var}(S_k)}}$，$\mathrm{UB}_k = -\mathrm{UF}_k (k=n, n-1, \cdots, n)$，其中，$S_k = \sum_{i=1}^{k} r_i$，$r_i = \begin{cases} 1, & x_i > x_j \\ 0, & \text{其他} \end{cases}$，$\mathrm{UF}_1 = 0$，$E(S_k) \& \mathrm{Var}(S_k)$ 分别表示累计数 S_k 的均值和方差

5.1.3　数据分解方法

从广泛应用的分解方法〔小波分解、经验模态分解（empirical mode

decomposition，EMD）、EEMD 等］中选取与原时序数据特征最优适配的分解方法。根据后续实证结果，针对工业产能过剩规模时序数据具有显著非平稳性、非线性、高复杂性与突变性特征，本章研究选择自适应的 EEMD 方法。

1. EMD 方法

EEMD 由 EMD 发展改进而来，EMD 方法在分解非线性、非平稳的时间序列时具有高效率、不受干扰的优势，整个分解过程自适应且近似正交，最大化地保留了原始序列的局部尺度特征，进而可以根据数据事实充分识别出原始序列的波动信息。EMD 方法的原理是按照从高频到低频的方式，对数据序列进行逐级分解，提取出不同时间尺度的特征，得到若干个 IMF 和一个 RES。其具体算法表示如下：

步骤 1：找出上下包络线。先确定原始序列 $x(t)$ 的所有最大值和最小值，然后通过三次样条函数，生成原始序列 $x(t)$ 的上包络线 $x_{max}(t)$ 和下包络线 $x_{min}(t)$。

步骤 2：求平均值。计算出上包络线与下包络线在任意时刻处的算术平均值 $m(t)$：

$$m(t) = \frac{x_{max}(t) + x_{min}(t)}{2} \tag{5.1}$$

步骤 3：筛选出第一个 IMF。在步骤 2 的基础上，将原始序列 $x(t)$ 与 $m(t)$ 相减可以得到 $d(t)$，即 $d(t) = x(t) - m(t)$，然后判断 $d(t)$ 是否满足成为 IMF 的两个条件：一是在整个时间轴上，这些函数的极值点和过零点的数值个数相同，或者差值为 1；二是在任意点处，这些函数的上下包络的算术平均值为零。若 $d(t)$ 满足这两个条件，则用残差 $r(t) = x(t) - d(t)$ 代替 $x(t)$；若不满足，则用 $d(t)$ 代替 $x(t)$，重复上述步骤，直到满足上述两个条件为止。

步骤 4：筛选出其他 IMF 及 RES。对原始序列 $x(t)$ 重复步骤 3，筛选出其余的 IMF，直至不能再找到新的 IMF 为止，最后得到 RES。

基于以上分解步骤，原始序列 $x(t)$ 可以表示为

$$x(t) = \sum_{i=1}^{n} d_i(t) + r(t) \tag{5.2}$$

其中，$d_i(t)$ 为第 i 个 IMF；$r(t)$ 为 RES，即 IMF 的个数，如果时间序列的长度为 N，则 IMF 的个数小于等于 $\text{Log}_2 N$。

2. EEMD 方法

EMD 在分解非平稳、非线性时间序列时，具有很大的优越性，然而这种分解方式通常会出现不同模态之间的混叠，即把相同频率的时间序列分解成不同的 IMF 或把不同频率的时间序列加总出现在了同一个 IMF 中，这会导致分解得到的一些 IMF 没有意义，干扰分解结果。EEMD 方法弥补了EMD 在处理数据时存在的上述局限，该方法首先将原始序列 $x(t)$ 加入高斯白噪声序列 $w(t)$，其次按照 EMD 方法对原始序列进行分解。其具体算法表示如下：

步骤 1：对原始序列 $x(t)$ 加入高斯白噪声序列 $w(t)$，即 $x(t) = x(t) + w(t)$，得到新的时间序列；

步骤 2：将新序列 $x(t)$ 进行 EMD 分解，然后重复步骤 1，重复过程中每次加入不同的高斯白噪声序列，把最终得到的 IMF 集成均值作为 EEMD 分解的结果。

通过添加高斯白噪声序列可以减小模态混叠的概率，并且高斯白噪声序列在达到目的后可以通过集成平均相抵消，这是对 EMD 方法的一大改进。增加高斯白噪声序列的效果可以通过最终误差的标准差 ε_M 来控制：

$$\varepsilon_M = \frac{\varepsilon}{\sqrt{M}} \tag{5.3}$$

其中，M 为加入高斯白噪声的次数，即集成数量；ε 为增加的高斯白噪声的标准差，即最终误差的标准差。在实际应用中，M 通常设为 100 或 50，ε 通常设为 0.1 或 0.2。

5.1.4　数据重构方法

EEMD 方法分解得到的分量并非都明显包含原始序列的特征信息，为了挖掘原始序列的一些经济含义，降低分项预测的复杂冗余性，将波动频率相近、波动结构相似的分量进行重构。整个重构过程主要分为数据特征统计和 Fine-to-coarse 重构两个阶段。

1. 数据特征统计

对分解得到的所有 IMF 分量和 RES 进行数据特征统计分析，主要分析指标包括平均周期、Pearson 系数与 Kendall 系数、方差及方差贡献率。平均周期的计算方法为样本数据点除以各分量序列中极大值的个数，由于 IMF 的频率和幅度会随着时间的变化而改变，所以其周期也是不固定的，故采用平均周期指标来衡量各 IMF 波动的周期性；Pearson 系数和 Kendall

系数分别从不同的角度来衡量各分量与原始序列的相关程度；方差代表各分量的波动水平，原始序列的方差贡献率代表各分项对于原始序列波动的贡献比例。由于原始序列非线性、舍入误差及处理三次样条终点条件引入的方差问题，IMF 和 RES 的方差之和并不总是与原始序列方差相同（Sood et al., 2016），所以通过计算各分项占分项叠加之和的方差贡献率来进一步研究 IMF 对原始序列波动的贡献程度，具体的指标含义与重构规则启发如表 5.2 所示。

表 5.2　数据特征分析

统计指标	数据特征	规则启发
平均周期	波动周期越短，波动频率越高，波动特征难以捕捉，越难以预测	把平均周期短的分量组合在一起以避免放大预测误差，把平均周期较长的组合在一起以降低计算的冗余性
Pearson 系数与 Kendall 系数	与原始序列的相关度越高，包含原始序列的波动特征越多，越容易预测	把相关系数较为接近的分量组合在一起，其经济含义相似
方差	方差越大，波动越不规律，波动特征难以捕捉，预测难度越大	方差大的分量组合在一起以降低预测误差，方差小的分量组合在一起以降低计算的冗余性
方差贡献率（原始序列）	方差贡献率越高，所包含的原始序列波动特征越多，越有利于提高预测精度	方差贡献率接近的分量组合在一起以提高预测精度
方差贡献率（分项叠加）	方差贡献率越高，所包含的原始序列波动特征越多，越有利于提高预测精度	方差贡献率接近的分量组合在一起以提高预测精度

2. Fine-to-coarse 重构

结合统计分析结果，根据 Fine-to-coarse 规则对 IMF 分量进行组合重构得到高频项和低频项，根据 RES 的数据特征将其作为趋势项，得到具有波动结构特征更加有序、经济含义更加显著的高频项、低频项及趋势项。重构算法表示如下：

步骤 1：计算每个 IMF 分量 d_1 到 d_i 的和的平均值（趋势项除外），重构指标 i，即 IMF_1 记为指标 1，$IMF_1 + IMF_2$ 记为指标 2，以此类推，前 i 个 IMF 的和记为指标 i；

步骤 2：对 IMF_i 进行 T 检验，判断并找出平均值明显偏离零的 i；

步骤 3：根据步骤 2 中的判断结果，可以对 IMF 进行组合重构，从 i 到 n 定义为低频的 IMF，从 1 到 $i-1$ 定义为高频的 IMF，RES 定义为趋势项。

基于上述重组步骤，对波动特征相似、经济意义相近的分量进行组合重构，得到了高频项 $h(t)$、低频项 $l(t)$ 和趋势项 $r(t)$，所以原始序列 $x(t)$ 可以表示为

$$x(t) = h(t) + l(t) + r(t) \qquad (5.4)$$

5.1.5　分项预测及集成预测方法

传统的预测方法倾向对原始序列直接预测,没有考虑到数据的随机性、周期性、趋势性等特点,容易造成原始信息的遗漏和损失,导致预测结果存在较大偏差。为了避免这一缺陷,在利用 EEMD 对原始序列分解的基础上,采用 LSSVM 对非线性的高频项和低频项进行预测,采用 ARIMA 对逼近于线性的趋势项进行预测。LSSVM 不仅可以充分拟合低频项的发展趋势,还可以避免对高频项的过度拟合,从而提高预测精度,ARIMA 可以更好地捕捉到原始序列的线性波动特征,全面提升预测效果。

1. LSSVM 方法

LSSVM 是对 SVM 的改进,SVM 以结构风险最小化为基础,强调最小化误差上界,然而,SVM 存在着一些不可避免的缺陷,如其算法的复杂度依赖于样本数据点,样本数据点越多,计算速度越慢,需要花费大量的训练时间。LSSVM 以简化计算为原则,通过求解一组线性方程组来代替 SVM 计算中的二次规划优化,简化了计算步骤,优化了模型的学习能力。具体算法表示如下:

步骤 1:给定一个训练样本集 $(x_i, y_i), x_i \in R^n, y_i \in R(i=1,2,\cdots,l)$,为了将非线性拟合问题转变为线性拟合问题,可以借助非线性映射 ϕ ,将数据集从输入空间映射到高维特征空间,其线性回归函数可表示为

$$f(x,w) = w^{\mathrm{T}}\phi(x) + b \qquad (5.5)$$

其中,w 和 $\phi(x)$ 为 n 维向量;b 为阈值。

步骤 2:基于结构风险最小化原理,由于函数十分复杂,且存在拟合误差,故将回归问题用约束优化问题来表示:

$$\min_{w,b,e} J(w,e) = \frac{1}{2}w^{\mathrm{T}}w + \frac{\gamma}{2}\sum_{i=1}^{l} e_i^2 \qquad (5.6)$$
$$\text{s.t. } y_i = w^{\mathrm{T}}\phi(x) + b + e_i \, (i=1,2,\cdots,l)$$

其中,γ 表示正则化参数;e_i 表示在时间 i 的误差。

步骤 3:借助求解无约束优化问题的方式对上述优化问题进行求解,优化的方式采用拉格朗日函数和 KKT 条件,原始问题可以表示为

$$y(x) = \sum_{i=1}^{l} \partial_i K(x, x_i) + b \qquad (5.7)$$

其中,$K(x, x_i)$ 代表 Kernel 函数。可供选择的典型核函数 $K(x, x_i)$ 包括多项

式核函数、Sigmoid 核函数、高斯径向基核函数（RBF-Kernel）等。一般来说，高斯径向基核函数具有较好的平滑性，预测效果突出，此函数具体表示为

$$k(x, x_i) = \exp\left(-\|x - x_i\| / 2\sigma^2\right) \tag{5.8}$$

其中，面板因子 γ 和核参数 σ 可利用网格搜索寻优。

2. ARIMA

ARIMA 是对 ARMA 模型的拓展，ARIMA 方法的优势如下：能够在未知的数据模式下确定最优模型，事物的发展趋势描述是通过分析其随机过程来完成的，不依赖于任何先验假设，系统自动分辨来确定模型的参数，基于历史值和现在值来预测未来值，获得最小方差意义上的最优结果。其中，ARMA 模型可近似表示为

$$x_t = \varphi_1 x_{t-1} + \varphi_2 x_{t-2} + \cdots + \varphi_p x_{t-p} + a_t - \theta_1 a_{t-1} - \theta_2 a_{t-2} - \cdots - \theta_q a_{t-q} \tag{5.9}$$

其中，p 为自回归阶数；q 为滑动平均阶数；$\theta_1, \theta_2, \cdots, \theta_q$ 为滑动平均系数；$\varphi_1, \varphi_2, \cdots, \varphi_p$ 为自回归系数；a_t 作为白噪声序列服从正态分布，$a_t \sim N\left(0, \sigma^2\right)$，则称时间序列 $x(t)$ 服从 (p, q) 阶自回归滑动平均模型，表示为 $\mathrm{ARMA}(p, q)$。平稳时间序列由非平稳时间序列 $x(t)$ 经过 d 次差分后得到，即

$$\varphi(B) \nabla^d x_t = \theta(B) a_t \tag{5.10}$$

其中，B 为后移算子；$\nabla^d x_t$ 为差分后的平稳时间序列，表示为 ARIMA (p, d, q)，p 为自回归阶数，d 为差分的阶数，q 为滑动平均阶数。建立 ARIMA 主要包括以下步骤。

步骤 1：模型识别。基于数据序列特征统计量指标，如自相关系数、偏自相关系数，识别出模型可能存在的形式，然后根据 AIC、施瓦兹准则（Schwarz criterion，SC）来确定最优参数，再根据预测需要选择模型的最佳形式。

步骤 2：模型检验。检验模型参数是否显著，验证所选模型是否有效，辨别残差序列是否为白噪声序列。若以上检验均通过，则模型设定正确；若没有通过检验，则需要重新确定模型，然后继续对模型进行诊断和检验，直至得到正确的模型形式。

步骤 3：模型预测。利用确定的 ARIMA 进行预测，分析比较预测值和实际值，评估模型的预测性能。

3. 集成预测

在分项预测的基础上，采用组合预测模型中的等权重方法，将分项预测的结果进行叠加求和得到最终的预测结果，预测得到的数据序列可以表示为

$$\hat{x}(t) = \hat{h}(t) + \hat{l}(t) + \hat{r}(t) \tag{5.11}$$

其中，$\hat{h}(t)$ 为最终的预测结果，即高频项预测结果；$\hat{l}(t)$ 为低频项预测结果；$\hat{r}(t)$ 为趋势项预测结果。

5.1.6　评价准则

为了评估模型的预测性能，本章研究选取了 3 个评价指标来评估模型的预测性能。具体而言，采用平均绝对百分误差 MAPE、均方根误差 RMSE 来衡量预测值的准确性，采用统计量 D_{stat} 来评估预测方向的准确性。这 3 个评价指标的定义如下：

$$\text{MAPE} = \frac{1}{N} \sum_{t=1}^{N} \left| \frac{x(t) - \hat{x}(t)}{x(t)} \right| \tag{5.12}$$

$$\text{RMSE} = \sqrt{\frac{1}{N} \sum_{t=1}^{N} \left[\hat{x}(t) - x(t) \right]^2} \tag{5.13}$$

$$D_{\text{stat}} = \frac{1}{N} \sum_{t=1}^{N} a_t \times 100\% \tag{5.14}$$

其中，$x(t)$ 和 $\hat{x}(t)$ 分别为数据序列在 t 时的实际值和预测值；N 为样本数目。如果 $\left[x(t+1) - x(t) \right]\left[\hat{x}(t+1) - \hat{x}(t) \right] \geq 0$，那么 $a_t = 1$，否则 $a_t = 0$。显然，RMSE 和 MAPE 的值越小，D_{stat} 的值越大，模型的预测精度越高，预测模型性能越佳。

为了验证所构建组合预测模型（EEMD-LSSVM-ARIMA）的优越性，同时也引入了其他预测模型作为对照。其中，ARIMA 模型和 LSSVM 模型被用作单项模型对照基准，EEMD-LSSVM 模型和 EEMD-ARIMA 模型被用作双混合预测模型对照基准。

5.2　工业产能过剩规模组合预测实证研究方案设计

5.2.1　数据来源

同第 4 章，我们在此选取煤炭行业作为组合预测模型的实证验证对象。

鉴于数据的可获得性及核算的科学性，从成本的角度来直接测算产能过剩规模是非常困难的。在实际应用中，产能过剩的测度借助产能利用率来进行核算（钟春平和潘黎，2014）。本章研究利用产能利用率这个变量来间接测算出煤炭产能过剩的规模。煤炭产能过剩的规模是实际产能与实际产量的差值，其计算方法如下：

$$OC = C - P = P / CU - P \qquad (5.15)$$

其中，OC 代表产能过剩规模；C 代表实际产能；P 代表实际产量；CU 代表产能利用率。实际产量 P 数据来源于国家统计局数据库，时间区间为 1989 年 1 月至 2020 年 12 月。1989~2016 年的产能利用率 CU 的数据取 3 种不同意义上的产能利用率（即 ECU、TCU 和 PCU）的平均值，ECU、TCU 和 PCU 的数据可以根据现有研究的测算结果和《中国能源统计年鉴》《中国煤炭工业统计年鉴》中相关指标数据延续计算得到；2017~2020 年的产能利用率CU 的数据来源于《国民经济和社会发展统计公报》。

参考已有关于产能利用率的文献，本章研究选取了 3 种不同意义上的产能利用率作为依据，即通过超越成本函数计算的经济意义上的产能利用率（ECU）、通过 DEA 计算的技术意义上的产能利用率（TCU），以及通过生产函数计算的物理意义上的产能利用率（PCU）。通过对比 3 种不同意义上的测算结果发现，每种意义上的产能利用率数值比较接近。为了保证数据的科学性与合理性，通过计算 3 种不同意义上的产能利用率的算术平均值来获得本章研究中的产能利用率数据，如表 5.3 所示。

表 5.3　煤炭行业产能利用率

年份	ECU	TCU	PCU	CU=（ECU+TCU+PCU）/3
1989	—	66.78%	69.27%	68.03%
1990	—	69.95%	70.36%	70.16%
1991	—	70.59%	65.87%	68.23%
1992	—	65.06%	64.65%	64.86%
1993	—	66.28%	62.08%	64.18%
1994	71.42%	68.56%	64.77%	68.25%
1995	71.19%	69.03%	67.25%	69.16%
1996	73.69%	70.65%	67.58%	70.64%
1997	71.57%	65.99%	65.24%	67.60%

续表

年份	ECU	TCU	PCU	CU=（ECU+TCU+PCU）/3
1998	65.75%	66.92%	64.14%	65.60%
1999	67.41%	58.31%	53.70%	59.81%
2000	67.78%	71.06%	67.92%	68.92%
2001	76.38%	82.25%	64.39%	74.34%
2002	83.59%	83.90%	73.13%	80.21%
2003	83.10%	84.39%	86.02%	84.50%
2004	87.56%	85.89%	93.23%	88.89%
2005	76.37%	87.02%	95.28%	86.22%
2006	78.58%	89.86%	92.67%	87.04%
2007	81.78%	93.64%	91.21%	88.88%
2008	77.36%	88.98%	88.20%	84.85%
2009	91.50%	85.42%	86.59%	87.84%
2010	86.44%	86.73%	88.26%	87.14%
2011	82.47%	88.56%	91.16%	87.40%
2012	68.25%	69.89%	69.95%	69.36%
2013	78.03%	70.25%	71.59%	73.29%
2014	76.01%	72.17%	73.98%	74.05%
2015	72.02%	69.87%	71.05%	70.98%
2016	65.29%	61.44%	69.38%	65.37%
2017	—	—	—	70.50%
2018	—	—	—	70.60%
2019	—	—	—	70.60%
2020	—	—	—	69.80%

注：ECU 数据来源于赵宝福和黄振国（2014）的研究，TCU 数据来源于冯东梅等（2015）的研究，PCU 数据来源于张言方（2014）的研究，CU 数据来源于 2017~2020 年《国民经济和社会发展统计公报》

基于以上数据的整理和计算，得到本章研究的样本数据集，1989 年 1 月至 2020 年 12 月的中国煤炭行业产能过剩规模的时间序列，共 336 个以月度为单位的数据点,时间序列趋势如图 5.2 所示。可以发现,在 2016 年 12 月,煤炭行业产能过剩规模达到最大值为 1.656 亿吨;煤炭行业产能过剩规模的最小值为 0.120 8 亿吨,出现在 2004 年 1 月;煤炭产能过剩规模的平均数和中位数分别为 0.532 亿吨和 0.415 亿吨。在预测时,样本数据分为训练集和测试集两个部分,其中 1989 年 1 月至 2019 年 12 月的数据用作模型训练的训练集,2020 年 1 月至 2020 年 12 月的数据用作评估模型性能的测试集。

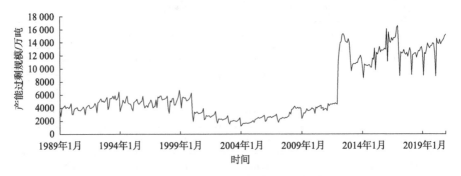

图 5.2　煤炭产能过剩规模时间序列

5.2.2　数据特征识别

经过对原始数据序列进行本质特征识别和模式特征识别后,结果如下。

（1）平稳性特征识别结果:在 ADF 检验中,其 t 统计量为 0.35 大于 5%水平的临界值为-2.87,且 p 值为 0.98。结果表明,原序具有显著的非平稳性特征。

（2）线性特征识别结果:经检验原始数据序列 AR（q）中 $q=0$,故可以跳过 AR 过滤的步骤,直接进入 BDS 检验。在 BDS 检验中,参数 r 为相空间中数据方差的 0.7 倍,当相空间维数为 2~4 时,z 统计量分别为 28.42、30.20、32.38,均大于 z 临界值（5%水平）1.96,且 p 值均为 0.00。结果表明,原序呈现出显著的非线性特征。

（3）复杂性特征识别结果:根据图 5.3（a）可知,在计算关联维数时,延迟时间为 3;关联维数随着嵌入维数 m 增大而增大,且在 $m=7$ 处达到饱和,得到原序的关联维数为 3.0。结果表明,原序复杂性水平高。

（4）周期性特征识别结果:根据图 5.3（b）可知,功率谱图上锋尖位于零处,功率强度随着频率的上升而下降,周期性模式不明显。结果表明,原序无周期性。

（5）突变性特征识别结果:根据图 5.3（c）可知,MK 检验有 3 个突变点。结果表明,原序有突变性特征。

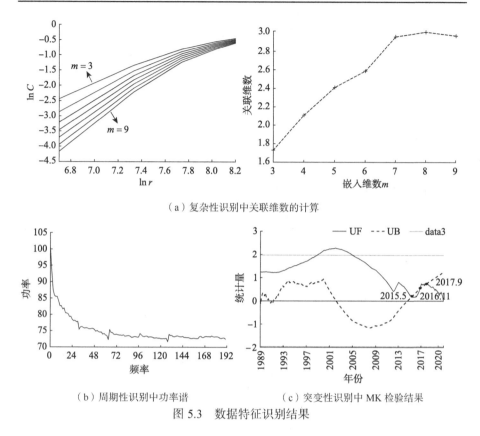

（a）复杂性识别中关联维数的计算

（b）周期性识别中功率谱　　　　（c）突变性识别中 MK 检验结果

图 5.3　数据特征识别结果

　　以上结果表明，1989~2020 年中国煤炭行业产能过剩数据序列具有非平稳性、非线性、高复杂性的本质特征，以及无周期性和突变性的模式特征。

5.2.3　参数设置

　　参数的优化对于提升模型预测精度具有决定性的作用。在利用 EEMD 方法对数据进行分解时，有两个参数需要确定，即集成数 M 和增加的白噪声 ε 的标准偏差，这两个参数将直接影响模型的分解性能，集成数通常设置为 50 或 100，增加噪声的标准偏差通常设定为 0.1 或 0.2（Nguyen et al.，2019）。本书将集成数和增加的白噪声标准偏差 $(M，\varepsilon)$ 分别设置为 $(100,0.1)$、$(50,0.1)$、$(50,0.2)$ 和 $(100,0.2)$，对样本数据序列进行分解，经过对比，当集成数 M 为 100 且白噪声 ε 的标准偏差为 0.2 时，模型分解性能最佳。因此，在使用 EEMD 技术时，M 的值设定为 100，ε 的值设定为 0.2。在使用基于 RBF 核函数的 LSSVM 方法进行预测时，需要确定面板因子 γ 和核参数 σ^2，选择网格搜索技术作为参数值的优化工具，参数寻优通过编写程序在 Matlab R2014a 软件平台上实现。

在使用 ARIMA 时，需要评估确定三个参数［即 ARIMA(p, d, q)］。d 值可以通过差分顺序确定，p 和 q 的可能值可以通过自相关系数与偏相关系数来确定。根据 SC 和 AIC 来确定最佳模型，AIC 值和 SC 值越低，模型的预测性能越佳。ARIMA 参数确定过程分为数据序列平稳性检验和模型识别检验两个关键步骤，具体如下。

（1）数据序列平稳性检验。为确定 ARIMA 参数，对 4 个数据序列做 ADF 单位根检验。原假设为数据序列存在单位根，具有非平稳性。h 等于 1 代表拒绝原假设，h 等于 0 代表原假设成立。p 值指接受原假设的概率，其显著性水平设置为 5%，若 p 值小于 5%，且 t 统计量小于临界值，表明检验结果是显著的，则可以拒绝原假设，数据序列为平稳序列。根据表5.4 可知，原始序列及低频项为非平稳序列，经过一阶差分后为平稳序列，高频项及趋势项为平稳序列。

表 5.4   数据序列平稳性检验

序列	h	p 值	t 值	临界值
原始序列	0	0.50	−2.00	−3.42
原始序列—阶差分	1	0.00	−18.13	−3.42
高频项	1	0.00	−9.53	−1.94
低频项	0	0.51	−2.91	−3.42
低频项—阶差分	1	0.00	−4.18	−3.42
趋势项	1	0.00	−4.67	−1.26

（2）模型识别检验。观察自相关系数及偏相关系数，识别可能的阶数 p 和 q。模型可能存在的形式展示在表 5.5 中，根据 AIC 值和 SC 值越低模型性能越优的原则，确定最佳模型。

表 5.5   最佳模型识别

序列	ARIMA (p, d, q)	AIC	SC
原始序列	ARIMA（1, 1, 0）	16.13	16.16
	ARIMA（2, 1, 0）	16.72	16.74
	ARIMA（1, 1, 1）	16.13	16.17
高频项	ARIMA（2, 0, 1）	15.84	15.87
	ARIMA（2, 0, 2）	16.11	16.15
	ARIMA（2, 0, 0）	16.11	16.14

续表

序列	ARIMA（p, d, q）	AIC	SC
	ARIMA（3, 1, 0）	15.15	15.18
低频项	ARIMA（3, 1, 1）	13.79	13.82
	ARIMA（3, 1, 2）	13.81	13.85
	ARIMA（1, 0, 0）	9.476	9.50
趋势项	ARIMA（1, 0, 1）	8.858	8.89
	ARIMA（1, 0, 2）	8.90	8.93

基于以上分析，我们确定最终模型的参数，如表 5.6 所示。

表 5.6　模型最优参数设定

数据序列	LSSVM 模型		ARIMA		
	γ	σ^2	p	d	q
原始序列	20 787.05	338.88	1	1	1
高频项	863.48	96.33	2	0	1
低频项	389.11	37.08	3	1	1
趋势项	149.20	19.14	1	0	1

5.3　煤炭行业产能过剩规模组合预测实证分析

5.3.1　数据分解结果

1. EEMD 数据分解

利用 EEMD 技术对煤炭产能过剩规模的时间序列进行分解，样本数据的时间区间为 1989 年 1 月至 2019 年 12 月。在分解时将白色噪声的标准差设为 0.2，集成数量设为 100，在 Matlab R2014a 软件平台上编程实现。分解结果如图 5.4 所示，按照分解顺序，得到了 7 个具有不同时间尺度特征的 IMF 分量和 1 个 RES。各分量的波动频率逐渐减小，振幅逐渐增大，周期逐渐变长。其中，高频 IMF 分量表现出随机无序性，低频 IMF 分量具有较强的周期性，RES 则表现出一定的趋势性。

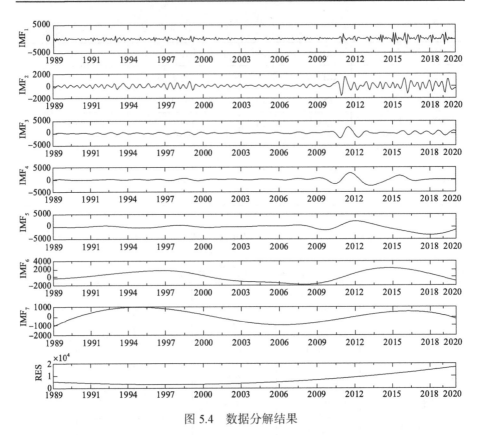

图 5.4　数据分解结果

2. 统计特征分析

为探究各分量的波动特征和经济含义，对分解得到的 IMF 和 RES 进行统计特征分析，主要分析指标包括平均周期、相关系数、方差及方差贡献率。其中，平均周期用来表示各模态分量的波动周期，由每个模态分量数据序列的数据个数除以极值点个数得到；用 Pearson 系数和 Kendall 系数来衡量各模态分量与原始序列的相关程度；方差代表波动水平；用方差贡献率来表示各 IMF 分量占原始序列波动的比例，衡量其对原始序列波动性的解释程度，通过计算每个分项的方差除以原始序列的方差得到，统计分析结果如表 5.7 所示。

表 5.7　各分量数据特征统计结果

数据序列	平均周期/月	Pearson 系数	Kendall 系数	方差	方差贡献率（原始序列）	方差贡献率（分量加总）
原始序列				1.79×10^{7}		
IMF_1	3	0.137*	0.043	1.43×10^{5}	0.80%	0.69%

续表

数据序列	平均周期/月	Pearson 系数	Kendall 系数	方差	方差贡献率（原始序列）	方差贡献率（分量加总）
IMF_2	6	0.162^*	0.076^{**}	1.29×10^5	0.72%	0.62%
IMF_3	17	0.154^*	0.123^{**}	3.27×10^5	1.83%	1.57%
IMF_4	41	-0.049^{**}	0.014^{**}	1.18×10^6	6.59%	5.66%
IMF_5	82	0.521^{**}	0.371^{**}	5.44×10^5	3.04%	2.61%
IMF_6	178	0.403^{**}	0.427^{**}	4.73×10^6	26.43%	22.71%
IMF_7	178	0.217^*	0.221^{**}	2.80×10^5	1.56%	1.34%
RES	372	0.578^{**}	0.653^{**}	1.35×10^7	75.41%	64.80%
加总				2.08×10^7	116.38%	100.00%

*表示在 0.05 的水平（双尾）下相关性显著；**表示在 0.01 的水平（双尾）下相关性显著

根据表 5.7 的统计分析结果可知，IMF_1、IMF_2、IMF_3 平均周期分别为 3 个月、6 个月、17 个月，其 Pearson 系数和 Kendall 系数分别为 0.137、0.162、0.154，0.043、0.076、0.123，说明 IMF_1、IMF_2、IMF_3 的和原始数据序列的相关性较低；方差贡献率都在 2.00% 以内，说明 IMF_1、IMF_2、IMF_3 分项对原始序列波动的解释程度较低。这些模态分量具有周期短、波动频繁、不确定的特点，可以认为 IMF_1、IMF_2、IMF_3 分量包含不确定的随机因素成分，导致其与原始序列的相关程度低，从而对原始序列波动的解释程度也很低。

IMF_4、IMF_5、IMF_6、IMF_7 平均周期均大于三年，波动频率低、周期较长，且波动方向与原始序列相似度很高，其相关系数及方差贡献率都比较高，说明 $IMF_4 \sim IMF_7$ 解释了原始序列的大部分波动特征，包含着原始序列的一些重要信息。RES 的 Pearson 系数和 Kendall 系数最高，分别为 0.578 和 0.653，且 RES 对原始序列波动性有约 75% 的贡献率，决定着原始序列的主要波动趋势。

5.3.2　数据重构结果

1. 分量重构

根据对各 IMF 分量的统计分析结果，可以发现各 IMF 分量的波动周期与原始序列的相关程度、方差贡献率等均存在一定的差异。在 7 个 IMF 分量中，有些分量的波动特征和演变规律比较相似，其所包含的经济含义存在一定的相似性。因此，为了使得分解结果更加客观，各分量的经济含义更加明确，根据 Fine-to-coarse 重构方法，结合各分量的统计分析结果，利用 T 检验对高频分量和低频分量做进一步的区分，将统计特征相似的分量进行叠加重组，以便深入挖掘原始序列的波动特征和演变规律。

图 5.5 展示了 T 检验的结果，可以看出在第 4 个点处，平均值显著偏离于零，结果与上述统计分析的结果也相吻合，即以第 4 个分量为界，前后分量的统计特征差异较大。因此，将 IMF_1、IMF_2、IMF_3 重构为高频项，将 IMF_4、IMF_5、IMF_6、IMF_7 重构为低频项，RES 作为趋势项。重构之后的分项序列趋势如图 5.6 所示。

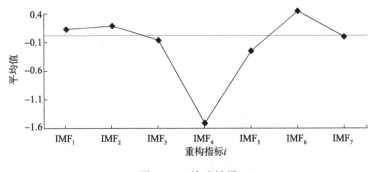

图 5.5 T 检验结果

2. 特征分析

1）统计特征分析

如图 5.6 所示，经过 IMF 分量的组合后，高频项、低频项、趋势项的波动特征更加明显，对 3 个分项进行统计分析来进一步观察这 3 个分项序列的波动特点。由表 5.8 的统计分析结果可知，高频项的 Pearson 系数和 Kendall 系数分别为 0.284、0.301，低频项的 Pearson 系数和 Kendall 系数分别为 0.177、0.194，与原始序列的相关程度都得到了显著的提升；高频项和低频项的方差贡献率分别为 4.52% 和 46.57%，表明低频项对原始序列波动的解释程度要高于高频项对原始序列的解释程度。值得关注的是，趋势项与原始序列的相关系数最大，Pearson 系数和 Kendall 系数分别为 0.578 和 0.653，且方差贡献率在 75% 左右，表明原始序列的大部分波动可以由趋势项来解释。因此就 3 个分项对于原始序列波动的影响程度而言，高频项的影响程度最低，低频项次之，趋势项的影响程度最高。

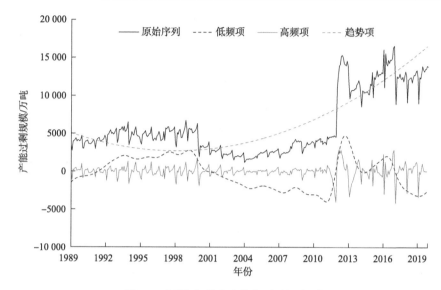

图 5.6　原始序列及重构分项时间序列

表 5.8　重构分项的数据特征统计结果

数据序列	平均周期/月	Pearson 相关系数	Kendall 相关系数	方差	方差贡献率（原始序列）	方差贡献率（分量加总）
原始序列				1.79×10^7		
高频项	6	0.284**	0.301**	7.4374×10^5	4.52%	3.58%
低频项	48	0.177*	0.194**	5.5644×10^6	46.57%	36.81%
趋势项	372	0.578**	0.653**	1.35×10^7	75.41%	59.61%
加总				1.54×10^7	126.50%	100%

*表示在 0.05 的水平（双尾）下相关性显著；**表示在 0.01 的水平（双尾）下相关性显著

2）本质特征与模式特征分析

分别对 HFC、LFC 及 RES 分项进行本质特征与模式特征分析，根据表 5.9 可知，从数据的本质特征来看，HFC 和 RES 具有平稳性，而 LFC 具有非平稳性。3 个分项均为非线性，HFC 和 LFC 的复杂性处于中等水平，而 RES 的复杂性处于低水平。具体的分析结果展示在附表 5.1~附表 5.7 及附图 5.1~附图 5.3 中。基于对各分项本质特征与模式特征的分析结果，我们可以确定与各分项相匹配的预测方法，结果如图 5.7 所示。

表 5.9　重构分项的本质及模式特征分析

数据特征	数据序列	HFC	LFC	RES
本质特征	平稳性	平稳	非平稳	平稳

续表

数据特征	数据序列	HFC	LFC	RES
本质特征	线性	非线性	非线性	非线性
	复杂性	中等	中等	低
模式特征	周期性	6个月	10.67年	无
	突变性	集中发生在 2010.10~2017.4	2004.3、2013.1、2017.11	2014.10

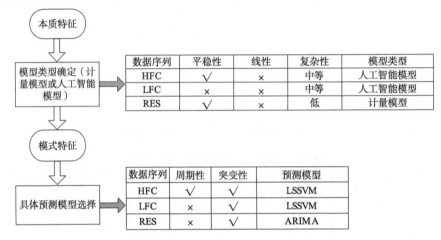

图 5.7　预测模型确定

3. 经济含义解读

根据上述分析可知，高频项、低频项及趋势项的波动特征存在差异，各分项自身也具有一定的规律性，分别隐含着很强的经济含义。因此，对各分项的波动特征做进一步的分析和解释，以揭示出产能过剩的致因结构特征及波动规律。

（1）高频项围绕零均值线随机波动，对原始序列波动的影响程度在5%左右，其波动方向和原始数据序列的走向很相似，这表明从整个时间序列周期来看，高频项对原始序列的影响很小，但其在短期内一定程度上可以引导原始序列的波动趋势。高频项能够充分刻画需求不足对煤炭产能过剩的影响。这是因为，相较于一般轻加工产业而言，煤炭行业作为国民经济的基础性产业，对市场需求波动更加敏感（Wang et al.，2017a）。把高频项与中国 GDP 波动趋势做比较（图 5.8）可以发现，二者呈显著的负相关关系。也就是说，当 GDP 增速放缓时，煤炭产能过剩规模相应增加；当 GDP 增速反弹时，煤炭产能过剩规模相应降低。

例如，2008 年全球金融危机的不断深化，全球经济增长的放缓导致能源需求增速回落，同时，国民经济结构调整和经济增长方式的转变会给煤炭供需带来阵痛。

图 5.8　高频项与 GDP 增速时间序列

（2）低频项对原始序列的影响程度在 40%左右，表明低频项包含了原始序列比较重要的波动特征。根据波动规律，可以判断低频项定量刻画了市场失灵对煤炭产能过剩的影响。潮涌理论认为，由于决策者掌握的信息不全面、不对称，对有前景的产业发展定位趋同，投资会集中涌向某一行业，进而引发产能过剩问题。从图 5.6 中低频项的波动特征可以看出：1989~1999 年低频项呈递增趋势；2000~2011 年低频项呈平稳下降的趋势；2012年低频项开始大幅度攀升。回顾煤炭行业投资的历史情况可知，1989年中国经济进入快速增长时期（图 5.8），在煤炭需求增加的预期下，大量企业和资本纷纷涌入煤炭行业，煤炭供给快速增加，但当时中国经济总量相对较低，对煤炭的需求也相对较少，因此在这一阶段低频项呈上升趋势。在 2000~2011 年，伴随中国经济规模的不断增大和高速增长，对煤炭需求大幅提升，因此在该阶段低频项呈下降趋势。与此同时，煤炭需求和煤炭价格的持续走高使得全社会对煤炭行业的良好前景产生共识，众多企业涌入煤炭产业。例如，"十一五"期间中国煤炭固定资产投资 1.25 万亿元，比前十个五年计划的投资总额还高出一倍多。在此背景下，尽管受金融危机影响，煤炭需求不断下降，但煤炭供给却依旧不断增加，从而导致产能过剩规模迅速攀升。因此，低频项在 2012 年呈大幅上升的趋势。综上分析，可以发现低频项总是和煤炭市场的投资潮涌现象自洽，因此低频项可以解释为以投资潮涌为代表的市场失灵对中国煤炭产能过剩的影响。

（3）RES 的周期比较长，反映了原始序列波动的长期趋势，对原始序列的方差贡献率为 75.41%，与原始序列的相关程度显著高于高频项和低频项。长期来看，趋势项与煤炭产能过剩的总体演化轨迹及发展趋势一致，都维持在增长的状态趋势中。这说明趋势项包含着煤炭产能过剩最重要的影响因素。趋势项通常被当作决定原始序列长远走势的决定因子。也就是说，趋势项对原始序列的影响是根本性的、决定性的和长期性的。煤炭作为基础性的能源，国家对煤炭行业的干预与引导程度较深，当前研究普遍认为中国工业产能过剩的根本原因在于资源错配（Zhang et al., 2017；范林凯等，2015）。以此观点为基础，从产能过剩的内生性角度来看，长期性的产能过剩只能从非市场因素来寻找原因（于立和张杰，2014），所以，趋势项作为原始序列长期波动趋势的决定项，可以将其解释为资源错配对中国煤炭产能过剩的影响。一方面是投资方向错配，中国煤炭行业在过去得到了大量的资金支持，如政策补贴、银行信贷支持及其他金融措施。这导致了大量的投资流向煤炭行业，支持了过度的产能扩张。这种过度的投资导致了煤炭行业的产能过剩（章卫东等，2014）。另一方面，中国的能源消费结构高度依赖于煤炭，由于环保压力的增加以及市场对清洁能源的需求逐渐增加，技术水平和市场需求容易错配。煤炭行业难以适应市场的新需求，而其他清洁能源行业却由于缺乏相应的技术和资金支持而发展较慢，这种错配进一步加剧了产能过剩的问题。

5.3.3　分项预测及集成预测结果

1. 预测性能评价

为了验证预测模型的有效性，以 2016 年 1 月~2019 年 12 月的产能过剩规模数据作为测试集，以 2020 年 1 月~12 月的数据作为测试集，通过对比预测值和实际值来评估预测效果。根据各分项不同的数据特征，选择相应的预测方法。鉴于高频项和低频项的数据分布特征为非线性，趋势项近似为线性，故在 EEMD-LSSVM-ARIMA 模型的分项预测阶段中，对高频项和低频项采用 LSSVM 进行预测，对趋势项采用 ARIMA 进行预测。另外，为了验证 EEMD-LSSVM-ARIMA 模型的预测性能，引进单项模型（ARIMA 和 LSSVM）及双混合预测模型（EEMD-ARIMA 和 EEMD-LSSVM）作为对照。单项模型预测时没有对数据进行分解，而是直接对原始序列进行预测；双混合模型则对重组成分（HFC、LFC、RES）采用统一的方法进行预测，没有识别各分项的线性或非线性特征。

图5.9 和图5.10 展示了不同预测模型样本外预测的拟合效果。对比图5.9 和图5.10 可以明显地发现，EEMD-LSSVM-ARIMA 模型的拟合预测结果与 4 种对照模型的预测结果相比较，该模型的预测性能要显著优于单项模型和双混合模型。表5.10 展示了不同预测模型的预测精度，对比 3 个评估指标可以发现，EEMD-LSSVM-ARIMA 模型在预测结果的表现上，MAPE 和 RMSE 的值显著低于其他对照模型，D_{stat} 的值要高于其他对照模型，这说明 EEMD-LSSVM-ARIMA 组合预测模型不但在水平方向上具有精确的预测精度，而且在垂直方向的预测上也有着优良的性能。具体而言，LSSVM 模型在预测高频项和低频项时，可以避免过度拟合，ARIMA 可以比其他预测方法更好地捕获趋势项的线性波动，从而在对原始序列进行预测时具有高度的准确性。综上，基于分解-重构-预测思想而提出的 EEMD-LSSVM-ARIMA 模型的预测性能表现优于引入的其他对照模型，即单项模型（ARIMA 和 LSSVM）及双混合预测模型（EEMD-ARIMA 和 EEMD-LSSVM）。

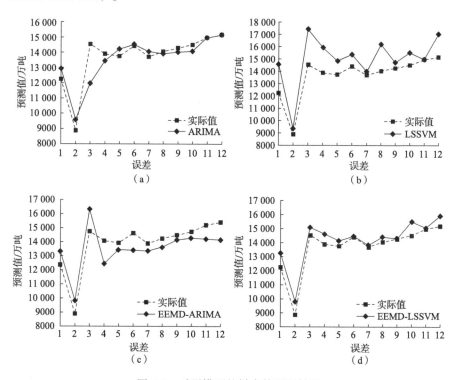

图 5.9　对照模型的样本外预测结果

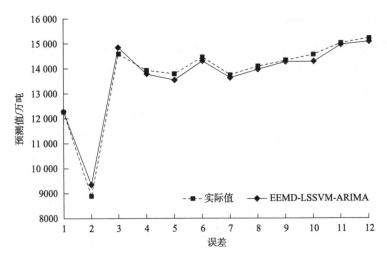

图 5.10　基于 EEMD-LSSVM-ARIMA 模型的样本外预测结果

表 5.10　不同模型的预测性能比较

月份	实际值	ARIMA		LSSVM		EEMD-LSSVM		EEMD-ARIMA		EEMD-LSSVM-ARIMA	
		预测值/万吨	误差	预测值/万吨	误差	预测值/万吨	误差	预测值/万吨	误差	预测值/万吨	误差
1 月	12 493.46	12 973.14	5.71	14 086.30	0.33	15 084.37	7.10	14 818.43	20.99	16 088.86	1.12
2 月	12 427.41	9592.43	7.94	10 892.36	20.86	10 348.90	5.21	12 426.65	2.76	11 362.49	0.50
3 月	12 085.57	12 007.48	−17.71	13 090.75	19.64	14 484.41	4.35	15 368.39	18.66	15 407.12	2.76
4 月	12 213.78	13 486.04	−3.24	13 858.99	15.29	13 314.42	6.39	15 266.58	−11.57	14 346.26	−0.88
5 月	12 367.57	14 263.11	3.39	14 049.46	3.17	13 108.03	3.95	15 258.16	−7.94	13 869.05	−2.14
6 月	12 410.34	14 567.04	0.72	14 156.77	0.15	13 713.69	0.55	15 212.41	−12.04	14 663.90	−0.44
7 月	11 722.69	14 096.78	2.48	13 970.55	6.41	13 384.09	1.95	14 735.05	−5.85	14 443.52	−2.04
8 月	12 351.41	13 952.09	−1.03	14 084.93	19.40	13 670.92	1.74	14 569.31	−5.85	14 839.60	−0.45
9 月	12 743.32	14 071.16	−1.77	14 027.23	16.98	13 671.44	5.95	14 166.32	−10.69	14 749.39	−1.94
10 月	12 706.59	14 119.02	−3.06	14 177.94	2.47	13 449.67	1.39	13 998.22	−7.66	15 096.94	−0.72
11 月	13 134.85	15 034.74	0.06	15 009.42	2.82	15 238.02	2.25	14 680.65	−6.15	15 894.61	−1.41
12 月	13 341.73	15 210.23	−0.10	15 853.182	0.35	15 482.49	1.93	15 767.72	−8.12	16 908.44	−1.14
MAPE		3.93%		8.99%		3.56%		9.86%		1.30%	
RMSE		841.79		2038.72		628.60		1147.70		249.32	
D_{stat}		0.83		0.25		0.83		0.92		1	

2. 预测结果及讨论

基于上述对比分析，可以证明本书构建的 EEMD-LSSVM-ARIMA 模型具有较高的预测精度。受限于数据可获取性，经过训练后的模型可以用于预测 2021~2023 年中国煤炭行业产能过剩规模和发展趋势，为政府和煤炭企业决策者、投资者提供依据。表 5.11 展示了 2021~2023 年产能过剩规模的预测值，根据预测结果可知，2021 年、2022 年、2023 年的煤炭产能过剩规模分别为 17.31 亿吨、18.61 亿吨和 19.16 亿吨，说明煤炭产能过剩规模将在一定范围内波动，短期内不会出现与 2012 年类似的大幅度增加或减少，产能过剩规模将会达到一个相对稳定的状态。总体来看，不会出现过于剧烈的变化，但存在长期过剩的趋势，产能过剩问题仍不容忽视。

表 5.11　集成预测结果　　　　　单位：万吨

月份	2021 年	2022 年	2023 年
1 月	12 457.33	13 847.998 45	14 091.403 45
2 月	11 299.35	11 468.022 3	12 034.036 6
3 月	14 398.76	15 548.186 61	16 312.745 93
4 月	14 587.99	15 687.557 81	16 304.508 89
5 月	15 321.27	15 602.791 28	16 347.385 27
6 月	15 414.09	16 344.359 9	16 835.574 21
7 月	14 322.01	16 085.408 6	16 081.463 35
8 月	14 328.22	15 950.295 71	16 302.746 65
9 月	14 575.32	15 627.269 23	16 210.104 2
10 月	14 376.77	15 771.802 72	16 319.382 71
11 月	15 379.60	16 828.805 95	16 986.988 62
12 月	16 699.46	17 377.037 77	17 793.806 54
总计	173 160.17	186 139.536 3	191 620.146 4

5.4　本章小结

为精准预测产能过剩的发展态势，构建系统的产能过剩预警调控机制，本章首先引入复杂系统领域的前沿分析技术——多尺度分析法，并以煤炭行业为典型对象进行了模型验证和实证分析。具体地，本章构建了一套产能过剩时间序列数据特征检验方案。其次,将"数据特征驱动"与"多模态信息集成"建模思想进行有机融合,创建了新的"数据特征驱动的模态分解集成"建模框架、方法和流程。最后,利用以上方法、模型和历史数据资料,进行了煤炭行业产能过剩的分量预测、集成预测及预警阈值优化的实证分析,预估和剖析了我国煤炭产能过剩的未来发展趋势、风险水平及其关键驱动机制,进而确定和建立了煤炭产能过剩调控的触发机制。得到的主要结论如下。

第一,通过识别煤炭产能过剩规模时间序列数据的本质特征和模式特征,发现了其不仅具有非平稳性、非线性特征,还具有高复杂性和突变性特征。这表明煤炭产能过剩是由多种驱动因素耦合形成的,多种力量决定着其发展趋势。其中,资源错配是煤炭产能过剩最重要的决定因素,影响程度约为75%。资源配置不合理引发投资过度集中,使得煤炭产能存在长期过剩的趋势。以投资潮涌为代表的市场失灵是影响产能过剩的另一个重要因素,影响程度约为45%。市场失灵导致的投资过热、产业结构趋同现象对产能过剩的影响效果持续时间比较久,大约4年为一个周期,这是因为固定投资的产能扩张效应会逐步显现。经济周期波动下的煤炭需求下降会在一定程度上加剧产能过剩的规模,其对产能过剩的影响效果长期来看不明显,影响程度约为5%。

第二,从预测结果来看,2021年、2022年、2023年煤炭产能过剩规模分别约为17.31亿吨、18.61亿吨和19.16亿吨,说明煤炭产能过剩规模在此期间处于相对稳定的过剩态势,不会出现巨大幅度的波动。另外,受经济周期波动对煤炭需求的影响,煤炭产能过剩规模仍会呈现小幅度的波动。随着煤炭市场机制的自我调节及适当的干预,市场失灵对产能过剩的影响效果逐渐减弱,而体制性因素对产能过剩的影响效果仍会持续显现,所以各级政府应该进一步提高对体制性产能过剩问题的关注程度,并采取合理的调控策略。

第三,本书构建的新的基于分解集成思想和数据特征驱动的EEMD-LSSVM-ARIMA模型具有良好的预测效果。相比现有的单项模型及双混合预测模型,该模型通过对时间序列的分解,能够在最大程度上捕获原始序列线性和非线性的波动结构特征,并且基于数据特征选择最适宜的预测方法,能够显著提升预测精度。该模型在对工业产能过剩的发展进行预测时,无论是在预测值上还是在预测方向上都达到了较为理想的效果。

本 章 附 录

附表 5.1　HFC、LFC 和 RES 的平稳性识别结果

指标	t 统计量	t 临界值（5%水平）	p 值（5%水平）	平稳性
HFC	−9.71	−2.87	0.00	平稳
LFC	−1.09	−2.87	0.72	非平稳
RES	−4.53	−1.26	0.00	平稳

附表 5.2　HFC 的线性识别结果

HFC 相空间维数	AR（p）	z 统计量	z 临界值（5%水平）	p 值	线性
2		11.94		0.00	
3	0	12.07	1.96	0.00	非线性
4		11.71		0.00	

附表 5.3　LFC 的线性识别结果

LFC 相空间维数	AR（p）	z 统计量	z 临界值（5%水平）	p 值	线性
2		85.71		0.00	
3	3	91.27	1.96	0.00	非线性
4		98.24		0.00	

附表 5.4　RES 的线性识别结果

RES 相空间维数	AR（p）	z 统计量	z 临界值（5%水平）	p 值	线性
2		33.65		0.00	
3	3	35.72	1.96	0.00	非线性
4		38.43		0.00	

附表 5.5　HFC、LFC、RES 的复杂性识别结果

指标	延迟时间/年	$m=2$	$m=3$	$m=4$	$m=5$	$m=6$	$m=7$	$m=8$	$m=9$	（嵌入维数，关联维数）	复杂性
HFC	3	0.43	0.66	0.93	1.22	1.44	1.67	1.69	1.68	（8，1.69）	中等
LFC	2	0.78	0.83	0.94	1.05	1.12	1.18	1.17	1.17	（7，1.18）	中等
RES	3	0.46	0.47	0.48	0.48	0.49	0.50	0.50	0.50	（7，0.50）	低

附表 5.6　HFC、LFC、RES 的周期性识别结果

周期性	HFC	LFC	RES
6 个月	10.67 年	无

附表 5.7　HFC、LFC、RES 的突变性识别结果

突变性	HFC	LFC	RES
集中发生在 2010.10~2017.4	2004.3、2013.1、2017.11	2014.10

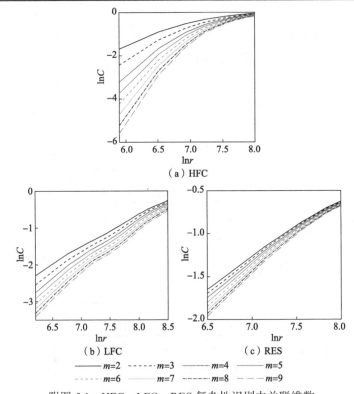

附图 5.1　HFC、LFC、RES 复杂性识别中关联维数

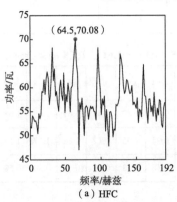

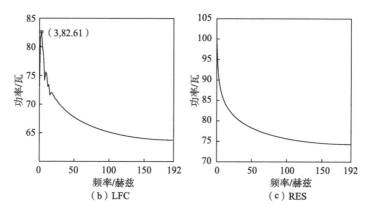

附图 5.2 HFC、LFC、RES 周期性识别中的功率谱图

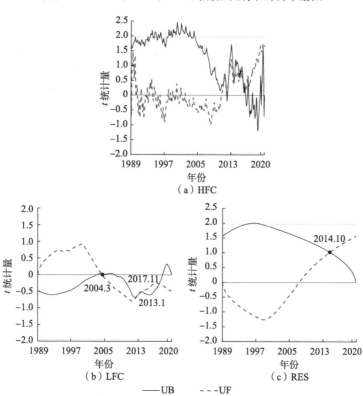

附图 5.3 HFC、LFC、RES 突变性识别中 MK 检验结果

第6章 工业产能过剩风险预警模型构建与实证研究

产能过剩治理存在着"过剩—化解—不足—激励—再过剩"的现象，这不仅会导致政策治理的成本增加，还会影响行业的有序发展，其根源在于治理决策中的信息不完全和信息不对称。因此，为提高煤电产能过剩调控时机和调控力度的精准性，实现产能过剩科学防范和治理，推进供给侧结构性改革和经济高质量发展，当务之急是建立前瞻性、科学性的工业产能过剩风险预警体系，系统精准地分析出产能过剩风险态势、关键驱动因素及演化规律。为此，本章开展了数据驱动的工业产能过剩风险预警模型构建研究，并以煤炭行业为例进行实证分析，为产能过剩风险治理提供了有效的量化分析工具与决策参考。

6.1 工业产能过剩风险预警体系框架

基于数据驱动的集成建模思想，构建工业产能过剩风险预警体系，如图6.1所示。该预警体系包括三个模块，分别为预警指标选择、预警标签确立及预警模型体系构建。产能过剩风险预警指标和预警标签是预警模型的信息基础，其科学性、合理性、准确性是预警结果准确性、可靠性的前提、关键和保障。

1. 预警指标选择

现有产能过剩风险预警指标设计文献繁多，但多数存在一定的不足之处。一方面，现有研究未能系统性地梳理产能过剩形成的动态过程，特别是忽略了行业间的关联效应和信息传递效应对目标行业产能过剩的影响，导致设计的预警指标体系逻辑不清、不全面，难以准确反映行业产能过剩状态；另一方面，现有研究大多依赖主观分析选择指标，易导致所选取的指标或存在信息重叠或对产能过剩反应不灵敏，严重影响后续建模的难度和模型结果的可靠性。因此，在预警指标选择模块中，基于产业关联理论，

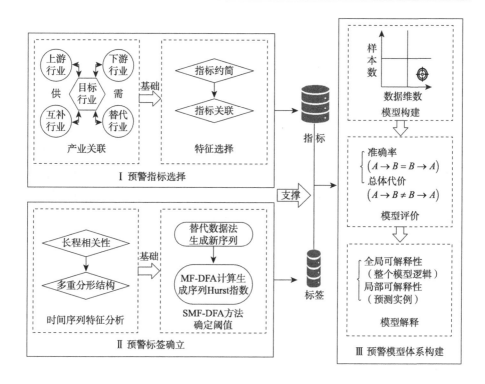

图 6.1　工业产能过剩风险预警体系框架

并结合数据驱动的双重特征选择（指标约简、指标关联）选择产能过剩风险预警指标。

2. 预警标签确立

由于预警本质是分类，学者们开发的预警模型（机器学习模型）大都为有监督学习模型。在有监督学习中，模型借助标签的反馈来学习和优化，因此精准的标签对预警模型至关重要。然而，现实中的数据大都无标签。因此，在构建预警模型之前，产能过剩风险预警标签确立是关键环节。鉴于现有产能过剩风险预警标签确立研究的主观性、经验性和缺乏动态性，提出一种基于替代数据法和多重分形去趋势波动分析（multifractal detrended fluctuation analysis，MF-DFA）的产能过剩风险预警标签确定方法（surrogate multifractal detrended fluctuation analysis，SMF-DFA），从数据自身演化规律中自适应地确定阈值。

3. 预警模型体系构建

现有产能过剩风险预警模型的研究未充分考虑数据特征，模型常常不是最优模型，而且在模型评价时聚焦于模型的准确性，而产能过剩风险预警本质上是代价敏感的决策问题，更需要关注的是预测误差的潜在损失，即不同错误造成的不同代价。此外，现有研究大多追求开发高预测性的模型，忽略了模型可解释性的重要性，而管理决策情景不仅需要关联，更需要因果。因此，针对预警指标和样本特征，并考虑代价敏感性和可解释性，提出涵盖"模型构建→模型评价→模型解释"的煤炭行业产能过剩风险预警模型体系。具体而言，在模型构建子模块，基于指标维数和可获取的样本数，构建相适的预警模型；在模型评价子模块，不但考虑模型的准确性，而且关注更具有实际意义的预警预期损失；在模型解释子模块，用全局可解释性方法解释模型的整体逻辑，用局部可解释性方法解释模型预测的每个具体实例。

6.2　工业产能过剩风险预警体系构建

6.2.1　预警指标设计

在第 4 章产能过剩风险评估中，已运用产业关联理论，从产能过剩诱因、程度、效应和后果等多维视角出发，并采用数据驱动的 CFS-ARs 双重选择方法提取产能过剩特征指标，构建了判别与表征产能过剩风险的最终指标体系。因此，选用该指标体系作为预警指标体系，针对煤炭行业的产能过剩风险预警指标体系如表 6.1 所示，主要原因在于该指标体系弥补了传统单指标片面性、多指标缺乏系统性的不足，客观解决了指标间的信息冗余和相关性问题，有效兼顾了全面性和重点性、即时性和前导性，有助于提高风险预警结果的可靠性。

表 6.1　煤炭行业产能过剩风险预警指标体系

行业	指标	编号	行业	指标	编号
煤炭	产业集中度	MTL_1	煤炭	劳动生产率	MTL_{11}
	对外开放程度	MTL_4		库存周转率	MTL_{14}
	固定资产投资增长率	MTL_7		产能利用率	MTL_{17}
	改建与技术改造支出增长率	MTL_8	钢铁	产业集中度	GTE_1
	从业人员平均工资增长率	MTL_9		市场化水平	GTE_2

续表

行业	指标	编号	行业	指标	编号
钢铁	改建与技术改造支出增长率	GTE_8	化工	工业销售产值增长率	HGE_{13}
	从业人员平均工资增长率	GTE_9		销售利润增长率	HGE_{17}
	年末从业人员人数增长率	GTE_{10}		亏损面	HGE_{20}
	产销比	GTE_{16}		应收账款增长率	HGE_{23}
	污染排放强度	GTE_{25}	建材	对外开放程度	JCE_4
煤电	装机容量增长率	HDH_3		固定资产投资增长率	JCE_7
	发电量增长率	HDH_6		改建与技术改造支出增长率	JCE_8
	设备利用小时数增长率	HDH_9		劳动生产率	JCE_{11}
	污染排放强度	HDH_{10}		工业销售产值增长率	JCE_{13}
化工	劳动生产率	HGE_{11}		应收账款增长率	JCE_{23}

注：为保证研究数据的可得性和完整性，选取 2008~2017 年这一时间窗口进行煤炭行业产能过剩风险预警实证研究。表 6.1 中各指标的数据主要来自《中国统计年鉴》《中国工业统计年鉴》《中国环境统计年鉴》《中国劳动统计年鉴》《中国科技统计年鉴》《中国电力年鉴》。另外，使用平滑指数法与牛顿插值法补齐部分缺失数据

6.2.2　预警标签确立

1. 基于 SMF-DFA 方法的预警标签确立流程

鉴于传统阈值确定方法主观性、经验性及缺乏动态性的局限性，融合替代数据法和 MF-DFA 方法，构建工业产能过剩风险预警标签确立方法，简称为 SMF-DFA 方法，其流程如图 6.2 所示。首先，对时间序列基本特征进行分析，使用 SMF-DFA 方法识别异常值的前提是时序具有长程相关性和多重分形结构；其次，采用替代数据法对原序数据进行重排，并运用 MF-DFA 计算所有的序列 Hurst 指数；再次，利用 χ^2 检验判断 Hurst 指数序列陡变并偏离原序 Hurst 指数的临界点；最后，根据临界点确定合意工业产能利用率区间。

2. MF-DFA 方法

MF-DFA 是用来分析时间序列波动特征的算法，能够有力描述复杂系统非线性演化过程及其形成的自相似结构特征（谢文浩和曹广喜，2022），该方法不仅能够通过计算 Hurst 指数来判断时序的长程相关性，还能够确定时序的多重分形结构。MF-DFA 算法如下。

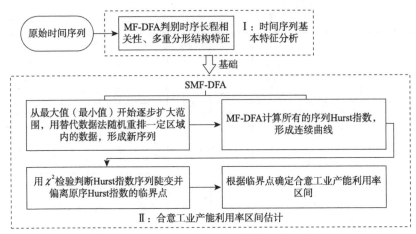

图 6.2　基于 SMF-DFA 的预警标签确立流程

步骤 1：构造新序列。对于序列 $\{x_k, k = 1, 2, \cdots, N\}$，根据累计离差构造新序列：

$$y_{(i)} = \sum_{k=1}^{N} (x_k - \overline{x})(i = 1, 2, \cdots, N) \tag{6.1}$$

其中，$\overline{x}$ 为 x_k 的均值。

步骤 2：等间隔划分子区间。将 $y_{(i)}$ 从左侧开始划分为长度为 s 的均等长度的不重叠子区间，得到 $Ns = \text{int}(N/s)$ 个子区间。由于 N 很可能不是 s 的整数倍，从序列右侧开始再划分一次，得到 $2Ns$ 个子区间。

步骤 3：消除趋势。用最小二乘法拟合每个子区间 $v(v = 1, 2, \cdots, 2Ns)$ 的曲线，得到局部趋势函数 $y_{v(i)}$，其中拟合的阶数可以是一阶、二阶，也可以是更高阶的。计算出 $2Ns$ 个消除趋势子区间的残差序列平方和的均值。

当 $v = 1, 2, \cdots, Ns$ 时，

$$F_{(s,v)}^2 = \frac{1}{s} \sum_{j=1}^{s} \left\{ Y\left[(v-1)s + i\right] - y_{v(i)} \right\}^2 \tag{6.2}$$

当 $v = Ns + 1, \cdots, 2Ns$ 时，

$$F_{(s,v)}^2 = \frac{1}{s} \sum_{j=1}^{s} \left\{ Y\left[N - (v-1)s + i\right] - y_{v(i)} \right\}^2 \tag{6.3}$$

步骤 4：计算时序的 q 阶波动函数：

$$F_{q(s)} = \begin{cases} \left\{ \dfrac{1}{2Ns} \sum\limits_{v=1}^{2Ns} \left[F_{(s,v)}^2\right]^{\frac{q}{2}} \right\}^{\frac{1}{q}}, q \neq 0 \\[4mm] \exp\left\{ \dfrac{1}{4Ns} \sum\limits_{v=1}^{2Ns} \left[F_{(s,v)}^2\right] \right\}, q = 0 \end{cases} \tag{6.4}$$

其中，q 为非零整数，当 $q=2$ 时为标准 DFA 过程。

步骤 5：计算 q 阶 Hurst 指数：

$$F_{q(s)} \propto s^{h_{(q)}} \tag{6.5}$$

其中，$h_{(q)}$ 为 Hurst 指数，当 $q=2$ 时，$h_{(q)}$ 为经典 Hurst 指数。当 $0 < h_{(q)} < 0.5$，时序具有短程相关性，即系统演化状态具有反持久性，时序将保持与前一阶段相反的变形趋势；当 $0.5 < h_{(q)} \leqslant 1$，时序具有长程相关性，即系统演化状态具有持久性，时序将保持与前一阶段相同的变形趋势。

步骤 6：计算多重分形质量指数 τ_q：

$$\tau_q = q h_{(q)} - 1 \tag{6.6}$$

当 τ_q 与 q 为非线性关系时，时序具有多重分形结构。奇异指数 α 和多重分形谱 $f(\alpha)$ 可通过 Legendre 变换得到，表达式为 $\alpha = \tau'(q)$，$f(\alpha) = q\alpha - \tau(q)$。其中，$\Delta\alpha$ 越大表示多重分形特征越显著。

3. 替代数据法

替代数据法是识别时间序列非线性特征的可靠工具（Yin and Shang，2015），为获取与原序同方差、同均值及概率分布函数、自相关函数都相同的替代数据，采用相位随机化方法，具体步骤如下：

步骤 1：对原始序列 $\{x_k, k=1,2,\cdots,N\}$ 进行 Fourier 变换，得 $x(f) = A(f)\mathrm{e}^{i\varphi(f)}$。

步骤 2：对相位 $\varphi(f)$ 随机旋转一个相位角，即

$$\begin{aligned} \psi(f) &= \varphi(f) + \phi(f) \\ x'(f) &= A(f)\mathrm{e}^{i(\varphi(f)+\phi(f))} = A(f)\mathrm{e}^{\psi(f)} \end{aligned} \tag{6.7}$$

其中，$\phi(f)$ 为在区间 $[0, 2\pi]$ 内生成的随机数。

步骤 3：对 $x'(f)$ 进行 Fourier 逆变换，得 $x'(n) = F^{-1}\{A(f)\mathrm{e}^{i\psi(f)}\}$，$n = 1, 2, \cdots, N$。

6.2.3　基于 SMF-DFA 的异常值识别方法

1. SMF-DFA 方法

工业产能利用变化具有周期性与规律性，其演化状态也应呈现出一定的规律性。正常运行的行业产能系统演化状态具有持续性，当其受到异常事件干扰时，这种持续性必将受到不同程度的影响。换言之，反映各行业产能利用情况时序的长程相关性在正常演化状态和异常演化状态下呈现异

质性。因此，融合替代数据法与 MF-DFA 来分析时序的长程相关性及其收敛情况，并据此确定时序的异常值域。SMF-DFA 原理为仅替换时序中的异常值顺序对时序的长程相关性指数影响极小，而逐步替换到系统的正常值，时序的长程相关性指数开始较大幅度波动并逐渐偏离原序的长程相关性指数（侯威等，2011）。算法步骤如下：

步骤 1：确定原序 X 的最小值 $x_{\min}$、最大值 $x_{\max}$ 及序列平均值 R；

步骤 2：以 $x_{\max}$ 为起点，R 为终点，随机化 $\{x_i, \text{if } x_i \geqslant \max - d \times k\}$ 内的数据点的顺序，同时保留其余数据的顺序不变，依次得到新序列 Y_J，$J = \max - d \times k$，其中，d 为区间间隔，$k = \text{int}(1, 2, \cdots, (\max - R) / d)$；

步骤 3：以 $x_{\min}$ 为起点，R 为终点，随机化 $\{x_i, \text{if } x_i \leqslant \min + d \times k\}$ 内的数据点的顺序，同时保留其余数据的顺序不变，依次得到新序列 Y_J，$J = \min + d \times k$，其中，d 为区间间隔，$k = \text{int}(1, 2, \cdots, (R - \min) / d)$；

步骤 4：计算每个新序列 Y_J 的 Hurst 指数，并根据 Hurst 指数的收敛性情况确定正常值与异常值的临界点。

2. SMF-DFA 方法识别异常值有效性验证

为验证 SMF-DFA 方法判定系统正常演化与异常演化状态临界值的有效性，选择混沌系统中常用的洛伦兹方程生成数据，并以其 x 分量的 10 000 个数据点为样本，洛伦兹方程表达式为

$$\frac{\mathrm{d}x}{\mathrm{d}t} = a(y - x); \frac{\mathrm{d}y}{\mathrm{d}t} = (u - z)x - y; \frac{\mathrm{d}z}{\mathrm{d}t} = -bz + xy \qquad (6.8)$$

其中，参数取常用值，即 $a = 10$，$u = 28$，$b = 8/3$。

生成的洛伦兹曲线如图 6.3 所示，可以发现，x 分量曲线虽然呈现出复杂性、非线性，但其在严格的 $[-18.42, 18.42]$ 范围内稳定运行。因此，可以将 x 分量数据看作系统正常演化状态的样本数据，且正常值域为 $[-18.42, 18.42]$。为模拟异常情况，用异常数据（小于 -18.42 或大于 18.42）随机替代少量正常数据，形成序列 $\{x_i\}$。首先，用 MF-DFA 计算序列 $\{x_i\}$ 的 Hurst 指数，结果为 0.8341，说明序列具有长程相关性，可用 SMF-DFA 方法识别其异常值域。其次，利用 SMF-DFA 方法识别临界值，其中，$m = 2$，$q = 2$，$R = 0$，识别结果如图 6.4 所示。

由图 6.4 可知，当 $J \geqslant 18.50$ 或 $J \leqslant -18.50$ 时，$hq(J)$ 与原序的 Hurst 指数仅有微小差异，$hq(J)$ 并未跟随 J 的变化而发生明显的变化，几乎是一条直线。当 $-18.50 < J < 18.50$ 时，$hq(J)$ 开始变化，而且随后逐渐偏离原

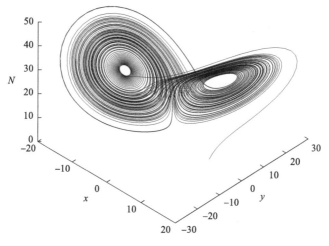

图 6.3　标准洛伦兹曲线

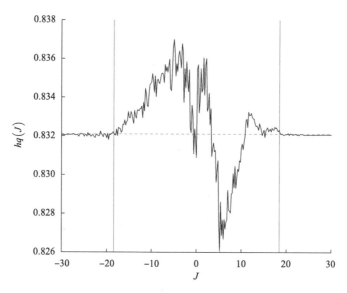

图 6.4　SMF-DFA 识别异常值结果

序的 Hurst 指数值。因此，当 $J \geqslant 18.50$ 或 $J \leqslant -18.50$ 时，随机重排的数据均是系统的异常值，对整个系统的数据趋势影响甚微；当 $-18.50 < J < 18.50$ 时，随机重排的数据中包含了大量的正常值，对整个系统的数据趋势造成了较大的影响。因此，SMF-DFA 方法识别的序列 $\{x_i\}$ 的正常值范围为 $-18.50 < x_i' < 18.50$，与 x 分量（即系统正常演化状态）的取值范围相近。综上，SMF-DFA 方法能够有效确定复杂非线性时序的异常值域。

6.2.4 预警模型构建

1. 预警模型

大多数预警模型构建涉及两个维度，即特征维数和样本数。由于产能过剩复杂性及数据可获得性等客观现实，煤炭行业产能过剩风险预警数据呈现出高维小样本特征。相较于逻辑回归、神经网络算法，基于结构风险最小化准则的 SVM 在解决小样本、高维度、局部极小值等模式识别问题中具有显著优势（Erfani et al.，2016），故选择 SVM 进行煤炭行业产能过剩风险预警。SVM 算法步骤如下：

步骤 1：针对训练集 $X = \{(x_i, y_i) \mid x_i \in R, y_i \in R, i = 1, 2, \cdots, n\}$，可构造回归方程 $f(x) = w^T k(x) + b$。

步骤 2：线性非敏感损失函数为 $\mathrm{loss} = |f(x_i) - y_i| - \varepsilon$，$\varepsilon$ 为回归允许的最大误差。

步骤 3：基于损失最小的原理，将 SVM 问题形式化为寻优问题，同时引入松弛变量，优化问题为

$$\min_{w,b} \frac{1}{2} \|w\|^2 + C \sum_{i=1}^{m} l_\varepsilon \left[f(x_i) - y_i \right] \tag{6.9}$$

其中，C 为惩罚参数；$l_\varepsilon \left[f(x_i) - y_i \right]$ 为 ε 的不敏感损失函数。

步骤 4：采用拉格朗日乘子法求解原始问题的对偶问题，并引入非负乘子 $\mu_i, \mu_i^*, \alpha_i, \alpha_i^*$，由 KKT 条件求解，得对偶问题为

$$\max_{\alpha, \alpha_i^*} \sum_{i=1}^{N} y_i \left(\alpha_i^* - \alpha_i \right) - \varepsilon \sum_{i=1}^{N} \left(\alpha_i^* + \alpha_i \right) - \frac{1}{2} \sum_{i=1}^{N} \sum_{j=1}^{N} \left(\alpha_i^* - \alpha_i \right) \left(\alpha_i^* - \alpha_j \right) k(x_i, x_j)$$
$$\mathrm{s.t.} \sum_{i=1}^{N} \left(\alpha_i^* - \alpha_i \right) = 0, 0 \leqslant \alpha_i, \alpha_i^* \leqslant C$$

$$\tag{6.10}$$

其中，$k(x_i, x_j)$ 代表核函数，多项式核函数可使得原本线性不可分的数据线性可分，公式为 $k(x_i, x_j) = (x_i \times x_j + 1)^d, d = 1, 2, \cdots, N$。

步骤 5：求解式（6.10）优化问题，可得 SVM 问题解的形式为

$$f(x) = \sum_{i=1}^{m} \left(\alpha_i^* - \alpha_i \right) k(x_i, x) + b。$$

2. 模型评价

模型的优劣是相对的，其不仅取决于算法和数据，还取决于任务需求。在数据平衡的多分类任务中，常采用准确率（acc）、宏查准率（macro-P）、

宏查全率（macro-R）模型性能度量指标，公式如下：

$$acc = \frac{\sum_{i}^{n} a_{ii}}{\sum_{i=1}^{n}\sum_{j=1}^{n} a_{ij}}; \quad macro\text{-}P = \frac{1}{n}\sum_{k=1}^{n}\frac{a_{kk}}{\sum_{i=1}^{n} a_{ik}}; \quad macro\text{-}R = \frac{1}{n}\sum_{k=1}^{n}\frac{a_{kk}}{\sum_{j=1}^{n} a_{kj}} \quad (6.11)$$

其中，a_{ii} 表示将第 i 类样本预测为第 i 类样本数；a_{ij} 表示将第 i 类样本预测为第 j 类样本数；a_{kk} 表示将第 k 类样本预测为第 k 类样本数；a_{ik} 表示所有预测为 k 类的个数；a_{kj} 表示所有原来为 k 类的个数。

上述评价指标都隐含地假定所有误分代价是均等的。事实上，产能过剩风险预警问题是成本敏感的，不同分类错误的代价往往大相径庭。因此，在非均等代价下，最小化总的分类错误代价（总体代价）更具实际意义。多分类任务的总体代价可表示为 $C = \sum_{i=1}^{n}\sum_{j=1}^{n} a_{ij}\cos t_{ij}$（$\cos t_{ij}$ 表示将第 i 类样本预测为第 j 类样本的代价）。

以煤炭行业产能过剩风险预警来说，将 i 类样本误判为 j 类（$i < j$，即高估风险）的代价与将 j 类样本误判为 i 类（即低估风险）的代价差别很大。当政府决策者高估风险后，可能会实施去产能政策，而去产能必将涉及资产处置、人员安置等成本（Wang et al.，2020b），而且由于去产能过多，随之可能会迎来煤炭短缺。煤炭作为基础性能源，其短缺必将影响其下游行业供需，而其下游行业（煤电、钢铁、化工、建材行业等）是国民经济的重要行业。因此，煤炭行业若供应不及，将会影响整个国民经济发展，造成难以估量的损失。当政府决策者低估风险后，可能会加快煤炭开采，鼓励煤炭投资。政府的引导将会激发全社会对煤电的投资热情，从而导致煤炭行业产能过剩，而产能过剩将会带来严重的后果，包括巨大的投资浪费、煤炭企业的经济效益不佳、资源闲置等（Yang and Wu，2016）。从经济效益来说，煤炭行业产能短缺影响整个国民经济，而产能过剩仅影响自身行业，因此，高估风险的损失远大于低估风险的损失。

3. 模型解释

针对管理决策情景"关联+因果"的诉求，采用机器学习可解释性方法探索煤炭行业产能过剩风险预警模型的推理机制及实例的预测过程，以建立信任及优化决策。为了不牺牲模型性能，选择事后可解释性方法进行模型解释，如图 6.5 所示。具体来说，首先使用全局可解释性方法解释模型的整体逻辑，包括利用置换特征重要性（permutation feature importance，

PFI）技术评估模型中特征的重要性，用累积局部效应（accumulated local effects，ALE）技术评估特征对预测目标的平均影响；其次使用局部可解释性方法解释每个具体实例，即用 LIME（Local interpretable model-agnostic explanations）技术解释模型对实例的预测过程及依据。

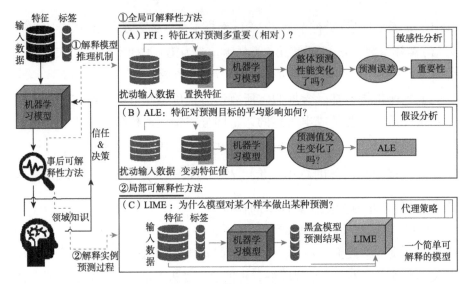

图 6.5　模型解释流程

由于篇幅限制，简要介绍 PFI、ALE、LIME 技术的功能、原理。

1）PFI

PFI 是用来评估某一特征对模型整体预测的重要性，其总体思路基于敏感性分析，原理为通过计算特征置换后模型预测误差的增加来衡量特征重要性，如图 6.5（A）所示。PFI 算法如下。

输入：训练模型 f，特征矩阵 X，目标向量 y，误差度量 $L(y,f)$。

步骤 1：估计原始模型误差 $e^{\text{orig}} = L(y, f(X))$（如均方误差）。

步骤 2：对每一特征 $j = 1, 2, \cdots, p$。

a：通过置换特征矩阵 X 中的特征 j，生成新的特征矩阵 X^{perm}。

b：估计置换特征后新的预测误差 $e^{\text{perm}} = L(y, f(X^{\text{perm}}))$。

c：通过计算置换模型误差和原始模型误差的差异来反映特征重要性，即 $\text{FI}^j = e^{\text{perm}} / e^{\text{orig}}$ 或 $\text{FI}^j = e^{\text{perm}} - e^{\text{orig}}$。

步骤 3：将计算出的每个特征的特征重要性按降序排列。

2）ALE

ALE 用于描述特征对机器学习模型预测的平均影响，其总体思路基于假设分析，原理为更改一个或多个输入特征的值，并测量模型预测值的变化，如图 6.5（B）所示。ALE 中特征的局部效应计算公式如下：

$$fx_s, \mathrm{ALE}(x_s) = \int_{z_{0,1}}^{x_s} Ex_c \left| x_s \left[\hat{f}^s (X_s, X_c) \middle| X_s = z_s \right] \mathrm{d}z_s - \mathrm{constant} \right.$$
$$= \int_{z_{0,1}}^{x_s} \int_{x_c} \hat{f}^s (z_s, x_c) P(x_c | z_s) \mathrm{d}x_c \mathrm{d}z_s - \mathrm{constant} \tag{6.12}$$

其中，x_c 为在机器学习模型 $\hat{f}$ 中使用的其他特征；z 为网络间隔；E 为集合 C 中特征的边际期望；constant 为常数，作用为使图垂直居中。

3）LIME

LIME 是解释黑盒机器学习模型的单个实例预测，其整体思路基于代理策略，原理为开发可解释的局部代理模型来对复杂的模型进行解释，如图6.5（C）所示。LIME 解释模型简要步骤如下：

步骤 1：对于每一个输入，LIME 利用该输入及其近邻训练一个具有高度透明算法的代理模型对局部边界进行拟合。高度透明易于理解的局部代理模型数学表达式：

$$\mathrm{explanation}(x) = \arg\min_{g \in G} L(f, g, \pi_x) + \Omega(g) \tag{6.13}$$

其中，f 表示需要解释的模型；g 表示简单模型；G 表示简单模型的一个集合，如所有可能的线性模型；$\Omega(g)$ 表示模型 g 的复杂程度；π_x 表示所考虑的实例周围的领域大小。

步骤 2：用局部代理模型解释复杂模型针对该实例的决策依据。

6.3 煤炭行业产能过剩风险预警体系实证分析

6.3.1 预警标签确立结果

1. 样本与数据

产能利用率是衡量行业产能过剩最直接有效的指标，因此，将其作为产能过剩风险预警标签。由于产能利用率时间序列波动幅度较小，本章以能够有效反映产能过剩情况的产能过剩规模时间序列为对象，求出合理的产能过剩规模区间，进而根据产能利用率与产能过剩规模间的关系得到合意产能利用率区间，并据此得到预警标签。

本章以煤炭行业为例进行实证研究，主要原因在于煤炭行业作为我国基础性能源行业，关系着国家能源安全和经济命脉。同时选取 1989~2019 年这一时间窗口，原因在于煤炭产能在此期间经历了产能"过剩—不足—

再过剩"的周期性过程（Wang et al., 2020c），从而使合意产能利用率区间估计与预警标签确立结果更具说服力。

煤炭产能过剩规模时序 $\{z_k\}$ 如图 6.6 所示（煤炭产能过剩规模计算详见第 5 章），可以发现：时序呈现出显著的非线性、复杂性与波动性，这一特征与我国工业产能过剩致因多源性和复杂性相契合，在此时间窗口，最大过剩规模为 16 559.25 万吨，最小过剩规模为 1208.36 万吨，平均过剩规模为 6025.89 万吨。

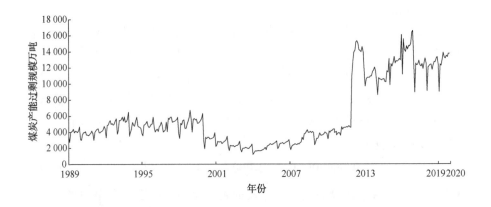

图 6.6   1989~2019 年煤炭产能过剩规模

2. 煤炭产能过剩规模异常值域识别结果

1）长程相关性判断及多重分形结构的存在性检验

煤炭产能过剩规模时序 $\{z_k\}$ 的 q 阶广义 Hurst 指数及多重分形谱如图6.7所示，多重分形参数如表 6.2 所示。

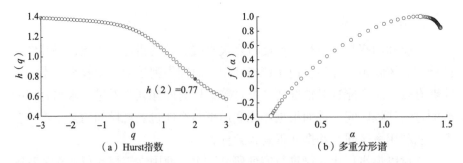

（a）Hurst指数   （b）多重分形谱

图 6.7   煤炭产能过剩规模时序 $\{z_k\}$ 的 q 阶广义 Hurst 指数及多重分形谱

表 6.2　煤炭产能过剩规模时序的多重分形参数

参数	α_{max}	α_{min}	$\Delta\alpha$	$f(\alpha_{max})$	$f(\alpha_{min})$	Δf	$\Delta\alpha_L$	$\Delta\alpha_R$	Ω
$\{z_k\}$	1.45	0.11	1.34	0.84	−0.38	−1.22	1.15	0.18	0.72

注：Ω 为非对称指数，反映多重分形谱的不对称程度，表达式为 $\Omega = \dfrac{\Delta\alpha_L - \Delta\alpha_R}{\Delta\alpha}$。

由图 6.7 和表 6.2 可知：

（1）当 $q = 2$ 时，时序 $\{z_k\}$ 的经典 Hurst 指数为 0.77，表明 $\{z_k\}$ 具有较强的长程相关性。由此可知，在未来一段时间内，煤炭产能过剩规模波动变化与前一阶段变化保持一致。

（2）煤炭产能过剩规模时序 $\{z_k\}$ 的 Hurst 指数 $h(q)$ 是关于 q 的函数，而非常数，表明 $\{z_k\}$ 存在多重分形结构。

（3）时序 $\{z_k\}$ 的多重分形谱为单峰函数，进一步表明 $\{z_k\}$ 存在显著的多重分形特征。$\{z_k\}$ 的 Δf 小于 0，Ω 大于 0，表明煤炭产能过剩规模较大的事件比过剩规模较小的事件更有优势，即煤炭产能过剩规模较大的事件占主导地位。

综上所述，煤炭产能过剩规模时序具有长程相关性和多重分形特征，可采用 SMF-DFA 识别其异常值域。

2）SMF-DFA 识别时序异常值域

利用 SMF-DFA 方法对煤炭产能过剩规模时序的异常波动数据进行识别，确定时序正常值与异常值的临界值。计算过程中令参数 $m=1$，$q=2$，R 取均值，结果如图 6.8 所示。图 6.8 中右侧横点线上方曲线是以 x_{max} 为起点的随机重排序列 $hq(J)$ 值；左侧横点线下方曲线是以 x_{min} 为起点的随机重排序列 $hq(J)$ 值；黑色横点线是原始序列的 hq 值。

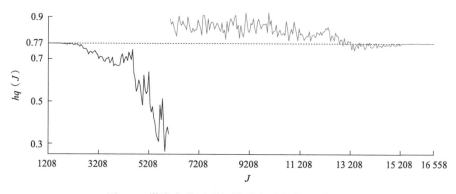

图 6.8　煤炭产能过剩规模时序异常值识别结果

对于 $z_k' > R$ 的数据，在 $J > 11558$ 时，$hq(J)$ 指数与原序的 Hurst 指数仅有微小差异，$hq(J)$ 并未跟随 J 的变化而发生明显的变化。在 $J \leqslant 11558$ 时，$hq(J)$ 指数偏离原序的 Hurst 指数值。因此，煤炭产能过剩规模序列的极大阈值的范围为 $(11558, +\infty)$。同样地，对于 $z_k' < R$ 的数据，在 $J < 3008$ 时，$hq(J)$ 指数与原序的 Hurst 指数仅有微小差异，$hq(J)$ 并未跟随 J 的变化而发生明显的变化。在 $J \geqslant 3008$ 时，$hq(J)$ 指数偏离原序的 Hurst 指数值。因此，煤炭产能过剩规模序列的极小阈值的范围为 $(-\infty, 3008)$。

3. χ^2 检验确定 Hurst 指数序列收敛点

序列 $hq(J)$ 逐渐收敛于原序 Hurst 指数值，但并不完全相等，而是围绕原始值以极小的振幅波动。假设在收敛区域内存在 $A_1 \rightarrow A_n$ 一系列转折点，已知转折点 A_1 发散，而转折点 $A_2, \cdots, A_{k-1}(k < n)$ 与 A_1 无显著差异，A_k 与 A_{k-1} 差异显著，且 $A_{k+1}, \cdots, A_n$ 与 A_k 无显著差异，那么 A_k 即序列 $hq(J)$ 的唯一收敛点。用 χ^2 检验对转折点的差异进行显著性检验，确定序列唯一收敛点。

χ^2 检验的零假设可设置为 $\mathrm{H}_0 : s^2 = \partial_0^2$。其中，$\partial_0^2$ 为总体方差，s^2 为样本方差。根据抽样分布理论，n 倍的样本方差与总体方差之比服从自由度 $(n-1)$ χ^2 分布，表达式为

$$\chi^2 = ns^2 / \partial_0^2 \propto \chi_{(n-1)}^2 \tag{6.14}$$

将显著性水平为设置为 α，当 $\chi^2 > \chi_{(\alpha/2)}^2$ 或 $\chi^2 < \chi_{(1-\alpha/2)}^2$ 时，s^2 和 ∂_0^2 差异显著；当 $\chi_{(\alpha/2)}^2 > \chi^2 > \chi_{(1-\alpha/2)}^2$ 时，s^2 和 ∂_0^2 差异不显著。

在极大阈值收敛区域 $(11558, +\infty)$ 内，转折点为 $J = 11558$、$J = 11858$、$J = 12258$、$J = 12758$、$J = 12958$、$J = 13258$。已知 $hq(J=11558)$ 偏离原始值，为发散点，将 $hq(J \geqslant 11558)$ 的方差 $\mathrm{var}_{J=11558}$ 作为整体方差 ∂_0^2。其后一个转折点为 $J = 11858$，$hq(J \geqslant 11858)$ 对应的方差 $\mathrm{var}_{J=11858}$ 作为样本方差 s^2。从序列 $hq(J)$ 的末尾开始计数，$n_{11858} = 48$。令显著性水平 $\alpha = 5\%$，计算得到 $\chi_{11558,11858}^2 = n_{11858}s^2 / \partial_0^2 = 44.44$，查 χ^2 检验临界值表得 $\chi_{(\alpha/2)}^2 = 29.96$，$\chi_{(1-\alpha/2)}^2 = 67.82$，此时 $\chi_{(\alpha/2)}^2 > \chi_{11558,11858}^2 > \chi_{(1-\alpha/2)}^2$，说明 $J = 11858$ 和 $J = 11558$ 处的收敛情况无显著差异，即在 $J = 11858$ 处发散。其余各转折点显著性检验结果如表 6.3 所示，可以发现序列 $hq(J)$ 在 $J = 12258$ 处开始收敛，即煤炭产能过剩规模序列的极大阈值为 12258

万吨。

表 6.3　极大阈值收敛区域内转折点差异显著性检验

转折点	n	χ^2	$\chi^2_{(\alpha/2)}$	$\chi^2_{(1-\alpha/2)}$	差异是否显著
$J=11858$	48	$\chi^2_{11558,11858}=n_{11858}s^2/\partial_0^2=44.44$	29.96	67.82	否
$J=12258$	44	$\chi^2_{11858,12258}=n_{12258}s^2/\partial_0^2=25.19$	26.79	62.99	是
$J=12758$	39	$\chi^2_{12258,12758}=n_{12758}s^2/\partial_0^2=44.07$	22.88	56.90	否
$J=12958$	37	$\chi^2_{12758,12958}=n_{12958}s^2/\partial_0^2=36.11$	21.34	54.44	否
$J=13258$	34	$\chi^2_{12758,13258}=n_{13258}s^2/\partial_0^2=30.10$	19.05	50.73	否

同样地，在极小阈值收敛区域 $(-\infty,3008)$ 内，转折点为 $J=3008$、$J=2808$、$J=2608$、$J=2408$、$J=2208$、$J=2008$，其显著性检验结果如表 6.4 所示，可以发现序列 $hq(J)$ 在 $J=2408$ 处开始收敛，即煤炭产能过剩规模的极小阈值为 2408 万吨。

表 6.4　极小阈值收敛区域内转折点差异显著性检验

转折点	n	χ^2	$\chi^2_{(\alpha/2)}$	$\chi^2_{(1-\alpha/2)}$	差异是否显著
$J=2808$	17	$\chi^2_{3008,2808}=n_{2808}s^2/\partial_0^2=14.55$	6.91	28.85	否
$J=2608$	15	$\chi^2_{2808,2608}=n_{2608}s^2/\partial_0^2=8.24$	5.63	26.12	否
$J=2408$	13	$\chi^2_{2608,2408}=n_{2408}s^2/\partial_0^2=4.03$	4.40	23.34	是
$J=2208$	11	$\chi^2_{2408,2208}=n_{2208}s^2/\partial_0^2=7.39$	3.25	20.48	否
$J=2008$	9	$\chi^2_{2208,2008}=n_{2008}s^2/\partial_0^2=7.28$	2.18	17.53	否

4. 合意产能利用率区间估计与分析

将得到的煤炭产能过剩规模月度阈值换算成年度阈值，并根据 $CU=P/(OC+P)$，得到合意煤炭产能利用率区间为 $[73.73\%,86.23\%]$[①]。为进一步验证所确定的合意煤炭产能利用率区间的有效性，结合 1989~2019 年煤炭产能利用率，对比分析本章研究确定的合意区间与我国现行经验标准区间 $[79\%,82\%]$ 的合理性，如图 6.9 所示。其中，实线为所估

---

① 当煤炭产能过剩规模阈值转化为产能利用率阈值时，选取的煤炭产能数据为最接近极小阈值、极大阈值当年的产能，分别为 2005 年和 2016 年的煤炭产能。根据中国煤炭工业协会发布资料和已有文献研究结果，2005 年煤炭产能约为 210 000 万吨，2016 年煤炭产能约为 560 000 万吨。

计的合意区间，虚线为我国现行经验标准区间，带实点的曲线为历年实际产能利用率曲线。

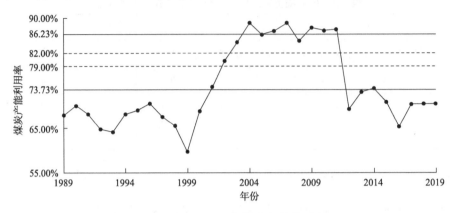

图 6.9　1989~2019 年煤炭产能利用率

（1）1989~2000 年煤炭产能利用率都在两个合意区间下限的下方，即煤炭产能处于过剩状态。回顾煤炭行业发展历程可知，1989~2000 年属于煤炭行业转型发展期。这一时期内，煤炭体制从完全的计划经济体制过渡到初步的市场经济体制。体系变革及经济快速增长使得煤炭供不应求，大量乡镇企业、村办企业进入煤炭行业。

（2）2001~2003 年煤炭产能利用率在两个合意区间内或附近。其原因在于 2001 年国家发文关闭整顿小煤矿，煤炭产量得到控制，煤炭市场由长期供大于求向供求平衡转化。

（3）2004~2011 年煤炭产能利用率变化比较平稳。若以[73.73%，86.23%]为标准，其围绕区间上限略微波动，即煤炭行业处于产能略微不足的状态，而以[79%，82%]为标准，其高于区间上限一大段，即煤炭行业处于产能相当不足的状态。

（4）2012~2016 年煤炭产能利用率低于两个合意区间的下限。2012 年以后，由于"黄金十年"的投资积累和产能释放，产能依旧呈扩张之势。然而在经济下行、能源转型、环境约束等多种因素的共同作用下，需求快速萎缩。煤炭产能变化与需求变化的极度不匹配引发新一轮产能过剩，产能利用率低下。

（5）2017~2019 年煤炭产能利用率趋于平稳。其原因在于为帮助煤炭行业脱困，2016 年以来国家出台了一系列煤炭去产能政策。以[73.73%，86.23%]为标准，目前煤炭产能利用率略低于区间下限，并通过计算得2019 年后还需化解产能约 15 000 万吨，这与煤炭工业规划设计研究院发布的去产能空间相近。煤炭工业规划设计研究院发布的《中国煤炭行业"十三五"煤控中期评估及后期展望》报告中指出，预计 2019~2020 年煤炭行业去产能空间为 18 000 万吨左右。现煤炭产能利用率低于区间下限且与之相距甚远，并通过计算得 2019 年后还需化解产能约 35 000 万吨。目前，煤炭价格日趋平稳，煤炭企业盈利水平稳步增加，煤炭行业有序发展。若煤炭行业再次大规模去产能，虽然产能利用率得以提高，但是煤炭价格将会剧烈波动，必将对其下游行业发展产生不利影响。

我国现行经验标准区间非常狭小，使得只有零星几年的煤炭产能利用率处于区间内或区间周围，而产能利用率易受外部随机扰动的影响，具有一定的随机性和不稳定性。因此，若以过于狭小的区间作为决策依据，政府政策措施会在产能化解和产能激励之间不断变动。如果政策措施的频繁变更无法为企业提供合理的信号显示机制，就会对行业造成巨大冲击，同时严重损害政府信誉和政策公信力。综上所述，本章确定的合意煤炭产能利用率区间更加符合煤炭行业发展实际，对煤炭行业发展判断更为合理。换言之，合意煤炭产能利用率区间更为合理与科学。

5. 预警标签确定

根据合意煤炭产能利用率区间确定煤炭行业产能过剩风险预警标签，如表 6.5 所示。结果显示，2009 年、2010 年、2011 年煤炭行业产能过剩风险等级为低，2008 年、2013 年、2014 年为中风险，2012 年、2015 年、2016 年、2017 年为高风险。用有序变量将预警标签量化，即将低、中、高风险量化为 1、2、3。

表 6.5　煤炭产能过剩风险预警标签确定结果

过剩规模标准区间（GW）	风险等级	样本
[86.23%,100%]	低	2009 年、2010 年、2011 年
[73.73%,86.23%]	中	2008 年、2013 年、2014 年
[0%,73.73%]	高	2012 年、2015 年、2016 年、2017 年

6.3.2　预警结果与讨论

1. 预警模型检验设计

除了与数据高维性和样本稀疏性特征契合度高的 SVM（多项式核）模型外，在经济与管理领域中广泛应用的预警模型有 Logic 回归、决策树、人工神经网络、高斯过程回归、随机森林、贝叶斯广义线性模型等。其中，

Logic 回归与决策树模型较为简单，无法有效处理复杂高维数据（王昱和杨珊珊，2021）；人工神经网络则因内部结构复杂、参数较多需要大量的训练样本（杨莲和石宝峰，2022）；高斯过程回归具有平滑性质，能够拟合非线性函数，但其需要对所有数据点进行矩阵求逆，复杂度极高，对高维数据不友好；随机森林能够处理高维数据，但对小样本可能不会产生很好的结果；贝叶斯广义线性模型也适合小样本预警，但需要专家知识（徐一帆等，2019）。基于以上分析，本章将随机森林（正则化）、贝叶斯（广义线性）、高斯过程（多项式核）模型作为对照组。由于获取的样本量相对较少，运用分层交叉验证法来充分利用数据及保持数据分布的一致性，从而保障预警结果的可靠性。具体来说，从各类样本中抽取一个样本作为测试集，剩余样本为训练集，进行 36（无重复）次试验，得到 108 个测试结果。

　　鉴于煤炭行业产能过剩风险预警问题的数据均衡性和代价敏感性，将准确率和总体代价作为主要评价指标，将宏查全率和宏查准率作为辅助评价指标。影响模型评价的一个重要影响因素是阈值的确定，因此，分别在准确率最高和总体代价最小约束下评价模型性能。由于产能过剩是一个复杂的系统，很难直接计算出其误判代价，故我们用 AHP 方法为代价矩阵赋权。首先，确定 COSTLM/COSTLH、COSTLM/COSTMH（L、M、H 分别为低、中、高风险；COSTLM 表示实际为低风险误判为中风险的代价；COSTLH 表示实际为低风险误判为高风险的代价；COSTMH 表示实际为中风险误判为高风险的代价）的比重。由于过剩产能化解成本与过剩规模息息相关，用 k-均值聚类获取聚类中心（低、中、高风险聚类中心分别为 0.30、0.58、0.76），将 COSTLM/COSTLH 设置为 1/3，COSTLM/COSTMH 设置为 2。其次，确定高估与低估风险的比重（COSTLM 与 COSTML 的比重等）。如前文所述，煤炭短缺的损失大于煤炭过剩，因此将高估与低估代价的比重设置为 3。其他因素间两两比值以此类推，得到的判断矩阵如表6.6所示。经过计算，权向量为 $\omega=(0.26,0.37,0.06,0.13,0.13,0.06)^{\mathrm{T}}$。一致性比率为 CR=0.055，CR 远小于 0.1，因此通过了一致性检验。用 AHP 方法确定的代价矩阵如表 6.7 所示。

表 6.6　判断矩阵

	低→中	低→高	中→低	中→高	高→低	高→中
低→中	1	1/2	3	2	2	6
低→高	2	1	5	3	3	9

续表

	低→中	低→高	中→低	中→高	高→低	高→中
中→低	1/3	1/5	1	1/2	1/2	2
中→高	1/2	1/3	2	1	1	3
高→低	1/2	1/3	2	1	1	3
高→中	1/6	1/9	1/2	1/3	1/3	1

表 6.7　煤炭行业产能过剩风险预警代价矩阵

代价矩阵		预测值		
		低风险	中风险	高风险
实际值	低风险	0	0.23	0.39
	中风险	0.07	0	0.13
	高风险	0.13	0.04	0

2. 预警模型检验结果

在准确率最高约束下，各模型对测试集的判定结果如表 6.8 所示，可以发现，低中、低高风险间无误判，即只存在将中风险误判为高风险或者将高风险误判为中风险的情况。各模型预测性能如表 6.9 所示，可以发现 SVM（多项式核）模型的准确率、宏查全率、宏查准率都优于其他模型，但 SVM（多项式核）模型的总体代价比贝叶斯（广义线性）模型的总体代价高。

表 6.8　准确率最高约束下模型对测试集的判定结果

SVM（多项式核）		预测值			随机森林（正则化）		预测值		
		低风险	中风险	高风险			低风险	中风险	高风险
实际值	低风险	36	0	0	实际值	低风险	35	1	0
	中风险	0	28	8		中风险	1	21	14
	高风险	0	3	33		高风险	0	1	35
高斯过程（多项式核）		预测值			贝叶斯（广义线性）		预测值		
		低风险	中风险	高风险			低风险	中风险	高风险
实际值	低风险	36	0	0	实际值	低风险	36	0	0
	中风险	0	26	10		中风险	0	32	4
	高风险	0	2	34		高风险	0	12	24

表 6.9　准确率最高约束下模型预测性能

评价指标	SVM（多项式核）	随机森林（正则化）	高斯过程（多项式核）	贝叶斯（广义线性）
准确率	89.81%	84.26%	88.89%	85.19%
总体代价	1.16	2.16	1.38	1
宏查全率	89.81%	84.26%	88.89%	85.19%
宏查准率	90.27%	86.85%	90.04%	86.15%
低中风险阈值	1.69	1.75	1.72	1.75
中高风险阈值	2.39	2.25	2.23	2.82

在总体代价最小约束下，各模型对测试集的判定结果如表 6.10 所示，可以发现，低中、低高风险间也无误判。各模型预测性能如表 6.11 所示，可以发现 SVM（多项式核）模型的准确率、总体代价、宏查全率、宏查准率都优于其他模型。这也在一定程度上验证了以数据特征驱动模型构建的科学性与有效性。

表 6.10　总体代价最小约束下模型对测试集的判定结果

SVM（多项式核）		预测值			随机森林（正则化）		预测值		
		低风险	中风险	高风险			低风险	中风险	高风险
实际值	低风险	36	0	0	实际值	低风险	35	1	0
	中风险	0	35	1		中风险	1	34	1
	高风险	0	14	22		高风险	0	16	20
高斯过程（多项式核）		预测值			贝叶斯（广义线性）		预测值		
		低风险	中风险	高风险			低风险	中风险	高风险
实际值	低风险	36	0	0	实际值	低风险	36	0	0
	中风险	0	34	2		中风险	0	32	4
	高风险	0	14	22		高风险	0	12	24

表 6.11　总体代价最小约束下模型预测性能

模型	SVM（多项式核）	随机森林（正则化）	高斯过程（多项式核）	贝叶斯（广义线性）
准确率	86.11%	82.41%	85.19%	85.19%
总体代价	0.69	1.07	0.82	1
宏查全率	86.11%	82.41%	85.19%	85.19%

续表

模型	SVM（多项式核）	随机森林（正则化）	高斯过程（多项式核）	贝叶斯（广义线性）
宏查准率	89.03%	86.37%	87.50%	86.15%
低中风险阈值	1.69	1.75	1.72	1.75
中高风险阈值	2.51	2.44	2.44	2.82

综合分析两种约束下的模型评价结果，可以发现：①煤炭产能过剩低中、低高风险分界线较清晰，意味着不同风险水平产能过剩的诱因有显著区别，需对产能过剩风险进行分级管理。②SVM（多项式核）模型的预测性能（准确率/代价）都最优，其他性能也都表现优异。

在代价敏感的煤电产能过剩风险预警问题中，总体代价最小约束下的SVM（多项式核）模型阈值更具决策参考价值。主要原因如下：其一，SVM（多项式核）模型在总体代价最小约束下比在准确率最高约束下，虽然准确率下降了 0.037，但总体代价从 1.16 下降到 0.69，下降了近一半，也就是说准确率与总体代价间存在不可兼得的消长关系，但两者间并不均等交易；其二，由于本章计算的总体代价只是一个相对数，并不是实际损失，实际损失可能是以亿元为单位的，也就是说，在代价敏感的决策问题中，预期损失更值得关注。

3. 预警模型解释与分析

1）模型全局性解释结果

（1）PFI 结果。

用 PFI 技术评估 SVM（多项式核）模型中的特征重要性，其重要性降序排列结果如图 6.10 所示。根据二八原则，进一步分析重要性排在前六的特征（JCE_{23}、GTE_1、MTL_{17}、GTE_2、HDH_9、MTL_9）。可以发现：从产业关联视角看，四项指标为煤炭下游行业的指标，这表明下游行业通过影响煤炭需求对其产能过剩风险影响最大。

（2）ALE 结果。

为进一步评估上述重要特征与煤炭行业产能过剩风险的关系，采用 ALE 技术来探索这些特征对预测的平均影响，其对预测的正负效应影响如图 6.11 所示。可以发现，MTL_{11}、GTE_2、GTE_{16}、GTE_{25}、HGE_{11}、HGE_{20}、JCE_{11}、JCE_{23} 对煤炭产能过剩正向影响，其余指标对煤炭产能过剩负向影响。

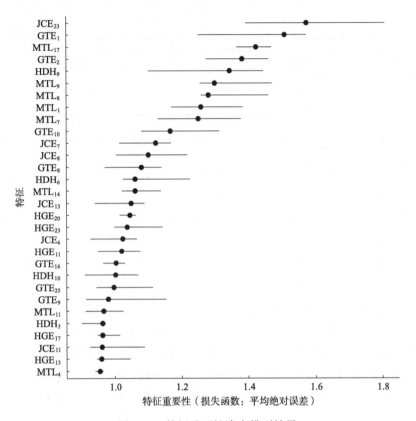

图 6.10　特征重要性降序排列结果

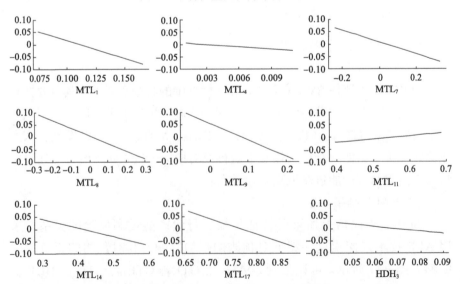

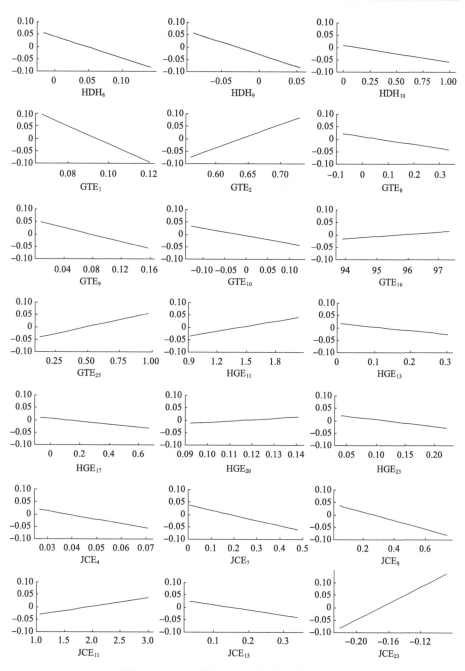

图 6.11　ALE 判断特征正负效应影响结果

2）模型局部性解释结果

用 LIME 解释 SVM（多项式核）模型对每一个测试样本的预测过程（由于特征较多，截取六个特征），部分结果如图 6.12 所示。特征对预测的正向、负向效应分别以白色和灰色表示，其强度由条形长度反映出来。例如，样本 1 中实际预测值为 1.09，LIME 预测值为 1.13，GTE_2 对将样本预测为低风险起了正向作用，JCE_{23}、MTL_9、HDH_6、GTE_1、MTL_7 则对其起了消极作用。

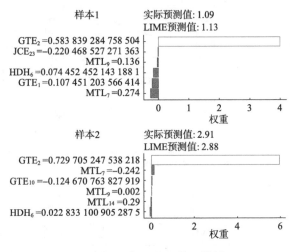

图 6.12　LIME 解释模型结果

3）模型解释的综合分析

采用 PFI、ALE、LIME 分别探索了 SVM（多项式核）模型中的重要特征、特征对预测的正负效应及模型对每个样本的预测过程。综合分析可以发现：首先，三种技术的模型解释结果一致性很高，而且能够用经济领域知识较好地理解所得结果，因此，SVM（多项式核）模型值得信任。其次，煤炭行业产能过剩风险的诱因来源、影响方向、影响程度差异显著，总体而言，下游行业通过影响煤炭需求，对煤炭行业产能过剩风险影响较大。最后，在不同的煤炭行业产能过剩风险水平下，其重要预警指标存在着显著差异。这意味着在不同风险水平下，煤炭产能过剩成因机理也存在着差异，故而产能过剩调控策略也应具有异质性。

6.4　本 章 小 结

鉴于中国工业产能过剩的复杂性、严峻性及其预警方法研究的局限性，本章采用数据特征驱动的集成化建模思想，创新构建了工业产能过剩风险预警模型体系，并以煤炭行业作为典型的对象进行了有关实证分析，主要结论如下。

（1）识别出工业产能过剩规模时序的长程相关性和多重分形结构，构建了基于 SMF-DFA 预警标签确定新方法。该方法从数据自身演化规律中自适应地确定阈值，有效克服了传统统计与经验方法的主观性和缺乏理论依据的局限性。

（2）基于数据特征驱动的集成建模思想，提出了涵盖"模型构建→模型评价→模型解释"的煤炭行业产能过剩风险预警模型体系。该模型体系有效完善了高维数据环境下的预警模型建模方法，丰富了代价敏感问题的模型评价方法，克服了机器学习模型的"黑盒"问题，从而更好地兼顾了预警准确率、预期损失和可靠性。

（3）通过对煤炭行业的实证分析，识别出煤炭行业产能过剩风险的重要预警指标，并揭示了不同风险水平下产能过剩的典型特征及重要致因。煤炭行业产能过剩风险（低→中→高）的关键表征指标变化规律为自身行业生产要素指标（如煤炭行业固定资产投资增长率）→下游行业阶段性指标（如钢铁行业市场化水平）→综合性指标（如煤炭产能利用率），对应的重要致因变化规律为市场因素→政策、传导因素→综合因素。这些风险状态的演化规律对煤炭行业产能过剩风险全面性与重点性监测预警、产能过剩治理决策等形成了指导。

第7章 工业产能过剩调控省级配额分配模型构建与实证研究

工业产能调控决策是一个典型的多层级、多主体、多目标、高维非线性优化问题,不仅涉及中央、地方、企业等多方决策主体,还面临成本、效率、环境、公平等多项目标和约束,同时需要融合多部门数据信息,从而造成决策信息冗余和处理难题。根据第5章和第6章的研究结果可知,以煤炭行业为代表的工业产能过剩形势仍十分严峻。为此,本章研究立足我国当前的行业管理体制和产能治理系统博弈过程的复杂动态性,从利益相关者视角出发,重点研究过剩产能调控省级配额最优分配模型与分配方案。基于中国25个产煤省区市相关数据资料,得到一个中央政府经济质量偏好情景下兼顾效率、环保、成本和公平的煤炭去产能分配方案。结果显示,由于各省区市单位去产能成本不同,各省区市对中央政府分配的去产能任务的执行意愿存在较大差异。比较分析结果表明:相较于政府分配方案和单层优化分配方案,本章得到的优化分配方案在TFP方面分别提高了2.14%和0.60%,在去产能总成本方面分别减少了642.304亿元和196.969亿元,在环境效益方面则分别增加了730亿元和710亿元。同时,采用不同指标计算得到的二层优化分配方案的基尼系数均小于0.3,属于绝对公平或比较公平的范畴。此外,还测算了中央政府环境质量偏好和同等偏好情景下的煤炭去产能最优分配比例,并验证了模型的内在一致性。本章提出的去产能目标分配模型能够真实反映煤炭产能过剩治理系统博弈过程的复杂动态性,为政府制订工业去产能总目标分配方案提供更加有效的决策工具和参考。

7.1 工业产能过剩调控省级配额分配模型框架

7.1.1 省级配额分配模型框架

基于我国当前的行业管理体制和产能治理系统博弈过程的复杂动态性,充分考虑中央政府和地方政府利益诉求的异质性,我们提出一种新的基于二层多目标非线性规划的省区市间去产能目标分配模型，其基本思路如图7.1所示。首先，采用两要素的 Cobb-Douglas 生产函数形式来建立边界生产函数，并利用变系数固定效应面板模型进行回归分析，得到各省区市煤炭边界生产函数，进而估算各省区市煤炭产能和产能利用率。其次，基于估算出的各省区市煤炭边界生产函数，综合考虑资产处置成本和人员安置成本，建立煤炭去产能成本函数；同时，采用索洛余值法，构建煤炭行业全要素生产率增长率函数。再次，根据煤炭去产能总目标、各区域煤炭最低产量要求等构造约束条件，建立相应的煤炭去产能目标分配模型，并采用 PSO 对模型进行求解。最后，利用 1990~2015年中国 25 个产煤省区市的相关数据，求得最优的省级煤炭去产能分配方案。为验证基于优化模型的分配方案的优越性与有效性，从经济性、效率性、环保性、公平性4 个方面对比分析该优化分配方案与政府现行分配方案及单层多目标分配方案。同时还测算了中央政府在不同目标偏好情景下（包括环境偏好型和质量偏好型）的煤炭去产能最优分配比例，以检验模型的内在一致性。

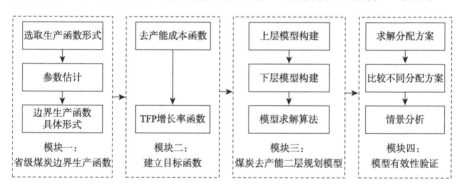

图 7.1　煤炭产能过剩调控省级配额分配模型框架

7.1.2　省级工业行业边界产能估算方法

边界生产函数是一种估算潜在产出和技术效率的常用方法。该方法建立在经济增长理论基础上，能够揭示要素投入和产出之间的关系，被广泛应用于各类生产管理领域。因此，本章选取边界生产函数对各省区市煤炭产能和产能利用效率进行测度。主要步骤如下：首先，选取合适的生产函数形式，利用普通最小二乘（ordinary least square，OLS）法估算得到平均生产函数方程式。其次，将估算得到的平均生产函数方程式不断向上平移，直至估计得到的残差值均小于等于零，即用平均生产函数加上 OLS 得到的最大残差值来表示边界生产函数（Gabrielsen，1975）。最后，根据所得到的边界生产函数测算各省区市的煤炭产能和产能利用率。

　　我们将边界生产函数设定为使用最为广泛的两要素 Cobb-Douglas 生产函数，其基本形式为

$$Y = A \times K^{\alpha} \times L^{\beta} \times e^{-u} \quad (u \geqslant 0) \tag{7.1}$$

其中，Y 代表实际产出量；A 代表技术水平；K 和 L 分别代表资本和劳动力要素的投入量；α 和 β 分别代表投入要素资本及劳动力的产出弹性；e^{-u} 代表生产非效率。将式（7.1）两边分别取对数，则

$$\ln Y = \ln A - E(u) + \alpha \ln K + \beta \ln L - u \tag{7.2}$$

令 $\ln A = \lambda$，$E(u) = \delta$，将其代入式（7.2），得

$$\ln Y = \lambda - \delta + \alpha \ln K + \beta \ln L - (u - \delta) \tag{7.3}$$

由 $E(u - \delta) = 0$，采用 OLS 进行估计参数，则平均生产函数为

$$\ln \bar{Y} = \varepsilon + \hat{\alpha} \ln K + \hat{\beta} \ln L \tag{7.4}$$

其中，$\varepsilon = \lambda - \hat{\delta}$，根据所有实际产出量均在边界生产函数下方这一性质，可以进一步得到最大残差值 $\hat{\delta}$ 的值：

$$\max \left(\ln Y - \ln \bar{Y} \right) = \max \left\{ \begin{array}{l} (\lambda + \alpha \ln K + \beta \ln L - u) - \\ \left[\varepsilon + \hat{\alpha} \ln K + \hat{\beta} \ln L \right] \end{array} \right\} \tag{7.5}$$

将 $\hat{\delta}$ 值代入式（7.4）得 $\hat{\lambda}$ 值，则边界生产函数表达式为

$$Y^* = e^{\hat{\lambda}} \times K^{\hat{\alpha}} \times L^{\hat{\beta}} \tag{7.6}$$

其中，Y^* 表示煤炭产能，则煤炭产能利用率 CU 的值为

$$CU = Y/Y^* \tag{7.7}$$

7.1.3　省级工业行业去产能成本估算方法

　　根据生产要素理论，煤炭去产能成本主要包括劳动力安置成本和固定资产处置成本两个部分。一方面，鉴于煤矿生产和地理环境的特殊性，煤炭产业大部分资产固化于井下工程及机械设备上。由于煤矿生产设备、设施的专用性强，矿井关停后，原有资产难以向其他行业转移，致使资产价值大部分或全部损失。另一方面，中国煤炭产业仍属于劳动密集型行业[①]，加之矿工年龄结构偏大、知识技能单一、文化水平偏低等特征，再就业较为困难，矿井关停必然会产生大量失业人员和人员安置成本。鉴于此，本章将煤炭去产能总成本分为资产处置导致的固定资产损失及人员失业带来

---

① 例如，2012 年美国煤炭产量为 10 亿吨，行业从业人员约 10 万人。同年中国煤炭产量为 36.5 亿吨，行业从业人员约 525 万人。也就是说，中国煤炭产量为美国的 3.6 倍，产业工人却为美国的 52.5 倍。

的人员安置成本两部分。

1. 固定资产损失

我们采用固定资产损失来表征煤炭去产能过程中产生的固定资产处置成本。本章中,考虑会计净残值指固定资产使用满期后减去清理费用剩余的价值,结合上述煤矿关闭退出资产处置实情和会计中固定资产减值可回收金额计量方法,本章以净残值衡量煤矿固定资产可回收金额,则资产损失计算公式如下:

$$r = K_u \times (1 - R_r) / K \qquad (7.8)$$

其中,r 代表煤炭去产能资产损失率;K_u 代表煤炭行业固定资产原值;R_r 代表煤炭行业固定资产残值率。

2. 人员安置成本

目前煤炭产能调控下的人员安置成本研究以定性分析为主,本章在国家相关法律法规的基础上,结合去产能主要省区市的人员安置政策,将去产能人员安置成本划分为四部分,即日常生活(包含住房)、社会保险、就业及教育成本。此外,考虑去产能职工安置实际情况,为保证劳动者权益,这里的计算成本均以一年为期,具体估算方法如表 7.1 所示。

表 7.1　人员安置成本估算方法

成本类型	基本含义	估算公式
日常生活成本(C_1)	指煤炭去产能波及人员失业期间维持正常生活所必需的费用,主要包括日常饮食、服饰、医疗、交通、居住等基本支出	$C_1 = P_u$,其中,C_1 为人均日常生活成本;P_u 为煤炭省区市居民人均消费支出
社会保险成本(C_2)	指为保障去产能波及人员在暂时失业过程中仍能享受基本养老、医疗等社会保险而需要花费的支出	$C_2 = S_u \times 36.75\%$,其中,C_2 为人均社会保险成本;S_u 为煤炭省区市煤炭行业从业人员年均工资,36.75% 为当前"五险"总费率
就业成本(C_3)	指就业岗位投资成本,即增加一个新的岗位所需的投资量	$C_3 = (K_{总} / L_a) \times (L_w / L_a)$,其中,$C_3$ 为人均就业岗位投资成本;$K_{总}$ 为煤炭省区市固定资产投资总额;L_w 为煤炭省区市从业人口数;L_a 为煤炭省区市经济活动人口数
教育成本(C_4)	指去产能波及人员为获得新岗位所需的教育支出	$C_4 = (I_b / L_b)(N_m - N_n)$,其中,$C_4$ 为人均教育成本;I_b 为煤炭省区市教育投资;L_b 为煤炭省区市受教育总人数;N_m 为煤炭省区市再就业所需最低劳动技能水平;N_n 为煤炭省区市去产能失业人员劳动技能水平
人员安置总成本		$w = C_1 + C_2 + C_3 + C_4$

基于上文分析，去产能总成本包含固定资产损失和人员安置成本，即

$$C\left(r,w,\Delta Y^{*}\right)=r\Delta K+w\Delta L=r\left(K_{s}-K_{e}\right)+w\left(L_{s}-L_{e}\right) \tag{7.9}$$

其中，$C(*)$ 表示去产能总成本；r 和 w 分别表示资本和劳动力释放价格，即资产损失率和人均安置成本；根据估算出的边界生产函数，$\Delta Y^{*}=Y_{s}^{*}-Y_{e}^{*}=Y_{s}^{*}-e^{\hat{\lambda}}K_{e}^{\hat{\alpha}}L_{e}^{\hat{\beta}}$；$Y_{s}^{*}$、$K_{s}$ 和 L_{s} 分别表示不实施去产能目标条件下 2020 年煤炭行业预计产能、资本和劳动力投入；Y_{e}^{*}、K_{e} 和 L_{e} 分别表示完成去产能目标条件下 2020年煤炭行业预计产能、资本和劳动力投入。由此，可以将去产能成本最小化问题表述为

$$C\left(r,w,\Delta Y^{*}\right)=\min_{\Delta K,\Delta L}\left(r\Delta K+w\Delta L\right)=\min_{K_{e},L_{e}}\left[r\left(K_{s}-K_{e}\right)+w\left(L_{s}-L_{e}\right)\right] \tag{7.10}$$

$$\text{s.t.}\quad \Delta Y^{*}=Y_{s}^{*}-e^{\hat{\lambda}}K_{e}^{\hat{\alpha}}L_{e}^{\hat{\beta}}$$

通过构造拉格朗日函数可以得到资本 K_{e} 的条件要素释放函数式（7.11）和劳动力 L_{e} 的条件要素释放函数式（7.12），即

$$K_{e}\left(r,w,\Delta Y^{*}\right)=\left[\left(Y_{s}^{*}-\Delta Y^{*}\right)e^{-\hat{\lambda}}\left(\hat{\alpha}w\big/\hat{\beta}r\right)^{\hat{\beta}}\right]^{\frac{1}{\hat{\alpha}+\hat{\beta}}} \tag{7.11}$$

$$L_{e}\left(r,w,\Delta Y^{*}\right)=\left[Y_{s}^{*}-\Delta Y^{*}e^{-\hat{\lambda}}\left(\hat{\alpha}w\big/\hat{\beta}r\right)^{-\hat{\alpha}}\right]^{\frac{1}{\hat{\alpha}+\hat{\beta}}} \tag{7.12}$$

由此，我们可以得到省级去产能总成本的函数表达式：

$$C\left(r,w,\Delta Y^{*}\right)=r\left\{K_{s}-\left[\left(Y_{s}^{*}-\Delta Y^{*}\right)e^{-\hat{\lambda}}\left(\hat{\alpha}w\big/\hat{\beta}r\right)^{\hat{\beta}}\right]^{1/(\hat{\alpha}+\hat{\beta})}\right\}$$
$$+w\left\{L_{s}-\left[\left(Y_{s}^{*}-\Delta Y^{*}\right)e^{-\hat{\lambda}}\left(\hat{\alpha}w\big/\hat{\beta}r\right)^{-\hat{\alpha}}\right]^{1/(\hat{\alpha}+\hat{\beta})}\right\} \tag{7.13}$$

7.1.4　省级工业行业全要素生产率增长估算方法

全要素生产率（TFP）作为衡量经济增长质量的重要指标，能够真实反映整体经济投入转化为产出的效率。因此，在去产能目标分配过程中引入全要素生产率概念是十分必要的。本章在综合考虑数据的可得性、适用性及算法一致性的基础上，采取两要素 Cobb-Douglas 生产函数形式的索洛余值法进行测算。其基本思路是估算出总量生产函数后，用产出增长率扣除各投入要素增长率后的残差来测算全要素生产率增长。

根据省级煤炭边界生产函数估计结果，已知煤炭行业平均生产函数 $\ln\overline{Y}=\varepsilon+\hat{\alpha}\ln K+\hat{\beta}\ln L$，则 t 时刻的生产函数为

$$Y_{t}=e^{\varepsilon_{t}}\times K_{t}^{\hat{\alpha}}\times L_{t}^{\hat{\beta}} \tag{7.14}$$

其中，Y_t、K_t、L_t分别代表t时刻的实际产出、资本及劳动力投入。等式两边同时对t求导并除以Y得

$$\frac{1}{Y}\frac{dY}{dt} = \frac{1}{e^\varepsilon}\frac{d(e^\varepsilon)}{dt} + \hat{\alpha}\frac{1}{K}\frac{dK}{dt} + \hat{\beta}\frac{1}{L}\frac{dL}{dt} \quad (7.15)$$

索洛余值法的前提假设是规模报酬不变，因此需要将生产要素的弹性系数正则归一化，令$\alpha_K = \dfrac{\hat{\alpha}}{\hat{\alpha}+\hat{\beta}}$，$\beta_K = \dfrac{\hat{\beta}}{\hat{\alpha}+\hat{\beta}}$，则$\alpha_K + \beta_L = 1$，则 TFP 增长率$\dot{\text{TFP}}$为

$$\dot{\text{TFP}} = \frac{1}{e^\varepsilon}\frac{d(e^\varepsilon)}{dt} = \frac{1}{Y}\frac{dY}{dt} - \alpha_K\frac{1}{K}\frac{dK}{dt} - \beta_L\frac{1}{L}\frac{dL}{dt} \quad (7.16)$$

结合煤炭行业实际情况，去产能前后即 2020 年与 2015 年相比 TFP 增长率$\dot{\text{TFP}}$：

$$\dot{\text{TFP}} = \frac{Y_e - Y_o}{Y_o} - \alpha_K\frac{K_e - K_o}{K_o} - \beta_L\frac{L_e - L_o}{L_o} \quad (7.17)$$

其中，Y_o、K_o、L_o分别表示 2015 年实际产出、资本和劳动力投入；Y_e表示完成去产能目标条件下 2020 年的煤炭产量。将式（7.11）和式（7.12）代入式（7.17），得到最终的去产能 TFP 增长率测算公式：

$$\dot{\text{TFP}} = \frac{Y_e - Y_o}{Y_o}$$
$$- \alpha_K\left\{\left[\left(Y_s^* - \Delta Y^*\right)e^{-\hat{\lambda}}\left(\hat{\alpha}w/\hat{\beta}r\right)^{\beta_L}\right]^{\frac{1}{\alpha_K+\beta_L}} - K_o\right\}\bigg/K_o \quad (7.18)$$
$$- \beta_L\left\{\left[\left(Y_s^* - \Delta Y^*\right)e^{-\hat{\lambda}}\left(\hat{\alpha}w/\hat{\beta}r\right)^{-\alpha_K}\right]^{\frac{1}{\alpha_K+\beta_L}} - L_o\right\}\bigg/L_o$$

7.2　工业产能过剩调控省级配额分配模型构建及求解方法

7.2.1　问题描述

在煤炭产能过剩的背景下，国务院作为产能调控的最高行政机构，担负着煤炭产能政策的制定（周伏秋和王娟，2017）。现行经济体制下，我国经济改革的目的是促进国民经济又好又快发展。国家能源局颁布的《煤炭工业发展"十三五"规划》强调，以提高发展的质量和效益为中心，努力建设集约、安全、高效、绿色的现代煤炭工业体系。因此，中央政府在

制定产能调控政策时，考虑的是全国产能总量、行业结构优化问题及生态环境问题。地方政府不但需要完成中央制定的去产能指标任务，而且还需要完成本区域内的经济发展和社会管理职责，履行其管理职能，如提高地区生产总值、增加人均居民收入、扩大就业等。地方政府能够完成这一切的基础是需要有充足的财政收入作为支撑，产能削减和退出必然会引发劳动力调整和企业资产搁置，进而影响地区内经济税收和社会稳定。

在计划经济体制下，中央政府作为煤炭产业政策制定的最高决策者，地方政府是一个产业政策被动的执行者，生产什么、如何生产、如何分配都由中央政府安排，地方政府的局部利益很小（金太军，1999）。当中央政府和地方政府利益诉求一致时，地方政府会配合中央政府完成产能调控政策；当二者不一致时，对于中央政府制定的产能调控政策，地方政府则很可能采取消极态度执行产能调控政策（胡筱沽和戴璐，2017）。究其原因，中央政府主要是根据煤炭过剩总量和各省区市的煤炭产量来制订分配方案，未能充分考虑各省区市之间财政水平、产业结构、资源环境的异质性。去产能必然会涉及大量人员的下岗和固定资产的闲置，产生相应的人员安置成本与资产损失费用，这些成本主要由地方政府来承担。由于各省区市的经济发展水平和产业结构的不同，这些成本将给地方政府带来巨大的去产能压力，进而造成地方政府执行产能调控政策的意愿程度很低。

对地方政府而言，去产能意味着付出高昂的人员安置成本和资产债务处置成本。地方政府为了均衡各方的经济利益，维护当地的就业和社会稳定，有动机在面对中央煤炭去产能决策时持消极态度（于长革，2009）。鉴于中国煤炭行业自上而下的管理体制，当前最主要的去产能方式为行政监管方式。因此，全面审视煤炭产能调控的经济、社会和环境效应，制订科学的多维度目标、多层次的产能过剩配置方案具有重要意义。

7.2.2 省级配额分配二层规划模型构建

中央与地方政府去产能目标分配过程可以描述为如图 7.2 所示的二层规划问题，其中，中央政府作为上层去产能目标分配方案的决策者，地方政府作为下层去产能任务的执行者。中央政府以行业全要素生产率增长率和矿区环境效益的最大化为目标来确定各产煤省区市的去产能任务，并将其传递给下层地方政府。上层去产能的总体目标作为下层的约束，确定下层问题的诱导区域。下层地方政府在接到上层去产能分配指令时，调整自身的去产能任务执行率[①]，将去产能成本降到最低。下层的决策信息被传回到上层，上层再根据下层的决策来优化自身的目标，重复这个过程，直到找到一个均衡点。在该均衡点上，二者都没有改变这个选择的动机。整个二层规划的公式可由模型（7.19）和模型（7.20）来描述。

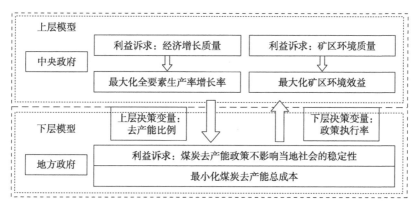

图 7.2　基于二层规划的煤炭去产能目标分配模型框架

1. 上层模型

《煤炭工业发展"十三五"规划》指出，中国煤炭行业面临着三大主要问题，即产能过剩、产业结构矛盾突出和矿区生态环境破坏严重。为解决这些问题，中央政府不仅需要化解过剩的煤炭产能，更重要的是优化煤炭产业结构，改善矿区生态环境。全要素生产率（TFP）作为衡量经济增长质量的重要指标，能够真实反映整体经济投入转化为产出的效率。如果各省区市不实行产能调控政策，过剩和落后产能的生产会给矿区带来巨大的生态破坏。因此，我们将去产能前后行业全要素生产率增长率和矿区环境效益最大化作为中央政府的发展目标。

国家发展和改革委员会和国家能源局 2016 年 12 月联合发布的《煤炭工业发展"十三五"规划》，一方面提出了到 2020 年全国煤炭去产能 8 亿吨的目标任务；另一方面为保障区域煤炭市场需求，又分别确定了东北、东部、中部和西部 4 个地区的最低煤炭产量。据此，将全国煤炭去产能目标任务和各区域最低煤炭产量要求作为上层决策的约束条件。基于上述分析，构建上层模型如式（7.19）所示。

---

① 执行率是指地方政府出于去产能成本的考虑，愿意执行中央政府分配的去产能任务的程度。地方政府作为去产能任务的具体执行者，如果去产能成本超出其财政承受能力，在信息不对称条件下，将不会完全执行去产能任务。

$$\max \dot{\text{TFP}}$$

$$= \sum_{i=1}^{25} \left\{ \begin{array}{l} Y_e - Y_{oi} - \alpha_i Y_{oi} \left\{ \left[Y_{si}^* \left(1 - R_i K_i\right) e^{-\hat{\lambda}_i} \left(\hat{\alpha}_i w_i / \hat{\beta}_i r_i\right)^{\beta_i} \right]^{\frac{1}{\alpha_i + \beta_i}} - K_{oi} \right\} / K_{oi} \\ - \beta_i Y_{oi} \left\{ \left[Y_{si}^* \left(1 - R_i K_i\right) e^{-\hat{\lambda}_i} \left(\hat{\alpha}_i w_i / \hat{\beta}_i r_i\right)^{-\alpha_i} \right]^{\frac{1}{\alpha_i + \beta_i}} - L_{oi} \right\} / L_{oi} \end{array} \right\} \Bigg/ \sum_{i=1}^{25} Y_{oi}$$

$$\max C_e = \sum_{i=1}^{25} \sum_{j=1}^{3} Y_{si}^* R_i K_i \frac{\text{CU}_{\max} + \text{CU}_{\min}}{2} \mu_j \varphi_{ij}$$

$$\text{s.t.} \begin{cases} \sum_{i=1}^{25} Y_{si}^* R_i K_i = \Delta Y_T^*, \ 0 \leqslant R_i K_i \leqslant 1, 0 \leqslant R_i \leqslant 1, 0 \leqslant K_i \leqslant 2, i = 1, 2, \cdots, 25 \\ \text{CO}_1 / \text{CU}_{\max} \leqslant \sum_{i=1}^{3} Y_{si}^* \left(1 - R_i K_i\right) \leqslant \text{CO}_1 / \text{CU}_{\min} \\ \text{CO}_2 / \text{CU}_{\max} \leqslant \sum_{i=4}^{8} Y_{si}^* \left(1 - R_i K_i\right) \leqslant \text{CO}_2 / \text{CU}_{\min} \\ \text{CO}_3 / \text{CU}_{\max} \leqslant \sum_{i=9}^{14} Y_{si}^* \left(1 - R_i K_i\right) \leqslant \text{CO}_3 / \text{CU}_{\min} \\ \text{CO}_4 / \text{CU}_{\max} \leqslant \sum_{i=15}^{25} Y_{si}^* \left(1 - R_i K_i\right) \leqslant \text{CO}_4 / \text{CU}_{\min} \end{cases}$$

（7.19）

其中，TFP 为全要素生产率增长率；Y_e 为完成去产能目标条件下 2020 年的煤炭产量；Y_{oi} 为第 i 省 2015 年的实际煤炭产量；Y_{si}^* 为第 i 省不实施去产能任务 2020 年的产能产出；K_{oi} 为第 i 省 2015 年的煤炭工业实际资本量投入；L_{oi} 为第 i 省 2015 年的煤炭工业实际劳动力投入；R_i 为上层中央政府的决策变量，表示第 i 省产能退出规模占该省煤炭产能的比例；K_i 为下层地方政府的决策变量，表示第 i 省去产能任务的执行率；C_e 为矿区环境效益，我们利用实施煤炭去产能后，实际淘汰的过剩产能来估算各省矿区三废（废气、废水、废渣）的减排量，从而将各省矿区三废的减排量相应地换算成治理矿区环境的成本；μ_j 为第 j 项污染物排放系数；φ_{ij} 为第 i 省第 j 项污染物的环境价值（即治理该项污染物花费的成本）；CO_1、CO_2、CO_3 和 CO_4 分别为东北、东部、中部、西部地区 2020 年的煤炭产量要求；$\text{CU}_{\min}$ 和 $\text{CU}_{\max}$ 分别为合理产能利用率取值的下限和上限；ΔY_T^* 为煤炭行业去产能总量。

2. 下层模型

由于中国煤炭产业仍属于劳动密集型行业，且开采时需要投入大量煤矿生产设备，产能调控政策的实施必然会引起大量人员下岗和固定资产的闲置。根据生产要素理论，我们将煤炭去产能总成本分为劳动力安置成本和固定资产处置成本两个部分，而去产能过程中的劳动力安置成本和固定资产处置成本绝大部分都需要地方政府承担，因此，地方政府的利益诉求是实施煤炭产能调控政策总成本的最小化。同样，地方政府也需面临满足国家发展和改革委员会和国家能源局 2016 年 12 月联合发布的《煤炭工业发展"十三五"规划》中规定的煤炭去产能 8 亿吨和区域煤炭最低产量的约束。基于上述分析，构建下层模型如式（7.20）所示。

$$\min \mathrm{TC}_i\left(R_i, K_i\right) = r_i\left\{K_{si} - \left[Y_{si}^*\left(1 - R_i K_i\right) e^{-\hat{\lambda}_i}\left(\hat{\alpha}_i w_i / \hat{\beta}_i r_i\right)^{\hat{\beta}_i}\right]^{\frac{1}{\hat{\alpha}_i + \hat{\beta}_i}}\right\}$$

$$+ w_i\left\{L_{si} - \left[Y_{si}^*\left(1 - R_i K_i\right) e^{-\hat{\lambda}_i}\left(\hat{\alpha}_i w_i / \hat{\beta}_i r_i\right)^{-\hat{\alpha}_i}\right]^{\frac{1}{\hat{\alpha}_i + \hat{\beta}_i}}\right\}$$

$$\text{s.t.} \begin{cases} \sum_{i=1}^{25} Y_{si}^* R_i \geqslant \Delta Y_T^*,\ 0 \leqslant R_i K_i \leqslant 1, 0 \leqslant R_i \leqslant 1, 0 \leqslant K_i \leqslant 2, i = 1, 2, \cdots, 25 \\ \mathrm{CO}_1/\mathrm{CU}_{\max} \leqslant \sum_{i=1}^{3} Y_{si}^*\left(1 - R_i\right) \leqslant \mathrm{CO}_1/\mathrm{CU}_{\min} \\ \mathrm{CO}_2/\mathrm{CU}_{\max} \leqslant \sum_{i=4}^{8} Y_{si}^*\left(1 - R_i\right) \leqslant \mathrm{CO}_2/\mathrm{CU}_{\min} \\ \mathrm{CO}_3/\mathrm{CU}_{\max} \leqslant \sum_{i=9}^{14} Y_{si}^*\left(1 - R_i\right) \leqslant \mathrm{CO}_3/\mathrm{CU}_{\min} \\ \mathrm{CO}_4/\mathrm{CU}_{\max} \leqslant \sum_{i=15}^{25} Y_{si}^*\left(1 - R_i\right) \leqslant \mathrm{CO}_4/\mathrm{CU}_{\min} \end{cases}$$

$$（7.20）$$

其中，$\mathrm{TC}_i\left(R_i, K_i\right)$ 为第 i 省煤炭去产能成本；r_i 为第 i 省煤炭行业去产能资产损失率；K_{si} 为第 i 省不实施去产能任务 2020 年的煤炭工业资本量投入；w_i 为第 i 省煤炭去产能人均社会成本；L_{si} 为第 i 省不实施去产能任务 2020 年的煤炭工业劳动力投入。

7.2.3　省级配额分配二层规划模型求解方法

二层规划问题是一个典型的 NP-难问题，不存在多项式求解算法（Ben-Ayed et al.，1988）。造成二层规划问题求解异常复杂的一个重要原因是二层问题的非凸性——即使能找出二层问题的解，通常也只可能是局部最优解而非全局最优解。因此，本章针对模型的复杂性及下层的非凸性，我们将利用 PSO 求解。

首先，由于下层问题中有 25 个省区市的成本函数，且量纲相同，我们将 25 个成本函数用线性加权的方法合并成一个目标函数。下层问题的公式可转换为式（7.21）：

$$\min \text{TC}(R_i, K_i) = \frac{1}{25} \sum_{i=1}^{25} \left\{ \begin{array}{l} r_i \left\{ K_{si} - \left[Y_{si}^* (1 - R_i K_i) e^{-\hat{\lambda}_i} \left(\hat{\alpha}_i w_i / \hat{\beta}_i r_i \right)^{\hat{\beta}_i} \right]^{\frac{1}{\hat{\alpha}_i + \hat{\beta}_i}} \right\} + \\ w_i \left\{ L_{si} - \left[Y_{si}^* (1 - R_i K_i) e^{-\hat{\lambda}_i} \left(\hat{\alpha}_i w_i / \hat{\beta}_i r_i \right)^{-\hat{\alpha}_i} \right]^{\frac{1}{\hat{\alpha}_i + \hat{\beta}_i}} \right\} \end{array} \right\}$$

（7.21）

其次，为上层的每个目标建立隶属函数，即表示全要素生产率增长率和矿区环境效益成本函数两个目标的隶属度，分别如下：

$$Z_1 = \begin{cases} 1, & \dot{\text{TFP}} \geqslant \dot{\text{TFP}}_{\max} \\ \dfrac{\dot{\text{TFP}} - \dot{\text{TFP}}_{\min}}{\dot{\text{TFP}}_{\max} - \dot{\text{TFP}}_{\min}}, & \dot{\text{TFP}}_{\min} \leqslant \dot{\text{TFP}} \leqslant \dot{\text{TFP}}_{\max} \\ 0, & \dot{\text{TFP}} \leqslant \dot{\text{TFP}}_{\min} \end{cases}$$

（7.22）

$$Z_2 = \begin{cases} 1, & C_e \geqslant C_{e_{\max}} \\ \dfrac{C_e - C_{e_{\min}}}{C_{e_{\max}} - C_{e_{\min}}}, & C_{e_{\min}} \leqslant C_e \leqslant C_{e_{\max}} \\ 0, & C_e \leqslant C_{e_{\min}} \end{cases}$$

（7.23）

其中，$\dot{\text{TFP}}_{\min}$ 和 $\dot{\text{TFP}}_{\max}$ 分别表示可能的最小与最大全要素生产率增长率；$C_{e_{\min}}$ 和 $C_{e_{\max}}$ 分别表示可能的最小与最大矿区环境效益。

再次，使用线性加权法将上述隶属函数式（7.22）和式（7.23）转换为单目标函数，即

$$\max Z = \lambda_1 Z_1 + \lambda_2 Z_2$$

（7.24）

其中，λ_1 和 λ_2 为计算权重。依据下层模型中成本函数和约束条件，求线性加权后的单目标成本函数优化问题的解，得到去产能成本的最小值 $\text{TC}_{\min}$ 和最大值 $\text{TC}_{\max}$；同样地，可以求全要素生产率增长率单目标成本函数优化问题的解，得到全要素生产率增长率的最小值 $\text{TFP}_{\min}$ 和最大值 $\text{TFP}_{\max}$ 及矿区环境效益的最小值 $C_{e_{\min}}$ 和最大值 $C_{e_{\max}}$。

最后，依据式（7.22）和式（7.23）分别测算全要素生产率增长率和矿区环境效益两个目标对应的隶属度，并依据式（7.24）得到两者加权总隶属度，将二层多目标转换成一个上下层均为单目标的二层规划，然后利用

PSO 算法进行求解。PSO 算法步骤如下：

步骤 1：根据上层规划问题的约束条件产生上层决策变量 R 的初始解 R_0，初始化 f_{best} =INF；

步骤 2：设置 k=1，给定迭代次数 M；

步骤 3：将 R_0 代入二层规划的下层，利用 PSO 求解下层问题得到最优解 K_0；

步骤 4：将得到的 K_0 值返回上层，利用 PSO 对上层问题进行求解得到最优解 R_0 及相应的最优值 f；

步骤 5：如果 $f < f_{best}$，那么更新 $f_{best} = f$，$R_{best} = R$，$K_{best} = K_0$，否则直接进入步骤 6；

步骤 6：如果满足结束条件（误差足够好或者达到最大迭代次数）则退出，否则令 $R_0 = R_{best}$，$k = k+1$，然后进入步骤 3；

步骤 7：输出最优的 R、K 的值 R_{best}、K_{best}。

7.3　煤炭行业产能过剩调控省级配额分配方案实证分析

7.3.1　数据来源

中国煤炭资源丰富，并主要分布于 25 个省区市。这些省区市包括东北地区的辽宁、吉林、黑龙江 3 个省份；东部地区的北京、河北、江苏、福建、山东 5 个省市；中部地区的山西、安徽、江西、河南、湖北、湖南 6 个省份；西部地区的内蒙古、广西、重庆、四川、贵州、云南、陕西、甘肃、青海、宁夏、新疆 11 个省区市，相关参数的测量方法与数据来源见表 7.2。

表 7.2　相关参数的测量方法与数据来源

变量	符号	测量方法	数据来源
边界生产函数的估算	Y	采用各省区市煤炭工业历年原煤产量测量（单位：万吨）	各省区市统计年鉴（1991~2016 年）、《中国工业经济统计年鉴（1991~2016 年）》和《中国价格统计年鉴 2016》
	K	采用各省区市煤炭工业历年固定资产年平均余额来衡量（单位：亿元）。由于统计年鉴中固定资产净值年平均余额只是账面价值，所以采用各省区市的固定资产投资价格指数对其进行平减（以 1990 年不变价格进行表示）	

续表

变量	符号	测量方法	数据来源
边界生产函数的估算	L	采用各省区市煤炭工业全部从业人员年平均人数测量（单位：万人）	各省区市统计年鉴（1991~2016年）、《中国工业经济统计年鉴（1991~2016年）》和《中国价格统计年鉴2016》
固定资产损失的估算	K_u	以各省区市煤炭行业固定资产原价衡量（1900年价）（单位：亿元）	各省区市统计年鉴（1991~2016年）、《中国价格统计年鉴2016》
	R_r	以各省区市煤炭行业固定资产残值率衡量（单位：%），本章取3%	
人员安置成本的估算	P_u	以各省区市城镇居民人均消费支出衡量（1900年价）（单位：万元）	《中国统计年鉴2016》、《中国教育统计年鉴2016》、《中国人口和就业统计年鉴2016》、《中国价格统计年鉴2016》和《中国价格统计年鉴2016》
	S_u	以各省区市城镇单位从业人员平均工资衡量（1900年价）（单位：万元）	
	$K_总$	以各省区市全社会固定资产投资额衡量（1900年价）（单位：亿元）	
	L_w	以各省区市从业人员数衡量（单位：万人）	
	L_a	以各省区市从业人员数与失业人员数之和衡量（单位：万人）	
	I_b	以各省区市教育经费和基本建设投资之和衡量（1900年价）（单位：亿元）	
	L_b	以各省区市各级各类（非）学历教育在校人数与经济人口数之和衡量（单位：万人）	
	N_m	以各省区市城镇平均受教育年限衡量（单位：年） 测算方式如下：首先，将各采煤省区市按受教育程度分组，其次，以各组人口数作为权重，加权计算年限值，其中文盲半文盲、小学、初中、高中、大专及以上学历的教育年限分别按0年、6年、9年、12年、16年来计算	
	N_n	以各煤炭省区市农村平均受教育年限衡量（单位：年），测算方式同上	
全要素生产率增长率的估算	Y_o	以各省区市煤炭工业2015年原煤产量衡量（单位：万吨）	各省区市统计年鉴（1991~2016年）、《中国工业经济统计年鉴（1991~2016年）》和《中国价格统计年鉴2016》
	K_o	以各省区市煤炭工业2015年固定资产年平均余额来衡量（1900年价）（单位：亿元）	各省区市统计年鉴（1991~2016年）、《中国工业经济统计年鉴（1991~2016年）》和《中国价格统计年鉴2016》
	L_o	以各省区市煤炭工业2015年全部从业人员年平均人数衡量（单位：万人）	

续表

变量	符号	测量方法	数据来源
全要素生产率增长率的估算	Y_e	根据《煤炭工业发展"十三五"规划》提出的"2020 年中国煤炭产量将控制在 39 亿吨"的要求，令 Y_e=390 000（单位：万吨）	《煤炭工业发展"十三五"规划》
省级煤炭去产能二层规划模型的估算	Y_{si}^*	省级边界生产函数估计得出	计算得到
	K_{si}	省级边界生产函数估计得出	计算得到
	L_{si}	省级边界生产函数估计得出	计算得到
	μ_j	μ_1=3.3 吨，μ_2=4 立方米，μ_3=0.2 吨	
	φ_{ij}	各省区市煤炭工业三废污染治理投资量比上三废处置量	《中国环境统计年鉴》
	w_i	以日常生活（包含住房）成本、社会保险成本、就业成本、教育成本衡量去产能人均社会成本	计算得到
	r_i	以净残值衡量煤矿固定资产可回收金额	计算得到
	ΔY_T^*	根据《煤炭工业发展"十三五"规划》提出的"到 2020 年退出煤炭产能 8 亿吨"要求，令 ΔY_T^*=80 000（单位：万吨）	《煤炭工业发展"十三五"规划》
	CO_1	2020 年东北地区煤炭产量要求，CO_1=12 000（单位：万吨）	
	CO_2	2020 年东部地区煤炭产量要求，CO_2=17 000（单位：万吨）	
	CO_3	2020 年中部地区煤炭产量要求，CO_3=130 000（单位：万吨）	Kou 等（2017）
	CO_4	2020 年西部地区煤炭产量要求，CO_4=231 000（单位：万吨）	
	CU_{min}	合理产能利用率区间的下限，取 CU_{min}=0.79	
	CU_{max}	合理产能利用率区间的上限，取 CU_{max}=0.83	
	$\hat{\lambda}_i$	省级边界生产函数估计得出	计算得到
	$\hat{\alpha}_i$	省级边界生产函数估计得出	计算得到
	$\hat{\beta}_i$	省级边界生产函数估计得出	计算得到

7.3.2 煤炭行业生产函数参数估计

在开展面板回归分析前，需要对数据进行单位根检验。我们采用 LLC 检验、Breitung 检验、IPS 检验、ADF-Fisher 检验和 PP-Fisher 检验五种方法进行单位根检验，结果见表 7.3。可以发现，零阶差分时变量是非平稳时间序列，经过一阶差分后所有变量取对数后呈平稳时间序列。由于面板数据序列一阶单整，我们进一步采用 Pedroni 检验和 Kao 检验方法对其协整关系进行检验（Greene，2011），结果见表 7.4。结果显示，Pedroni 检验中有四个统计量（即 Panel PP-Statistic、Panel ADF-Statistic、Group PP-Statistic、Group ADF-Statistic）的 P 值均小于等于 0.01。考虑本章研究样本属于小样本（N=25，T=26），Group ADF 和 Panel ADF 统计量是最有效力的，因此可以认为 Pedroni 检验拒绝不存在协整关系的原假设。Kao 检验 P 值为 0.000，表明变量之间存在协整关系。

表 7.3   单位根检验结果

方法	零阶差分			一阶差分		
	$\ln Y$	$\ln K$	$\ln L$	$D\ln Y$	$D\ln K$	$D\ln L$
LLC	0.194 （0.577）	−1.779 （0.038）	−0.969 （0.166）	−13.045 （0.000）	−15.657 （0.000）	−13.975 （0.000）
Breitung	1.298 （0.903）	3.418 （1.000）	−3.446 （0.000）	−9.259 （0.000）	−10.300 （0.000）	−5.972 （0.000）
IPS	−0.945 （0.172）	2.140 （0.984）	−1.661 （0.048）	−12.728 （0.000）	−14.479 （0.000）	−12.487 （0.000）
ADF-Fisher	53.159 （0.354）	34.920 （0.948）	60.658 （0.144）	245.070 （0.000）	270.929 （0.000）	305.650 （0.000）
PP-Fisher	33.838 （0.961）	20.948 （1.000）	33.931 （0.960）	282.942 （0.000）	427.652 （0.000）	324.420 （0.000）

注：测试结果由 EViews 9.0 软件计算，括号内的结果表示 P 统计量

表 7.4   Pedroni 检验和 Kao 检验结果

检验方法		T 检验	P 值
Pedroni 检验	Panel v-Statistic	1.843	0.033
	Panel rho-Statistic	−0.705	0.240
	Panel PP-Statistic	−5.440	0.000
	Panel ADF-Statistic	−3.450	0.000
	Group rho-Statistic	2.561	0.995
	Group PP-Statistic	−2.995	0.001
	Group ADF-Statistic	−2.530	0.006
Kao 检验	ADF	−4.674	0.000

注：测试结果由 EViews 9.0 软件计算

　　由于本章实证分析中所采用的数据为2000~2015年中国25个产煤省区市的面板数据，在回归分析前需设定模型形式。面板模型主要有三类，即混合模型、变截距模型和变系数模型。中国各产煤省区市的煤炭资源禀赋和产业发展存在较大的差异性，采用不变系数模型难以描述截面或者时间对参数的影响，不能很好地展现个体的差异性，也会影响估计参数的有效性。因此，我们选择变系数固定效应面板模型，并采用似乎不相关回归分析。考虑到误差项可能存在个体同期相关与异方差现象，这里采用怀特截面法（White cross-section）进行修正（结果如表 7.5 的第 2~5 列所示）。结果显示，模型的整体拟合优度 R^2 为 0.999，F 统计量 P 值为 0.000，D.W. 值为 2.088，表明变系数固定效应面板模型拟合效果良好，不存在自相关问题，而且各省区市的回归系数都通过了统计检验，说明模型结果总体是可靠的。

表 7.5　面板回归分析和产能计算结果

省区市	$\hat{\alpha}$	$\hat{\beta}$	$\lambda - \hat{\delta}$	$\hat{\lambda}$	煤炭产能/（万吨/年）	
					2015 年	2020 年
辽宁	0.185*** （9.921）	0.064*** （4.255）	8.867−3.473@*** （−30.938）	5.646	7613	7823
吉林	0.484*** （30.318）	0.144*** （8.126）	3.731−3.473@*** （−30.938）	0.720	6392	6593
黑龙江	0.569*** （23.101）	0.444*** （17.047）	−1.017−3.473@*** （−30.938）	−4.289	8492	10 555
北京	0.030** （2.334）	0.487*** （31 258）	4.769−3.473@*** （−30.938）	1.742	509	520
河北	0.463*** （24.026）	0.467*** （12.705）	0.240−3.473@*** （−30.938）	−2.947	12 146	12 326
江苏	0.190*** （17.912）	0.125*** （5.719）	7.011−3.473@*** （−30.938）	3.806	2470	2470
福建	0.449*** （12.019）	1.069*** （25.608）	−5.706−3.473@*** （−30.938）	−8.941	2037	2148
山东	0.396*** （27.273）	0.180*** （3.213）	4.391−3.473@*** （−30.938）	1.183	16 231	17 086
山西	0.420*** （43.778）	0.869*** （32.787）	−3.937−3.473@*** （−30.938）	−7.113	130 688	143 713
安徽	0.680*** （44.293）	0.856*** （14.038）	−7.850−3.473@*** （−30.938）	−11.064	17 604	18 394
江西	0.517*** （87.370）	0.428*** （56.242）	0.028−3.473@*** （−30.938）	−3.159	3572	3692
河南	0.239*** （19.592）	2.532*** （30.334）	−23.757−3.473@*** （−30.938）	−26.957	17 473	18 583

续表

省区市	$\hat{\alpha}$	$\hat{\beta}$	$\lambda-\delta$	$\hat{\lambda}$	煤炭产能/（万吨/年）	
					2015 年	2020 年
湖北	0.446*** （30.177）	0.697*** （39.633）	−1.909−3.473@*** （−30.938）	−4.913	1304	2240
湖南	0.562*** （20.684）	0.959*** （20.789）	−6.780−3.473@*** （−30.938）	−9.845	5169	5259
内蒙古	1.065*** （100.684）	0.117*** （3.941）	−3.652−3.473@*** （−30.938）	−6.699	107 052	132 832
广西	0.089*** （3.019）	0.423 （19.501）	4.815−3.473@*** （−30.938）	1.625	765	1020
重庆	0.341*** （19.407）	0.791*** （23.918）	−2.125−3.473@*** （−30.938）	−5.321	4592	5137
四川	0.504*** （19.870）	0.729*** （18.275）	−3.454−3.473@*** （−30.938）	−6.465	12 116	13 106
贵州	0.435*** （56.382）	0.156*** （7.632）	5.081−3.473@*** （−30.938）	1.960	26 752	31 679
云南	0.498*** （6.608）	0.041 （0.585）	4.920−3.473@*** （−30.938）	2.073	8935	10 464
陕西	0.995*** （68.284）	0.441*** （15.211）	−6.268−3.473@*** （−30.938）	−9.254	60 258	66 139
甘肃	0.684*** （50.312）	0.426*** （65.641）	−1.663−3.473@*** （−30.938）	−4.799	8217	11 014
青海	1.007*** （39.307）	0.231*** （4.390）	−2.570−3.473@*** （−30.938）	−5.416	3324	3615
宁夏	0.699*** （129.558）	0.150*** （24.963）	0.909−3.473@*** （−30.938）	−2.232	12 307	14 447
新疆	0.797*** （54.751）	0.037 （1.282）	2.007−3.473@*** （−30.938）	−1.188	25 335	32 816

和*分别表示 5%和 1%的置信度

注：括号内代表 t 统计量，@表示个体截面共同项

7.3.3　煤炭行业边界产能估算结果

利用估算出的各省区市煤炭行业边界生产函数，我们测算出 2015 年各省区市煤炭产能，并根据各省区市 2016~2020 年新增产能得到 2020 年煤炭产能[①]（结果见表 7.5 的第 6、7 列），各省区市 2016~2020 年新增产能数

---

① 2016 年 2 月国务院发布的《国务院关于煤炭行业化解过剩产能实现脱困发展的意见》明确指出，从 2016 年起，3 年内原则上停止审批新建煤矿项目、新增产能的技术改造项目和产能核增项目。由此可见，2016~2020 年全国煤炭新增产能，主要来源于目前已经通过政府审批的新建和在建项目。

据来源于中国煤炭资源网。可以发现，截至 2020 年，中国煤炭产能将达到 57.3671 亿吨，而合理产能区间为[46.988，49.3671]，产能过剩规模至少 8 亿吨。

7.3.4　煤炭行业产能利用率估算结果

利用估算出的 25 个省区市煤炭边界生产函数，计算出 1990~2015年 25 个省区市的煤炭产能利用率。图 7.3 展示 1990~2015 年 25 个省区市煤炭行业加权产能利用率变化情况。结果表明，1990~2015 年 25 个省区市煤炭行业产能利用率呈现出明显的波动特征，其平均水平约为 76.34%。其中，2012~2015 年平均产能利用率仅为 73.1%，特别是 1999年产能利用率降至历史最低水平，仅为 61.51%，远低于合理产能利用率区间的下限。

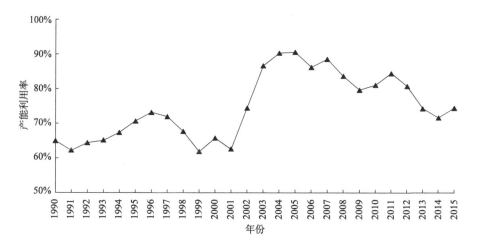

图 7.3　1990~2015 年煤炭行业平均产能利用率趋势

总体而言，煤炭产能利用率波动特征与中国宏观经济波动相一致。具体如下，1990~1996 年，随着改革开放的深入推进，中国经济发展与社会建设加大了对煤炭的需求，煤炭产能利用率逐步提高。1997~2001年，受上一时期煤炭需求增长的影响，政府逐步放开对煤炭行业的管制，乡镇煤矿和私营煤矿得以快速发展，这类煤矿普遍管理粗放、开采技术落后，导致煤炭行业整体产能利用率较低。2002~2007 年，随着中国经济的高速发展及制造业和房地产业的快速发展，煤炭需求激增，煤炭行业进入十年黄金发展时期，其产能利用率也得以快速提高。2008~2015 年，在经济下行、市场失灵、资源错配、能源转型等多种因素的共同作用下，煤炭需求逐步减少，煤炭供需失衡局面愈发严峻，产能利用率不断下降。

7.3.5 煤炭行业全要素生产率增长率估算结果

根据上文回归分析结果，我们得到了 25 个省区市 1991~2015 年煤炭行业 TFP 增长率。图 7.4 展示了 1991~2015 年 25 个省区市煤炭行业加权 TFP 增长率变化情况。对比图 7.3 和图 7.4 可以发现，TFP 增长率的波动趋势与产能利用率具有很大程度的一致性。结果表明，1991~2015 年 25 个省区市煤炭行业的 TFP 年平均增长率仅为-0.93%，其中，2012~2015 年的平均 TFP 增长率更是低至-10.16%。总体而言，1991~2015 年中国煤炭行业 TFP 增长率的均值呈现出先减后增再减的变动趋势，从第一阶段（1991~1996 年）到第二阶段（1997~2001 年），TFP 增长率均值由 1.67%下降至-3.43%，减少了 5.10 个百分点；从第二阶段（1997~2001 年）到第三阶段（2002~2007 年），TFP 增长率均值由-3.43%上升至 4.98%，增加了 8.41 个百分点；从第三阶段（2002~2007 年）到第四阶段（2008~2015 年），TFP 增长率均值由 4.98%下降至-5.74%，下降了 10.72 个百分点。

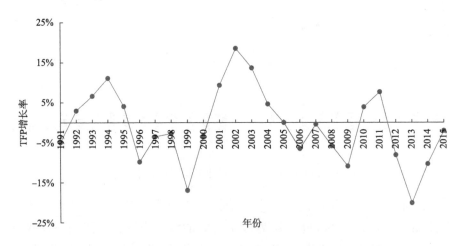

图 7.4   1991~2015 年煤炭行业 TFP 增长率趋势

7.3.6 省级配额分配方案求解结果

考虑到煤炭行业对于我国经济发展的重要程度，假设在煤炭亏损背景下中央政府会更为关注煤炭行业的经济效益。因此，我们设定中央政府对 TFP 比矿区生态效益具有更大的偏好，设 $[\lambda_1, \lambda_2]=[0.7,0.3]$。利用 Matlab

2015 编译算法，并设粒子数目 N 为 40，学习因子 c_1 为 1.5，学子因子 c_2 为 1.5，惯性权重 w 为 0.6，最大迭代次数为 2000，惩罚系数 s 为 1 000 000，求解上述二层规划模型，得到最优的煤炭去产能分配方案，即上层中央政府的最优分配比例和各省区市的政策执行率及去产能成本。

从表 7.6 可以看出，由二层规划模型求解得出的全要素生产率目标值为 7.92%，矿区环境效益目标值为 1.244 亿元，去产能总成本为 3126.201 亿元。去产能规模最多的 6 个省区是内蒙古、山西、陕西、贵州、山东、河南，分别为 12 713.470 万吨、9893.000 万吨、7473.435 万吨、7208.803 万吨、5832.610 万吨、5149.949 万吨，分别占全国去产能目标总量的 15.892%、12.366%、9.342%、9.011%、7.291%、6.437%，共占全国去产能量的 60.339%。去产能规模最少的 6 个省区市是广西、福建、北京、青海、湖北、宁夏，分别占全国去产能目标总量的 0.551%、0.628%、0.650%、0.720%、1.190%、1.205%，共占全国去产能量的 4.944%。由此可见，少数省区承担了全国煤炭去产能的主体任务。

表 7.6　煤炭产能调控优化方案

省区市	TFP =7.92%，C_e =12 440 万元，TC =3 126.201 亿元		
	退出规模/万吨	最优分配比例	退出比例
辽宁	2210.783	2.763%	27.460%
吉林	2493.749	3.117%	45.560%
黑龙江	2365.098	2.956%	29.430%
北京	520.000	0.650%	100.000%
河北	2998.955	3.749%	29.410%
江苏	1212.805	1.516%	45.630%
福建	502.345	0.628%	19.040%
山东	5832.610	7.291%	38.580%
山西	9893.000	12.366%	8.170%
安徽	2553.278	3.192%	17.740%
江西	1526.645	1.908%	49.550%
河南	5149.949	6.437%	34.090%
湖北	952.159	1.190%	44.530%

续表

省区市	TFP =7.92%，C_e=12 440 万元，TC =3 126.201 亿元		
	退出规模/万吨	最优分配比例	退出比例
湖南	1349.013	1.686%	33.010%
内蒙古	12 713.470	15.892%	5.250%
广西	440.485	0.551%	37.650%
重庆	1802.513	2.253%	39.960%
四川	2684.263	3.355%	26.960%
贵州	7208.803	9.011%	15.920%
云南	2592.380	3.240%	25.910%
陕西	7473.435	9.342%	10.320%
甘肃	1924.817	2.406%	13.610%
青海	576.256	0.720%	9.650%
宁夏	964.023	1.205%	9.050%
新疆	2059.834	2.575%	7.540%
总计	80 000.668	100.000%	13.945%

7.3.7　省级配额分配方案有效性分析

1. 分配方案的比较分析

为了考察上述优化模型分配方案的有效性与合理性，本章研究了政府管理机构提出的煤炭去产能目标分配初步方案，并从经济性、效率性、环保性和分配公平性四个方面进行对比分析。

1）去产能成本对比分析

国家发展和改革委员会 2016 年制定了 25 个产煤省区市的煤炭去产能任务，据此可以计算各省区市在三种方案下煤炭全要素生产率增长率、去产能的成本和矿区环境效益。计算结果显示，按照政府分配方案，去产能量最多的省区依次为山西、贵州、山东、河南和内蒙古，分别占全国去产能总量的 14.250%、9.268%、8.075%、7.893%和 7.679%，共占去产能总量的 47.165%，与二层优化分配方案的相应比例（50.997%）相差不大；按照现有文献提出的单层优化分配方案，去产能量最多的省份依次为山西、河南、山东、陕西、四川、安徽，分别占全国去产能总量的 12.37%、9.74%、9.31%、7.79%、5.81%、5.21%，共占去产能总量的 50.23%，高于二层优化分配方案的相应比例（41.983%）。相较于二层优化分配方案，单层优化模型分配方案去产能任务最大的 6 个省份承受了更大的去产能压力。

二层优化分配方案和政府分配方案的对比表明优化分配方案有效降低了去产能总成本。根据计算结果，二层优化分配方案的总成本与政府分配方案相比减少了 642.304 亿元，降低了 17.04%。其中，资产损失约降低了 367.962 亿元，人员安置成本约节约了 274.342 亿元。这是因为，相较于政府分配方案，二层优化分配方案下去产能量增加的省区主要为内蒙古、陕西、甘肃、云南、青海等。这些省区因为具有多元化的资源禀赋和劳动力结构优势，其去产能过程中的职工安置成本和固定资产处置成本相对较低。

二层优化分配方案与单层优化分配方案的对比同样有效降低了去产能总成本。根据计算结果，二层优化分配方案的总成本比单层优化分配方案减少了 196.969 亿元，降低了 5.93%。其中资产损失约降低了 75.213 亿元，人员安置成本约节约了 121.756 亿元。相较于单层优化分配方案，二层优化分配方案在资产损失和人员安置成本方面都显示出良好的优越性。

中国煤炭产能调控的核心问题是解决人的问题。实现职工的平稳分流和妥善安置是去产能工作顺利推进的基本前提，也是事关社会稳定的关键因素。根据计算结果，政府分配方案人员安置成本总计 1471.290 亿元。根据中央财政安排的专项资金和人力资源和社会保障部（简称人社部）预计涉及安置人员的比例，用于煤炭行业人员安置的成本约 722 亿元，资金缺口达 749 亿元。相较而言，二层优化分配方案的资金缺口仅 475 亿元，减少缺口 36.58%。

2）全要素生产率增长率对比分析

对二层优化分配方案、政府分配方案和单层优化分配方案三者进行比较，可以发现，二层优化分配方案的全要素生产率增长率有显著提升。根据计算结果，二层优化分配方案比政府分配方案和单层优化分配方案的全要素生产率增长率分别提高了 2.14% 和 0.60%。这主要是由于二层优化分配方案大幅度减少了河北、山西、河南和新疆等地的去产能任务，这些省区都是中国的产煤大省，或者通过多年的生产经营已经积累了相对丰富的技术与管理经验，以及拥有复杂条件下进行开采等技术和知识的人力资源（如河南、山西和河北），或者虽然开采时间较短但具有良好的开采条件和先进的装备和技术（如新疆）。减少这些省区的去产能任务可以充分发挥其技术优势和管理优势，从而促进行业全要素生产率的增长。

3）去产能环境效益对比分析

相较于政府分配方案和单层优化分配方案，二层优化分配方案的矿区环境效益有显著改善。根据计算结果，二层优化分配方案的环境效益比政府分配方案和单层优化分配方案分别增加了 730 亿元和 710 亿元。相较于政府分配方案，二层优化分配方案的矿区环境效益改善的省区有 7 个，依次为内蒙古、陕西、甘肃、云南、青海、湖北和江苏，其中内蒙古的环境效益改善程度最大，远超其他省区市。相较于单层优化方案，二层优化分配方案的矿区环境效益改善的省区有 10 个，依次为辽宁、福建、湖北、内蒙古、广西、贵州、云南、陕西、甘肃、青海，其中内蒙古的环境效益改善程度最大，远超其他省区市。主要原因是各省区市治理矿区三废污染的成本差距不大，所以矿区环境效益与各省区市退出产能规模的大小有关，而内蒙古的单位去产能成本又是 25 个产煤省区市中第二低的，因此内蒙古退出的产能规模更多，矿区环境效益改善最为明显。此外，其余 18 个省区市在三种分配方案下的环境效益没有显著差异，但二层优化分配方案的全国累计环境效益显著提高。

4）去产能公平性对比分析

为考察二层优化分配方案的省域公平性，本章应用基尼系数进行测度。一般认为，基尼系数小于 0.2 代表分配绝对平均，0.2~0.3 代表比较平均，0.3~0.4 代表相对合理，0.4~0.5 代表差距较大，大于 0.5 代表分配差距悬殊。基尼系数的测算方法主要有直接计算法、拟合曲线法、分组计算法和分解计算法。考虑到煤炭产能调控省级分配数据特点，本章使用拟合曲线法计算基尼系数，结果如表 7.7 所示。图 7.5 和图 7.6 分别为以人均去产能成本、人均产能退出规模作为排序依据，以从业人员累计占比作为横坐标，以累计去产能成本占比、累计产能退出规模占比为纵坐标的煤炭去产能省级二层优化分配方案、政府分配方案及单层优化分配方案的洛伦兹曲线图。

表 7.7　基尼系数计算结果

洛伦兹曲线排序依据	产能调控方案	基尼系数
人均去产能成本	二层优化分配方案	0.211
	政府分配方案	0.183
	单层优化分配方案	0.207
人均产能退出规模	二层优化分配方案	0.294
	政府分配方案	0.228
	单层优化分配方案	0.221

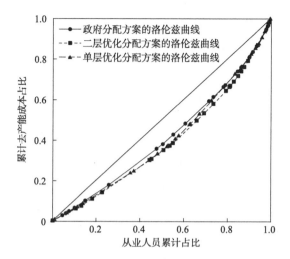

图 7.5　基于人均去产能成本的洛伦兹曲线

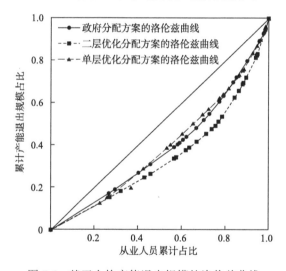

图 7.6　基于人均产能退出规模的洛伦兹曲线

　　根据表 7.7、图 7.5 和图 7.6 可知，当以人均去产能成本为排序依据绘制洛伦兹曲线时，政府分配方案的基尼系数小于 0.2，属于绝对平均范畴，而二层优化分配方案和单层优化分配方案的基尼系数略高于 0.2，属于比较平均范畴。当以人均产能退出规模为排序依据绘制洛伦兹曲线时，三种方案的基尼系数均处于 0.2~0.3，均属于比较平均范畴。因此，总体而言，本章所提出的二层优化分配方案在提高 TFP、改善矿区环境效益和降低去产能成本的同时，还具有很高的公平性。

2. 分配方案的情景分析

在政策实际制定的过程中,中央政府会基于一些现实原因或未来发展方向而具有不同的目标偏好。例如,在生态环境保护和应对气候变化压力增加的情况下,中央政府可能会优先考虑环境效益;而在生态环境约束不太强的情况下,则更加倾向于经济质量导向型的政策方案。为此,我们将偏好权重分别设置为$[\lambda_1, \lambda_2]=[0.3, 0.7]$和$[\lambda_1, \lambda_2]=[0.5, 0.5]$,分别考察中央政府环境质量偏好和同等偏好情景下的分配方案。

从不同偏好下的分配方案计算结果来看,在环境质量导向情景下,环境效益和去产能总成本相对增加,而TFP增长率相对降低;在经济质量导向情景下,环境效益和去产能成本相对减少,而TFP增长率相对提升。具体而言,相对于同等偏好情景,环境质量偏好情景下的分配方案带来的环境效益增加了 110 亿元,而全要素生产率增长率降低了 0.32%。相较于相同偏好导向型情景,经济质量导向型分配方案的去产能带来的环境效益减少了 80 亿元,而全要素生产率增长率提升了 0.44%。这说明不同偏好情景下模型求解得到不同的分配方案,且隶属度权重较大即偏好的目标表现更好,模型内在一致性成立。

7.4　本章小结

中国情境下的产能调控决策是一个典型的多层级、多主体、多目标、高维非线性优化问题,需要统筹兼顾各省区市实际情况及地方政府、煤炭企业等关键利益相关者诉求,进行产能过剩调控省级配额分配机制与方案设计。本章以行业全要素生产率增长率和环境效益最大化为上层目标,以各省区市去产能总成本最小化为下层目标,构建了基于二层多目标规划的去产能目标分配模型,并以煤炭行业为实证对象,得到了 25 个产煤省区市去产能目标最优分配方案,并从成本、全要素生产率增长率、矿区环境效益和公平性四个方面对比分析了二层优化分配方案、政府分配方案与现有文献提出的单层优化分配方案,还考察了中央政府不同偏好情景下目标值及分配方案的变化规律。

第一,从模型分配结果来看,部分地方政府产能调控政策的积极性较高,超过中央政府的预期,这与产能调控的实际情况相符。政策执行率较高的省区有福建、内蒙古、贵州、甘肃、青海。这表明了各地响应煤炭产能调控的意愿和积极性存在差异,也从侧面启示了中央政府在制定和实施产能调控方案时，要避免"一刀切"的做法，因地施策，因地治理。

第二，与现有的产能调控政府分配方案和单层优化分配方案相比，本章研究提出的二层优化分配方案的煤炭去产能总成本更低，全要素生产率增长率增幅更大，矿区环境效益更优，同时具有较好的公平性，能够更好地兼顾成本、效率、环境和公平。具体而言，二层优化分配方案的去产能总成本比政府分配方案和单层优化分配方案的去产能总成本分别减少了642.304 亿元和 196.969 亿元，TFP 比政府分配方案和单层优化分配方案分别提高了 2.14%和 0.60%，环境效益比政府分配方案和单层优化分配方案的环境效益分别增加了 730 亿元和 710 亿元。同时，采用不同指标计算得到的二层优化分配方案的基尼系数都小于 0.3，属于绝对公平或比较公平的范畴。这不仅验证了本章研究所建模型的科学性和有效性，也为中央政府建立和优化产能调控省级分配方案提供了理论依据与决策参考。

第三，尽管不同情景下的煤炭去产能目标分配方案存在一定差异性，但变化趋势与实际情况相符，说明模型具有良好的内在一致性，能够为政府在不同偏好情景下制定政策提供一定的参考。具体而言，在环境导向情景下，去产能环境效益增幅较高且单位退出产能成本较小的省区市所分配的产能较多，而去产能环境效益增幅较低且单位退出产能成本较高的省区市所分配的产能较少；在质量导向情景下，TFP 增幅较大且单位退出产能成本较小的省区市所分配的产能较多，而 TFP 增幅较小且单位退出产能成本较高的省区市所分配的产能较少。这说明煤炭产能调控需要综合考虑地区发展导向，统筹兼顾环境效益提升目标和经济质量发展目标。

第三篇　治理政策篇

第8章 工业产能过剩治理困境的形成机理研究

准确把握产能调控参与主体的动态博弈演化规律,是破解产能治理困境的关键。近年来,中央和地方政府相继密集出台了一系列产能调控政策,试图化解产能过剩这一突出矛盾。从治理结果来看,部分地区的产能调控情况取得了阶段性的进展和实质性的成效,然而就整个产业面而言,去产能仍处于攻坚阶段,产能过剩治理效果还远未达到理想目标。根据第 7 章的研究结果可知,在社会和经济影响的双重挑战和压力下,如果煤炭产能过剩矛盾得不到有效化解,将会使得煤炭产能过剩引发的经济社会问题愈演愈烈。因此,本章研究内容立足于我国国情,从我国制度背景和行政体制出发,充分考虑中央政府与地方政府发展目标的异质性,创新构建由中央政府、地方政府和煤炭企业三个种群构成的煤炭产能过剩治理系统动态演化博弈模型,阐明煤炭产能过剩治理过程中中央政府、地方政府和煤炭企业策略选择的交互机制、演化路径及其关键影响因素,破解产能过剩治理无效的困局。该模型能够真实反映煤炭产能过剩治理系统博弈过程的复杂动态性,研究结果拟为突破煤炭产能过剩治理的困境提供一定的理论依据,同时也为煤炭产能过剩治理政策设计提供科学有效的决策参考。

8.1 产能过剩治理困境的演化博弈模型构建

8.1.1 问题描述

依靠产能调控政策,依托行政化手段产能调控短期效果明显可见,但从长远来看,这种方式不可避免地存在一些弊端(Shen et al., 2012;张莹和王磊,2015)。从实施效果来看,主要存在三个方面的问题:第一,产能调控政策众多,不同类型产能调控政策工具的协同效果仍需加强;第二,产能调控政策的制定往往高度依赖于对未来产能的研判,而未来形势的演变充满了复杂性和不确定性;第三,政策实施过程中需要付出一定的监督成本，而这一成本可以通过相应的措施加以降低。

　　煤炭产能过剩的治理作为一项系统性的工程，其过程影响较为广泛且作用机理复杂，产能调控政策的制定主体为中央政府，产能调控政策的执行主体为地方政府，煤炭企业作为产能调控任务的直接参与者，三者的博弈结果决定了产能调控政策的实施效果。产能调控政策的制定和执行是一个多阶段的、动态性的讨价还价过程，由于各主体的信息掌握不完全、不对称，其博弈过程往往是一个试探性的学习过程，策略的选择需要经过多次验证，最终达到系统稳定的最优均衡。因此，本章构建了一个三方演化博弈模型来描述中央政府、地方政府和煤炭企业之间的利害关系，旨在探究煤炭产能过剩治理过程中各主体策略选择的影响因素，为煤炭产能过剩问题的有效治理提供一定的理论依据。

8.1.2　主体界定

　　结合上述问题描述及实际背景，选择中央政府、地方政府和煤炭企业作为煤炭产能过剩治理演化博弈过程中的三个博弈主体。具体分析如下：

　　（1）中央政府：宏观经济调控、产业政策制定、保证国民经济健康发展等均属于中央政府的经济职能，同时也兼任监管职能。在发现地方政府违规时，中央政府有对其实施经济处罚的权利和义务，但对于波及范围广泛的煤炭企业而言，中央政府想要实施全面监督，往往会产生巨额的调控成本，而且中央政府作为监督者，处在信息弱势的一方。在博弈过程中如何均衡各方力量，市场化与行政化的两种调控指令以何种权重参与产能过剩的治理，是一个较难把握的问题。

　　（2）地方政府：在产能调控政策的执行过程中，中央政府和地方政府之间实际上是一种委托-代理关系，前者充当委托人角色，后者充当代理人角色。中央政府把发展经济的权力委托给地方政府，地方政府对上级政府的政策贯彻执行，中央政府对执行过程和执行效果负有监督与处罚的责任。通常而言，地方政府与中央政府作为社会公共利益的代表，是本行政区内公民利益的体现。地方政府可能更加注重地方经济发展，而中央政府可能更加注重全国范围内的整体利益和长远发展。再加上两者之间信息不对称，使得中央政府对于地方政府的监督成本较高，双方之间就此产生博弈行为。

　　（3）煤炭企业：本轮煤炭产业行情下跌，在很大程度上是由于产能过剩引起的。在煤炭行业的黄金十年间，曾有大批资金涌入煤炭行业，在经济形势下行、能源结构转型的背景下，前期的集中投资开始释放大量产能，导致供需失衡。在行业产能长期相对过剩的趋势之下，如果淘汰一批过剩严重、生产能力落后且安全性差的煤炭企业，无疑有益于煤炭行业的健康发展，然而煤炭行业作为劳动密集型产业的典型代表，产能的退出意味着将有大批职工面临失业，企业也面临巨额的职工安置支出。另外，退出市场意味着会失去财政补贴和优惠条件，此时企业可能会出于自身利益考虑，对产能调控政策持消极态度，导致中央政府出台的产业政策失效，从而形成三方博弈的局面。

基于上述分析，我们认为中国煤炭产能过剩治理本质上是一个多阶段、动态性的讨价还价过程，产能调控政策的制定和执行过程均可被视为动态性的均衡。因此，本章将建立一个三方博弈演化模型，从三方博弈的角度描述在产能过剩治理过程中，中央政府、地方政府和煤炭企业之间的动态博弈关系，试图找到产能过剩治理困境的突破口。图 8.1 总结了三方博弈主体之间的利益关系。

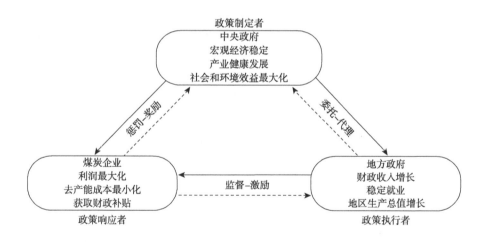

图 8.1　三方博弈主体之间的利益关系

8.1.3　基本假设

为构建煤炭产能过剩治理策略的三方演化博弈模型，结合当前实际问题背景，做出如下假设。

假设 8.1：中央政府为参与主体 1，地方政府为参与主体 2，煤炭企业为参与主体 3，三个参与主体都是有限理性的。在有限理性的条件下，各博弈主体博弈一次就找到最优均衡点是不可能成立的，因此其稳定策略的选择往往是长期学习模仿、不断调整的结果（于涛和刘长玉，2016）。

假设 8.2：中央政府、地方政府及煤炭企业具有不同的目标函数。由于中央政府和地方政府之间的委托-代理关系（陈真玲和王文举，2017），各主体掌握的信息具有不完全对称性，中央政府作为产能调控政策的制定者，处在信息劣势的委托一方，而地方政府作为政策规范的执行主体，处在信息优势的代理一方，煤炭企业作为产能调控的直接参与单位，产能调控任务能否有效完成，取决于煤炭企业的行为偏好。同时，演化博弈模型中各博弈主体均处在博弈初始状态，博弈过程中不考虑其他因素和主体对三方演化博弈的影响。

假设 8.3：①中央政府在制定产能调控政策时，主要包括两种方式：一是以行政监管为主的产能调控政策，该类型政策侧重于通过行政规定和行业标准来约束政策执行主体，如通过列表制度来确定煤炭退出企业及退出规模。二是以市场驱动为主的产能调控政策，该类型政策通过金融信贷等配套政策来健全外部约束条件，强化市场竞争倒逼机制，促使煤炭企业根据自身实际情况来自主调整产能。因此，中央政府的策略选择空间为{行政化调控，市场化调控}，中央政府采取"行政化调控"策略的概率为 x，采取"市场化调控"策略的概率为 $1-x$。②在以地区生产总值为主导的体制背景下，当中央政府和地方政府目标一致时，地方政府会支持中央政府的行为，但当目标不完全一致时，地方政府为了维护局部收益，则有可能宽松执行产能调控政策。因此，地方政府的策略选择空间为{严格执行，宽松执行}，地方政府采取"严格执行"的策略概率为 y，采取"宽松执行"的策略为 $1-y$。③作为有限理性经济主体，企业把追求经济利益作为主要目标。在实际中，出于利益考虑，煤炭企业在执行去产能任务之前会权衡去产能的成本和收益来决定自身对产能调控政策的响应程度，有些企业甚至通过盲目扩张产能规模以避免自己成为去产能的淘汰对象。因此，煤炭企业的策略选择空间为{积极响应，消极响应}，煤炭企业采取"积极响应"策略的概率为 z，采取"消极响应"策略的概率为 $1-z$，其中，$0 \leqslant x, y, z \leqslant 1$。

假设 8.4：如果地方政府严格执行中央政府下达的产能调控政策，效果达标后会得到中央政府一定的奖励，可能包括经济奖励或者政治晋升和表彰等精神奖励，同时，地方经济也会因生态质量的提升产生一定的正向收益，但化解产能过剩在一定程度上会对当地经济发展产生影响。如果地方政府对产能调控政策的执行积极性不高，不仅会由于环境恶化产生一定的生态治理成本，当违规行为被发现后还会受到中央政府一定程度的处罚，包括经济惩罚、相关人员降职或者行政处分等。

假设 8.5：如果煤炭企业选择积极响应产能调控，完成去产能任务会得到中央政府一定的补贴，如税收优惠和资金补贴，但也会因此承担一定的成本，如设备闲置成本、职工安置成本。在执行去产能任务时，如果企业积极寻求转型升级与技术创新以淘汰和置换落后产能，长期来看会给企业带来一定的生产盈利和外部收益。如果煤炭企业对于上级分配的去产能任务持消极态度，维持低效落后产能甚至暗自扩大低质产能寻求生产性收益，当违规行为被地方政府发现后会受到一定的经济处罚。

假设 8.6：各主体的策略选择在一定程度上体现了其行为偏好，不同的策略选择结果表现在其支付水平的差异上面。例如，政绩考核体系对地方政府具有一定的激励和约束作用，经济发展指标和生态质量指标权重比会影响地方政府的支付水平，同时，中央政府代表了国家利益，地方经济发展状况和生态环境质量同样也会对其产生同向影响。因此，企业的技术创新升级程度、中央政府的调控力度、地方政府及煤炭企业的执行与响应力度等参数的变化，在支付水平上体现为各主体的去产能成本、收益、奖励和处罚水平等方面（顾振华和陈强远，2017）。

8.1.4　支付矩阵

基于以上假设，三方演化博弈情形包括 8 种情形，如表 8.1 所示，三方博弈主体的支付矩阵如表 8.2 所示，参数的具体说明如表 8.3 所示。

表 8.1　三方演化博弈情形

情形	策略组合（中央政府，地方政府，煤炭企业）	策略概率组合
1	（行政化调控，严格执行，积极响应）	(x, y, z)
2	（行政化调控，严格执行，消极响应）	$(x, y, 1-z)$
3	（行政化调控，宽松执行，积极响应）	$(x, 1-y, z)$
4	（行政化调控，宽松执行，消极响应）	$(x, 1-y, 1-z)$
5	（市场化调控，严格执行，积极响应）	$(1-x, y, z)$
6	（市场化调控，严格执行，消极响应）	$(1-x, y, 1-z)$
7	（市场化调控，宽松执行，积极响应）	$(1-x, 1-y, z)$
8	（市场化调控，宽松执行，消极响应）	$(1-x, 1-y, 1-z)$

表8.2　三方博弈主体的支付矩阵

	行政化调控 $(x=1)$		市场化调控 $(0<x<1)$	
	严格执行 $(y=1)$	宽松执行 $(0\leqslant y<1)$	严格执行 $(y=1)$	宽松执行 $(0\leqslant y<1)$
积极响应 $(z=1)$	$\left(\Phi_{cg1},\Phi_{lg1},\Phi_{ce1}\right)$	$\left(\Phi_{cg3},\Phi_{lg3},\Phi_{ce3}\right)$	$\left(\Phi_{cg5},\Phi_{lg5},\Phi_{ce5}\right)$	$\left(\Phi_{cg7},\Phi_{lg7},\Phi_{ce7}\right)$
消极响应 $(0\leqslant z<1)$	$\left(\Phi_{cg2},\Phi_{lg2},\Phi_{ce2}\right)$	$\left(\Phi_{cg4},\Phi_{lg4},\Phi_{ce4}\right)$	$\left(\Phi_{cg6},\Phi_{lg6},\Phi_{ce6}\right)$	$\left(\Phi_{cg8},\Phi_{lg8},\Phi_{ce8}\right)$

注：$\left(\Phi_{cg1},\Phi_{lg1},\Phi_{ce1}\right)=(-C_1-\alpha G+\beta H,-C_2-\varepsilon G+\eta H-R,-C_3+S+R)$,

$\left(\Phi_{cg2},\Phi_{lg2},\Phi_{ce2}\right)=(-C_1-\alpha G+\beta H,-C_2-\varepsilon G+\eta H-\chi_E R+T,-\chi_E C_3+\theta S+\chi_E R-T)$,

$\left(\Phi_{cg3},\Phi_{lg3},\Phi_{ce3}\right)=(-C_1+F-\chi_L\alpha G-\chi_L\beta I,-\chi_L C_2-\chi_L\varepsilon I-\chi_L R-F,-C_3+S+\chi_L R)$,

$\left(\Phi_{cg4},\Phi_{lg4},\Phi_{ce4}\right)=(-C_1+F-\chi_L\alpha G-\chi_L\beta I,-\chi_L C_2-\chi_L\varepsilon I-\chi_E R-F+\chi_L T,-\chi_E C_3+\theta S+\chi_E R-\chi_L T)$,

$\left(\Phi_{cg5},\Phi_{lg5},\Phi_{ce5}\right)=(-\chi_C C_1-\alpha G+\beta H,-C_2-\varepsilon G+\eta H-\chi_C R,-C_3+S+\chi_C R)$,

$\left(\Phi_{cg6},\Phi_{lg6},\Phi_{ce6}\right)=(-\chi_C C_1-\alpha G+\beta H,-C_2-\varepsilon G+\eta H-\chi_E R+\chi_C T,-\chi_E C_3+\theta S+\chi_E R-\chi_C T)$,

$\left(\Phi_{cg7},\Phi_{lg7},\Phi_{ce7}\right)=(-\chi_C C_1+\chi_C F-\chi_L\alpha G-\chi_L\beta I,-\chi_L C_2-\chi_L\varepsilon I-\chi_L R-\chi_C F,-C_3+S+\chi_L R)$,

$\left(\Phi_{cg8},\Phi_{lg8},\Phi_{ce8}\right)=(-\chi_C C_1+\chi_C F-\chi_L\alpha G-\chi_L\beta I,-\chi_L C_2-\chi_C F-\chi_L\varepsilon I-\chi_E R+\chi_L T,-\chi_E C_3+\theta S+\chi_E R-\chi_L T)$

表8.3　参数定义

参数	含义	取值范围
x	中央政府采取行政化调控策略的概率	$0\leqslant x\leqslant 1$
y	地方政府采取严格执行策略的概率	$0\leqslant y\leqslant 1$
z	煤炭企业采取积极响应策略的概率	$0\leqslant z\leqslant 1$
C_1	中央政府采取行政化调控策略的成本，包括政策资源和公共支出成本	$C_1>0$
C_2	地方政府严格执行产能调控政策的成本，包括监督成本和社会援助成本	$C_2>0$
C_3	煤炭企业积极响应产能调控政策的成本，包括职工安置成本和固定资产处置成本	$C_3>0$
G	地方政府严格执行产能调控政策时损失的期望经济收益	$G>0$
I	地方政府宽松执行产能调控政策时的环境补偿成本	$I>0$
H	地方政府严格执行产能调控政策时获得的期望环境收益	$H>0$
F	地方政府宽松执行产能调控政策时的政治损失	$F>0$
T	煤炭企业消极响应产能调控政策时受到的经济处罚	$T>0$

续表

参数	含义	取值范围
R	煤炭企业积极响应产能调控政策时得到的财政补偿	$R > 0$
S	煤炭企业应用技术创新和升级获得的期望收益	$S > 0$
θ	煤炭企业在技术创新和升级上的投入程度	$0 < \theta < 1$
α	地方经济发展对全国经济发展水平的影响系数	$0 < \alpha < 1$
β	地方生态质量对全国环境质量状况的影响系数	$0 < \beta < 1$
ε	地方政府政绩考核体系中经济发展指标的权重系数	$0 < \varepsilon < 1$
η	地方政府政绩考核体系中生态质量指标的权重系数	$0 < \eta < 1$
χ_C	中央政府对煤炭产能的调控力度	$0 < \chi_C < 1$
χ_L	地方政府对产能调控政策的执行力度	$0 < \chi_L < 1$
χ_E	煤炭企业对产能调控政策的响应力度	$0 < \chi_E < \chi_L < \chi_C < 1$

注：考虑到煤炭产能调控政策在由中央政府依次传递到地方政府和煤炭企业的过程中，其政策效应会逐渐减弱，故设置 $0 < \chi_E < \chi_L < \chi_C < 1$

8.1.5 复制动态方程

演化博弈的基本思想如下：某一策略之所以被系统选择发展，是由于其群体内部的个体支付水平和适应度高于系统本身的平均水平与适应度。简而言之，当选择该策略个体的增长率在系统里的占比为正值时，描述策略被选择频率的动态微分方程为复制动态方程。因此，根据表 8.2 中不同策略选择下的收益函数可以得到中央政府、地方政府及煤炭企业的复制动态方程。

1. 中央政府的复制动态方程

设中央政府选择"市场化调控"策略的期望收益为 E_{11}，选择"行政化调控"策略的期望收益为 E_{12}，中央政府的平均收益为 E_1，则：

$$E_{11} = \left[yz\Phi_{cg1} + y(1-z)\Phi_{cg2} + (1-y)z\Phi_{cg3} + (1-y)(1-z)\Phi_{cg4} \right] \quad (8.1)$$

$$E_{12} = \left[yz\Phi_{cg5} + y(1-z)\Phi_{cg6} + (1-y)z\Phi_{cg7} + (1-y)(1-z)\Phi_{cg8} \right] \quad (8.2)$$

$$E_1 = xE_{11} + (1-x)E_{12} \quad (8.3)$$

由此可得，中央政府选择"行政化调控"策略概率的复制动态方程为

$$U_1(x) = \mathrm{d}x/\mathrm{d}t = x(E_{11} - E_1) = x(1-x)(E_{11} - E_{12}) = x(1-x)(\chi_C - 1)(C_1 - F + yF)$$
$$(8.4)$$

2. 地方政府的复制动态方程

设地方政府选择"严格执行"策略的期望收益为 E_{21}，选择"宽松执行"策略的期望收益为 E_{22}，地方政府的平均收益为 E_2，则：

$$E_{21} = \left[xz\Phi_{\lg 1} + x(1-z)\Phi_{\lg 2} + (1-x)z\Phi_{\lg 5} + (1-x)(1-z)\Phi_{\lg 6} \right]$$
$$(8.5)$$

$$E_{22} = \left[xz\Phi_{\lg 3} + x(1-z)\Phi_{\lg 4} + (1-x)z\Phi_{\lg 7} + (1-x)(1-z)\Phi_{\lg 8} \right]$$
$$(8.6)$$

$$E_2 = yE_{21} + (1-y)E_{22} \qquad (8.7)$$

由此可得，地方政府选择"严格执行"策略概率的复制动态方程为

$$U_2(y) = \mathrm{d}y/\mathrm{d}t$$
$$= y(E_{21} - E_2)$$
$$= y(1-y)(E_{21} - E_{22})$$
$$= \left[\begin{array}{l} y(1-y)(\chi_L C_2 - C_2 - \varepsilon G + \lambda_C F + \eta H + \chi_C T - \chi_L T + xF + xT + \chi_L \varepsilon I \\ -x\chi_C F - z\chi_C R - x\chi_C T + z\chi_L R - z\chi_C T + z\chi_L T - xzR - xzT + xz\chi_C R + xz\chi_C T) \end{array} \right]$$

$$(8.8)$$

3. 煤炭企业的复制动态方程

设煤炭企业选择"积极响应"策略的期望收益为 E_{31}，选择"消极响应"策略的期望收益为 E_{32}，煤炭企业的平均收益分别为 E_3，则：

$$E_{31} = \left[xy\Phi_{ce1} + x(1-y)\Phi_{ce3} + (1-x)y\Phi_{ce5} + (1-x)(1-y)\Phi_{ce7} \right]$$
$$(8.9)$$

$$E_{32} = \left[xy\Phi_{ce2} + x(1-y)\Phi_{ce4} + (1-x)y\Phi_{ce6} + (1-x)(1-y)\Phi_{ce8} \right]$$
$$(8.10)$$

$$E_3 = zE_{31} + (1-z)E_{32} \qquad (8.11)$$

由此可得，煤炭企业选择"积极响应"策略概率的复制动态方程为

$$U_3(z) = \mathrm{d}z/\mathrm{d}t = z(E_{31} - E_3) = z(1-z)(E_{31} - E_{32})$$
$$= z(1-z)(S - C_3 + \chi_E C_3 + \chi_L R - \chi_E R - \theta S + \chi_L T + y\chi_C R - y\chi_L R$$
$$+ y\chi_C T - y\chi_L T + xyR + xyT - xy\chi_C R - xy\chi_C T)$$

$$(8.12)$$

8.2　产能过剩治理系统演化博弈稳定性的数理分析

8.2.1　演化博弈均衡点求解

复制动态方程反映了中央政府、地方政府及煤炭企业分别调整自身策略的方向和速度，当三方博弈主体的复制动态方程均为零时，代表其策略调整速度等于零，此时三方博弈便达到了相对稳定的状态。因此，为了得到三方演化博弈的均衡点，令：

$$\left.\begin{array}{l} U_1(x)=0 \\ U_2(y)=0 \\ U_3(z)=0 \end{array}\right\} \tag{8.13}$$

则式（8.13）在 $U=\left\{(x,y,z)\big|0\leqslant x\leqslant1,0\leqslant y\leqslant1,0\leqslant z\leqslant1\right\}$ 上存在 9 个均衡点，$A_1(0,0,0)$，$A_2(1,0,0)$，$A_3(0,1,0)$，$A_4(0,0,1)$，$A_5(1,1,0)$，$A_6(1,0,1)$，$A_7(0,1,1)$，$A_8(1,1,1)$，$A_9\left(x^*,y^*,z^*\right)$ 也在上述解域之中，且满足方程式：

$$\left(\chi_C-1\right)\left(C_1-F+yF\right)=0$$

$$\left[\begin{array}{l}\left(\chi_L C_2-C_2-\varepsilon G+\lambda_C F+\eta H+\chi_C T-\chi_L T+xF+xT+\chi_L \varepsilon I-x\chi_C F\right.\\ \left.-z\chi_C R-x\chi_C T+z\chi_L R-z\chi_C T+z\chi_L T-xzR-xzT+xz\chi_C R+xz\chi_C T\right)\end{array}\right]=0$$

$$\left[\begin{array}{l}\left(S-C_3+\chi_E C_3+\chi_L R-\chi_E R-\theta S+\chi_L T+y\chi_C R-y\chi_L R+y\chi_C T\right.\\ \left.-y\chi_L T+xyR+xyT-xy\chi_C R-xy\chi_C T\right)\end{array}\right]=0 \tag{8.14}$$

求解式（8.14）可得

$$x^*=\frac{F\left[\theta S-\chi_L T-S+(1-\lambda_E)\right]-(\chi_C-\chi_L)(F-C_1)(R+T)}{(F-C_1)(R+T)(1-\lambda_C)}$$

$$y^*=\frac{F-C_1}{F} \tag{8.15}$$

$$z^*=\frac{(\lambda_L-1)C_2-\varepsilon G+\lambda_C F+\eta H+(\chi_C-\chi_L)T+\chi_L \varepsilon I}{(T+R)(\chi_C-\chi_L)}$$

根据演化博弈理论，当 $U_1'(x)<0$，$U_2'(y)<0$，$U_3'(z)<0$ 时，$A_9\left(x^*,y^*,z^*\right)$ 为中央政府、地方政府、煤炭企业的三方博弈演化稳定策略（evolutionary stable strategy，ESS），且：

$$U_1'(x)=(1-2x)\left[\left(\chi_C-1\right)\left(C_1-F+yF\right)\right] \tag{8.16}$$

$$U_2{}'(y) = (1-2y)\Big[\big(\chi_L C_2 - C_2 - \varepsilon G + \lambda_C F + \eta H + \chi_C T - \chi_L T + xF + xT + \chi_L \varepsilon I$$
$$-x\chi_C F - z\chi_C R - x\chi_C T + z\chi_L R - z\chi_C T + z\chi_L T - xzR - xzT + xz\chi_C R + xz\chi_C T\big)\Big]$$

（8.17）

$$U_3{}'(z) = (1-2z)\Big[\big(S - C_3 + \chi_E C_3 + \chi_L R - \chi_E R - \theta S + \chi_L T + y\chi_C R$$
$$-y\chi_L R + y\chi_C T - y\chi_L T + xyR + xyT - xy\chi_C R - xy\chi_C T\big)\Big]$$

（8.18）

8.2.2　决策主体渐进稳定性分析

如果博弈主体所采取的某一策略为稳定状态，则中央政府、地方政府、煤炭企业选择该策略的概率 x、y、z 需要分别满足以下条件： $U_i(x) = 0, U_i{}'(x) < 0$，其中， $i = 1, 2, 3$。根据微分方程稳定性定理，下面我们将对中央政府、地方政府及煤炭企业策略的渐进稳定性分别进行分析。

1. 中央政府的渐进稳定性分析

根据微分方程定理，令中央政府的复制动态方程 $U_1{}'(x) = 0$ 可得

$$(\chi_C - 1)(C_1 - F + yF) = 0 \qquad （8.19）$$

求解式（8.19）可得 $y = 1 - \dfrac{C_1}{F}$，其表示中央政府在渐进性演化过程中稳定状态的分界线。

如果：

$$y = 1 - \frac{C_1}{F} \qquad （8.20）$$

则 x 处于任何水平都是稳定状态，即中央政府无论是选择行政化调控策略还是市场化调控策略，都能实现自身策略最优化。

如果：

$$y < 1 - \frac{C_1}{F} \qquad （8.21）$$

则 $U_1{}'(0) > 0$， $U_1{}'(1) < 0$，此时 $x = 1$ 为系统的演化稳定点，即当中央政府选择行政化调控策略时系统处于稳定状态，当中央政府选择市场化调控策略时系统处于不稳定状态。

如果：

$$y > 1 - \frac{C_1}{F} \qquad （8.22）$$

则 $U_1{}'(0) < 0$， $U_1{}'(1) > 0$，此时 $x = 0$ 为系统的演化稳定点，即当中央政府选择市场化调控策略时系统处于稳定状态。基于以上分析，我们得到中央政

府的策略动态演化相位图（图 8.2）。图中区域 I 的面积表示中央政府选择行政化调控策略的概率，区域 II 的面积表示中央政府选择市场化调控策略的概率。

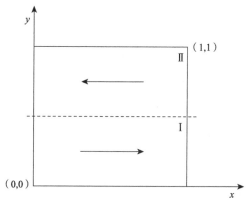

图 8.2　中央政府的策略动态演化相位图

推论 8.1： 中央政府策略选择概率受地方政府策略选择概率的影响。具体而言，地方政府选择严格执行策略的概率越小，中央政府越倾向选择行政化调控策略。反之，地方政府越倾向选择宽松执行的策略，中央政府越倾向选择市场化调控策略。

证明 8.1： 求得中央政府选择行政化调控策略的概率 x 关于地方政府选择严格执行策略概率 y 的反函数如式（8.23）所示，可以看出，x 随着 y 的变化而变化，且 y 值越小，x 值越倾向 1，即地方政府选择严格执行策略的概率越小，中央政府越倾向选择行政化调控策略。

$$x = \begin{cases} 0 & \text{if } y > 1 - \dfrac{C_1}{F} \\[2mm] [0,1] & \text{if } y = 1 - \dfrac{C_1}{F} \\[2mm] 1 & \text{if } y < 1 - \dfrac{C_1}{F} \end{cases} \qquad （8.23）$$

2. 地方政府的渐进稳定性分析

令 $U_2{'}(y)=0$ 可得

$$\left[\begin{matrix} (\chi_L C_2 - C_2 - \varepsilon G + \lambda_C F + \eta H + \chi_C T - \chi_L T + xF + xT + \chi_L \varepsilon I - x\chi_C F \\ -z\chi_C R - x\chi_C T + z\chi_L R - z\chi_C T + z\chi_L T - xzR - xzT + xz\chi_C R + xz\chi_C T) \end{matrix} \right] = 0$$

$$（8.24）$$

求解式（8.24）可得

$$z = \frac{\chi_L C_2 - C_2 - \varepsilon G + \lambda_C F + \eta H + xF + T(\chi_C - \chi_L + x - \chi_C x) + \chi_L \varepsilon I - x\chi_C F}{(R+T)(\chi_C - \chi_L + x - \chi_C x)},$$

其表示地方政府在渐进性演化过程中稳定状态的分界线。

如果：

$$z < \frac{\chi_L C_2 - C_2 - \varepsilon G + \lambda_C F + \eta H + xF + T(\chi_C - \chi_L + x - \chi_C x) + \chi_L \varepsilon I - x\chi_C F}{(R+T)(\chi_C - \chi_L + x - \chi_C x)}$$

（8.25）

则 $U_2'(0) > 0$，$U_2'(1) < 0$，此时 $y=1$ 为系统的 ESS，表明地方政府选择严格执行为稳定状态，选择宽松执行时则为不稳定状态。

如果：

$$z > \frac{\chi_L C_2 - C_2 - \varepsilon G + \lambda_C F + \eta H + xF + T(\chi_C - \chi_L + x - \chi_C x) + \chi_L \varepsilon I - x\chi_C F}{(R+T)(\chi_C - \chi_L + x - \chi_C x)}$$

（8.26）

则 $U_2'(0) < 0$，$U_2'(1) > 0$，此时 $y=0$ 为系统的 ESS，表明当地方政府选择宽松执行时系统处于稳定状态，当选择严格执行时系统处于不稳定状态。基于以上分析，我们得到地方政府的策略动态演化相位图（图 8.3）。图中区域Ⅲ的体积表示地方政府选择严格执行的概率，区域Ⅳ的体积表示地方政府选择宽松执行的概率。

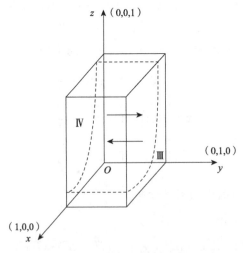

图 8.3　地方政府的策略动态演化相位图

推论 8.2: 地方政府的策略演化会受到中央政府和煤炭企业两个主体策略选择概率的影响。中央政府选择行政化调控策略、煤炭企业选择积极响应的概率越小，地方政府越倾向选择严格执行策略。

证明 8.2：求得地方政府选择严格调控的概率 y 关于煤炭企业选择积极响应的概率 z 的反函数：

$$y = \begin{cases} 0 & \text{if} \quad z > \dfrac{\chi_L C_2 - C_2 - \varepsilon G + \lambda_C F + \eta H + xF + T(\chi_C - \chi_L + x - \chi_C x) + \chi_L \varepsilon I - x\chi_C F}{(R+T)(\chi_C - \chi_L + x - \chi_C x)} \\[3mm] [0,1] & \text{if} \quad z = \dfrac{\chi_L C_2 - C_2 - \varepsilon G + \lambda_C F + \eta H + xF + T(\chi_C - \chi_L + x - \chi_C x) + \chi_L \varepsilon I - x\chi_C F}{(R+T)(\chi_C - \chi_L + x - \chi_C x)} \\[3mm] 1 & \text{if} \quad z < \dfrac{\chi_L C_2 - C_2 - \varepsilon G + \lambda_C F + \eta H + xF + T(\chi_C - \chi_L + x - \chi_C x) + \chi_L \varepsilon I - x\chi_C F}{(R+T)(\chi_C - \chi_L + x - \chi_C x)} \end{cases}$$

(8.27)

同理可得，地方政府选择严格执行的概率 y 关于中央政府选择行政化调控策略概率 x 的反函数：

$$y = \begin{cases} 0 & \text{if} \quad x > \dfrac{\chi_L C_2 - C_2 - \varepsilon G + \chi_C F + \eta H + \chi_C T - \chi_L T + \chi_L \varepsilon I - \chi_C Rz + \chi_L zR - \chi_C Tz + \chi_L zT}{(1-\chi_C)(zR + zT - F - T)} \\[3mm] [0,1] & \text{if} \quad x = \dfrac{\chi_L C_2 - C_2 - \varepsilon G + \chi_C F + \eta H + \chi_C T - \chi_L T + \chi_L \varepsilon I - \chi_C Rz + \chi_L zR - \chi_C Tz + \chi_L zT}{(1-\chi_C)(zR + zT - F - T)} \\[3mm] 1 & \text{if} \quad x < \dfrac{\chi_L C_2 - C_2 - \varepsilon G + \chi_C F + \eta H + \chi_C T - \chi_L T + \chi_L \varepsilon I - \chi_C Rz + \chi_L zR - \chi_C Tz + \chi_L zT}{(1-\chi_C)(zR + zT - F - T)} \end{cases}$$

(8.28)

根据式（8.27）和式（8.28）我们可以发现：y 随着 x 和 z 的变化而变化，且 x 和 z 的值越小，y 的值越趋向于 1，即中央政府选择行政化调控策略、煤炭企业选择积极响应的概率越小，地方政府越倾向选择严格执行策略。

3. 煤炭企业的渐进稳定性分析

令煤炭企业的复制动态方程 $U_3'(z) = 0$ 可得

$$\begin{bmatrix} (S - C_3 + \chi_E C_3 + \chi_L R - \chi_E R - \theta S + \chi_L T + y\chi_C R \\ - y\chi_L R + y\chi_C T - y\chi_L T + xyR + xyT - xy\chi_C R - xy\chi_C T) \end{bmatrix} = 0 \quad (8.29)$$

求解式（8.29）可得

$$x = \frac{-S + C_3 - \chi_E C_3 - \chi_L R + \chi_E R + \theta S - \chi_L T - y(\chi_C - \chi_L)(R+T)}{y(1-\chi_C)(R+T)}，\text{其表示煤}$$

炭企业在渐进性演化过程中稳定状态的分界线。

如果：

$$x > \frac{-S + C_3 - \chi_E C_3 - \chi_L R + \chi_E R + \theta S - \chi_L T - y(\chi_C - \chi_L)(R+T)}{y(1-\chi_C)(R+T)} \quad (8.30)$$

则 $U_3'(0) > 0$，$U_3'(1) < 0$，此时 $z = 1$ 为系统的 ESS，表明当煤炭企业选择积

极响应策略时为稳定状态，选择消极响应策略时为不稳定状态。

如果：

$$x < \frac{-S + C_3 - \chi_E C_3 - \chi_L R + \chi_E R + \theta S - \chi_L T - y(\chi_C - \chi_L)(R+T)}{y(1-\chi_C)(R+T)} \quad (8.31)$$

则 $U_3{'}(0) < 0$，$U_3{'}(1) > 0$，此时 $z = 0$ 为系统的 ESS，表明当煤炭企业选择消极响应策略时处于稳定状态，选择积极响应策略时处于不稳定状态。基于以上分析，我们得到煤炭企业的策略动态演化相位图（图 8.4）。图中区域 V 的体积表示煤炭企业选择积极响应策略的概率，区域 VI 的体积表示煤炭企业选择消极响应策略的概率。

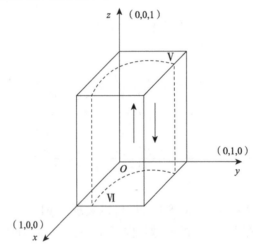

图 8.4　煤炭企业的策略动态演化相位图

推论 8.3：煤炭企业的策略演化会受到中央政府和地方政府策略选择概率的影响。中央政府选择行政化调控、地方企业选择严格执行策略的概率越大，煤炭企业越倾向选择积极响应策略。

证明 8.3：求得煤炭企业选择积极响应策略的概率 z 关于中央政府选择行政化调控策略的概率 x 的反函数：

$$z = \begin{cases} 0 & \text{if } x < \dfrac{-S + C_3 - \chi_E C_3 - \chi_L R + \chi_E R + \theta S - \chi_L T - y(\chi_C - \chi_L)(R+T)}{y(1-\chi_C)(R+T)} \\[3mm] [0,1] & \text{if } x = \dfrac{-S + C_3 - \chi_E C_3 - \chi_L R + \chi_E R + \theta S - \chi_L T - y(\chi_C - \chi_L)(R+T)}{y(1-\chi_C)(R+T)} \\[3mm] 1 & \text{if } x > \dfrac{-S + C_3 - \chi_E C_3 - \chi_L R + \chi_E R + \theta S - \chi_L T - y(\chi_C - \chi_L)(R+T)}{y(1-\chi_C)(R+T)} \end{cases}$$

$$(8.32)$$

求得煤炭企业选择积极响应策略的概率 z 关于地方政府选择严格执行策略的概率 y 的反函数：

$$
z = \begin{cases}
0 & \text{if} \quad y < \dfrac{-C_3 + \chi_E C_3 - \chi_E R + \chi_L R + \chi_L T - \theta S + S}{(R+T)(\chi_C - \chi_L + x - \chi_C x)} \\[3mm]
[0,1] & \text{if} \quad y = \dfrac{-C_3 + \chi_E C_3 - \chi_E R + \chi_L R + \chi_L T - \theta S + S}{(R+T)(\chi_C - \chi_L + x - \chi_C x)} \\[3mm]
1 & \text{if} \quad y > \dfrac{-C_3 + \chi_E C_3 - \chi_E R + \chi_L R + \chi_L T - \theta S + S}{(R+T)(\chi_C - \chi_L + x - \chi_C x)}
\end{cases}
\tag{8.33}
$$

根据式（8.32）和式（8.33）我们可以发现：随着 x 和 y 的变化而变化，且 x 值越大，y 值越大，z 值越趋向于 1，即中央政府选择行政化调控、地方企业选择严格执行策略的概率越大，煤炭企业越倾向选择积极响应策略。

8.2.3　治理系统渐进稳定性分析

根据 Ritzberger 和 Weibull（1995）提出的结论，多主体演化博弈复制动态系统的渐进稳定解一定是严格的纳什均衡，由于 $A_9\left(x^*, y^*, z^*\right)$ 是混合策略，故不在考虑范围内。为得到中央政府、地方政府及煤炭企业三方主体共同作用的演化博弈策略，只需要分析 $A_1(0,0,0)$、$A_2(1,0,0)$、$A_3(0,1,0)$、$A_4(0,0,1)$、$A_5(1,1,0)$、$A_6(1,0,1)$、$A_7(0,1,1)$、$A_8(1,1,1)$ 8 个均衡点的渐进稳定性。Friedman（1991）认为，通过系统雅可比（Jacobi）矩阵的局部稳定性分析，借助微分方程系统的描述，可以得到群体动态均衡点的稳定性。由三方博弈主体的动态复制方程，可以得到雅可比矩阵（Friedman，1991）：

$$
J = \begin{bmatrix}
J_{11} & J_{12} & J_{13} \\
J_{21} & J_{22} & J_{23} \\
J_{31} & J_{32} & J_{33}
\end{bmatrix}
\tag{8.34}
$$

其中，$J_{i1} = \mathrm{d}U_i / \mathrm{d}_x$，$J_{i2} = \mathrm{d}U_i / \mathrm{d}_y$，$J_{i3} = \mathrm{d}U_i / \mathrm{d}_z$，$i = 1,2,3$。

通过求解式（8.34），得到 8 个均衡点的特征值，如表 8.4 所示。对表8.4中每个特征值的符号进行分析，可以得到 A_1、A_4、A_5、A_8 没有可能成为演化稳定点，原因如下：

（1）对于 A_5 和 A_8，由于 $1 - \chi_C > 0, C_1 > 0$，其特征值 λ_1 一定为正数，故这两个点一定不可能成为演化稳定点；

（2）对于 A_1 和 A_4，根据假设 8.1 中央政府追求社会利益最大化，由于 $1 - \chi_C > 0, C_1 - F < 0$，其特征值 λ_1 一定为负数，另外两个特征值的正负性不确定，故这两个点一定不可能成为演化稳定点。

只有 A_2、A_3、A_6、A_7 4 个均衡点有成为演化稳定点的可能，令：

$$
\begin{cases}
\pi_1 = (1-\theta)S + (\chi_L - \chi_E)R + \chi_L T - (1-\chi_E)C_3 \\
\pi_2 = (1-\theta)S + (\chi_C - \chi_E)R + \chi_C T - (1-\chi_E)C_3 \\
\pi_3 = F + T + \chi_L \varepsilon I + \eta H - \varepsilon G - (1-\chi_L)C_2 - \chi_L T \\
\pi_4 = \chi_C F + \chi_C T + \chi_L \varepsilon I + \eta H - \varepsilon G - (1-\chi_L)C_2 - \chi_L T \\
\pi_5 = F + \chi_L R + \chi_L \varepsilon I - (1-\chi_L)C_2 - R \\
\pi_6 = \chi_C F + \chi_L \varepsilon I + \chi_L R + \eta H - \varepsilon G - (1-\chi_L)C_2 - \chi_C R
\end{cases}
\tag{8.35}
$$

根据式（8.35）中各参数的定义，我们可以确定每个多项式的经济含义，具体而言，π_1 代表在中央政府采取行政化调控策略，地方政府采取宽松执行策略，相对于消极响应策略，煤炭企业采取积极响应策略时的净收益；π_2 代表在地方政府采取严格执行策略，中央政府采取市场化调控策略，相对于积极响应策略，煤炭企业采取消极响应策略时的净收益；π_3 代表在中央政府采取行政化调控策略，煤炭企业采取消极响应策略，相对于严格执行策略，地方政府采取宽松执行策略时的净收益；π_4 代表在中央政府采取市场化调控策略，煤炭企业采取消极响应策略，相对于宽松执行策略，地方政府采取严格执行策略时的净收益；π_5 代表在中央政府采取行政化调控策略，煤炭企业采取消极响应策略，相对于严格执行，地方政府采取宽松执行策略时的净收益；π_6 代表在中央政府采取市场化调控策略，煤炭企业采取积极响应策略，相对于宽松执行策略，地方政府采取严格执行策略时的净收益。从表达式可知，$\pi_2 > \pi_1$，$\pi_3 > \pi_4$，$\pi_5 > \pi_6$[①]。通过这些不等式，可以分析得到 A_2、A_3、A_6、A_7 均衡点的特征值的正负性，其成为演化稳定点的条件展示在表 8.4 中。

表 8.4　均衡点稳定性分析

均衡点	特征值			特征值符号	稳定条件	稳定性
	λ_1	λ_2	λ_3			
$A_1(0,0,0)$	$-(1-\chi_C)$ $(C_1 - F)$	$(1-\theta)S + (\chi_L - \chi_E)$ $R + \chi_L T - (1-\chi_E)C_3$	$\chi_C(F+T) + \chi_L \varepsilon I +$ $\eta H - \varepsilon G - (1-\chi_L)$ $C_2 - \chi_L T$	+，不确定，不确定	—	鞍点或不稳定点

① 由于 $0 < \chi_E < \chi_L < \chi_C < 1$，可以得到 $\pi_2 > \pi_1$ 和 $\pi_3 > \pi_4$。另外，$\pi_5 - \pi_6 = (1-\chi_C)(F-R) + (\varepsilon G - \eta H)$。通过参数的经济含义可知，$F-R$ 代表了地方政府的政治损失和财政补贴之间的差值，$\varepsilon G - \eta H$ 代表了地方政府的期望经济损失和期望环境收益之间的差值。这两者均为地方政府在宽松执行策略下的成本支出。只有当这些支出大于零时，地方政府才有动机去选择严格执行策略。因此，我们有理由认为 $\pi_5 > \pi_6$。

续表

均衡点	特征值			特征值符号	稳定条件	稳定性
	λ_1	λ_2	λ_3			
$A_2(1,0,0)$	$(1-\chi_C)$ (C_1-F)	$(1-\theta)S+(\chi_L-\chi_E)$ $R+\chi_LT-(1-\chi_E)C_3$	$F+T+\chi_L\varepsilon I+$ $\eta H-\varepsilon G-(1-\chi_L)$ $C_2-\chi_LT$	-,不确定,不确定	$\pi_1<0,$ $\pi_3<0$	ESS
$A_3(0,1,0)$	$-(1-\chi_C)C_1$	$(1-\theta)S+(\chi_C-\chi_E)$ $R+\chi_CT-(1-\chi_E)C_3$	$-[\chi_CF+\chi_CT+\chi_L\varepsilon I+$ $\eta H-\varepsilon G-(1-\chi_L)$ $C_2-\chi_LT]$	-,不确定,不确定	$\pi_2<0,$ $\pi_4>0$	ESS
$A_4(0,0,1)$	$-(1-\chi_C)$ (C_1-F)	$-[(1-\theta)S+(\chi_L-\chi_E)$ $R+\chi_LT-(1-\chi_E)C_3]$	$\chi_CF+\chi_L(\varepsilon I+R)+$ $\eta H-\varepsilon G-(1-\chi_L)$ $C_2-\chi_CR$	+,不确定,不确定	—	鞍点或不稳定点
$A_5(1,1,0)$	$(1-\chi_C)C_1$	$(1-\chi_L)T+S-$ $(1-\chi_E)(C_3-R)$	$-[F+T+\chi_L\varepsilon I+$ $\eta H-\varepsilon G-(1-\chi_L)$ $C_2-\chi_LT]$	+,不确定,不确定	—	鞍点或不稳定点
$A_6(1,0,1)$	$(1-\chi_C)$ (C_1-F)	$-[(1-\theta)S+(\chi_L-\chi_E)$ $R+\chi_LT-(1-\chi_E)C_3]$	$F+\chi_LR+\chi_L\varepsilon I-$ $(1-\chi_L)C_2-R$	-,不确定,不确定	$\pi_1>0,$ $\pi_5<0$	ESS
$A_7(0,1,1)$	$-(1-\chi_C)C_1$	$-[(1-\theta)S+(\chi_C-\chi_E)$ $R+\chi_CT-(1-\chi_E)C_3]$	$-[\chi_CF+\chi_L\varepsilon I+\chi_LR$ $+\eta H-\varepsilon G-(1-\chi_L)$ $C_2-\chi_CR]$	-,不确定,不确定	$\pi_2>0,$ $\pi_6>0$	ESS
$A_8(1,1,1)$	$(1-\chi_C)C_1$	$-[(1-\chi_L)T+S-$ $(1-\chi_E)(C_3-R)]$	$-[F+\chi_L(R+\varepsilon I)-$ $(1-\chi_L)C_2-R]$	+,不确定,不确定	—	鞍点或不稳定点

基于煤炭企业的逐利假设，我们集中分析当其净收益大于 0 时三方博弈系统达到稳定均衡的情景上，即一个或多个 $\pi_i>0$, $i=1,2,\cdots,6$。以 $\pi_2>\pi_1$ 为例，存在 4 种可能的情景，即 $\pi_2>\pi_1>0$、$\pi_2>0>\pi_1$、$\pi_3>\pi_4$ 和 $\pi_5>\pi_6$。相应地，在讨论 ESS 时存在 8 种可能的情景。如表 8.5~表 8.12 所示，经过分析特征值的正负性，可以确定 $A_7(0,1,1)$ 成为演化稳定点的必要条件是 $\pi_2>0,\pi_6>0$。换言之，当这两个条件被满足时，{MR,SE,PR} 的策略组合是系统的稳定均衡状态。因此，我们可以得到，提升地方政府和煤炭企业的收益有助于促进三方演化博弈系统达到稳定的纳什均衡，这也是一个实现产能过剩治理效果的理想状态。在执行和响应中央政府的去产能政策时，地方政府和煤炭企业的利益维持在一个合理的水平之上，那么中央政府实行市场化调控，地方政府采取严格执行及煤炭企业积极响应的产能过剩治理模式将会顺利奏效。通过上述渐进稳定性分析，可以得出推论 8.4。

推论 8.4：定义可以满足稳定性条件的初始阈值，加快演化博弈系统向

稳定状态 $A_7(0,1,1)$ 收敛的速度。具体来讲，当 $(1-\theta)S+(\chi_C-\chi_E)R+\chi_L T-(1-\chi_E)C_3>0$ 和 $\chi_C F+\chi_L \varepsilon I+\chi_L R+\eta H-\varepsilon G-(1-\chi_L)C_2-\chi_C R>0$ 被满足时，可以顺利实现理想稳定的过剩产能治理模式，即三方博弈主体的策略组合为 $\{MR, SE, PR\}$。

推论 8.4 将在后续仿真部分进行验证。

情景 8.1： 当 $\pi_2>\pi_1>0, \pi_3>\pi_4>0, \pi_5>\pi_6>0$ 时，$A_7(0,1,1)$ 为唯一的 ESS。

表 8.5　情景 8.1 下的 ESS 分析

均衡点	特征值			特征值符号	稳定性
	λ_1	λ_2	λ_3		
$A_2(1,0,0)$	$(1-\chi_C)$ (C_1-F)	$(1-\theta)S+(\chi_L-\chi_E)$ $R+\chi_L T-(1-\chi_E)C_3$	$F+T+\chi_L \varepsilon I+\eta H-$ $\varepsilon G-(1-\chi_L)C_2-\chi_L T$	$-,+,+$	鞍点
$A_3(0,1,0)$	$-(1-\chi_C)C_1$	$(1-\theta)S+(\chi_C-\chi_E)$ $R+\chi_C T-(1-\chi_E)C_3$	$-[\chi_C F+\chi_C T+\chi_L \varepsilon I+\eta H-$ $\varepsilon G-(1-\chi_L)C_2-\chi_L T]$	$-,+,-$	鞍点
$A_6(1,0,1)$	$(1-\chi_C)$ (C_1-F)	$-[(1-\theta)S+(\chi_L-\chi_E)$ $R+\chi_L T-(1-\chi_E)C_3]$	$F+\chi_L R+\chi_L \varepsilon I-$ $(1-\chi_L)C_2-R$	$-,-,+$	鞍点
$A_7(0,1,1)$	$-(1-\chi_C)C_1$	$-[(1-\theta)S+(\chi_C-\chi_E)$ $R+\chi_C T-(1-\chi_E)C_3]$	$-[\chi_C F+\chi_L \varepsilon I+\chi_L R+\eta H-$ $\varepsilon G-(1-\chi_L)C_2-\chi_C R]$	$-,-,-$	ESS

情景 8.2： 当 $\pi_2>\pi_1>0, \pi_3>\pi_4>0, \pi_5>0>\pi_6$ 时，不存在 ESS。

表 8.6　情景 8.2 下的 ESS 分析

均衡点	特征值			特征值符号	稳定性
	λ_1	λ_2	λ_3		
$A_2(1,0,0)$	$(1-\chi_C)$ (C_1-F)	$(1-\theta)S+(\chi_L-\chi_E)$ $R+\chi_L T-(1-\chi_E)C_3$	$F+T+\chi_L \varepsilon I+\eta H-$ $\varepsilon G-(1-\chi_L)C_2-\chi_L T$	$-,+,+$	鞍点
$A_3(0,1,0)$	$-(1-\chi_C)C_1$	$(1-\theta)S+(\chi_C-\chi_E)$ $R+\chi_C T-(1-\chi_E)C_3$	$-[\chi_C F+\chi_C T+\chi_L \varepsilon I+\eta H-$ $\varepsilon G-(1-\chi_L)C_2-\chi_L T]$	$-,+,-$	鞍点
$A_6(1,0,1)$	$(1-\chi_C)$ (C_1-F)	$-[(1-\theta)S+(\chi_L-\chi_E)$ $R+\chi_L T-(1-\chi_E)C_3]$	$F+\chi_L R+\chi_L \varepsilon I-$ $(1-\chi_L)C_2-R$	$-,-,+$	鞍点
$A_7(0,1,1)$	$-(1-\chi_C)C_1$	$-[(1-\theta)S+(\chi_C-\chi_E)$ $R+\chi_C T-(1-\chi_E)C_3]$	$-[\chi_C F+\chi_L \varepsilon I+\chi_L R+\eta H-$ $\varepsilon G-(1-\chi_L)C_2-\chi_C R]$	$-,-,+$	鞍点

情景 8.3： 当 $\pi_2 > \pi_1 > 0, \pi_3 > 0 > \pi_4, \pi_5 > \pi_6 > 0$ 时，$A_7(0,1,1)$ 为唯一的 ESS。

表 8.7　情景 8.3 下的 ESS 分析

均衡点	特征值			特征值符号	稳定性
	λ_1	λ_2	λ_3		
$A_2(1,0,0)$	$(1-\chi_C)$ (C_1-F)	$(1-\theta)S+(\chi_L-\chi_E)$ $R+\chi_L T-(1-\chi_E)C_3$	$F+T+\chi_L\varepsilon I+\eta H-$ $\varepsilon G-(1-\chi_L)C_2-\chi_L T$	$-,+,+$	鞍点
$A_3(0,1,0)$	$-(1-\chi_C)C_1$	$(1-\theta)S+(\chi_C-\chi_E)$ $R+\chi_C T-(1-\chi_E)C_3$	$-\big[\chi_C F+\chi_C T+\chi_L\varepsilon I+\eta H-$ $\varepsilon G-(1-\chi_L)C_2-\chi_L T\big]$	$-,+,+$	鞍点
$A_6(1,0,1)$	$(1-\chi_C)$ (C_1-F)	$-\big[(1-\theta)S+(\chi_L-\chi_E)$ $R+\chi_L T-(1-\chi_E)C_3\big]$	$F+\chi_L R+\chi_L\varepsilon I-$ $(1-\chi_L)C_2-R$	$-,-,+$	鞍点
$A_7(0,1,1)$	$-(1-\chi_C)C_1$	$-\big[(1-\theta)S+(\chi_C-\chi_E)$ $R+\chi_C T-(1-\chi_E)C_3\big]$	$-\big[\chi_C F+\chi_L\varepsilon I+\chi_L R+\eta H-$ $\varepsilon G-(1-\chi_L)C_2-\chi_C R\big]$	$-,-,-$	ESS

情景 8.4： 当 $\pi_2 > \pi_1 > 0, \pi_3 > 0 > \pi_4, \pi_5 > 0 > \pi_6$ 时，不存在 ESS。

表 8.8　情景 8.4 下的 ESS 分析

均衡点	特征值			特征值符号	稳定性
	λ_1	λ_2	λ_3		
$A_2(1,0,0)$	$(1-\chi_C)$ (C_1-F)	$(1-\theta)S+(\chi_L-\chi_E)$ $R+\chi_L T-(1-\chi_E)C_3$	$F+T+\chi_L\varepsilon I+\eta H-$ $\varepsilon G-(1-\chi_L)C_2-\chi_L T$	$-,+,+$	鞍点
$A_3(0,1,0)$	$-(1-\chi_C)C_1$	$(1-\theta)S+(\chi_C-\chi_E)$ $R+\chi_C T-(1-\chi_E)C_3$	$-\big[\chi_C F+\chi_C T+\chi_L\varepsilon I+\eta H-$ $\varepsilon G-(1-\chi_L)C_2-\chi_L T\big]$	$-,-,+$	鞍点
$A_6(1,0,1)$	$(1-\chi_C)$ (C_1-F)	$-\big[(1-\theta)S+(\chi_L-\chi_E)$ $R+\chi_L T-(1-\chi_E)C_3\big]$	$F+\chi_L R+\chi_L\varepsilon I-$ $(1-\chi_L)C_2-R$	$-,-,+$	鞍点
$A_7(0,1,1)$	$-(1-\chi_C)C_1$	$-\big[(1-\theta)S+(\chi_C-\chi_E)$ $R+\chi_C T-(1-\chi_E)C_3\big]$	$-\big[\chi_C F+\chi_L\varepsilon I+\chi_L R+\eta H-$ $\varepsilon G-(1-\chi_L)C_2-\chi_C R\big]$	$-,-,+$	鞍点

情景 8.5： 当 $\pi_2 > 0 > \pi_1, \pi_3 > \pi_4 > 0, \pi_5 > \pi_6 > 0$ 时，$A_7(0,1,1)$ 为唯一的 ESS。

表 8.9　情景 8.5 下的 ESS 分析

均衡点	特征值			特征值符号	稳定性
	λ_1	λ_2	λ_3		
$A_2(1,0,0)$	$(1-\chi_C)$ (C_1-F)	$(1-\theta)S+(\chi_L-\chi_E)$ $R+\chi_L T-(1-\chi_E)C_3$	$F+T+\chi_L\varepsilon I+\eta H-$ $\varepsilon G-(1-\chi_L)C_2-\chi_L T$	$-,-,+$	鞍点
$A_3(0,1,0)$	$-(1-\chi_C)C_1$	$(1-\theta)S+(\chi_C-\chi_E)$ $R+\chi_C T-(1-\chi_E)C_3$	$-\left[\chi_C F+\chi_C T+\chi_L\varepsilon I+\eta H-\right.$ $\left.\varepsilon G-(1-\chi_L)C_2-\chi_L T\right]$	$-,+,-$	鞍点
$A_6(1,0,1)$	$(1-\chi_C)$ (C_1-F)	$-\left[(1-\theta)S+(\chi_L-\chi_E)\right.$ $\left.R+\chi_L T-(1-\chi_E)C_3\right]$	$F+\chi_L R+\chi_L\varepsilon I-$ $(1-\chi_L)C_2-R$	$-,+,-$	鞍点
$A_7(0,1,1)$	$-(1-\chi_C)C_1$	$-\left[(1-\theta)S+(\chi_C-\chi_E)\right.$ $\left.R+\chi_C T-(1-\chi_E)C_3\right]$	$-\left[\chi_C F+\chi_L\varepsilon I+\chi_L R+\eta H-\right.$ $\left.\varepsilon G-(1-\chi_L)C_2-\chi_C R\right]$	$-,-,-$	ESS

情景 8.6： 当 $\pi_2>0>\pi_1,\pi_3>\pi_4>0,\pi_5>0>\pi_6$ 时，不存在 ESS。

表 8.10　情景 8.6 下的 ESS 分析

均衡点	特征值			特征值符号	稳定性
	λ_1	λ_2	λ_3		
$A_2(1,0,0)$	$(1-\chi_C)$ (C_1-F)	$(1-\theta)S+(\chi_L-\chi_E)$ $R+\chi_L T-(1-\chi_E)C_3$	$F+T+\chi_L\varepsilon I+\eta H-$ $\varepsilon G-(1-\chi_L)C_2-\chi_L T$	$-,-,+$	鞍点
$A_3(0,1,0)$	$-(1-\chi_C)C_1$	$(1-\theta)S+(\chi_C-\chi_E)$ $R+\chi_C T-(1-\chi_E)C_3$	$-\left[\chi_C F+\chi_C T+\chi_L\varepsilon I+\eta H-\right.$ $\left.\varepsilon G-(1-\chi_L)C_2-\chi_L T\right]$	$-,+,-$	鞍点
$A_6(1,0,1)$	$(1-\chi_C)$ (C_1-F)	$-\left[(1-\theta)S+(\chi_L-\chi_E)\right.$ $\left.R+\chi_L T-(1-\chi_E)C_3\right]$	$F+\chi_L R+\chi_L\varepsilon I-$ $(1-\chi_L)C_2-R$	$-,+,+$	鞍点
$A_7(0,1,1)$	$-(1-\chi_C)C_1$	$-\left[(1-\theta)S+(\chi_C-\chi_E)\right.$ $\left.R+\chi_C T-(1-\chi_E)C_3\right]$	$-\left[\chi_C F+\chi_L\varepsilon I+\chi_L R+\eta H-\right.$ $\left.\varepsilon G-(1-\chi_L)C_2-\chi_C R\right]$	$-,-,+$	鞍点

情景 8.7： 当 $\pi_2>0>\pi_1,\pi_3>0>\pi_4,\pi_5>\pi_6>0$ 时，$A_7(0,1,1)$ 是唯一的 ESS。

表 8.11　情景 8.7 下的 ESS 分析

均衡点	特征值			特征值符号	稳定性
	λ_1	λ_2	λ_3		
$A_2(1,0,0)$	$(1-\chi_C)$ (C_1-F)	$(1-\theta)S+(\chi_L-\chi_E)$ $R+\chi_L T-(1-\chi_E)C_3$	$F+T+\chi_L\varepsilon I+\eta H-$ $\varepsilon G-(1-\chi_L)C_2-\chi_L T$	$-,-,+$	鞍点

均衡点	特征值			特征值符号	稳定性
	λ_1	λ_2	λ_3		
$A_3(0,1,0)$	$-(1-\chi_C)C_1$	$(1-\theta)S+(\chi_C-\chi_E)R+\chi_C T-(1-\chi_E)C_3$	$-\left[\chi_C F+\chi_C T+\chi_L \varepsilon I+\eta H-\varepsilon G-(1-\chi_L)C_2-\chi_L T\right]$	$-,+,+$	鞍点
$A_6(1,0,1)$	$(1-\chi_C)(C_1-F)$	$-\left[(1-\theta)S+(\chi_L-\chi_E)R+\chi_L T-(1-\chi_E)C_3\right]$	$F+\chi_L R+\chi_L \varepsilon I-(1-\chi_L)C_2-R$	$-,+,+$	鞍点
$A_7(0,1,1)$	$-(1-\chi_C)C_1$	$-\left[(1-\theta)S+(\chi_C-\chi_E)R+\chi_C T-(1-\chi_E)C_3\right]$	$-\left[\chi_C F+\chi_L \varepsilon I+\chi_L R+\eta H-\varepsilon G-(1-\chi_L)C_2-\chi_C R\right]$	$-,-,-$	ESS

情景 8.8： 当 $\pi_2>0>\pi_1, \pi_3>0>\pi_4, \pi_5>0>\pi_6$ 时，不存在 ESS。

表 8.12　情景 8.8 下的 ESS 分析

均衡点	特征值			特征值符号	稳定性
	λ_1	λ_2	λ_3		
$A_2(1,0,0)$	$(1-\chi_C)(C_1-F)$	$(1-\theta)S+(\chi_L-\chi_E)R+\chi_L T-(1-\chi_E)C_3$	$F+T+\chi_L \varepsilon I+\eta H-\varepsilon G-(1-\chi_L)C_2-\chi_L T$	$-,-,+$	鞍点
$A_3(0,1,0)$	$-(1-\chi_C)C_1$	$(1-\theta)S+(\chi_C-\chi_E)R+\chi_C T-(1-\chi_E)C_3$	$-\left[\chi_C F+\chi_C T+\chi_L \varepsilon I+\eta H-\varepsilon G-(1-\chi_L)C_2-\chi_L T\right]$	$-,+,+$	鞍点
$A_6(1,0,1)$	$(1-\chi_C)(C_1-F)$	$-\left[(1-\theta)S+(\chi_L-\chi_E)R+\chi_L T-(1-\chi_E)C_3\right]$	$F+\chi_L R+\chi_L \varepsilon I-(1-\chi_L)C_2-R$	$-,+,+$	鞍点
$A_7(0,1,1)$	$-(1-\chi_C)C_1$	$-\left[(1-\theta)S+(\chi_C-\chi_E)R+\chi_C T-(1-\chi_E)C_3\right]$	$-\left[\chi_C F+\chi_L \varepsilon I+\chi_L R+\eta H-\varepsilon G-(1-\chi_L)C_2-\chi_C R\right]$	$-,-,+$	鞍点

8.3　煤炭行业产能过剩治理系统演化的模拟仿真分析

8.3.1　三方演化博弈的稳定策略仿真结果

为掌握中央政府、地方政府和煤炭企业的动态演化行为，通过数值仿真来模拟三方博弈主体的演化行为。基于三方博弈主体的动态复制方程，根据考察目标，首先对 U_1、U_2、U_3 进行离散化处理，其次分析各博弈主体在演化过程中的渐进稳定运行轨迹。为此，将时间步长设为 Δt，根据导数定义，可以得到：

$$\frac{\mathrm{d}x(t)}{\mathrm{d}t} \approx \frac{x(t+\Delta t)-x(t)}{\Delta t}$$

$$\frac{\mathrm{d}y(t)}{\mathrm{d}t} \approx \frac{y(t+\Delta t)-y(t)}{\Delta t} \tag{8.36}$$

$$\frac{\mathrm{d}z(t)}{\mathrm{d}t} \approx \frac{z(t+\Delta t)-z(t)}{\Delta t}$$

根据式（8.36），采用 Matlab R2014a 软件对煤炭产能调控过程中的三方利益主体进行数值仿真模拟，设定时间步长 $\Delta t=0.01$。初始设定中央政府、地方政府和煤炭企业选择不同行为的概率均为 0.5，并在满足推论 8.4 中两个 ESS 必要条件的基础上，结合煤炭产能过剩治理的实际情况来设定其他参数的取值，进而通过数值仿真分析三方博弈主体在具体行为策略选择上的变化。

首先，固定中央政府的初始策略选择概率为 $x=0.5$，并分别随机生成 5 组地方政府和煤炭企业的策略选择概率，以此分析地方政府和煤炭企业的策略选择对中央政府演化策略的影响，所得结果如图 8.5（a）所示。对比分析可以发现，在 x 的初始值固定的情况下，y 值越大，z 值越小，x 趋向于 0 的速度越快。这意味着地方政府采取严格执行策略的概率越大，中央政府越倾向采取市场化调控策略。另外，在中央政府的初始策略为 $x=0.5$ 的情况下，随着时间的变化，地方政府和煤炭企业采取不同的策略尽管会对中央政府策略演化的收敛速度产生影响，但最终中央政府的演化策略会收敛于 0，即采取市场化调控策略。

其次，固定地方政府的初始策略选择概率为 $y=0.5$，并分别随机生成 5 组中央政府和煤炭企业的策略选择概率，以此分析中央政府和煤炭企业的策略选择对地方政府演化策略的影响，所得结果如图 8.5（b）所示。对比分析可以发现，在 y 的初始值固定的情况下，x 和 z 的值越小，y 趋向于 1 的速度越快。这意味着中央政府采取行政化调控策略的概率越小，煤炭企业采取积极响应策略的概率越小，地方政府越倾向选择严格执行策略。通过分析可知，在地方政府的初始策略为 $y=0.5$ 的前提下，随着时间的变化，地方政府的演化策略会收敛于 1，即采取严格执行策略。

最后，固定煤炭企业的初始策略选择概率为 $z=0.5$，并分别随机生成 5 组中央政府和地方政府的策略选择概率，以此分析中央政府和地方政府的策略选择对煤炭企业演化策略的影响，所得结果如图 8.5（c）所示。对比分析可以发现，在 z 的初始值固定的情况下，x 和 y 的值越大，z 趋向于 1 的速度越快。这意味着中央政府越倾向选择市场化调控策略，地方政府越倾向选择严格执行策略，煤炭企业选择积极响应策略的概率也就越大。通过分析可知，在煤炭企

业的初始策略为 $z = 0.5$ 的条件下，随着时间的变化，尽管在演化过程中各主体的收敛速度存在差异，但最终均会选择趋向于 1，即采取积极响应策略。

上述分析考虑了单个主体演化策略受其他主体策略选择的影响，为了更加具体地诠释本章所构建的三方演化博弈模型，进一步设置了 3 组不同的中央政府、地方政府及煤炭企业的初始策略，以此来分析系统的演化规律。三方主体的初始策略设置分别为 $\{x, y, z\} = (0.9, 0.8, 0.6);$ $(0.2, 0.7, 0.2); (0.5, 0.3, 0.7); (0.4, 0.4, 0.2); (0.6, 0.3, 0.4)\}$，仿真模拟得到中央政府、地方政府及煤炭企业的演化轨迹如图 8.5（d）所示。由图 8.5（d）可知，在 3 组不同的初始策略选择概率下，在演化博弈过程中，三方博弈主体最终会收敛于稳定点 $A_7(0, 1, 1)$，即中央政府采取市场化调控策略，地方政府采取严格执行策略，煤炭企业采取积极响应策略。通过以上数值仿真得到了系统演化策略的稳定结果，该结果也进一步验证了推论 8.4。

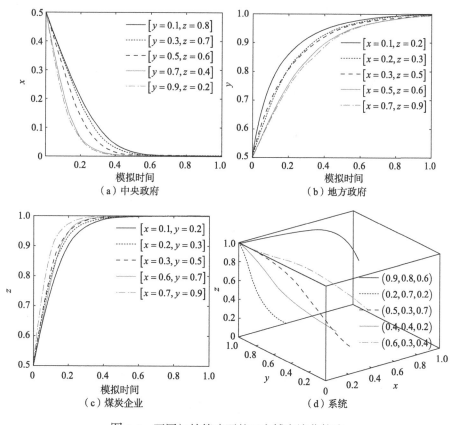

图 8.5　不同初始策略下的三方博弈演化轨迹

8.3.2　三方演化博弈的影响因素仿真结果

为了考察不同的影响因素对于三个博弈主体演化路径的驱动机制，运用 Matlab R2014a 进行仿真。根据仿真结果，分别对以下几个参数进行讨论。

1. 政绩考核体系中经济发展指标的权重系数 ε 对系统演化的影响

ε 取 0.1、0.5、0.9 分别对应经济发展在政绩考核体中所占的权重，其对应的演化博弈结果如图 8.6（a）所示。可以看出，当经济发展指标在政绩考核体系中所占的权重比较低时，地方政府选择向严格执行策略演化，煤炭企业选择向积极响应策略演化，最终达到稳定。随着该权重的增大，地方政府会选择宽松执行产能调控政策。

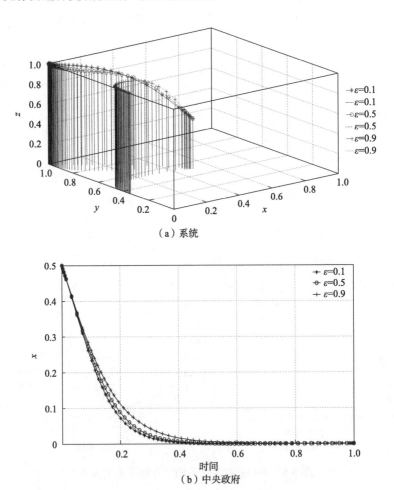

（a）系统

（b）中央政府

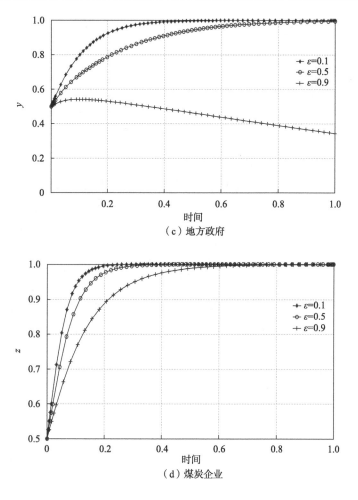

图 8.6　不同经济发展考核权重下的三方博弈演化轨迹

　　中央政府的仿真演化趋势如图 8.6（b）所示。当 ε=0.1 时，即经济发展指标在政绩考核体系中占的权重比较低时，中央政府趋于市场化调控稳定状态的时间较短，但随着权重的增大，中央政府选择向市场化调控方向演化的速率逐渐减慢。当 ε=0.5 时，中央政府达到市场化调控的稳定时间相比当 ε=0.9 时有所缩短，即 ε 越大，中央政府选择市场化调控的积极性越高。对于产能过剩较为严重的煤炭产业而言，中央政府更应该意识到，行政化的干预手段虽可解燃眉之急，但建立产能治理长效机制仍需健全和完善市场制度。

　　地方政府的仿真演化趋势如图 8.6（c）所示，当 ε=0.1、0.5，即经济发展保持在中、低权重下时，地方政府选择向严格执行产能调控政策的方向演化。当 $\varepsilon=0.9$，即经济发展在政绩考核中占的权重较高时，随着时间的变化，地方政府选择严格执行产能调控政策的概率会逐渐减小，长时间来看，地方政府甚至会选择放弃严格执行策略。当地方政府选择严格执行产能调控政策时，在一定程度上会影响地方财政。因此，经济发展指标在政绩考核中所占的权重越高，越不利于产能调控政策的顺利实施。

　　煤炭企业的仿真演化趋势如图 8.6（d）所示，可以看出，随着经济发展考核权重 ε 的增大，煤炭企业选择向积极响应策略演化的时间会逐渐增加。因此，经济发展指标在政绩考核中所占的权重越高，煤炭企业积极响应产能调控的意愿就会越低。

　　2. 政绩考核体系中生态质量指标的权重系数 η 对系统演化的影响

　　当政绩考核体系中生态质量所占的权重分别取 0.1、0.5、0.9 时，对应的三方演化博弈结果如图 8.7（a）所示。当生态指标权重占比较低时，地方政府选择严格执行策略的概率也比较小；当生态指标权重占比较高时，地方政府趋向于严格执行策略，最终趋于稳定，调控效果显著。根据演化轨迹可以发现，在演化过程中，随着权重的增大，煤炭企业选择积极响应的概率也越大，最终趋于稳定。这说明当生态指标权重处在适度水平时，对于煤炭企业响应产能调控有着积极的引导作用。

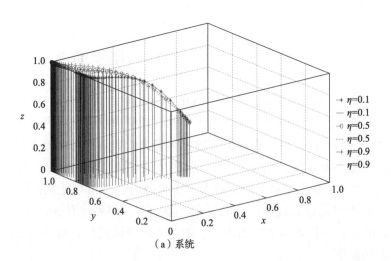

（a）系统

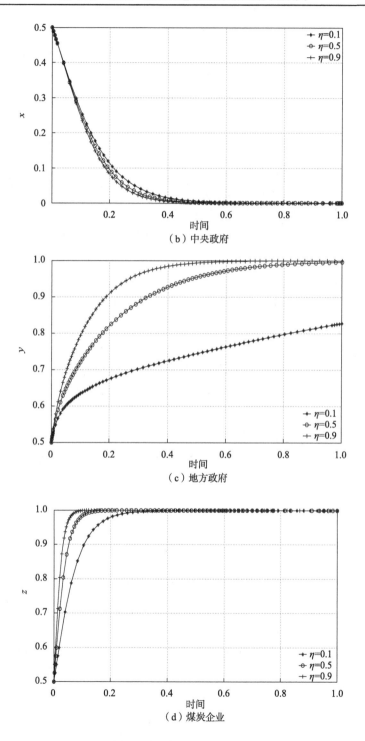

图 8.7　不同生态质量考核权重下的三方博弈演化轨迹

中央政府的仿真演化趋势如图 8.7（b）所示，可以看出，随着生态质量指标权重 η 的增大，中央政府选择向市场化调控演化的速率越来越快，相较于高权重的经济发展指标，政绩考核时生态质量指标权重越高，对于中央政府而言，就更有利于采取市场化的手段来调控过剩的煤炭产能。适当下调政绩考核体系中经济发展指标的权重系数，对于经济发展绩效良好，同时又获得了生态治理改善的地方政府，中央政府可给予其一定的激励形成示范效应（潘峰等，2015）。

地方政府对于产能调控政策的执行策略随着时间的变化如图 8.7（c）所示，当生态质量在政绩考核体系中所占的权重 η 较低时，地方政府选择严格执行产能调控政策的概率也比较小。短时间内来看，地方政府不会向严格执行方向演化。随着生态指标权重 η 的增大，地方政府选择向严格执行方向演化的速率逐渐增大，并最终处于严格执行的稳定状态，在此情况下产能治理效果较为显著。因此，低水平的生态质量考核权重不利于产能调控政策的顺利实施，高水平的生态质量考核权重会促进地方政府严格执行产能调控政策。

煤炭企业的仿真演化趋势如图 8.7（d）所示。当生态质量在政绩考核体系中所占的权重较高时，煤炭企业积极响应产能调控的概率将向 1 收敛，从而选择积极响应政府产能调控政策的要求。当生态质量在政绩考核体系中所占的权重较低时，煤炭企业选择积极响应产能调控的概率也比较低，即使在地方政府严格执行的情况下，煤炭企业仍有可能向消极响应产能调控政策的策略收敛。因此，生态质量指标在政绩考核体系中所占权重越大，煤炭企业响应产能调控政策的积极性也就越高。

3. 技术改造与创新升级投入程度 θ 对系统演化的影响

当技术改造与创新升级投入程度分别取 0.1、0.5、0.9 时，对应的三方演化博弈结果如图 8.8（a）所示。投入程度越大，中央政府选择市场化调控的概率也就越大，地方政府对于煤炭企业的强制干预也就越少，对于煤炭企业而言，响应产能调控政策的压力和负担也就越小。另外，加大技术改造与创新升级力度还可以提高企业自身的产能利用率。

中央政府的调控策略演化轨迹如图 8.8（b）所示。通过分析可知，随着技术改造与创新升级投入程度 θ 的增大，中央政府向市场化调控策略演化的速率越来越快。这是因为，当煤炭企业可以通过技术改造与创新升级来转化过剩产能为有用产能时，中央政府对于过剩产能的调控也就可以从关停、淘汰落后产能等一系列行政化手段中脱离出来，市场化调控手段与市场机制的协同效应可以得到充分发挥，有利于从根本上治理

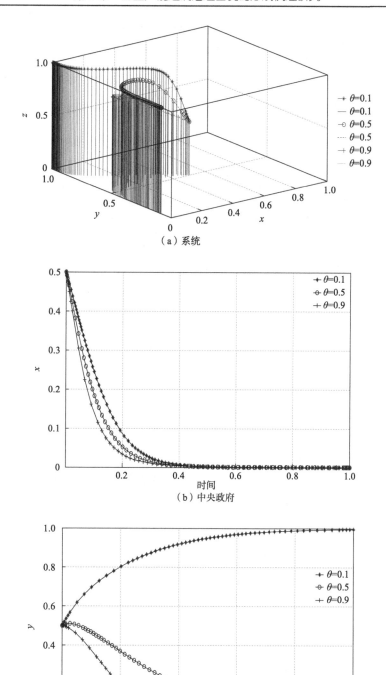

（a）系统

（b）中央政府

（c）地方政府

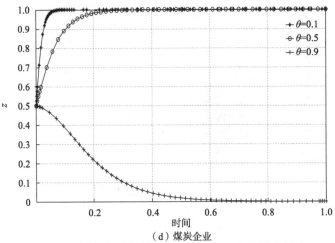

（d）煤炭企业

图 8.8　不同创新升级投入程度下的三方博弈演化轨迹

产能过剩。

地方政府的执行策略演化轨迹如图 8.8（c）所示，由图可知，当 $\theta=0.1$ 时，即技术改造与创新升级投入程度较低，地方政府选择严格执行策略，随着技术改造与创新升级投入程度 θ 逐渐增大，地方政府选择放弃严格执行产能调控政策，并逐渐收敛于宽松执行策略，最终达到稳定。因此，加大对于过剩企业的技术改造与创新升级投入程度会促进煤炭产业创新升级，使得地方政府对于当地过剩产能的治理拥有更加自主灵活的方式（刘戒骄和王振，2017）。

煤炭企业的策略选择随着时间的变化趋势如图 8.8（d）所示。当 $\theta=0.1$ 和 0.5 时，即在中、低投入程度下，煤炭企业会选择向积极响应策略收敛，并趋于稳定。随着投入程度 θ 的增大，煤炭企业最终会转向消极响应的策略。这是由于，当过剩的煤炭企业可以通过技术改造与创新升级来化解过剩产能时，产能调控可以从"减数量"向"提质量"转变，企业有合理配置落后产能的自主权，从宏观层面上来讲，煤炭产业的技术改造与创新升级对于中国经济的发展也大有益处。

4. 三方主体的去产能成本 C_1、C_2、C_3 对系统演化的影响

为了考察中央政府的调控成本及地方政府和煤炭企业对于产能调控政策的执行成本对系统演化博弈的影响，给参数 C_1、C_2、C_3 赋予不同的值，令 $\{C_1,C_2,C_3\}=\{(30,20,10);(50,40,30);(90,70,50)\}$，在不同成本下的三方博弈演化轨迹如图 8.9（a）所示。可以看出，成本的变化对于演化轨迹的影响是十分显著的，随着成本的增大，系统演化逐渐向均衡点 $(0,0,0)$ 收敛。

说明当去产能的成本越高时，地方政府越倾向宽松执行政策，煤炭企业越倾向不积极响应产能调控政策；当去产能的成本较低时，地方政府和煤炭企业会选择严格执行与积极响应中央政府的产能调控政策。

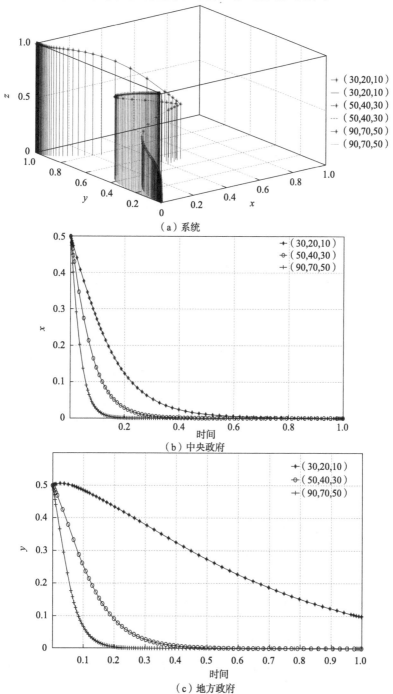

（a）系统

（b）中央政府

（c）地方政府

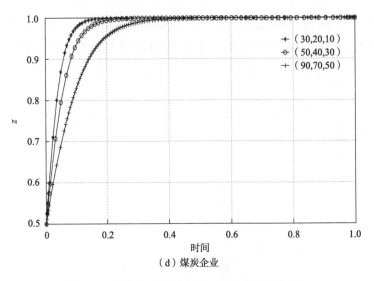

（d）煤炭企业

图 8.9　不同去产能成本下三方博弈演化轨迹

在不同调控成本下，中央政府行为演化策略如图 8.9（b）所示。对比不同成本下各博弈主体的演化轨迹可以看出，当产能调控成本越高时，中央政府向市场化调控方向的演化速率就越快。在调控成本足够低的情况下，中央政府趋向于选择行政性的干预手段，这会使得产能调控政策在短时间内看到明显的效果，但当成本无限增大时，中央政府选择市场化调控策略的概率越大，趋于稳定状态的时间也越短，说明中央政府的策略选择对于成本的变化比较敏感，行政化的调控成本越低，中央政府选择市场化调控的积极性也就越低。

地方政府的演化轨迹如图 8.9（c）所示。对比不同成本下地方政府的演化轨迹可以看出，在成本较低的情况下，地方政府在一定的短时间内会趋向于选择宽松执行策略，经过一段时间的发展，会选择向严格执行策略演化，但是相比于成本比较高的情况下，演化速率很慢，趋于稳定的时间也趋于无限长。随着成本的增大，地方政府向严格执行策略演化的速率会越来越快，趋于稳定状态的时间也会越来越短。这说明当执行产能调控政策的成本较低时，地方政府很有可能会不严格执行产能调控政策。因此，为了促进地方政府严格执行产能调控政策，应适当提高其执行产能调控政策的成本，否则在成本比较低的情况下容易导致地方政府"趋利避害"的行为。

煤炭企业的演化轨迹如图 8.9（d）所示，由图可知，煤炭企业向积极响应方向演化的速率随着成本的增大而逐渐减缓，说明对于煤炭企业而言，当成本太高时会打击其积极响应产能调控政策的积极性，这就意味着化解过剩产能的任务就越难以落到实处，因此政府应当给予煤炭企业一定的激励，降低企业去产能的成本，保证产能调控政策能够在产能过剩严重的企业真正发挥其作用。

5. 政府处罚 F 和 T 对系统演化的影响

F 代表当地方政府不严格执行产能调控政策时，中央政府对其执行的处罚；T 代表当煤炭企业不积极响应产能调控政策时，地方政府对其执行的处罚。为了考察参数 F 和 T 对三方主体演化的影响，给参数 F 和 T 分别赋予不同的值。令 $\{F,T\}=\{(20,10),(25,15),(50,25)\}$，不同处罚力度下的三方博弈演化轨迹如图8.10（a）所示，当处罚力度越大时，系统会以越快的速度收敛于稳定点 $(0,1,1)$，即中央政府采取市场化调控策略，地方政府采取严格执行策略，煤炭企业采取积极响应策略。

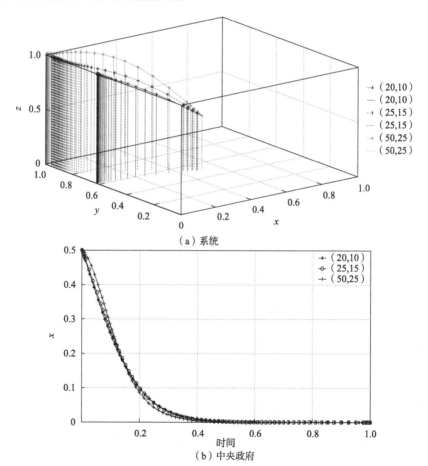

（a）系统

（b）中央政府

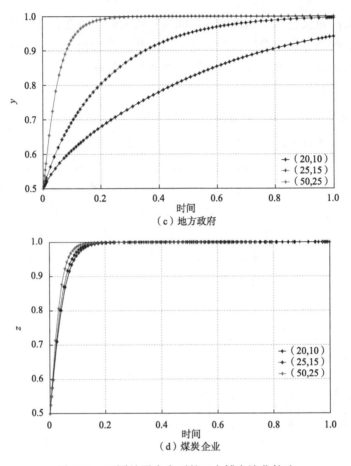

图 8.10　不同处罚力度下的三方博弈演化轨迹

　　在不同处罚力度下，中央政府的演化轨迹如图 8.10（b）所示。可以看出，中低水平的处罚力度对于中央政府的策略选择影响不显著。当处罚力度处于较高水平时，中央政府选择趋向于市场化调控策略的速率会有所提升。这是因为，对于中央政府来说，其追求的是整个社会的利益最大化及煤炭产业的健康稳定发展，处罚力度的大小对于中央政府选择产能调控策略的影响效果甚微。

　　在不同处罚力度下，地方政府的演化轨迹如图 8.10（c）所示。中央政府对地方政府的处罚力度会影响其选择严格执行策略的速率，处罚力度越低，中央政府对于地方政府的约束性就越小，其收敛于严格执行策略的速率越慢，趋于稳定的时间也就越长。因此，适当加大对政策执行主体的处罚力度，会提高地方政府严格执行产能调控政策的积极性，保证产能调控政策的实施效果。

在不同处罚力度下，煤炭企业的演化轨迹如图 8.10（d）所示。处罚力度的变化对于煤炭企业的影响较小，但随着处罚力度的增大，煤炭企业会趋向于积极响应策略的方向演化，且趋于稳定状态的时间也会越短。这可能是由于处罚损失与煤炭企业违规生产所得的收益相比较而言，煤炭企业仍然有利润可图。同时，对比图8.10（c）和图8.10（d）可以看出，在同样变化水平的处罚力度下，相对于煤炭企业，地方政府的策略选择对于处罚力度的高低更加敏感。

8.4　本 章 小 结

考虑到产能过剩治理困境的复杂性和治理过程中多主体间的交互性，本章构建了包括中央政府、地方政府和煤炭企业在内的三方演化博弈模型，分析了在过剩产能治理过程中中央政府、地方政府及煤炭企业策略选择的演化路径，对系统的演化稳定点进行讨论，考察了煤炭产能过剩治理系统的关键影响因素及其影响机理，得到主要结论如下。

第一，在中央政府、地方政府和煤炭企业的演化博弈过程中，各主体的演化策略会受到其余两方主体的共同影响，即 3 个博弈主体之间的策略选择存在相互依赖的机制。具体而言，中央政府选择市场化调控策略可以促进地方政府采取严格执行产能调控策略，并且当地方政府越倾向选择严格执行策略时，煤炭企业越倾向选择积极响应策略。因此，为突破产能过剩治理困境，中央政府在设置顶层的产能调控政策时，要充分考虑政策参与主体之间的互动机制，以充分发挥产能调控政策的有效性，实现政策效应最大化。

第二，当满足一定的条件时，煤炭产能过剩治理的三方演化博弈系统逐渐收敛到唯一的 $ESS(0,1,1)$，系统的演化博弈行为最终会达到一个理想且稳定的策略组合，即中央政府采取市场化调控策略，地方政府采取严格执行策略，煤炭企业采取积极响应策略，由此证明市场化调控是解决煤炭产能过剩问题的有效机制。中央政府在制定和执行产能调控政策过程中，应该充分考虑地方政府和煤炭企业的利益诉求，进而最大化地调动地方政府和煤炭企业去产能的积极性与主动性。另外，仿真结果在一定程度上也验证了破解产能治理的困境关键在于中央政府调控模式的选择及政策激励程度。这为中央政府制定产能调控指令提供了一定的理论依据和决策参考。

第三，降低煤炭去产能成本，构建经济发展与生态质量并重的政绩考核体系，建立产能调控政策的监督和惩罚机制，提高煤炭企业技术创新投入，对于中国煤炭产能过剩的有效治理具有重要的促进作用。对于地方政府而言，合理的经济与发展指标比重设置会促进其选择严格执行产能调控政策，生态质量改善带来的正向效应也就越高。去产能成本也是影响地方政府去产能积极性的重要因素。对于煤炭企业而言，加大技术改造与创新升级投入程度有利于煤炭企业灵活多元地化解过剩产能，避免"一刀切"的淘汰和退出政策，同时地方政府对煤炭企业适度的处罚及成本补贴能够激励其积极响应去产能任务。从长远来看，企业积极的创新升级和技术改造再加上各级政府辅以一定的政策与资金支持，对于整个煤炭产业的健康发展有重要的意义。

综上所述，煤炭产能调控的理想策略在于以市场化为基础，通过央地政府和煤炭企业之间的策略协同配合予以实现。在产能治理过程中，通过中央政府、地方政府和煤炭企业间的互动配合与紧密协作形成产能治理的合力，将有助于顺利推动煤炭产能的科学调控与和谐治理，实现煤炭行业高质量发展。这一研究发现也为未来煤炭产能调控政策机制的设计和优化提供了理论基础和决策依据。

第9章　工业产能过剩经济冲击应对政策组合优化模型构建与实证研究

　　保障矿产资源型城市的经济发展质量和可持续增长动力,既是产能调控工作顺利推进的基本前提, 也是事关地区经济水平健康高质量发展的关键所在。为实现产能调控效果最优且对经济冲击最小,本章将根据前述研究成果,重点开展煤炭产能过剩经济冲击的应对政策工具组合优化研究。首先,采用集成化的最优数据挖掘方法,分别构建产能过剩背景下资源型城市工业经济系统脆弱性评估指标体系与评估模型,实证分析CCIES 脆弱性的时空格局、演变规律及其主要影响因素,从而为应对政策设计提供现实依据。其次,结合已有相关文献研究成果,采用情景分析法分别进行降低煤炭产能过剩经济冲击的政策工具情景方案设计。最后,利用情景仿真动力学模型,模拟分析不同应对政策情景下煤炭资源型城市工业经济脆弱性的动态变化规律,揭示各项应对政策的作用效果、传导机制和有效性。在此基础上,进一步模拟分析不同政策工具组合对煤炭资源型城市工业经济影响的方向、强度和路径,定量揭示不同政策工具间的阻碍效应、对冲效应、互补效应和累积效应。根据分析结果,从整体视角出发进行降低产能过剩经济冲击的政策工具组合优化,提出相应的应对政策体系。

9.1　资源型城市工业经济系统脆弱性评估

9.1.1　脆弱性评估模型构建

1. 脆弱性评估模型框架

　　鉴于产能过剩对 CCIES 具有一定的冲击效应,为了评估 CCIES 的应对冲击能力以精准施策降低其脆弱性,本章提出基于 RS-TOPSIS-RSR 的 CCIES 脆弱性评估模型,如图 9.1 所示。引入粗糙集(rough set approach, RS)方法获得的权重作为逼近于理想解的排序方法(technique for order preference by similarity to an ideal solution, TOPSIS)中指标权重的输入。

同时采用秩和比（rank-sum ratio，RSR）法基于 CCIES 的内在相似性将其进行分级与分类。该评估模型的具体流程如下。首先，考虑到 CCIES 脆弱性评估的初始指标体系中各指标的重要程度不同，而且一些指标之间存在的相关性容易造成评估结果失真，我们采用 RS 方法在不损失信息和保持分类能力不变的前提下进行属性约简，并确定各指标的权重，得到最终的脆弱性评估指标。由于 RS 只可处理离散值对象，为此我们先利用模糊 C-均值聚类（fuzzy c-mean，FCM）对连续属性离散化。然后，将最终评价指标体系归一化，采用 TOPSIS 计算各评价对象与脆弱度最高对象的相对贴近度，作为各 CCIES 的脆弱性综合评估指数（coastal vulnerability index，CVI），并根据 CVI 对各煤炭资源型城市的脆弱性程度进行排序。最后，根据 CVI 计算各评价对象的 RSR 分布，并计算其回归方程，最终得到各评价对象的脆弱性等级。

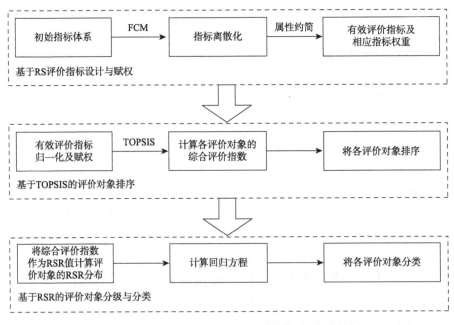

图 9.1　CCIES 脆弱性评估模型基本原理

2. 基于 RS 的属性约简和赋权

一般而言，指标赋权方法主要包括主成分分析法、专家意见法（如 AHP）、网络分析法、德尔菲法、模糊集合（如模糊 AHP、模糊网络分析法）等。然而，大多数指标权重的分配取决于专家意见。这就要求他们必须具有广泛的知识和丰富的经验。正因为这些方法的主观性特征，不一致性也就不可避免。此外，现存的方法往往将设计的指标体系直接输入评估模型而忽略了指标之间的相关性，造成评估结果的扭曲。

RS 是一种有效处理不完整性和不确定性问题的数学工具。该方法可以在保留关键信息的前提下约简冗余信息，并有效评估数据间的依赖关系。因此，我们采用 RS 理论进行指标体系的约简和赋权。由于本书所确定的 CCIES 脆弱性评价初始指标多为连续数据，而 RS 的处理对象只能为离散数据，通常需要采用聚类算法进行离散化。为此，我们采用基于信息熵的模糊聚类算法进行连续属性离散化，进而采用 RS 理论约简出重要指标体系。

1）基于 FCM 和信息熵的连续属性离散化

基于 FCM 聚类的离散化算法是一种广泛应用的软聚类方法，它可将没有类别标签的对象集聚合成有限的几个类别，并使相似程度高的对象尽可能聚为一类。相较于其他的算法，此方法无须用户充分了解数据特征，同时能将用户对研究对象的语言描述习惯与数据处理结合起来（Geng et al.，2015）。

运用 FCM 聚类将对象划分为 K 类，但聚类数目 K 需要用户自行设定，故而不能保证聚类结果的质量。为此，采用谱系方法进行聚类，并将信息熵最小的聚类结果作为最终聚类数目 K。信息熵用于描述数据点分布无序程度、聚类划分的合理程度，决定了数据点在某一聚类上的归属是否明确，即决定了信息熵的大小。因此，如果能尽可能明确数据点归属，即求得信息熵值最小的聚类结果，那么可以实现聚类结果的相对最优。

当运用谱系的方法来确定聚类数目时，为减少运算量，通常设定聚类数目范围 $[C_{\min},C_{\max}]$，同时指定准确度阈值 ε，ε 是一个取值范围在 0 到 1 内的小数，数值越小，意味着结果越精确，但通常这种精确是以时间为代价的，一般设定 $\varepsilon \in [0.01,0.2]$。对于从 $C_{\max}$ 到 $C_{\min}$ 的范围内的每一个聚类数目 k，都会对应产生一个隶属度矩阵 $u^k\left(k \in [C_{\min},C_{\max}]\right)$，可将隶属度矩阵对应的信息熵值设为 H_k，若用数据点序号 i 表示 H_k 的行值，聚类类别序号 j 表示 H_k 的列值，则 $H_k = \sum_{i=1}^{N} H_{ki}$，$H_{ki} = -\sum_{j=1}^{k} u_{ij} \times \log_2 u_{ij}$，是每个数据点在聚类归属上的信息熵。最小的 H_k 所对应的聚类数目为最终的聚类数目 C，最后由 FCM 算法完成数据离散化处理。

2）基于区分矩阵的启发式属性约简

基于区分矩阵的启发式属性约简最早是由 Skowron 教授提出的（Skowron and Rauszer，1992）。令信息系统为 $S = (U,A,V,f)$，其中，

$U = \{x_1, x_2, \cdots, x_n\}$ 为对象的非空有限集合，$A = \{a_1, a_2, \cdots, a_n\}$ 为属性的非空有限集合，P 为属性子集，且 $P \subset A$。$a_i(x_j)$ 为样本 x_j 在属性 a_i 上的取值。那么，区分矩阵 M 定义为 $c_{ij} = \{a_k | a_k \in p \wedge a_k(x_i) \neq a_k(x_j)\}$，其中，$i, j = 1, 2, \cdots, n$。传统的基于区分矩阵的属性约简方法，需要将矩阵非空元素的合取范式转化为极小析取范式。然而这一复杂的过程无法通过计算机编程转化，只能依靠人工计算，大大降低了其实用性。为此，本章研究采用一种基于区分矩阵的启发式属性约简，算法流程如下：

步骤 1：初始化核 $\text{CORE} = \phi$，一个约简 $\text{RED} = \phi$。

步骤 2：求得信息表的区分矩阵 $M = (c_{ij})_{n \times n}$。

步骤 3：检查 $c_{ij} \neq \phi$ 的每一项，若 $|c_{ij}| = 1$，则 $\text{CORE} = \text{CORE} \cup \{c_{ij}\}$。

步骤 4：令 $\text{RED} = \text{CORE}$。

步骤 5：对任一 $c_{ij} \neq \phi$，如果 $\text{CORE} \cap c_{ij} \neq \phi$，则令 $c_{ij} \neq \phi$；否则计算 c_{ij} 中各属性出现的频数，记频数最大的属性为 c_k。

步骤 6：若 $\forall c_{ij} = \phi$，停止并输出 RED、CORE；否则 $\text{RED} = \text{RED} \cup c_k$，转步骤 5。

3）基于知识信息量的指标赋权

根据 RS 理论运用知识信息量测算属性重要度，进而计算各指标的权重。首先，设等价关系 P 的知识信息量为 $I(P) = 1 - \dfrac{1}{|U|^2} \sum_i^l |X_i|^2$，则移走属性 r 后，$P\{r\}$ 的知识信息量 $I(P - \{r\}) = 1 - \dfrac{1}{|U|^2} \sum_i^k |X_i|^2$；其次，根据属性重要度的公式可得属性 r 的重要度 $S_p(r) = I(P) - I(P - \{r\})$；最后，将所有属性的重要度进行归一化处理，得到各指标的权重。

3. 基于 TOPSIS 的评价对象排序

多准则决策法是一种行之有效的集成指标的方法。主要的多准则决策法包括 DEA、偏好顺序结构评估法（PROMETHEE）、ELECTRE 法、VIKOR 法、加权乘积法。这些方法均有其各自的优缺点。例如，尽管 DEA 不需要事前设定投入与产出的权重，降低了主观因素的影响。但是，该方法将所有随机干扰项都看成效率因素，并容易受到极值的影响。本章研究中，我们将 TOPSIS 和 RSR 模型以一种系统的方法集成。TOPSIS 是一种经典的多准则决策方法。同时引入 RSR 将煤炭资源型城市依据其内在相似性进行分组。

TOPSIS 由 Hwang 在 1981 年首次提出并被应用于很多研究领域（Hwang and Yoon，1981）。该方法的基本原理就是通过测度被评价对象的指标评价值向量与综合评价问题的理想解和负理想解的相对距离来进行排序，具体步骤如下：

步骤 1：令 $Z^+ = \left(z_1^+, z_2^+, \cdots, z_n^+ \right)$ 表示脆弱度最高的评价对象（理想解）和 $Z^- = \left(z_1^-, z_2^-, \cdots, z_n^- \right)$ 表示脆弱度最低的评价对象（负理想解），其中 $z_j^+ = \max_{1 \leqslant i \leqslant m} \left\{ z_{ij} \right\}, z_j^- = \min_{1 \leqslant i \leqslant m} \left\{ z_{ij} \right\}, j = 1, 2, \cdots, n$。

步骤 2：分别计算评价对象与脆弱度最高的评价对象和脆弱度最低的评价对象的欧式距离 D_i^+ 和 D_i^-，进而计算各评价对象与脆弱度最高的评价对象的相对贴近度 $C_i = D_i^- / \left(D_i^- + D_i^+ \right)$，将 C_i 作为各 CCIES 的脆弱性综合评价指数，以下简称为 CVI，CVI 越大表征该评价对象脆弱度水平越高。

步骤 3：按 CVI 对各评价对象进行排序。

4. 基于 RSR 的评价对象分级与分类

RSR 法是一种将古典参数统计与近代非参数统计融为一体的综合评价方法。RSR 是决策属性秩次的平均值，是一个非参数计量的综合指数，具有 0-1 区间连续变量的特征。该方法的基本思想是在一个 $m \times n$ 矩阵中，通过秩转换获得无量纲统计量 RSR_i。在此基础上，运用参数分析的方法研究 RSR_i 的分布，并采用 RSR_i 值对评价对象的优劣直接排序或分组。TOPSIS 模型中计算的各评价对象与脆弱度最高评价对象的相对贴近度 C_i 是 0-1 区间的连续变量，将其作为 RSR 模型中的 RSR_i 可以有效解决 RSR 模型进行秩转换过程中的信息丢失的缺点（Chen et al.，2015）。然后利用 RSR_i 将评价对象分类，就可以将对评价对象的排序与分类结合起来，从而为 CCIES 脆弱性评价提供更多依据。该算法的具体流程如下。

步骤 1：确定每个评估对象的 RSR 分布。RSR 分布是指用概率单位表达的 RSR 值特定的向下累计频率，用相对贴近度 C_i 代替秩和比 RSR_i，根据将各评价对象按 RSR_i 的值从小到大依次排列，并列出频数 f_i 和向下累计频数 $f_{\downarrow i}$，计算百分率 P_i 并换算为概率单位 Y，其中概率单位 Y 对应的百分率 P_i 参见附表 9.1。

$$P_i = \frac{f_{\downarrow i}}{m}, \quad i = 1, 2, \cdots, m-1; \quad f_{\downarrow i} = i$$
$$P_m = \left(1 - \frac{1}{4m}\right) \times 100\% \qquad (9.1)$$

步骤 2：计算回归方程。该回归方程的自变量为以累计频率对应的概率单位 Y，因变量为 RSR 值。

$$\text{RSR} = a + bY \qquad (9.2)$$

其中，a、b 为回归系数。

步骤 3：将评价对象分类。根据样本数量选择合适的分组，则相应的百分率 P^* 和概率单位 Y^* 则可根据附表 9.2 确定，然后根据上述回归方程计算组间距 RSR^*。

$$\text{RSR}^* = a + bY^* \qquad (9.3)$$

将评价对象依据其 RSR_i 值分组，RSR^* 为组间距，并进行方差分析以保证分组的统计学意义。

9.1.2　实证评估结果与分析

1. 样本与数据

我国目前有 262 座资源型城市[①]，其中煤炭资源型城市（地级市）约有 46 座，主要分布在河北、河南、贵州、山西、新疆、陕西、四川、山东、辽宁等省区。考虑到数据的可获得性及煤炭资源型城市的地域分布，我们主要选取了 33 个煤炭资源型城市（地级市）进行脆弱性评价，包括内蒙古自治区的鄂尔多斯和包头；辽宁省的阜新；吉林省的辽源；黑龙江省的双鸭山、鸡西和七台河；江苏省的徐州；安徽省的淮南和淮北；四川省的攀枝花；云南省的曲靖；陕西省的榆林和咸阳；宁夏回族自治区的银川；新疆维吾尔自治区的乌鲁木齐和伊犁；甘肃省的兰州；河北省的唐山和邯郸；山东省的泰安、济宁和枣庄；河南省的商丘、郑州、平顶山和三门峡；山西省的太原、阳泉、朔州、长治、大同和晋城。为揭示 CCIES 响应产能过剩的脆弱性演化规律，我们分别选取 2007 年、2010 年、2013 年、2016 年和 2019 年 5 个时间节点对 33 个煤炭资源型城市的工业经济系统脆弱性水平进行评估。

指标 X_{11} 的数据来源于中国煤炭市场网，指标 X_{12} 的数据来源于中国经

---

① 国务院关于印发全国资源型城市可持续发展规划（2013-2020 年）的通知。

济网,指标 X_{13} 的数据来源于《中国煤炭工业年鉴》,指标 X_{37} 的数据来源于《中国市场化指数》,其余指标的数据均来源于各地区的统计年鉴。一般而言,指标对 CCIES 脆弱性表现出正向效应或负向效应。对一些指标而言,指标数值越高表示 CCIES 的脆弱性水平越高,这些指标记为正向指标,包括 X_{11}、X_{12}、X_{13}、X_{21}、X_{24}、X_{25}、X_{26} 和 X_{42}。对另外一些指标而言,指标数值越高表示 CCIES 的脆弱性水平越低,这些指标记为负向指标,包括 X_{22}、X_{23}、X_{27}、X_{31}、X_{32}、X_{33}、X_{34}、X_{35}、X_{36}、X_{37}、X_{41}、X_{43}、X_{44}、X_{45}、X_{46}、X_{47}、X_{48}、X_{49}、X_{410}、X_{411}、X_{412}。

2. 指标约简与赋权

采用基于信息熵的 FCM 聚类算法进行离散化处理,运用 Matlab7.0 编程实现这一过程。根据 FCM 聚类算法求解并得到最终得到离散化结果,如表 9.1 所示。离散结果显示,基于信息熵的 FCM 聚类算法克服了等频率、等距离等离散化方法的等分趋势,故其结果更加符合客观实际。采用 RS 理论对离散化的指标数据进行属性约简和赋权,得到一个相对最小约简 $\{X_{11}, X_{22}, X_{23}, X_{27}, X_{32}, X_{33}, X_{37}, X_{42}, X_{45}, X_{47}, X_{48}, X_{410}, X_{411}, X_{412}\}$ 及各属性的权重,即用于 CCIES 响应产能过剩经济冲击的脆弱性评估的最终指标体系及相应指标的权重,如表 9.1 所示。

表 9.1 指标离散化、约简与赋权结果

维度	指标	离散化结果	约简结果	指标权重
产能过剩风险 X_1	X_{11}	4 类	保留	0.0976
	X_{12}	3 类	删除	—
	X_{13}	2 类	删除	—
生命系统敏感性 X_2	X_{21}	2 类	删除	—
	X_{22}	2 类	保留	0.0976
	X_{23}	3 类	保留	0.0244
	X_{24}	2 类	删除	—
	X_{25}	2 类	删除	—
	X_{26}	2 类	删除	—
	X_{27}	2 类	保留	0.0976
生命系统恢复力 X_3	X_{31}	2 类	删除	—
	X_{32}	2 类	保留	0.0488
	X_{33}	2 类	保留	0.0488

维度	指标	离散化结果	约简结果	指标权重
生命系统恢复力 X_3	X_{34}	2类	删除	—
	X_{35}	2类	删除	—
	X_{36}	2类	删除	—
	X_{37}	2类	保留	0.0488
生命支持系统稳定性 X_4	X_{41}	2类	删除	—
	X_{42}	2类	保留	0.1220
	X_{43}	2类	删除	—
	X_{44}	2类	删除	—
	X_{45}	2类	保留	0.0976
	X_{46}	2类	删除	—
	X_{47}	2类	保留	0.0488
	X_{48}	3类	保留	0.0732
	X_{49}	2类	删除	—
	X_{410}	3类	保留	0.0732
	X_{411}	2类	保留	0.0976
	X_{412}	3类	保留	0.0244

3. 基于 CVI 的评价对象排序

通过如前所述的 RS-TOPSIS-RSR 模型，得到 33 个煤炭资源型城市于 2007 年、2010 年、2013 年、2016 年和 2019 年的综合评价得分（CVI 分数），则可以根据各煤炭资源型城市的得分将其排序，相关结果对于 CCIES 的脆弱性水平给出了一个更全面的描述，为评估各煤炭资源型城市的工业经济系统的健康状况提供了依据。根据排序结果来看，鄂尔多斯、徐州、济宁在 2007 年、2010 年、2013 年、2016 年和 2019 年五年中 CVI 得分最高，因而它们是表现最好的三个煤炭资源型城市，其工业经济系统的脆弱性均处于较低水平。这可能是由于这些城市具有较强的经济基础及转型潜力，在工业经济系统风险应对方面，采取了较为科学有效的措施。

4. 基于 RSR 的评价对象分组

尽管我们可以将所有的煤炭资源型城市作为一个组进行比较，但是考虑到煤炭资源型城市在产业发展、环境变量等方面存在着差异。因此，将具有相似产业系统或生态水平的煤炭资源型城市进行比较更加合理。总之，我们应该将待比较的煤炭资源型城市分组，然后比较一个特定的组中 CCIES 的健康状况。

我们将煤炭资源型城市依据其工业经济系统的内在相似性进行了分类，因而可以比较具有相似背景的煤炭资源型城市。基于 CVI 分数，可分别计算出其各年的回归方程，如下所示。

$$\text{RSR}^*(2019) = 0.053\,73Y + 0.2477 \tag{9.4}$$

$$\text{RSR}^*(2016) = 0.051\,82Y + 0.3709 \tag{9.5}$$

$$\text{RSR}^*(2013) = 0.065\,74Y + 0.1635 \tag{9.6}$$

$$\text{RSR}^*(2010) = 0.070\,53Y + 0.1498 \tag{9.7}$$

$$\text{RSR}^*(2007) = 0.071\,48Y + 0.1796 \tag{9.8}$$

其置信区间为 95%，且在 0.05 显著性水平上 5 个回归方程均具有统计显著性（$P < 0.001$）。由于当分组数较多时，每一组所含的煤炭资源型城市个数就会过少而不利于进行比较，所以将煤炭资源型城市分成 3 组是合适的。从而可确定相应的百分比 P^* 和概率单位 Y^*，并根据以上回归方程可以计算出组间距 $\text{RSR}^* = a + bY^*$。最终将各评价对象按照其 RSR_i 依据组间距 RSR^* 分成 3 类，分组结果如表 9.2 所示。33 个煤炭资源型城市依据其脆弱性从低到高被分成 3 类。可以看出，在 2019 年，徐州、枣庄、鄂尔多斯、郑州和济宁属于组别 I，说明其工业经济系统的健康水平最高。其余煤炭资源型城市则属于组别 II。此外，我们发现，基于 CVI 分数，一些城市（如鄂尔多斯、商丘、郑州、长治、淮北、伊犁、辽源）其在不同年份的脆弱性水平存在显著差异因而被分到不同的组别。

表 9.2　煤炭资源型城市的脆弱性分类

分组		低脆弱性（I）	较高脆弱性（II）	高脆弱性（III）
P'		<15.866	15.866-	84.134-
X'		<4	4-	6-
2007 年	RSR'	<0.465	0.465-	0.608-
2007 年	城市	济宁、枣庄、辽源、徐州	泰安、曲靖、郑州、银川、鄂尔多斯、商丘、太原、唐山、三门峡、长治、榆林、包头、朔州、大同、阜新、咸阳、兰州、平顶山、阳泉、淮北、伊犁、攀枝花、邯郸、晋城	—
2010 年	RSR'	<0.432	0.432-	0.426-
2010 年	城市	徐州、枣庄、鄂尔多斯、郑州、济宁	咸阳、太原、银川、榆林、泰安、辽源、唐山、邯郸、阜新、曲靖、包头、三门峡、商丘、大同、朔州、长治、兰州、平顶山、阳泉、淮南、淮北	—

续表

分组		低脆弱性（Ⅰ）	较高脆弱性（Ⅱ）	高脆弱性（Ⅲ）
	RSR′	<0.426	0.426-	0.558-
2013 年	城市	鄂尔多斯、徐州、商丘、济宁	郑州、枣庄、包头、乌鲁木齐、咸阳、朔州、双鸭山、银川、平顶山、泰安、三门峡、大同、兰州、唐山、辽源、曲靖、阜新、太原、榆林、阳泉、淮南、伊犁、鸡西、邯郸	—
	RSR′	<0.417	0.417-	0.495-
2016 年	城市	济宁、枣庄、辽源、徐州	泰安、曲靖、郑州、银川、鄂尔多斯、商丘、太原、唐山、三门峡、长治、榆林、包头、朔州、大同、阜新、咸阳、兰州、平顶山、阳泉、淮北、伊犁、攀枝花、邯郸	—
	RSR′	<0.409	0.409-	0.552-
2019 年	城市	徐州、枣庄、鄂尔多斯、郑州、济宁	咸阳、太原、银川、榆林、泰安、辽源、唐山、邯郸、阜新、曲靖、包头、三门峡、商丘、大同、朔州、长治、兰州、平顶山、阳泉、淮南、淮北、晋城	—

9.2 煤炭行业产能过剩经济冲击的应对政策仿真分析

9.2.1 政策情景方案设计

应对能源价格冲击的主要调控政策可以被归为三类：降低能源企业运营成本的政策，主要表现为通过降低增值税税率减轻煤炭企业税费负担和通过限产降低企业的库存成本；提高服务保障水平的政策，主要表现为加大科技、金融方面的投入，提高对煤炭、煤化工等主导产业的服务支撑作用；提高产业转型和结构调整的政策，主要表现为大力发展电力、新能源等替代产业。根据政府相关文件和现有文献，我们设立了以下 5 种调控政策情景，具体见表 9.3。

表 9.3　调控政策情景设计

调控政策情景设计	情景描述
降低增值税（VAT）	以 2015 年增值税税率 17% 作为基准情景，以后年份改为 13%
限制产能（PL）	以 2015 年限产 0.3 亿吨作为基准情景，以后限产量逐年增加 10%
加大金融投入（FS）	以 2015 年金融投入年增长率 0.06 作为基准情景，以后提升至 0.08
增加科技投入（TI）	以 2015 年科研投资系数 0.009 作为基准情景，以后提升至 0.02
发展替代产业（AI）	以 2015 年下游工业产业投资年增长率 0 作为基准情景，以后提升至 0.03

　　注：我们分别以煤炭价格单一波动、原油价格单一波动及组合波动情景为基准情景进行了各响应政策有效性的模拟仿真。就政策的有效性而言，基本结论一致

（1）降低煤炭企业增值税情景。近年来，政府出台了一系列针对煤炭行业的税费减负政策。例如，2013 年 11 月国务院发布《关于促进煤炭行业平稳运行的意见》，明确指出要坚决取缔各种乱收费、乱集资、乱摊派；内蒙古自治区同年出台了《关于促进全区煤炭经济持续健康发展的有关措施》，提出下调煤炭价格调节基金标准，暂停收取煤矿维简费，减免铁路运杂费。可以看出，减轻企业税费负担将是政府未来一段时间内的工作重点。增值税是煤炭企业的第一大税种，年缴纳增值税额占总税额的 50%以上，约为工业行业平均水平的 4 倍。在 2016 年举行的两会期间，多名代表建议将煤炭增值税税率由 17%下调至 13%。据中国证券报 2016 年 3 月报道，财政部目前正在深入研究增值税税率下调问题，并将于近期出台相关政策。据此，我们设计了煤炭行业增值税下调情景。

（2）限制产能情景。煤炭产业陷入困境的根源在于产能过剩导致的供需失衡，2015 年中国煤炭企业库存已超过 4 亿吨。在当前煤炭市场需求持续低迷的背景下，解决供需矛盾的根本途径就是限产。2014 年 7 月国务院出台新修订的《煤矿生产能力管理办法》，同年 8 月又连续印发了《关于取消和调整一批行政审批项目等事项的决定》《关于遏制煤矿超能力生产规范企业生产行为的通知》等一系列政策，其中要求鄂尔多斯市 2015 年煤炭限产 0.3 亿吨。随着中国经济 2016 年增速预期的下调[①]，煤炭消费量预期将进一步降低，因此未来煤炭行业限产力度很可能会进一步加大[②]。据此，我们设计了鄂尔多斯市的煤炭产业限产情景。

（3）加大金融投入情景。中国钢铁冶金、建材及相关制造业盈利水平的下降导致煤炭企业应收账款激增。中国煤炭工业协会的数据显示，2015 年煤炭企业应收账款超过 5000 亿元。为缓解煤企资金周转压力，促进煤炭产业健康发展，2015 年 3 月以来，国家能源局、鄂尔多斯等许多政府部门出台了相关金融支持政策。2016 年 1 月 26 日，鄂尔多斯市政府在其《政府工作报告》中明确指出，到 2020 年，金融、文化产业增加值占地区生产总值的比重均提高到 5%以上[③]。据此我们设计了鄂尔多斯市金融服务水平提升情景。

---

① 根据 2016 年 3 月 5 日国务院发布的《政府工作报告》可以看出，2016 年我国的 GDP 年增长率将稳定在 6.5%~7%，比过去 5 年的 GDP 平均年增长率 7.8%降低了 0.8~1.3 个百分点。

② 2016 年 2 月 1 日，国务院发布了《国务院关于煤炭行业化解过剩产能实现脱困发展的意见》，其中明确指出从 2016 年开始，用 3 至 5 年的时间，再退出产能 5 亿吨左右、减量重组 5 亿吨左右，较大幅度压缩煤炭产能。

③ http://www.ordos.gov.cn/gk_128120/ghjh/zfgzbg/201601/t20160126_2455012.html。

（4）增加科技投入情景。长期以来，中国的煤炭及煤化工产业发展主要依靠增加生产要素的投入，即通过增加投资、扩大厂房、增加劳动投入来扩大生产规模，行业科技创新的能力和力度还不够，自我完善的动力还不足。为降低企业生产成本，提高产品质量和附加值，政府正在鼓励对能源资源领域的研究和发展。2015年12月国家能源局在煤炭行业"十三五"规划中明确提出，要"完善煤炭及煤化工产业科技创新体制，加大科技投入和人才培养力度，提高产业创新水平和能力，推动产业发展方式转变……"。2016年1月26日，鄂尔多斯市政府在其《政府工作报告》中明确指出，到2020年，科技研发经费占地区生产总值的比重达到2%以上，高新技术产业占规模以上工业增加值的比重达到20%以上。据此，我们设计了鄂尔多斯市科技服务水平提升情景。

（5）发展替代产业情景。为促进经济发展动力多元化，鄂尔多斯把非资源型产业作为调结构、促转型的重要突破口。2015年3月鄂尔多斯市政府在其《政府工作报告》中明确提出，"加快煤电基地建设，推动建材、陶瓷、PVC等产业高端化、系列化发展，发展汽车、煤机、化机、电力装备等制造业，实现非煤产业增加值突破1000亿元"[①]。2016年鄂尔多斯市的《政府工作报告》中又提出到2020年，非煤产业占工业增加值的比重要达到60%以上。据此，我们设计了鄂尔多斯替代产业增长情景。

9.2.2　政策情景仿真结果

系统动力学的一个重要功能是仿真模拟，通过改变模型中一些特定变量的初始输入，分析该变量所代表的政策变化对模型中其他重要变量输出结果的影响。在能源价格冲击情景和调控政策情景设计的基础上，通过仿真重点考察煤炭价格和原油价格下挫对CCIES的冲击及各政策对冲击的调控作用。

图9.2（a）和图9.2（b）展示了煤炭产业产值和利润总额在不同政策情景下的变化情况。在TI情景下，煤炭产业产值和利润总额均为最大，并且可以保持产业产值持续上升。在PL情景下，煤炭产业的利润可以得到有效的提升，并且产值仍高于SPS情景。在其他三种政策情景下，煤炭产业产值随着时间的推移均会有不同程度地增加。通过对上述政策情景的分析可以明显看出，无论是从短期还是从长期的角度来看，TI政策在提升煤炭产业产值和利润方面都是最优的。VAT政策在实施之初可以最大限度地提高产业利润，但是随着时间推移，其政策效果在逐渐下降。无论是从短期还是从长期的角度来看，煤炭产业利润总额在FS情景下都是最差的。

这说明在煤炭价格下跌和市场需求低迷的背景下，更多的资金流入煤炭生产领域将加剧煤炭供需失衡的态势，从而进一步削弱煤炭产业的营利能力和利润水平。

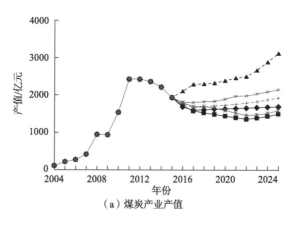

（a）煤炭产业产值

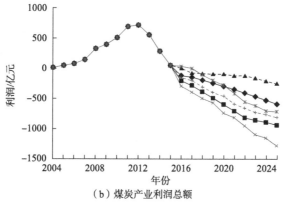

（b）煤炭产业利润总额

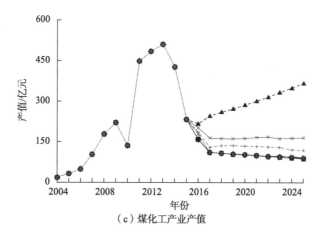

（c）煤化工产业产值

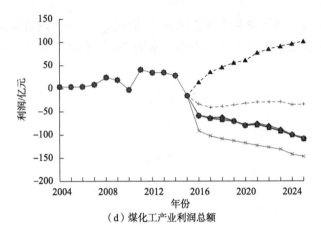

（d）煤化工产业利润总额

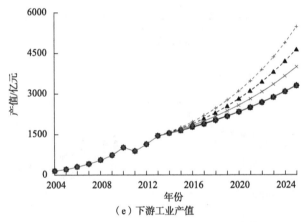

（e）下游工业产值

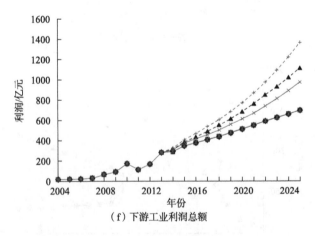

（f）下游工业利润总额

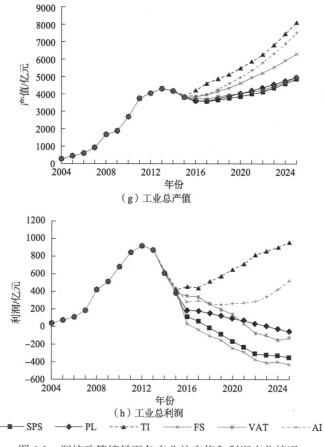

（g）工业总产值

（h）工业总利润

■■■ SPS　◆ PL　----▲---- TI　---+--- FS　----*---- VAT　----+---- AI

图 9.2　调控政策情景下各产业的产值和利润变化情况

　　图 9.2（c）和图 9.2（d）展示了煤化工产业产值和利润总额在不同政策情景下的变化情况。对比图 9.2（a）和图 9.2（b）可以看出，在各政策情景下，煤化工产业产值的变化情况和煤炭产业相似，在此不再重复。在改善煤化工产业盈利水平方面，TI 的效果是最好的；FS 的效果是最差的；VAT 则基本上没有效果。进一步，与基准情景的利润水平相比，FS 会导致煤化工产业进一步恶化，而 TI 和 AI 不但有助于改善行业状况，而且能够帮助该产业扭亏为盈。

　　图 9.2（e）和图 9.2（f）展示了下游工业产值和利润总额在不同政策情景下的变化情况。无论是 AI 政策、TI 政策还是 FS 政策，对下游工业产值和利润总额均有一定程度的提升，且在 AI 情景下，下游工业产值和利润总额的提升幅度最为明显，说明积极发展替代产业可以有效地提高下游工业的发展水平。同煤化工产业相似，下游工业产值和利润总额在 PL 和 VAT 政策情景下的变化情况并不显著。

图 9.2（g）和图 9.2（h）展示了工业总产值和总利润在不同政策情景下的变化情况。结果表明，对于鄂尔多斯市整个工业来说，无论是绝对提升量还是相对提升量，TI 和 AI 的政策效果都要优于其他政策。在 FS 情景下，虽然工业总产值可以保持逐年增长，但是工业总利润却会大幅下滑。在 VAT 情景下，工业总产值，尤其是工业总利润在开始之初可以得到快速的提升，但是随着时间的推移，其政策效果在逐年下降。最后，PL 政策在不降低鄂尔多斯市工业总产值的同时，会显著提高工业总利润。因此，积极地贯彻实施 PL 政策并不会导致城市工业经济停滞或下滑，反而有助于促进经济复苏和提高经济发展质量。

9.2.3　政策累积效应分析

为了讨论政策 VAT、PL、TI、FS 及 AI 对区域工业产业的产值和利润的综合影响，我们将仿真时间分为两个时间段：2016~2020 年和 2021~2025 年，具体仿真结果如图 9.3 所示。

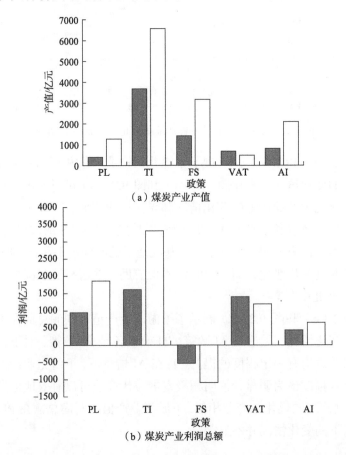

（a）煤炭产业产值

（b）煤炭产业利润总额

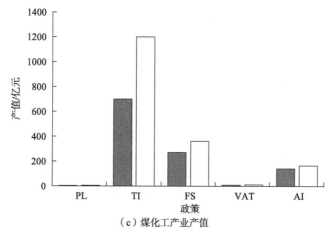

（c）煤化工产业产值

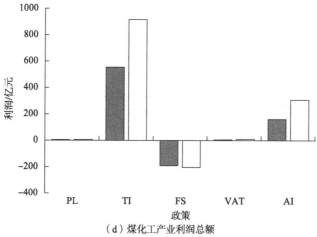

（d）煤化工产业利润总额

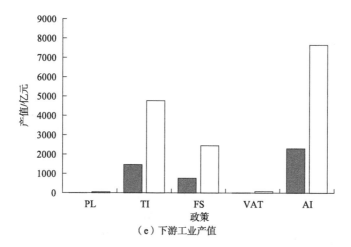

（e）下游工业产值

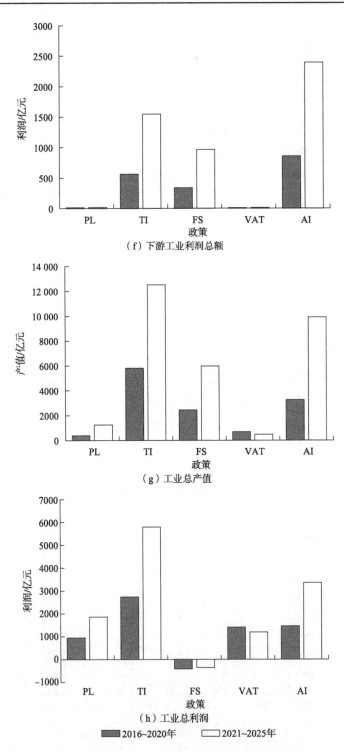

（f）下游工业利润总额

（g）工业总产值

（h）工业总利润

■ 2016~2020年　　□ 2021~2025年

图 9.3　调控政策对各产业的产值和利润的累积效应

对比图 9.3（a）和图 9.3（b），图 9.3（c）和图 9.3（d）可以发现，对于煤炭及煤化工产业来说，FS 政策对于它们产值的累积效应是递增的，而对其利润总额的累积效应是下降的。对于其他工业产业来说，无论是从产值还是从利润方面来看，FS 政策均对其有一定的累积增长效应，如图 9.3（e）和图 9.3（f）。从区域产业整体来看，尽管 FS 政策对区域产业利润总额的累积效应为负，但是相较于在第一时期，其在第二时期的累积负面效应有所减少。

对比图 9.3（g）和图 9.3（h）可以看出，在所有的政策情景中，TI 政策在提升工业产业的总产值和利润总额方面均具有最好的效果。仿真结果也表明了，无论是区域总产值还是区域总利润，AI 政策在第二时期的累积效果都显著优于其在第一时期的效果。以上结果说明，TI 政策和 AI 政策在改善区域经济运行状况方面具有一定的滞后效应。因此 TI 政策和 AI 政策将在未来改善鄂尔多斯市工业经济运行质量及绿色可持续发展方面扮演更为重要的角色。

对比图 9.3（a）和图 9.3（b），图 9.3（g）和图 9.3（h）可以发现，尽管 VAT 政策可以快速地改善煤炭产业及总产业的盈利状况，但是无论是煤炭产业还是总产业，VAT 政策对产值和利润提升方面的累积效果在第二时期均低于第一时期。因此，从短期来看，VAT 政策可以有效地减轻由能源价格快速下滑所带来的工业经济的下降，但是从长期来看，其政策效果却呈显著下降的趋势。

对比图 9.3（a）和图 9.3（b）可以看出，PL 政策在后五年时期对煤炭产业的产值和利润总额的累积效果要显著优于前五年时期，并且 PL 政策对煤炭产业利润总额的累积提升效果要优于对产值的累积效果。对于煤化工及下游工业产业来说，PL 政策的累积效果在两个时期均不显著，如图 9.3（c）~图 9.3（f）所示。进一步地，对比图 9.3（g）和图 9.3（h）可以发现，在 PL 政策情景下，工业经济运行状况有了明显的改善。因此，PL 政策在未来对于鄂尔多斯市的经济健康发展方面将发挥重要的作用。

9.2.4　政策挤出效应与协同效应分析

各个政策无论是对单个产业的产值还是工业总产值的提升方面均具有一定的效果，而 VAT、PL、AI 和 TI 政策可以有效地提高工业经济的运行质量。尽管这些政策在提高产业营利能力方面均具有一定的效果，但是各个政策对提高产业利润总额的作用机理却存在着一定的差异。具体来说，PL 政策的实施可以通过降低煤炭产业的库存来削减库存成本，进而提高煤炭产业的利润。TI 政策可以通过提升科技发展水平来提高劳动生产率和产品竞争力，进而降低相关产业的生产成本，提高产业利润。VAT 政策则是通过直接降低煤炭产业的税负来提高其盈利水平。AI 政策不仅可以提高下游工业产业的营利能力，还能够通过增加煤炭消耗量来提高煤炭产业的利润。

　　通过以上的分析可以看出，正是因为这些政策在提升城市工业产业盈利方面的作用机理不尽相同，因此，一个政策的实施可能会对其他政策产生一定的挤出效应或协同效应。以 PL 政策和 VAT 政策为例，VAT 政策通过直接降低煤炭产业的税负，可以迅速地提高煤炭产业的盈利水平，但是一旦盈利状况有所改善，它们的创新冲动就会降低，并将企业的资金用于扩大再生产。这一后果可能使得由实施 PL 政策而有所降低的煤炭产量再一次得到上升。这一现象说明 PL 政策和 VAT 政策的同时实施可能会产生一定的挤出效应。因此，我们需要进一步分析与讨论 VAT、PL、AI 及 TI 政策的不同政策组合对区域利润提升方面所产生挤出效应和协同效应，具体的计算方法如表 9.4 所示。

表 9.4　单一政策在不同情景下对工业总利润的提升量计算方法

政策	计算方法	注释
PL	PL−SPS=PL	PL 情景下的工业利润总额减去 SPS 情景下的工业利润总额
	PL−VAT=（PL+VAT）−VAT	PL 与 VAT 同时实施情景下的工业利润总额减去 VAT 情景下的工业利润总额
	PL−AI=（PL+AI）−AI	PL 与 AI 同时实施情景下的工业利润总额减去 AI 情景下的工业利润总额
	PL−TI=（PL+TI）−TI	PL 与 TI 同时实施情景下的工业利润总额减去 TI 情景下的工业利润总额
	PL−（VAT+AI）=（PL+VAT+AI）−（VAT+AI）	PL 与 VAT 和 AI 同时实施情景下的工业利润总额减去 VAT 和 AI 同时实施情景下的工业利润总额
	PL−（AI+TI）=（PL+AI+TI）−（AI+TI）	PL 与 AI 和 TI 同时实施情景下的工业利润总额减去 AI 和 TI 同时实施情景下的工业利润总额
	PL−（VAT+TI）=（PL+VAT+TI）−（VAT+TI）	PL 与 VAT 和 TI 同时实施情景下的工业利润总额减去 VAT 和 TI 同时实施情景下的工业利润总额
	PL−（VAT+AI+TI）=CP−（VAT+AI+TI）	PL 与 VAT、AI 和 TI 同时实施情景下的工业利润总额减去 VAT、AI 和 TI 同时实施情景下的工业利润总额
TI	TI−SPS=TI	TI 情景下的工业利润总额减去 SPS 情景下的工业利润总额
	TI−VAT=（TI+VAT）−VAT	TI 和 VAT 同时实施情景下的工业利润总额减去 VAT 情景下的工业利润总额
	TI−AI=（TI+AI）−AI	TI 和 AI 同时实施情景下的工业利润总额减去 AI 情景下的工业利润总额
	TI−PL=（TI+PL）−PL	TI 和 PL 同时实施情景下的工业利润总额减去 PL 情景下的工业利润总额
	TI−（VAT+AI）=（TI+VAT+AI）−（VAT+AI）	TI 与 VAT 和 AI 同时实施情景下的工业利润总额减去 VAT 和 AI 同时实施情景下的工业利润总额

续表

政策	计算方法	注释
TI	TI−（VAT+PL）=（TI+VAT+PL）−（VAT+PL）	TI 与 VAT 和 PL 同时实施情景下的工业利润总额减去 VAT 和 PL 同时实施情景下的工业利润总额
	TI−（AI+PL）=（TI+AI+PL）−（AI+PL）	TI 与 AI 和 PL 同时实施情景下的工业利润总额减去 AI 和 PL 同时实施情景下的工业利润总额
	TI−（VAT+AI+PL）=CP−（VAT+AI+PL）	TI 与 VAT、AI 和 PL 同时实施情景下的工业利润总额减去 VAT、AI 和 PL 同时实施情景下的工业利润总额
AI	AI−SPS=AI	AI 情景下的工业利润总额减去 SPS 情景下的工业利润总额
	AI−VAT=（AI+VAT）−VAT	AI 和 VAT 同时实施情景下的工业利润总额减去 VAT 情景下的工业利润总额
	AI−TI=（AI+TI）−TI	AI 和 TI 同时实施情景下的工业利润总额减去 TI 情景下的工业利润总额
	AI−PL=（AI+PL）−PL	AI 和 PL 同时实施情景下的工业利润总额减去 PL 情景下的工业利润总额
	AI−（VAT+TI）=（AI+VAT+TI）−（VAT+TI）	AI 与 VAT 和 TI 同时实施情景下的工业利润总额减去 VAT 和 TI 同时实施情景下的工业利润总额
	AI−（VAT+PL）=（AI+VAT+PL）−（VAT+PL）	AI 与 VAT 和 PL 同时实施情景下的工业利润总额减去 VAT 和 PL 同时实施情景下的工业利润总额
	AI−（TI+PL）=（AI+TI+PL）−（TI+PL）	AI 与 TI 和 PL 同时实施情景下的工业利润总额减去 TI 和 PL 同时实施情景下的工业利润总额
	AI−（VAT+TI+PL）=CP−（VAT+TI+PL）	AI 与 VAT、TI 和 PL 同时实施情景下的工业利润总额减去 VAT、TI 和 PL 同时实施情景下的工业利润总额
VAT	VAT−SPS=VAT	VAT 情景下的工业利润总额减去 SPS 情景下的工业利润总额
	VAT−PL=（VAT+PL）−PL	VAT 和 PL 同时实施情景下的工业利润总额减去 PL 情景下的工业利润总额
	VAT−AI=（VAT+AI）−AI	VAT 和 AI 同时实施情景下的工业利润总额减去 AI 情景下的工业利润总额
	VAT−TI=（VAT+TI）−TI	VAT 和 TI 同时实施情景下的工业利润总额减去 TI 情景下的工业利润总额
	VAT−（PL+AI）=（VAT+PL+AI）−（PL+AI）	VAT 与 PL 和 AI 同时实施情景下的工业利润总额减去 PL 和 AI 同时实施情景下的工业利润总额
	VAT−（PL+TI）=（VAT+PL+TI）−（PL+TI）	VAT 与 PL 和 TI 同时实施情景下的工业利润总额减去 PL 和 TI 同时实施情景下的工业利润总额
	VAT−（AI+TI）=（VAT+AI+TI）−（AI+TI）	VAT 与 AI 和 TI 同时实施情景下的工业利润总额减去 AI 和 TI 同时实施情景下的工业利润总额
	VAT−（PL+TI+AI）=CP−（PL+TI+AI）	VAT 与 PL、TI 和 AI 同时实施情景下的工业利润总额减去 PL、TI 和 AI 同时实施情景下的工业利润总额

注：CP 是指包含了 PL、TI、AI 和 VAT 的组合政策情景。PL、TI、AI、VAT、（PL+TI）、（PL+AI）、（PL+VAT）、（TI+AI）、（TI+VAT）、（AI+VAT）、（PL+TI+AI）、（PL+TI+VAT）、（PL+AI+VAT）、（TI+AI+VAT）和 CP 分别是指 PL、TI、AI、VAT、（PL+TI）、（PL+AI）、（PL+VAT）、（TI+AI）、（TI+VAT）、（AI+VAT）、（PL+TI+AI）、（PL+TI+VAT）、（PL+AI+VAT）、（TI+AI+VAT）和 CP 相对于 SPS 情景下工业总利润的提升量

根据表 9.4 单一政策在不同情景下对工业总利润的提升量计算方法，本章研究对各模型内各单一政策和组合政策的参数进行了设定，通过 Vensim 仿真软件进一步对各政策之间的协同效应及挤出效应进行模拟，结果如图 9.4 所示。

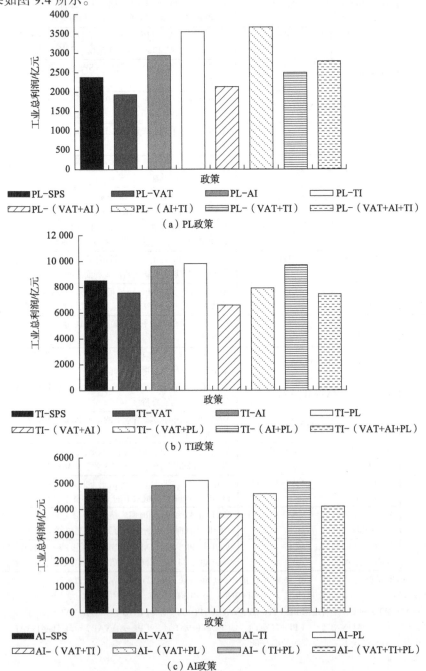

（a）PL政策

（b）TI政策

（c）AI政策

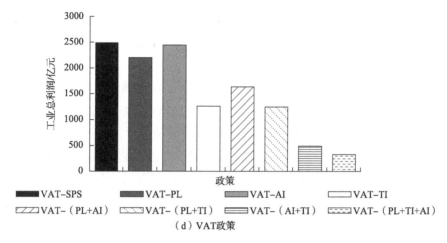

图 9.4　各政策在不同的情景下对工业总利润的提升效果

图 9.4（a）展示了 PL 政策在不同的情景下对区域利润总额的提升效果，可以看出 PL-AI、PL-TI 与 PL-（AI+TI）的政策效果均优于 PL-SPS，表明 PL、AI 与 TI 政策的同时实施对 PL 政策具有一定的协同效应。同时，区域利润总额在 PL-VAT、PL-（VAT+AI）、PL-（VAT+TI）及 PL-（VAT+AI+TI）情景下的提升量均分别低于其在 PL-SPS、PL-AI、PL-TI，以及 PL-（AI+TI）情景，因此 PL 政策与 VAT 政策的同时实施会对 PL 政策产生一定的挤出效应。

图 9.4（b）展示了 TI 政策在不同情景下对区域利润总额的提升效果，对比于 TI-AI、TI-PL、TI-（AI+PL）及 TI-SPS 可以发现，TI-AI、TI-PL和 TI-（AI+PL）的政策效果均优于 TI-SPS，说明 TI、AI 和 PL 政策的同时实施对 TI 政策具有协同效应。分别对比 TI-VAT、TI-（VAT+AI）、TI-（VAT+PL）、TI-（VAT+AI+PL）与 TI-SPS、TI-AI、TI-PL 和 TI-（AI+PL）可以看出，区域利润总额在 TI-VAT、TI-（VAT+AI）、TI-（VAT+PL）和 TI-（VAT+AI+PL）情景下的提升量均低于 TI-SPS、TI-AI、TI-PL 和 TI-（AI+PL）情景。因此，TI 政策与 VAT 政策的同时实施可能会对 TI 政策产生挤出效应。

图 9.4（c）展示了 AI 政策在不同情景下对区域利润总额的提升效果，通过对比 AI-TI、AI-PL、AI-（TI+PL）与 AI-SPS 可以看出，AI-TI、AI-PL与 AI-（TI+PL）的政策效果均优于 AI-SPS，表明 AI、TI 和 PL 政策的同时实施会对 AI 政策产生一定的协同效益。通过分别对比 AI-VAT、AI-（VAT+TI）、AI-（VAT+PL）、AI-（VAT+TI+PL）与 AI-SPS、AI-TI、AI-PL 和 AI-（TI+PL）可以发现，区域利润总额在 AI-VAT、AI-（VAT+TI）、

AI-（VAT+PL）和 AI-（VAT+TI+PL）情景下的提升量均分别低于 AI-SPS、AI-TI、AI-PL 和 AI-（TI+PL）情景。因此，AI 政策和 VAT 政策的同时实施会对 AI 政策产生一定的挤出效应。

图 9.4(d)展示了 VAT 政策在不同情景下对区域利润总额的提升效果，在所有的组合情景中，VAT-SPS 的政策效果最好，说明 VAT 政策与其他单一政策或多个政策进行组合将不会对 VAT 政策产生协同效应。同时，区域利润总额的提升效果在 VAT-（PL+AI+TI）情景下最差，表明 VAT、PL、AI 和 TI 政策的同时实施将会对 VAT 政策产生一定的挤出效应。

由以上分析可知，PL、TI 和 AI 政策的同时实施将会对它们产生一定的协同效应，而 VAT 政策与其他一个或多个政策进行组合将会对 VAT 政策或者其他一个或多个政策均产生一定的挤出效应。另外，对 VAT 政策的挤出效应在 CP 组合情景下最为显著。

9.3 煤炭行业产能过剩经济冲击的应对政策体系构建

为降低产能过剩对 CCIES 造成的冲击，促进煤炭资源型城市经济的复苏和健康发展，我们基于所构建的 5 个情景提出了以下对策建议。

（1）合理配置金融资源，优化融资结构。毋庸置疑，FS 对于地区经济发展的推动作用日益显著，但在煤炭和煤化工行业产能过剩的现实背景下，更多的资金流入煤炭和煤化工产品生产领域将进一步加剧这些行业供需失衡的态势，导致"产能过剩→行业亏损→融资→产能过剩加剧→亏损面扩大→再融资……"的恶性循环。为助力产能过剩形势下煤炭企业有力应对经济冲击并顺利完成转型，政府加大了对煤炭企业的金融扶持力度。研究结果表明，金融资金的不合理流向将会进一步加剧产能过剩，降低产业的营利能力，因此要对金融资源进行合理配置，对符合产业政策、市场前景好、当前投入不足企业，可综合运用延长贷款期限、资产证券化等方式继续支持其合理的资金需求，通过信贷杠杆促进产能过剩矛盾化解和产业结构转型升级。对于资不抵债、扭亏无望和产能过剩的"僵尸企业"，要压缩退出相关贷款，避免金融资金用于煤炭和煤化工产品的生产扩张。

（2）积极完善增值税政策，减轻煤炭企业负担。研究结果表明，降低煤炭产业增值税是帮助煤炭行业脱困的一条较为快速的途径。中央政府应充分考虑煤炭行业生产和经营特点，根据中国煤炭行业的生产力水平和全国工业行业平均税费水平，优化税费结构，加快研究完善煤炭增值税政策。

一是降低煤炭产品税率标准，将煤炭增值税税率下调到13%甚至是11%；二是扩大煤炭增值税抵扣范围，针对煤炭开采的特殊性和煤炭增值税过重的实际情况，允许矿业权价款、水资源补偿费、矿山环境治理保证金、村庄搬迁费、青苗补偿费、土地塌陷补偿费等抵扣进项税。

（3）大力发展接续产业，推动产业结构优化升级。本章的研究结果表明，通过大力发展接续产业，可以有效地缓解能源价格下挫所带来的冲击，维护区域经济的稳定。因此，对于煤炭资源型城市来讲，应大力发展接续产业，对市场前景好的新兴产业进行重点培育，加大对其的金融支持力度，促进城市经济的持续健康发展，提高区域经济运行质量。对替代产业的选择来说，政府应充分考虑地区的内外部优势，避免项目开发的盲目性、短期性。与此同时，由于中国的煤炭资源型城市大多处于经济基础薄弱的偏远地区，吸引外部投资的能力不足。这一方面要求中央政府需尽快出台相关的金融支持政策，另一方面要求地方政府要加快相关的基础设施建设，改善投资环境。

（4）加大限产力度，制定完善的过剩产能退出机制。近年来国家屡屡出台限产政策，但是效果均不理想。究其原因，当一部分企业执行限产，而另一部分企业不限产时，限产企业原有的市场份额将会被占有，企业的经营状况会更加恶化。所以有些企业不仅不会减产，反而会增加产量，陷入"越限越产"的怪圈。本书的研究结果表明，积极地贯彻限产政策可以有效地提高煤炭产业的盈利水平，并有利于区域经济的长远发展。因此，要想让限产政策得以有效地贯彻实施，避免陷入"越限越产"的怪圈，地方政府应在区域内的煤炭资源禀赋、市场供需状况及生态环境等综合评估的基础上，制定完善的过剩产能退出机制。对生产成本高、环境污染严重的小企业，通过关停等方式引导其退出市场。同时鼓励和支持大型企业对中小企业的兼并重组来进一步化解产能过剩。

（5）实施创新驱动发展战略，引导企业增加创新投入。本章的研究结果表明，在能源价格冲击的背景下，加大科研投入，提高科技水平，无论是对区域经济总量还是区域经济运行质量的提升都是有利的。因此，对鄂尔多斯市来说，应积极贯彻实施科技创新驱动发展战略，同时，完善政府对企业创新的财政投入机制，充分利用财政和税收引导企业加大科技投入，激发企业创新投入热情。严格执行有关支持企业科技创新优惠政策，切实把国家高新技术企业所得税减免、企业研发费用加计扣除等科技创新优惠政策落到实处。

9.4　本章小结

鉴于当前产能过剩冲击的应对政策设计碎片化的问题，本章基于第 3 章的部分研究成果，重点开展产能过剩经济冲击的应对政策工具组合优化研究。首先，实证分析了 CCIES 脆弱性的时空格局、演变规律及其主要影响因素；其次，采用情景分析法分别进行降低煤炭行业产能过剩经济冲击的政策工具情景方案设计；最后，模拟分析了不同应对政策情景下煤炭资源型城市工业经济脆弱性的动态变化规律，揭示各项应对政策的作用效果、传导机制和有效性，并基于分析结果，从整体视角出发进行降低产能过剩经济冲击的政策工具组合优化，提出相应的应对政策建议。本章主要研究结论如下。

第一，CCIES 普遍呈现较高或高脆弱性，脆弱性较高的区域需要借助外部支持来有力应对经济冲击，如金融支持和财政补贴，以避免脆弱性持续恶化现象的发生。同时，一些脆弱性始终较低的煤炭城市可以积极联合相邻区域，实现协同发展。CCIES 的脆弱性状况存在区域差异性，CCIES 脆弱度始终维持在较低水平的煤炭城市，大都分布于经济较发达的中国东部地区；CCIES 脆弱度始终维持在较高水平的煤炭城市，大都分布于经济相对落后的中国西部地区和东北地区。

第二，不同的政策对于 CCIES 中各个产业的作用效果不尽相同。以鄂尔多斯市为例，从该市总利润和总产值来看，科技创新（TI）政策与发展替代产业（AI）政策对工业的总产值和总利润均具有显著的提升效果，但是这两个政策都具有一定的时间滞后效应。因此，各政策对于鄂尔多斯市经济的复苏及绿色可持续发展的影响将会随着时间的推移而逐渐体现出来。降低增值税（VAT）的政策效果最快，具有较好的短期效果，而限制产能（PL）政策对于总利润的影响要大于对总产值的影响。同时，尽管加大金融投入（FS）政策可以快速地提高相关产业及总产业的产值，但是却会严重地削弱它们的营利能力。该研究结果清晰地表明了各应对政策工具的作用效果及其传导机制。

第三，VAT、TI、PL 和 AI 政策均可以在一定程度上提高总产业的营利能力，而 FS 政策将会产生显著的负面效果。另外，从提高鄂尔多斯市工业总利润的角度来说，PL、TI 和 AI 政策的同时实施将会对它们产生一定的协同效应，而 VAT 政策与其他一个或多个政策进行组合将会对 VAT

政策或者其他一个或多个政策均产生一定的挤出效应。这说明各项政策的制定和实施要考虑政策间的协同效应，以最大化地发挥政策效果。

本 章 附 录

附表 9.1　百分比及相应的概率单位

%	0	0.1	0.2	0.3	0.4	0.5	0.6	0.7	0.8	0.9
0	—	1.9098	2.1218	2.2522	2.3479	2.4242	2.4879	2.5427	2.5911	2.6344
1	2.6737	2.7096	2.7429	2.7738	2.8027	2.8299	2.8556	2.8799	2.9034	2.9251
2	2.9463	2.9665	2.9859	3.0046	3.0226	3.0400	3.0569	3.0732	3.0890	3.1043
3	3.1192	3.1337	3.1478	3.1616	3.1759	3.1881	3.2009	3.2134	3.2256	3.2376
4	3.2493	3.2608	3.2721	3.2831	3.2940	3.3046	3.3151	3.3253	3.3354	3.3454
5	3.3551	3.3648	3.3742	3.3836	3.3928	3.4018	3.4107	3.4195	3.4282	3.4268
6	3.4452	3.4536	3.4618	3.4699	3.4780	3.4859	3.4937	3.5015	3.5091	3.5167
7	3.5242	3.5316	3.5389	3.5462	3.5534	3.5606	3.5675	3.5745	3.5813	3.5882
8	3.5949	3.6016	3.6083	3.6148	3.6213	3.6278	3.6342	3.6405	3.6468	3.6531
9	3.6592	3.6654	3.6715	3.6775	3.6835	3.6894	3.6953	3.7012	3.7070	3.7127
10	3.7184	3.7241	3.7298	3.7354	3.7409	3.7464	3.7519	3.7547	3.7625	3.7681
11	3.7735	3.7788	3.7840	3.7893	3.7945	3.7996	3.8048	3.8099	3.8150	3.8200
12	3.8250	3.8300	3.8350	3.8399	3.8448	3.8497	3.8545	3.8593	3.8641	3.8689
13	3.8736	3.8783	3.8830	3.8877	3.8923	3.8969	3.9015	3.9061	3.9107	3.9152
14	3.9197	3.9242	3.9268	3.9331	3.9375	3.9419	3.9463	3.9506	3.9550	3.9593
15	3.9636	3.9678	3.9721	3.9763	3.9806	3.9848	3.9890	3.9931	3.9973	4.0014
16	4.0055	4.0096	4.0137	4.0178	4.0218	4.0259	4.0299	4.0339	4.0379	4.0419
17	4.0458	4.0498	4.0537	4.0576	4.0615	4.0654	4.0693	4.0731	4.0770	4.0808
18	4.0846	4.0884	4.0922	4.0960	4.0998	4.1035	4.1073	4.1110	4.1147	4.1184
19	4.1221	4.1258	4.1295	4.1331	4.1367	4.1404	4.1440	4.1476	4.1512	4.1548
20	4.1584	4.1619	4.1655	4.1690	4.1726	4.1761	4.1796	4.1831	4.1866	4.1901
21	4.1936	4.1970	4.2005	4.2039	4.2074	4.2108	4.2142	4.2176	4.2210	4.2244
22	4.2278	4.2312	4.2345	4.2379	4.2412	4.2446	4.2479	4.2512	4.2546	4.2579
23	4.2612	4.2644	4.2677	4.2710	4.2743	4.2775	4.2808	4.2840	4.2872	4.2905

续表

%	0	0.1	0.2	0.3	0.4	0.5	0.6	0.7	0.8	0.9
24	4.2937	4.2969	4.3001	4.3033	4.3065	4.3097	4.3129	4.3160	4.3192	4.3224
25	4.3255	4.3287	4.3318	4.3349	4.3380	4.3412	4.3443	4.3474	4.3505	4.3536
26	4.3567	4.3597	4.3628	4.3659	4.3689	4.3720	4.3750	4.3781	4.3811	4.3842
27	4.3872	4.3908	4.3932	4.3962	4.3992	4.4022	4.4052	4.4082	4.4112	4.4142
28	4.4172	4.4201	4.4231	4.4260	4.4290	4.4319	4.4349	4.4378	4.4408	4.4437
29	4.4466	4.4495	4.4524	4.4554	4.4583	4.4612	4.4641	4.4670	4.4698	4.4727
30	4.4756	4.4785	4.4813	4.4842	4.4871	4.4899	4.4982	4.4956	4.4985	4.5013
31	4.5041	4.5050	4.5098	4.5129	4.5155	4.5183	4.5211	4.5239	4.5267	4.5295
32	4.5323	4.5351	4.5379	4.5407	4.5435	4.5462	4.5490	4.5518	4.5546	4.5573
33	4.5601	4.5628	4.5656	4.5684	4.5711	4.5739	4.5766	4.5793	4.5821	4.5845
34	4.5875	4.5903	4.5930	4.5957	4.5984	4.6011	4.6039	4.6066	4.6093	4.6120
35	4.6147	4.6174	4.6201	4.6228	4.6255	4.6281	4.6308	4.6335	4.6362	4.6389
36	4.6415	4.6442	4.6469	4.6495	4.6522	4.6549	4.6575	4.6602	4.6628	4.6655
37	4.6681	4.6708	4.6734	4.6761	4.6787	4.6814	4.6840	4.6866	4.6893	4.6919
38	4.6945	4.6971	4.6992	4.7024	4.7050	4.7076	4.7102	4.7129	4.7155	4.7181
39	4.7207	4.7233	4.7259	4.7285	4.7311	4.7337	4.7363	4.7389	4.7415	4.7441
40	4.7467	4.7492	4.7518	4.7544	4.7570	4.7596	4.7622	4.7647	4.7673	4.7699
41	4.7725	4.7750	4.7776	4.7802	4.7827	4.7853	4.7879	4.7904	4.7930	4.7955
42	4.7981	4.8007	4.8032	4.8058	4.8083	4.8109	4.8134	4.8160	4.8185	4.8211
43	4.8236	4.8262	4.8287	4.8313	4.8338	4.8363	4.8389	4.8414	4.8440	4.8465
44	4.8490	4.8516	4.8541	4.8566	4.8592	4.8617	4.8642	4.8668	4.8693	4.8718
45	4.8743	4.8769	4.8794	4.8819	4.8844	4.8870	4.8895	4.8920	4.8945	4.8970
46	4.8995	4.9021	4.9046	4.9071	4.9096	4.9122	4.9147	4.9172	4.9197	4.9222
47	4.9247	4.9272	4.9298	4.9323	4.9358	4.9373	4.9398	4.9423	4.9448	4.9473
48	4.9498	4.9524	4.9549	4.9574	4.9599	4.9624	4.9649	4.9674	4.9699	4.9724
49	4.9749	4.9774	4.9799	4.9825	4.9850	4.9875	4.9900	4.9925	4.9950	4.9975
50	5.0000	5.0025	5.0050	5.0075	5.0100	5.0125	5.0150	5.0175	5.0201	5.0226
51	5.0251	5.0276	5.0301	5.0326	5.0351	5.0376	5.0401	5.0426	5.0451	5.0476
52	5.0502	5.0527	5.0552	5.0577	5.0602	5.0627	5.0652	5.0677	5.0702	5.0728
53	5.0753	5.0778	5.0803	5.0828	5.0853	5.0878	5.0904	5.0929	5.0954	5.0979

续表

%	0	0.1	0.2	0.3	0.4	0.5	0.6	0.7	0.8	0.9
54	5.1004	5.1030	5.1055	5.1080	5.1105	5.1130	5.1156	5.1181	5.1206	5.1231
55	5.1257	5.1282	5.1307	5.1332	5.1358	5.1383	5.1408	5.1434	5.1459	5.1484
56	5.1510	5.1535	5.1560	5.1586	5.1611	5.1637	5.1662	5.1687	5.1713	5.1738
57	5.1764	5.1789	5.1815	5.1840	5.1866	5.1891	5.1917	5.1942	5.1968	5.1993
58	5.2019	5.2045	5.2070	5.2096	5.2121	5.2147	5.2173	5.2198	5.2224	5.2250
59	5.2275	5.2301	5.2327	5.2353	5.2378	5.2404	5.2430	5.2456	5.2482	5.2508
60	5.2533	5.2559	5.2585	5.2611	5.2627	5.2663	5.2689	5.2715	5.2741	5.2767
61	5.2793	5.2819	5.2845	5.2871	5.2898	5.2924	5.2950	5.2976	5.3002	5.3029
62	5.3055	5.3081	5.3107	5.3134	5.3160	5.3186	5.3213	5.3239	5.3266	5.3292
63	5.3319	5.3345	5.3372	5.3398	5.3425	5.3451	5.3478	5.3505	5.3531	5.3558
64	5.3585	5.3611	5.3638	5.3665	5.3692	5.3719	5.3745	5.3772	5.3799	5.3826
65	5.3853	5.3880	5.3907	5.3934	5.3961	5.3989	5.4016	5.4043	5.4070	5.4097
66	5.4125	5.4152	5.4179	5.4207	5.4234	5.4261	5.4289	5.4310	5.4344	5.4372
67	5.4399	5.4427	5.4454	5.4482	5.4510	5.4538	5.4565	5.4593	5.4621	5.4649
68	5.4677	5.4705	5.4733	5.4761	5.4689	5.4817	5.4845	5.4874	5.4902	5.4930
69	5.4858	5.4987	5.5015	5.5044	5.5072	5.5101	5.5129	5.5158	5.5187	5.5215
70	5.5244	5.5273	5.5302	5.5330	5.5359	5.5388	5.5417	5.5445	5.5476	5.5505
71	5.5534	5.5563	5.5592	5.5622	5.5651	5.5681	5.5710	5.5740	5.5769	5.5799
72	5.5828	5.5858	5.5888	5.5918	5.5948	5.5978	5.6008	5.6038	5.6068	5.6098
73	5.6128	5.6158	5.6189	5.6219	5.6250	5.6280	5.6311	5.6341	5.6372	5.6403
74	5.6433	5.6464	5.6495	5.6526	5.6557	5.6588	5.6620	5.5651	5.6682	5.6713
75	5.6745	5.6776	5.6808	5.6840	5.6871	5.6903	5.6935	5.6967	5.6999	5.7031
76	5.7063	5.7095	5.7128	5.7160	5.7192	5.7225	5.7257	5.7290	5.7323	5.7356
77	5.7388	5.7421	5.7454	5.7488	5.7521	5.7554	5.7588	5.7621	5.7655	5.7688
78	5.7722	5.7756	5.7790	5.7824	5.7858	5.7892	5.7926	5.7961	5.7995	5.8030
79	5.8064	5.8099	5.8134	5.8169	5.8204	5.8239	5.8274	5.8310	5.8345	5.8331
80	5.8416	5.8452	5.8488	5.8524	5.8560	5.8596	5.8633	5.8669	5.8705	5.8742
81	5.8779	5.8816	5.8853	5.8890	5.8927	5.8965	5.9002	5.9040	5.9078	5.9116
82	5.9154	5.9192	5.9230	5.9269	5.9307	5.9346	5.9385	5.9424	5.9463	5.9502
83	5.9542	5.9581	5.9621	5.9661	5.9701	5.9741	5.9782	5.9822	5.9863	5.9904

续表

%	0	0.1	0.2	0.3	0.4	0.5	0.6	0.7	0.8	0.9
84	5.9945	5.9985	6.0027	6.0069	6.0110	6.0152	6.0194	6.0237	6.0279	6.0322
85	6.0364	6.0407	6.0450	6.0494	6.0537	6.0581	6.0625	6.0669	6.0714	6.0758
86	6.0803	6.0848	6.0893	6.0929	6.0985	6.1031	6.1077	6.1123	6.1170	6.1217
87	6.1264	6.1311	6.1359	6.1407	6.1455	6.1503	6.1552	6.1601	6.1650	6.1700
88	6.1750	6.1800	6.1850	6.1901	6.1952	6.2004	6.2055	6.2107	6.2160	6.2212
89	6.2265	6.2319	6.2372	6.2426	6.2431	6.2536	6.2591	6.2646	6.2702	6.2759
90	6.2816	6.2673	6.2930	6.2988	6.3047	6.3106	6.3165	6.3225	6.3285	6.3346
91	6.3408	6.3469	6.3532	6.3595	6.3658	6.3722	6.3787	6.3852	6.3917	6.3984
92	6.5051	6.4118	6.4187	6.4255	6.4325	6.4395	6.4466	6.4538	6.4611	6.4584
93	6.5758	6.4833	6.4909	6.4985	6.5063	6.5141	6.5220	6.5301	6.5328	6.5484
94	6.5548	6.5632	6.5718	6.5805	6.5893	6.5982	6.6072	6.6164	6.6258	6.6352
95	6.6449	6.6546	6.6646	6.6747	6.6849	6.6954	6.7050	6.7169	6.7279	6.7392
96	6.7507	6.7624	6.7744	6.7866	6.7991	6.8119	6.8250	6.8384	6.8522	6.8663
97	6.8808	6.8957	6.9110	6.9268	6.9431	6.9600	6.9774	6.9954	7.0141	7.0335
98	7.0537	7.0749	7.0969	7.1201	7.1444	7.1701	7.1973	7.2262	7.2571	7.2904
99	7.3263	7.3656	7.4089	7.4573	7.5121	7.5758	7.6521	7.7478	7.8782	8.0902

附表9.2　分组数及相应的百分比和概率单位

分组数	百分比	概率单位
3	<15.866	<4
	15.866—	4—
	84.134—	6—
4	<6.681	<3.5
	6.681—	3.5—
	50—	5—
	93.319—	6.5—
5	<3.593	<3.2
	3.593—	3.2—
	27.425—	4.4—
	72.575—	5.6—
	96.407—	6.8—

续表

分组数	百分比	概率单位
6	<2.275	<3
	2.275-	3-
	15.866-	4-
	50-	5-
	84.134-	6-
	97.725-	7-
7	<1.618	<2.86
	1.618-	2.86-
	10.027-	3.72-
	33.36-	4.57-
	67.003-	5.44-
	89.973-	6.28-
	98.352-	7.14-
8	<1.222	<2.78
	1.322-	2.78-
	6.681-	3.5-
	22.663-	4.25-
	50-	5-
	77.337-	5.75-
	93.319-	6.50-
	98.678-	7.22-
9	<0.99	<2.67
	0.99-	2.67-
	4.746-	3.33-
	15.866-	4-
	37.07-	4.67-
	62.93-	5.33-
	84.134-	6-
	95.254-	6.67-
	99.01-	7.33-

第 10 章　工业产能过剩协同治理的政策效应评估与提升策略研究

构建协同高效的治理政策体系是产能调控方案有效落实的根本保障。鉴于当前去产能政策间、非去产能与去产能政策间、行政指令型与市场调节型政策间协同性较低这一突出问题，本章在前文研究成果的基础上，进一步探讨基于多层级、跨部门、多主体协同的产能过剩治理政策组合优化策略研究。首先，借助断点回归方法揭示了去产能政策在经济、环境和社会方面的有效性，分别从产能利用、绩效、绿色、安全、社会等多个维度实证考察了去产能政策的实施效果，并对政策效果的地区异质性进行了深入探讨。其次，采用文本挖掘方法剖析了各级各类政策文本背后隐藏的内在逻辑和深意，构建了基于多维信息融合的产能治理政策协同度评估模型，实证测度了我国煤炭产能过剩治理政策间的纵向协同、横向协同、时间协同及综合协同水平。最后，基于去产能政策的有效性和协同性评估结果，针对当前去产能政策的优势之处和不足之处，从局部与整体、短期与长期的角度，提出了基于多层级、跨部门、多主体协同的煤炭产能过剩协同治理政策工具组合优化策略。

10.1　去产能政策有效性的多维评估模型构建与实证研究

10.1.1　政策有效性评估模型构建

以 2016 年出台的煤炭行业去产能政策为研究对象(相关政策汇总展示在附表 10.1 和附表 10.2 中)，考察其在经济、环境和社会方面的多维有效性。具体地，基于我国 25 个主要产煤省区市 2010~2019 年的面板数据，运用断点回归设计方法，分别从产能利用、绩效、绿色、安全、社会等多个维度实证考察了去产能政策的实施效果，并对政策效果的地区异质性进行了深入探讨。

1. 断点回归设计

断点回归被认为是一种"准实验"设计,具有明确的因果推理逻辑、相对可靠的结果和估计一致的局部平均处理效果。断点回归包括精确断点回归和模糊断点回归。一般来说,关于政策效果评价的文献大多采用精确断点回归,特别是在能源和环境政策研究领域。其中,处理变量通常为政策颁布的时间或者政策实施的空间(地理边界)(Lee and Lemieux, 2010)。当时间或空间达到政策执行的要求时,政策开始对政策作用主体产生影响。因此,政策实行前后被解释变量的差异反映了政策的效果。在本章研究中,断点回归设计背后的基本思想是,去产能政策的有效性可由分组变量的差异具体体现。我们对比 2016 年前后政策相关的变量表现,可以获得去产能政策对经济、环境和社会效益的影响。因此,我们构建了以下模型来估计煤炭去产能政策的多维效应:

$$Y_{it} = \alpha + \beta D_{it} + \chi_1 f\left(X_{it} - 2016\right) + \delta Z_{it} + \mathrm{Pr}_{it} + \mathrm{Year}_{it} + \varepsilon_{it} \qquad (10.1)$$

其中, i 和 t 分别为省份和年份; Y_{it} 为被解释变量; D_{it} 为处理变量,表示 i 省份在第 t 年是否实施了煤炭去产能政策,若是,则 $D_{it} = 1$,否则 $D_{it} = 0$。如果年份 t 大于或等于 2016,则 $D_{it} = 1$,表示去产能政策已经实施。如果年份 t 小于 2016,则 $D_{it} = 0$。 β 为待评估的关键系数,也为本章研究要考察的政策效应。为了控制因遗漏时间趋势而引起的内生性问题,在模型中,我们控制了时间 t 的多项式, $X_{it} - 2016$ 为分组变量,衡量样本距离时间断点 2016 年的远近, $f(X_{it} - 2016)$ 表示分组变量的函数多项式。为了提高模型精确度和准确度,减少小样本偏差,还引入了协变量 Z_{it}。需要说明的是,考虑到本章研究的样本容量有限,我们在回归设计时,还控制了省份固定效应 Pr_{it} 和时间固定效应 Year_{it}。 ε_{it} 为随机误差项,以控制潜在的异方差、时序相关和横截面相关等问题。

2. 变量设定与数据来源

1)被解释变量

基于对煤炭去产能内涵的分析以及煤炭去产能政策中"减量、提质、增效"的目标,我们分别从经济、环境和社会 3 个维度来确定被解释变量。具体而言:我们选取了产能利用率(CU)、TFP 增长率(GRTFP)及成本费用利润率(RPC)3 个指标来衡量煤炭去产能政策在经济维度的效应。具体而言,CU 可以用来测度煤炭行业产能过剩的水平(Wang et al., 2019),该数据通常难以直接获得,在本章研究中,该指标数据参考 Wang 等

（2020b）的做法，采用基于省级边界生产函数间接测算得到，其测算步骤展示在本章附录 B 部分；TFP 本质上是一种资源配置效率，产业结构优化、企业竞争、创新竞争带来的资源重新配置都能提高 TFP，也是衡量煤炭行业生产能力的最佳指标（M. Zhang et al.，2020），而且其动态变化反映了煤炭行业经济投入转化为产出的效率变化，故我们设定 GRTFP 作为经济变量之一，该指标数据参考 Wang 等（2020b）的做法，采用基于 Cobb-Douglas 生产函数的索洛余值法来测算得到，其测算步骤展示在附录 C 部分；RPC 是利润总额与成本费用总额的比率，用以反映煤炭行业经营耗费所带来的经营成果，该项指标越高，利润就越大，表明煤炭行业的经济效益越好，该指标数据来源于 25 个产煤省区市的统计年鉴。

中国煤炭去产能工作中"提质、增效"的目标中"质"包括环境质量，因此我们考察煤炭去产能政策是否提升了环境质量，是否发挥了环境效应。借鉴 Ma 等（2020）的做法，我们采用原煤生产能耗 ECC 来衡量煤炭去产能政策的环境效应。该指标代表了生产单位原煤所消耗的各种能源经折算后，以标准煤量表示的煤炭生产能源消耗。ECC 水平越低，说明煤炭去产能政策所发挥的经济效应越好。该指标数据来源于 25 个产煤省区市的统计年鉴。

妥善安置煤炭行业职工、保障其切身利益是化解过剩产能工作的关键，化解过剩产能和提高安全生产保障能力相互促进。因此，煤炭去产能的一个重要目标还包括提高煤炭从业人员工资水平和行业安全水平。我们选取百万吨死亡率 DRPMT 和煤炭从业人员工资水平 WAGE 指标来衡量煤炭去产能政策的社会效应。其中，WAGE 指标的数据来源于 25 个产煤省区市的统计年鉴，指标的数据部分从中国各省区市国民经济和社会发展统计公报、煤矿安全监察局公开统计数据、各省区市统计年鉴中获得。针对部分缺失的数据进行网络搜索，通过媒体报道、领导讲话、政府文件等内容中获得。最后，部分省区市在部分年段缺失的百万吨死亡率、获取原煤产量及煤矿事故死亡人数，通过煤矿百万吨死亡率的定义进行计算。

2）处理变量

2016 年，中央颁布了 7 号文件，该文件是煤炭供给侧结构性改革的纲领性文件，也是煤炭去产能工作的主线，此政策的出台标志着煤炭供给侧结构性改革从研究阶段向政策发布阶段进行过渡。同时，各省区市的去产能方案和目标也随之进一步细化，地方和煤企相继公布了减员分流及关闭煤矿的具体方案。因此，将 2016 年设置为时间断点，并且将煤炭去产能政策的发布与否设置为处理变量 D，当年份大于或等于 2016 年时，D 设置为 1，否则，D 设置为 0。

　　3）协变量

　　为了提高回归结果的可靠性，从地方政府干预能力、地区经济发展水平和技术创新水平 3 个方面分别选取了一个代表性指标作为协变量，具体而言：

　　市场化指数（MI）是指地区市场化发展水平和程度，反映了某一特定区域政府与市场关系。因此，我们选取市场化指数来衡量地方政府干预能力。根据王小鲁等（2019）最新发布的研究数据，该指标目前最新的数据统计到 2016 年，对于 2017~2019 年缺失的数据，本章的做法是以非国有企业占工业总产值比重对该指标进行可比性调整和估算得到。

　　地方经济增长绩效竞争对产业发展的不良影响是产能过剩的主要原因之一。鉴于中国各省区市之间经济发展水平具有一定的异质性，而地区经济发展水平又和政府的产能调控能力及治理水平息息相关。因此，我们选取地区生产总值指数（上年=100）GDPI 来衡量地区经济发展水平，作为一个协变量。该指标的数据来源于国家统计局网站。

　　以技术创新为驱动力促进煤炭企业生产方式、管理方式的转变，以管理创新与制度创新推动企业组织结构、产品结构的调整，从而促进煤炭行业经济增长模式转变和市场供需平衡是化解煤炭产能过剩的一种重要方式。因此，我们选取了工业行业的 R&D 经费投入来衡量地区技术创新水平。该指标的数据来源于各省区市统计年鉴。

　　综上所述，在断点回归设计中共设置了 6 个被解释变量、1 个处理变量和 3 个协变量。这些变量的具体设定展示在了表 10.1 中。

表 10.1　变量设定

变量类型	维度	变量	代码	变量解释	参考文献
被解释变量	经济	产能利用率	CU	该指标代表产业的产能利用程度，通过计算煤炭产量与煤炭产能之比得到	Wang 等（2020b）
		TFP 增长率	GRTFP	该指标是用来衡量生产效率的指标，TFP 的增长代表了产业升级与生产力的发展	M. Zhang 等（2020）；Wang 等（2020b）
		成本费用利润率	RPC	该指标表明每付出一元成本费用可获得多少利润，体现了经营耗费所带来的经营成果。该指标值越高，利润就越大，反映行业的经济效益越好	Wang 等（2020b）

续表

变量类型	维度	变量	代码	变量解释	参考文献
被解释变量	环境	原煤生产能耗	ECC	该指标是以标准煤量表示的煤炭生产能源消耗，该指标值越低，行业环境效益越高	Ma 等（2020）
	社会	百万吨死亡率	DRPMT	该指标用来衡量煤炭行业安全生产水平，该指标值越低，行业安全效益也就越高	Liu 等（2019）
		煤炭从业人员工资水平	WAGE	该指标用来衡量煤炭行业从业人员的平均劳动报酬，平均工资越高，说明社会效益越高	Wang 等（2018c）
处理变量	去产能政策	对煤炭去产能政策颁布时间进行梳理，最终设定2016年为时间断点	D	t 小于 2016 年，$D=0$；t 大于或等于 2016 年，$D=1$	Hausman 和 Rapson（2018）
协变量	地方政府干预能力	市场化指数	MI	该指标代表了地区市场化发展水平和程度，地区市场化指数越高，地方政府对当地工业产业的干预能力就越低	Fu 等（2021）
	地区经济发展水平	地区生产总值指数（上年=100）	GDPI	该指标反映一定时期内地区生产总值变动趋势和程度的相对数，用于衡量地区经济发展情况	Qin 等（2017）
	技术创新水平	工业行业的R&D经费投入	RD	该指标代表了用于基础研究、应用研究和试验发展的经费支出，常用来衡量行业技术创新水平	Fu 等（2021）

10.1.2 政策有效性实证研究

1. 描述性统计分析

我们选取了中国25个产煤省区市2010~2019年的面板数据进行实证检验，完整的样本包括 250 个数据点，根据某一年是否实施了去产能政策来对这些样本进行划分，其被分为实验组和对照组。其中，实验组包括 75 个数据点，对照组包括 175 个数据点。表 10.2 为被解释变量和协变量样本的汇总统计数据。可以看出，对照组和实验组之间存在着初始的自然差异。而且，我们还计算了 25 个产煤省区市 CU 和 GRTFP 测算结果的平均值，如图 10.1 和图 10.2 所示。可以看出，在 2016 年前后其均发生了较为明显的波动。需要说明的是，鉴于上述原始数据的量纲、量级与变量性质不同，本章在断点回归分析前将上述数据进行了 Z 分数标准化处理，该方法是当前最常用的数据标准化方法（Milligan and Cooper，1988）。具体而言，数据经过处理后，其均值为 0，标准差为 1。转化公式为 $x = \dfrac{x - \bar{x}}{\sigma}$，其中，$\bar{x}$ 为原始数据的均值，σ 为原始数据的标准差，为标准化处理后的数据。

表 10.2　变量的描述性统计

变量	单位	全样本（N=250）		对照组（N=175）		实验组（N=75）	
		平均值	标准差	平均值	标准差	平均值	标准差
CU	%	69.243	18.850	69.066	19.349 67	70.25	18.4
GRTFP	%	0.037	0.190	−0.049	0.155	0.201	0.156
RPC	%	8.875	9.742	8.368	9.471	12.139	9.91
ECC	万吨标准煤	5911.942	9243.837	6025.408	9393.961	5689.783	8877.985
DRPMT	%	0.853	1.187	1.0238	1.223	0.497	0.952
WAGE	万元	61 762.4	21 450.120	53 348.05	14 775.12	78 716.96	24 430.98
MI	/	6.062	1.637	5.817	1.638	6.407	1.578
GDPI	/	109.256	2.961	110.736	2.657	106.871	1.435
RD	万元	2 652 073	3 762 400	2 102 455	2 894 826	3 661 067	4 932 796

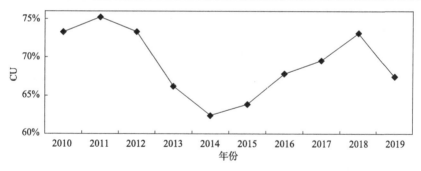

图 10.1　2010~2019 年中国 25 个产煤省区市的平均产能利用率

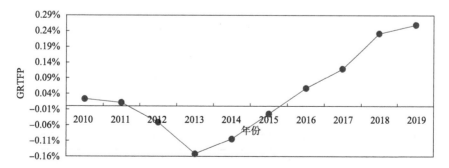

图 10.2　2010~2019 年中国 25 个产煤省区市的平均 TFP 增长率

2. 断点回归设计的有效性检验

断点回归设计的连续性假设意味着以下两点（Imbens and Lemieux，2008）：第一，经济行为人无法精确控制配置变量进行策略性选择行为；第二，除这一政策变化的影响外，其他变量均连续变化。对于第一点，在标准的断点回归设计中，为了检验行为人是否在临界点处选择利于自身的策略性行为。McCrary（2008）提出的密度检验方法是衡量断点回归设计连续性的标准方法，但其在时间断点回归上往往不适用。因此检验第一点的方法不同于常规的断点回归设计。本章研究的分组变量是时间，而时间本身不存在操纵的可能，原因如下：首先，去产能政策是由中央政府制定和颁布的，而去产能政策的实施是随时间而演化的；其次，我们整理了2016 年颁布的中央及地方去产能政策文件（如附录 A 所示），发现在 2016 年的 7 号文件颁布后，25 个产煤省区市在 2016 年间也纷纷制定和实施了具体的去产能政策与工作计划措施，故断点在各省区市之间是一致的；最后，我们选取的断点时间为 2016 年，在此年份不存在经济和政治环境的剧烈变化。因此，本章研究中的分组变量不存在被其他因素操纵的可能。

断点回归设计中包含的第二个假设，即局部平滑假设，它是指除了被解释变量，所有其他变量在断点附近都不应该存在处理效应，即没有出现跳跃现象。如果协变量在断点处发生了跳跃，那么被解释变量的跳跃就不能被处理变量的跳跃所完全解释，因果推断也就失去了效力。在检验方法上，我们可以利用图形直接观察，也可以将每一个协变量作为被解释变量的安慰剂，使用断点回归方法进行检验。在此，我们利用断点回归设计中的局部线性回归方法，将原来的被解释变量替换为协变量，得到协变量在断点前后的变化值。如表 10.3 所示，协变量在断点前后没有发生显著变化，另外，根据图10.3也可以看出，3 个协变量在断点处没有发生明显的跳跃，表现为相对光滑。因此，我们可以认为协变量的设定满足连续性假设。

表 10.3　断点回归估计结果

带宽	MI	GDPI	RD
Lward	−0.079（0.315）	0.062（0.324）	0.062（0.395）
Lward 50	0.036（0.474）	−0.145（0.214）	0.060（0.375）
Lward 200	−0.116（0.246）	0.330（0.203）	−0.078（0.265）

注：括号内的值为标准误；Lward 表示最优带宽，Lward 50 表示最优带宽的二分之一，Lward 200 表示最优带宽的 2 倍

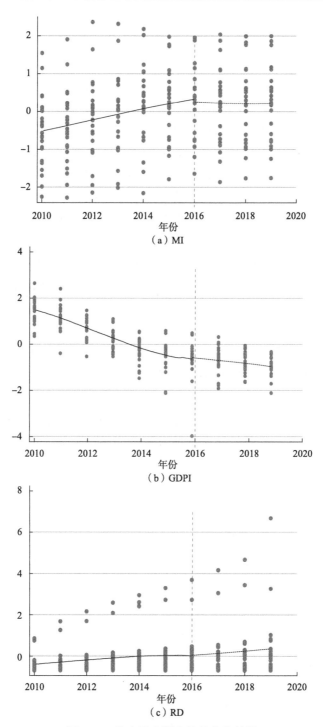

图 10.3　协变量在断点处的变化情况

3. 断点回归实证结果分析

在进行断点回归估计之前，采用图形来表征被解释变量和处理变量之间的关系，已经成为断点回归分析的标准做法，也是断点回归相对于其他因果识别方法更加清晰直观之处。该做法的目的是通过描述性统计图确定被解释变量在分配点存在跳跃现象，即存在断点效应。具体做法是通过某种拟合方法，对断点左右分别拟合，观察两侧拟合线的变化情况来推测跳跃现象是否发生，并以此作为断点回归估计的前提。在此，我们使用非参数估计的局部多项式进行拟合，通过图形分析 2016 年前后6 个被解释变量是否存在显著的跳跃，结果如图 10.4 所示。可以看出，在时间断点前后，经济维度的 3 个变量 CU、GRTFP、RPC 发生了较为明显的正向跳跃，然而环境维度和社会维度的 3 个变量 ECC、DRPMT、WAGE 则没有出现显著的跳跃。因此，我们可以初步确定煤炭去产能政策在经济效应上具有一定的正向作用，而社会效应和环境效应并没有显著发挥。另外，从图 10.4 中断点右侧的拟合线可以看出，煤炭 CU 在断点处有了显著性的提升以后，长期便趋于平稳，而 GRTFP 和 RPC 随着时间的增加，影响效果则有逐渐上升的趋势，这说明煤炭去产能政策的实施对煤炭产能利用率的影响短期有效，长期效果有限，而长期来看对GRTFP 和 RPC 的影响效果则逐渐增强。需要说明的是，图形分析只是初步地观察和粗略地估计，准确的政策效应估计还需要进一步地回归估计并加以检验。

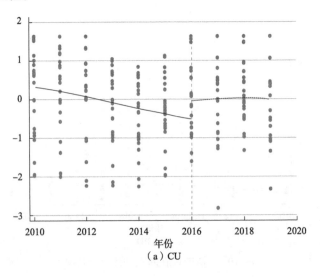

（a）CU

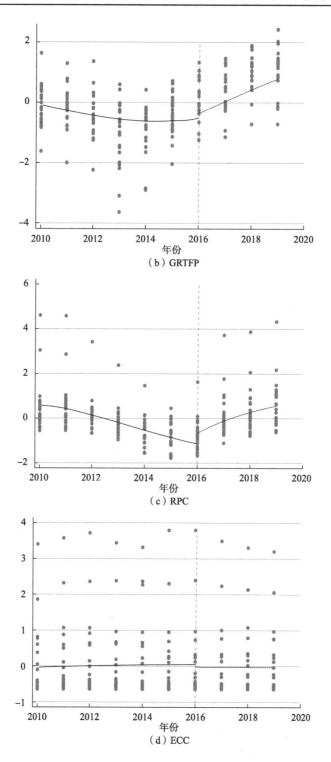

（b）GRTFP

（c）RPC

（d）ECC

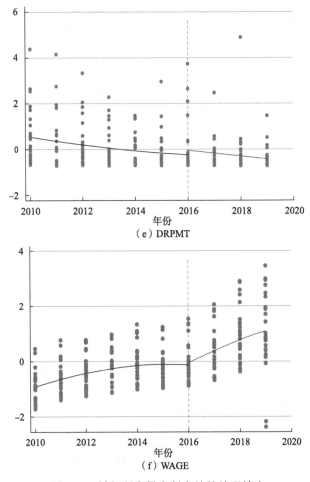

图 10.4　被解释变量在断点处的处理效应

　　如果断点附近样本量太少，为了得到相对比较精确的估计结果，有时我们不得不选择较大的带宽，当带宽较大时，线性近似所造成的偏差可能会增大。这种情况下，局部多项式回归可以捕捉被解释变量与分配变量之间的高阶非线性关系，得到更好的拟合结果，从而降低估计偏差。在局部多项式回归进行断点回归估计时，还需要选择滞后阶数 P，常采用 AIC、AICC 和 BIC 标准。一般而言，带宽越大，需要选择的滞后阶数越大；带宽越小，需要选择的滞后阶数越小。尽管以往的研究采取分配变量的高阶多项式，考虑到本章研究的样本容量及 Gelman 和 Imbens（2019）的研究发现，多项式阶数可以使用 AIC 选取，然而过高的阶数容易引起过度拟合问题导致推断偏误。Imbens 和 Lemieux（2008）建议对于样本容量有限的断点回归，选择一阶或者二阶更合适，即局部线性回归或二阶多项式拟合即可。在本章研究中，我们采取了二阶多项式，并控制了省份和时间固定效应。另外，为了保证估计结果的准确性，我们采用了局部线性回归估计方式作为对照，通过改变分配变量的多项式阶数，观察是否会造成相关系数的显著性变化，可侧面证明基准结论的稳健性。同时，我们使用了三角形核函数，它更适合于边界估计（Lee and Lemieux，2010）。具体的非参数断点回归估计结果如表 10.4 所示。

表 10.4　非参数断点回归估计结果

估计量	CU		GRTFP		RPC		ECC		DRPMT		WAGE	
	（1）	（2）	（3）	（4）	（5）	（6）	（7）	（8）	（9）	（10）	（11）	（12）
D	0.125^{**} （0.427）	0.128 （0.417）	0.112^{*} （0.343）	0.003 （0.402）	0.500^{*} （0.300）	0.447 （0.365）	0.006 （0.374）	0.009 （0.212）	0.220 （0.300）	0.250 （0.420）	0.108 （0.260）	0.164 （0.331）
核函数	三角核	三角核	三角核	三角核	三角核	三角核	三角核	三角核	三角核	三角核	三角核	三角核
多项式阶数	2	1	2	1	2	1	2	1	2	1	2	1
固定效应	是	是	是	是	是	是	是	是	是	是	是	是
样本量	250	250	250	250	250	250	250	250	250	250	250	250

　* $p \leqslant 0.10$，** $p \leqslant 0.05$，括号内的值为标准误

　　根据表 10.4 的断点回归结果可以发现，煤炭去产能政策对 CU、GRTFP、RPC 的作用效果显著为正，CU 约提升了 12%，GRTFP 约提升了 11%，RPC 的影响程度最高，约提升了 50%，说明煤炭去产能政策显著改善了煤炭行业的经营效益和营利能力。就 ECC、DRPMT、WAGE 3 个被解释变量而言，其回归估计系数为正，但均未通过显著性检验。因此，我们可以认为，煤炭去产能政策的实施取得了较为良好的经济效应，但是在社会和环境维度没有显著发挥其效应。另外，对比一阶线性回归和二阶多项式线性回归结果可以发现，被解释变量的回归系数均为正，说明影响效应的方向没有发生变化，但一阶多项式未通过显著性水平检验，这也说明了本章研究中采取二阶多项式线性回归是合适的，也进一步验证了表 10.4 中第（1）、（3）、（5）、（7）、（9）、（11）列回归结果的可靠性。

　4. 稳健性检验

　1）带宽敏感性检验

带宽可能会影响到断点回归估计结果的稳健性（Lee and Lemieux，

2010），断点回归估计的有效性与稳健性在一定程度上依赖于所选择带宽的大小。非参数估计中最优带宽的确定方法有多种，近年来的研究中被使用最多的方法是 IK 法和 CCT 法。IK 法是数据驱动的，但 Calonico 等（2014）认为，IK 法得出的最优带宽可能存在过大的可能性，导致相应的置信空间有偏，会过度拒绝"没有处理效应"的原假设。因此，权衡考虑估计的无偏性与有效性，我们采用 CCT 标准分别考察了最优带宽的 0.5 倍、1 倍和 2 倍下的估计结果的敏感性，从而准确估计出近邻断点处的处理效应。估计结果如表 10.5 所示，可以看出，CU、GRTFP、RPC 3 个变量的估计参数对带宽选择敏感，具体而言，在 2 倍的带宽设置下，政策效应更加显著，这可能和煤炭行业的行业刚性及累计效应有关，然而，这 3 个变量在不同带宽下的影响方向是一致的。另外，ECC、DRPMT 及 WAGE 3 个变量的估计参数仍不显著，与前述分析保持一致，因此我们可以认为断点回归设计通过了带宽敏感性检验。

表 10.5　不同带宽下的断点回归估计结果

带宽	CU	GRTFP	RPC	ECC	DRPMT	WAGE
CCT	0.125^{**} （0.427）	0.112^{*} （0.343）	0.500^{*} （0.300）	0.006 （0.374）	0.220 （0.300）	0.108 （0.260）
0.5CCT	0.210^{*} （0.256）	0.235 （0.254）	0.150 （0.180）	0.004 （0.298）	0.255 （0.439）	0.257 （0.201）
2CCT	0.486^{*} （0.261）	0.611^{**} （0.206）	0.637^{***} （0.190）	−0.061 （0.266）	0.297 （0.243）	−0.070 （0.183）

$* p \leqslant 0.10$，$** p \leqslant 0.05$，$*** p \leqslant 0.01$；括号内的值为标准误

注：CCT、0.5CCT 和 2CCT 分别表示 CCT 标准下最优带宽的 0.5 倍、1 倍和 2 倍

2）添加协变量

由于断点回归可视为局部随机试验，故是否包括协变量，并不影响断点回归估计量的一致性。加入协变量的好处在于，如果这些协变量对于被解释变量有解释力，则可以减少扰动项方差，使得估计结果更为准确。表 10.6 显示了加入协变量的断点回归估计结果。虽然上面讨论的所有协变量都是连续的，在策略截止点没有跳跃，但它们可能会影响估计的一致性和治疗效果。因此，我们在断点回归设计中包含了一些协变量，以检查估计结果的鲁棒性。从表 10.6 可以发现，断点回归估计几乎不受包含这些协变量的影响。具体地，在加入协变量以后，被解释变量的所有估计参数虽在数值上存在一定差异，但在影响方向和显著性水平上均没有变化。因此，我们可以认为，无论是否加入协变量，表 10.4 和表 10.6 的估计结果均是稳

定的，即可以认为断点回归设计是有效的。

表 10.6　加入协变量的断点回归估计结果

核函数	CU	GRTFP	RPC	ECC	DRPMT	WAGE
协变量 N	0.125** （0.427）	0.112* （0.343）	0.500* （0.300）	0.006 （0.374）	0.220 （0.300）	0.108 （0.260）
协变量 Y	0.103** （0.427）	0.002* （0.310）	0.491* （0.287）	0.002 （0.189）	0.168 （0.286）	0.117 （0.253）

$* p \leqslant 0.10$，$** p \leqslant 0.05$；括号内的值为标准误

注：Y 代表加入协变量，N 代表未加入协变量

3）参数估计检验

使用矩形核密度函数的非参数估计，等同于基于子样本的参数估计。使用三角核密度函数与使用矩形核密度函数的唯一区别是，前者给临近断点的观测值更大的权重。但是，想要给近极端的观测值更大的权重，更透明的做法是在更小的带宽内使用矩形核密度函数。若在具体操作中不同核密度函数得到的结果是一致的，说明断点回归设计通过了估计方法的敏感性检验。因此，我们在进行断点回归估计时不仅使用了三角核密度函数，也使用了矩形核密度函数作为稳健性检验，结果如表 10.7 所示，可以看出，CU、GRTFP、RPC 的估计系数仍保持显著，且差异很小，ECC、DRPMT 及 WAGE 的估计系数仍不显著，且只有 ECC 的影响方向出现了变化，但两种估计标准下的数值差距很小。综上，不同的估计方法得到的结果基本一致。因此，我们可以认为断点回归设计通过了参数和非参数估计方法的敏感性检验。

表 10.7　参数断点回归估计结果

核函数	CU	GRTFP	RPC	ECC	DRPMT	WAGE
三角核	0.125** （0.427）	0.112* （0.343）	0.500* （0.300）	0.006 （0.374）	0.220 （0.300）	0.108 （0.260）
矩形核	0.118* （0.420）	0.130* （0.346）	0.547* （0.303）	−0.005 （0.360）	0.191 （0.312）	0.136 （0.313）

$* p \leqslant 0.10$，$** p \leqslant 0.05$；括号内的值为标准误

4）安慰剂检验

在分组变量的其他位置，如断点左右两侧重点位置作为伪断点，利用同样的方法计算估计量，伪断点干预效应为零，否则，则说明断点回归设计可能存在问题，混杂了其他未观测因素的影响，得到的因果效应可能是由其他未观测混杂的跳跃造成的，而不完全是干预的影响。基于对煤炭去

产能政策的梳理，最终选取 2016年作为时间断点进行回归分析。但是，考虑到政策可能存在一定的时滞效应，导致时间断点的选择可能存在偏误。如果没有准确地选择断点，那么回归分析的结论也必然不可信，因此需要实施安慰剂检验，即假定断点回归设计中时间断点不是 2016 年，而是其他年份。具体地，我们在原时间断点前后分别选取两个时间点，即选取 2015 年和 2017 年作为伪断点进行证伪检验。回归结果如表10.8 所示，可以发现，更换了时间断点后，无论是否加入协变量，在两个新的断点附近，除RPC变量外，去产能政策的实施对于 CU 等其余变量的影响均不显著，即以2015 年或 2017 年为政策断点是不准确的。因此，我们可以认为断点回归设计通过了安慰剂检验，进一步表明了研究结果的稳健性。

表10.8　不同断点处的断点回归结果

断点设置	CU	GRTFP	RPC	ECC	DRPMT	WAGE
2016 年	0.125^{**} （0.427）	0.112^{*} （0.343）	0.500^{*} （0.300）	0.006 （0.374）	0.220 （0.300）	0.108 （0.260）
2015 年（N）	0.380 （0.297）	0.171 （0.397）	−0.009 （0.248）	−0.127 （0.330）	0.070 （0.283）	−0.288 （0.236）
2015 年（Y）	0.417 （0.287）	0.191 （0.364）	−0.100 （0.240）	−0.007 （0.228）	−0.025 （0.255）	−0.244 （0.229）
2017 年（N）	−0.083 （0.462）	−0.074 （0.361）	0.852^{***} （0.277）	0.012 （0.352）	−0.491 （0.516）	0.306 （0.348）
2017 年（Y）	−0.753 （0.456）	−0.300 （0.348）	0.806^{***} （0.280）	−0.067 （0.191）	−0.465 （0.515）	0.258 （0.344）

$*\ p \leqslant 0.10$，$**\ p \leqslant 0.05$，$***\ p \leqslant 0.01$；括号内的值为标准误

注：Y 代表加入协变量，N 代表未加入协变量

10.1.3　政策有效性的空间异质性讨论

为充分评估供给侧结构性改革背景下煤炭去产能政策的效应机制，有必要从区域视角来进一步讨论煤炭去产能工作效果。据政策实施情况和已有研究观点表明，由于各地的经济发展、资源约束、产业结构、去产能成本等存在一定的异质性，各地在煤炭去产能过程中的注重点有所不同，从而对煤炭去产能政策的重视程度和贯彻落实情况也会存在差异。由此，我们产生了一些疑问，煤炭去产能政策的实施效应是否存在一定的空间异质性？为了回答这个问题，我们在本节分别以地区经济发展水平、资源禀赋情况、去产能成本作为分组标准，将研究样本进行分组回归，检验比较不同区域划分标准下的组别估计系数大小和显著性变化，以此来考察煤炭去产能政策效应的空间异质性。

1. 基于地理区域的政策效果异质性讨论

对全部样本根据地理区域的划分标准进行分组,将 25 个产煤省区市划分为东部地区和中西部地区两个子样本,最终得到东部地区样本 60 个,中西部地区样本 190 个。样本分组结果见附表 10.3 中第 1、2 列,可以看到东部地区的省份如江苏省和中西部地区的省份如贵州省,其在财政能力、经济发达程度和政府治理能力等方面存在一些差距。我们分别对其进行了断点回归估计,结果展示在表 10.9 中。对比分析可以发现,受地理区位差异的影响,煤炭去产能效果存在一定的异质性。具体来讲:①从经济维度来看,在东部地区,CU、GRTFP 和 RPC 的回归系数的符号均为负,而在中西部地区其符号均为正,说明去产能政策在中西部地区具有显著的正面影响。其原因可能是,相较于中西部地区[①],东部地区煤矿的先进产能占比高是由于其精细化的管理水平及低成本的机械化开采水平,再加上其当地煤炭市场的消纳能力较强,故在施加外部强约束干预后,东部地区煤炭企业的运行状态可能会受到一定影响,进而会导致相应的经济效益损失。②从环境维度变量来看,去产能政策在一定程度上降低了东部地区的ECC。煤炭生产的综合能耗高低在一定程度上取决于采煤技术是否先进及地方对环境治理的重视程度。相应地,相对于中西部相对滞后的煤炭产能管理能力和落后的采煤技术,在煤炭去产能政策提质增效的目标驱动下,发展理念先进和科技投入有力的东部地区煤炭生产的环境效益得到了显著的改善。③从社会维度变量来看,去产能政策显著提升了中西部地区的煤炭从业人员工资水平,这可能是由于一方面中央财政对中西部地区的支持力度倾斜显著高于东部地区[②];另一方面,东部地区与中西部地区的产业及就业人员结构差异导致了工资水平影响差异的存在。

表 10.9　不同地理区域的分组估计结果

分组	CU	GRTFP	RPC	ECC	DRPMT	WAGE
东部地区 （N=60）	−0.036* （0.774）	−0.081* （0.455）	−0.442** （0.397）	−0.0008* （1.051）	0.261 （0.206）	0.094 （0.521）

① 例如,在内蒙古、山西、贵州等地处西部地区的省区,煤矿管理水平和机械化水平显著落后于东部地区的发达省份,由于无序和违规开采行为而遗留的落后产能占比很高,在煤炭去产能提质增效的政策目标驱动下显著提高了西部地区煤炭行业的集中度,进而提升了行业整体的经营效率,也就解释了为何煤炭去产能政策在西部地区的经济效应显著为正。

② 2016 年 5 月 18 日,中央财政部通过官网公布了《工业企业结构调整专项奖补资金管理办法》。中央财政将设立总规模为 1000 亿元的专项奖补资金,用于对地方和中央企业化解钢铁、煤炭行业过剩产能给予补助。对超额完成化解产能任务的省份则会拨付梯级奖补资金进行奖励。

续表

分组	CU	GRTFP	RPC	ECC	DRPMT	WAGE
中西部地区 （N=190）	0.175* （0.507）	0.008* （0.425）	0.522*** （0.375）	0.169 （0.275）	0.240 （0.401）	0.106* （0.291）

* $p \leqslant 0.10$，** $p \leqslant 0.05$，*** $p \leqslant 0.01$；括号内的值为标准误

注：N代表分组样本内数量

综上，我们可以认为：去产能政策在东西部地区产生了相反效果的经济效应，在中西部地区发挥了良好的促进作用，提升了煤炭行业的经济效益，然而，去产能政策在东部取得了积极的环境效应，显著降低了原煤生产综合能耗水平，但在西部地区影响效果不明显。就社会效益而言，去产能政策显著提升了西部地区的煤炭从业人员工资水平，但在东部地区没有发挥其效果。

2. 基于资源禀赋条件的政策效果异质性讨论

煤炭资源禀赋是指煤炭资源本身所具有的特征，主要由煤炭资源的储量、煤质、地质条件和矿井灾害等因素构成，是影响煤炭成本的首要因素。我们计算了25个产煤省区市近十年的地区煤炭年平均产量，根据其中位数，将全样本划分为资源禀赋水平高、低两个子样本，样本分组结果见附表10.3第3、4列，其中资源禀赋高水平的样本量为130个，资源禀赋低水平的样本量为120个。我们对其分别进行了断点回归估计，结果如表10.10所示。对比分析可以发现：①就经济效应而言，去产能政策对低资源禀赋地区的CU、GRTFP和RPC具有显著的提升作用；②就环境效应而言，无论是高资源禀赋地区还是低资源禀赋地区，对ECC均没有产生显著影响；③就社会效应而言，在高资源禀赋地区，DRPMT的回归系数显著为负，WAGE回归系数显著为正，说明去产能政策显著提升了煤矿安全生产水平，且煤炭从业人员工资水平也得到了提升。

表 10.10　不同资源禀赋的分组估计结果

分组	CU	GRTFP	RPC	ECC	DRPMT	WAGE
高资源禀赋 （N=130）	−0.089* （0.571）	−0.203* （0.440）	0.592*** （0.432）	0.201 （0.824）	−0.180* （0.162）	0.189** （0.355）
低资源禀赋 （N=120）	0.359** （0.619）	0.203* （0.545）	0.400** （0.418）	0.0008 （0.418）	0.322 （0.621）	0.320 （0.391）

* $p \leqslant 0.10$，** $p \leqslant 0.05$，*** $p \leqslant 0.01$；括号内的值为标准误

注：N代表分组样本内数量

综上，我们可以认为，去产能政策在低资源禀赋地区产生了更好的经

济效应，在高资源禀赋地区则产生了良好的社会效应。究其原因，相较于高资源禀赋地区，低资源禀赋地区煤炭开采难度大，开采成本更高，"淘汰落后产能，发展先进产能"的工作号召在一定程度上优化了这些省区市的煤炭生产资源配置，使其经济效益得到了改善。在高资源禀赋地区，煤炭企业通常具有更好的安全生产条件和人员安置能力，故去产能政策进一步提升了其社会效益。

3. 基于煤炭去产能成本的政策效果异质性讨论

基于 Wang 等（2020b）文献中政府去产能方案中煤炭去产能成本的估算结果，根据其中位数，将全样本划分为去产能成本高、低两个子样本，样本分组结果见附表 10.3 第 5、6 列，其中高去产能成本分组的样本量为 130 个，低去产能成本分组的样本量为 120 个。我们对其分别进行了断点回归估计，结果如表 10.11 所示。对比分析可以发现：①去产能成本较低的地区，去产能政策对 CU 提升的效果显著，其背后可能的原因在于，在去产能成本较低的地区，其资产处置成本和人力安置成本往往也处于低位，故落后产能更易改造或主动退出，进而有助于提升资产设备的利用效率。②去产能政策对高去产能成本地区和低去产能成本地区的 RPC 具有显著的正面影响，而且对高去产能成本地区的影响作用更强，这说明去产能成本高的地区，如山西、陕西、内蒙古等省区，其经营效益的变化对去产能政策的实施更为敏感，可能是由于这些地区大型矿井数量多，去产能政策优化了其资源配置，改善了企业经营效益。③在高去产能成本地区，去产能政策的实施在一定程度提升了煤炭从业人员的工资水平，这与表 10.10 中 WAGE 一列的估计结果在逻辑上是一致的，这可能是因为资源禀赋高的地区去产能成本也往往较高，如贵州、新疆等省区，从而也检验了不同样本划分标准下子样本回归结果的稳健性。

表 10.11　不同去产能成本的分组估计结果

分组	CU	GRTFP	RPC	ECC	DRPMT	WAGE
高去产能成本 （N=130）	−0.246* （0.502）	−0.007 （0.365）	0.627*** （0.463）	0.200 （0.814）	0.122 （0.191）	0.151* （0.321）
低去产能成本 （N=120）	0.560** （0.581）	−0.009 （0.613）	0.352** （0.387）	0.001 （0.422）	0.286 （0.557）	0.091 （0.435）

$*\ p \leqslant 0.10$，$**\ p \leqslant 0.05$，$***\ p \leqslant 0.01$；括号内的值为标准误

注：N 代表分组样本内数量

综上，我们可以认为：在去产能政策成本低的地区，去产能政策对产

能利用率和生产经营效益具有正面的影响，显著提升了煤炭行业的经济效益。而且，在去产能成本比较高的地区，去产能政策的实施显著提升了煤炭从业人员的工资水平。

10.2　去产能政策协同度的多维评估模型构建与实证研究

10.2.1　政策协同度评估模型构建

1. 评估指标框架

协同理论最早是由德国物理学家哈肯（Haken，1983）提出来的，其是指通过独立自治和具备自主功能的各子系统之间相互协作，使得系统在一定条件下能够依靠自组织机制运转，从而推动整个系统由混沌演化为有序。近年来，随着政府间不同主体、不同层级、不同部门间网络化格局的出现，学者开始重视协同理论在公共政策分析和制定过程中的应用。我国行政体制具有部门分治的特点，这有助于部门的专业分工和精细管理，但同时也加大了不同部门之间协同合作的难度。与此同时，工业去产能政策影响的多领域性和复杂性，单一、过量地强调任何一个层级、部门、时效可能对经济的可持续发展和社会的安定产生不利影响，只有形成相互配合、相互支持的政策，才能推动经济的高速发展。依据前文基于协同理论的政策协同研究，OECD 和多数学者认可政策协同分为横向协同、纵向协同和时间协同。因此，综合考虑政策协同研究、中国特有的行政体制及工业去产能的多领域性和复杂性，在分析工业去产能政策协同时聚焦政策"横向协同—纵向协同—时间协同"这 3 个维度，如图 10.5 所示。

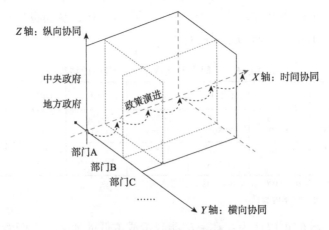

图 10.5　政策协同评估框架

横向协同旨在考察国务院办公厅、发改委、工信部、人社部、财政部（省政府办公厅、省发改委、省工信厅、省人社厅、省财政厅）在相同类事项的规划中所制定的行动措施是否相互协调，能否有效服务于去产能政策目标。纵向协同旨在确保下级政策与上级政策的原始意图相一致。按照国务院颁布的《国家级专项规划管理暂行办法》和部分省市颁布的《省级专项规划管理暂行办法》，专项规划文本的构成要素一般包括现状、趋势、方针、目标、任务、布局、项目、实施保障措施等内容。时间协同旨在确保当今政策在可预见的未来具有持续效力，主要包括两点：一是具有公共政策的前瞻性；二是为根据环境变化进行政策调整做出合理的制度安排。政策文本的特点是文本较长、语义完整、术语较多且不具有固定结构，因此本章研究在学者们的研究基础上，结合去产能政策的相关特点，构建了去产能政策文本挖掘模型，模型流程图如图 10.6 所示。模型分为文本获取、文本量化和政策协同 3 个方面。

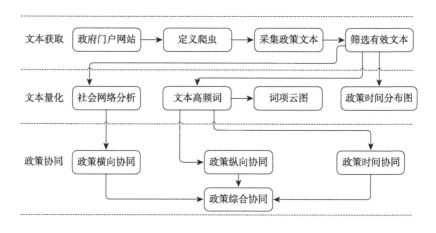

图 10.6　去产能政策文本挖掘流程

2. 横向协同评估的量化标准

使用社会网络分析方法对政策横向协同度进行分析。首先，从所搜集政策样本中提取政策制定主体，并统计各个政策制定主体与其他政策主体两两配合频次，利用 EXCEL 表格构建去产能政策制定主体共现矩阵。其次，借助 Ucinet 和 Netdraw 软件对该矩阵进行分析，最终得到政策结构指标和政策制定主体协作网络关系图。在政策结构指标中，网络密度代表横向协同度，其计算公式为 $d = \dfrac{f}{n \times (n-1)}$，$n$ 表示网络规模，f 表示网络链接频次。

3. 纵向协同评估的量化标准

政策纵向协同评估是基于原始政策文本进行分析,深度挖掘地方政府和中央政府政策文本中的核心与关键问题,从而探求政策文本的一致性。一般认为,人的认知倾向主要通过他经常使用的文字反映出来,文字使用频率的变化反映了人对事物的重视程度与认知的变化,对政策文本关键词的分析能够反映政策文件关注点的变化,进而获取去产能政策的内在逻辑、文本关联特征等信息。就研究所知,专项规划文本的构成要素一般包括现状、趋势、方针、目标、任务、布局、项目、实施保障措施等内容,但进一步精读研究所搜集的规划文本又会发现,并非所有的要素都会出现在专项规划中。因此,综合考虑文本挖掘、文本计算、既有研究和现实情况,主要结合词频信息构建的政策目标、政策措施和政策保障 3 个方面考察相关政策纵向协同状况。其中,政策目标是指政策执行预期可以达到的目的、要求和结果;政策措施是指制定和贯彻实施政策时运用的方法和手段;政策保障是指为了达到政策目标而制定关于社会保险、救济、福利和安抚等方面一系列的方略。

政策纵向协同评估量化是对政策文本进行分割,将中央政府和地方政府政策核心关键词进行归类,形成政策文本数据库,对所有政策文本以关键词占总词频比重的思路计算下级政策与上级政策的原始意图相一致性,计算公式为

$$S_{xyi} = \frac{\sum_{x=1}^{n} a_{xyi}}{\sum_{x=1}^{\infty} a_{xyi}}, x \neq 0, y \in [1,2,3], i \in [1,2,3,4,5,6,7] \qquad (10.2)$$

$$Z_{xyi} = \frac{\prod_{y=1}^{3} S_{xyi}}{\prod_{y=1}^{3} S_{xy}}, x \neq 0, i \in [1,2,3,4,5,6,7] \qquad (10.3)$$

其中,x 表示政策关键词;y 表示政策的三个方面,即目标、措施和保障;i 表示 7 个政策执行主体,分别为中央、山西、内蒙古、山东、河南、陕西、贵州;a_{xyi} 表示目标、措施和保障三方面的政策关键词在 i 主体中出现的总频次;S_{xyi} 表示 i 政府主体的政策在目标、措施和保障三方面的政策强度;S_{xy} 表示所有政策文本在目标、措施和保障三方面的政策强度;Z_{xyi} 表示 i 政府主体去产能政策的纵向协同程度。

4. 时间协同评估的量化标准

政策时间协同评估是基于原始政策文本进行分析，深度挖掘不同年份中政策文本反映的核心和关键问题，从而探求政策文本的连续性。同纵向协同一致，采用文本挖掘的方式，结合关键词词频信息构建政策目标、政策措施和政策保障 3 个指标对文本进行量化。政策时间协同评估量化是对政策文本进行分割，将政府政策 2009~2020 年的核心关键词进行归类，形成政策文本数据库，对所有政策文本以关键词占总词频比重的思路计算政府政策 2009~2020 年去产能政策的连续性，计算公式为

$$S_{xyiz} = \frac{\sum_{x=1}^{n} a_{xyiz}}{\sum_{x=1}^{\infty} a_{xyiz}}, x \neq 0, y \in [1,2,3], i \in [1,2,3,4,5,6,7], z \in [2009,2010,\cdots,2020]$$

$$（10.4）$$

$$Z_{xyiz} = \frac{\prod_{y=1}^{3} S_{xyiz}}{\prod_{y=1}^{3} S_{xy}}, x \neq 0, i \in [1,2,3,4,5,6,7], z \in [2009,2010,\cdots,2020]$$

$$（10.5）$$

其中，x 表示政策关键词；y 表示政策的三个方面，即目标、措施和保障；i 表示 7 个政策执行主体，分别为中央、山西、内蒙古、山东、河南、陕西、贵州；z 表示年份即 2009~2020 年；a_{xyiz} 表示目标、措施和保障三方面的政策关键词在 i 主体中出现的总频次；S_{xyiz} 表示在 z 年 i 政府主体的政策在目标、措施和保障三方面的政策强度；S_{xy} 表示所有政策文本在目标、措施和保障三方面的政策强度；Z_{xyiz} 表示在 z 年 i 政府主体去产能政策的纵向协同程度。

5. 综合协同评估的量化标准

为综合比较六省区去产能政策的协同程度，根据前述 3 项量化指标进一步构建基于熵值法确定指标权重的政策协同综合评价指数，政策协同综合评价指数=ω_1×横向协同+ω_2×纵向协同+ω_3×时间协同。具体过程如下所示。

（1）设有 n 个评价对象，m 个评价指标，即构造原始数据判断矩阵 $X = (x_{ij})_{n \times m}$，其中，$i = 1, 2, \cdots, n$；$j = 1, 2, \cdots, m$。

（2）标准化判断矩阵：根据不同指标对系统贡献类型做出分类，从而标准化判断矩阵，本节研究中的指标为越大越优型，因此公式如下：

$$V_{ij} = \frac{x_{ij} - \min(x_j)}{\max(x_j) - \min(x_j)} \qquad （10.6）$$

（3）计算第 i 个评价对象、第 j 个指标的占比，即

$$E_{ij} = \frac{V_{ij}}{\sum\limits_{i=1}^{n} V_{ij}} \qquad （10.7）$$

（4）计算各项指标的熵值 F_j 和差异度 G_j，即

$$F_j = -\frac{1}{\ln(n)} \sum_{i=1}^{n} E_{ij} \ln E_{ij} \qquad （10.8）$$

$$G_j = 1 - F_j \qquad （10.9）$$

（5）计算各项指标的权重 ω_j：

$$\omega_j = \frac{G_j}{\sum\limits_{j=1}^{m} G_j} \qquad （10.10）$$

（6）计算各项指标得分：

$$S_{ij} = \omega_j \times x_{ij} \qquad （10.11）$$

10.2.2 政策协同度实证分析

1. 研究对象

从各省区政府的公开性文件中可以发现，中国煤炭退出规模超过4500 万吨的有 6 个省区，分别是山西、内蒙古、河南、山东、陕西、贵州。此六省区去产能合计超过全国去产能总量的 60%，且既有人口稠密较发达的中东部省份，也有地广人稀欠发达的西部省份，所以本章研究选取以此六省区及中央政府颁布的去产能政策为代表来探究政策协同问题。国务院部委中去产能政策数量排名前 5 的部门是国务院办公厅（27）、发改委（168）、工信部（79）、财政部（40）、人社部（15），将这 5 个部门作为煤炭去产能政策协同分析对象。与此同时，本着对应原则，将 6 个省区的省政府办公厅、省发改委、省工信厅、省财政厅、省人社厅亦纳为分析对象，从而展开煤炭行业去产能政策协同研究综合图景。

2. 数据来源

通过北大法宝数据库、中国政府网收集 2009 年 1 月 1 日~2020 年 12 月

31 日国家及各部委颁布的与去产能相关的政策，再利用万方数据库对搜集的政策进行核对，初步确定了 2845 项与去产能相关的政策。通过进一步阅读与筛选，确定了与中国煤炭去产能相关的政策 264 条，然后从政策背景、发布时间、发布机构、政策类型、政策措施、政策绩效等方面对政策进行精读，经过团队的反复筛选与讨论，最终建立了中国去产能政策数据库，数据库包含了国务院（省政府）办公厅、（省）发改委、（省）工信部（厅）、（省）财政部（厅）、（省）人社部（厅）颁布的去产能政策。

3. 实证分析与结果讨论

随着中国煤炭去产能压力的逐渐增大及去产能涉及的利益主体越来越复杂，加强上下级间、同级间及时间延续上的政策协同将是中国政府未来制定煤炭去产能政策的主要趋势。本部分将对中国煤炭去产能政策横向协同、纵向协同、时间协同和综合协同进行度量，并根据度量结果对政策协同度进行分析。

1）政策横向协同

采用社会网络分析方法对中央政府和地方政府横向协同程度进行分析，借助 Ucinet 软件得到中央政府和地方政府的政策结构指标，包括样本数量、网络规模、网络连接频次和横向协同度 4 个指标。具体来说，样本数量表示政策数量，网络规模表示发文主体数量，网络连接频次是指部门间联合发文的次数，横向协同度（网络密度）代表部门之间关联的紧密程度。表 10.12 报告了中央政府和地方煤炭去产能政策横向协同度，数据结果显示：首先，从整体上看，中央和山西的横向协同度为 1，远高于其他地方政府横向协同度，这表明中央政府和山西省政府在制定煤炭去产能政策时更加关注部门间的协同度。其次，地方政府对部门间的横向协同度关注差异较大，山西横向协同度最高为 1。部门间的横向协同是政策协同的重要组成部分，建立合作型政府，要求各部门间打破僵化的行政机制，提高组织的灵活性。煤炭去产能所涉及的问题包含许多跨域治理事务，更需要加强各部门之间的有效对话，利益相关部门都应参与煤炭去产能政策的制定，提高部门间的合作深度与广度。

表 10.12　中央政府和地方政府政策主体网络结构特征

指标	中央	山西	河南	山东
样本数量/个	103	43	24	27
网络规模/个	5	5	5	5
网络连接频次/次	20	20	12	12
横向协同度	1	1	0.6	0.6

2）政策纵向协同

纵向协同主要是考察各地方政府去产能政策与中央战略政策的协同程度。以所精选出的 264 项去产能政策文本为基础建立待分析政策文本数据库，首先基于 ROCT ContentMining 软件对政策文本进行分词处理，其次统计高频词。此处由于版面的限制，只列出中央政府和地方政府煤炭去产能政策有效关键词汇总表，如表 10.13 所示。

表 10.13　中央政府和地方政府煤炭去产能政策有效关键词汇总表

中央政府				地方政府			
高频词	频数/次	高频词	频数/次	高频词	频数/次	高频词	频数/次
产能	3932	支持	685	企业	4995	补贴	988
企业	2515	安置	665	煤炭	3109	淘汰	965
煤矿	1805	化解	663	产能	3018	安置	959
煤炭	1582	实施	637	煤矿	2705	完善	948
职工	1207	推进	625	改革	1893	落后	890
落后	1113	行业	619	推进	1685	化解	884
重组	1032	落实	609	职工	1665	政府	877
淘汰	1020	改革	601	重组	1477	牵头	843
项目	779	加快	560	加强	1290	兼并	842
钢铁	730	依法	549	支持	1282	过剩	831
过剩	727	完善	525	项目	1263	加快	815
兼并	719	任务	455	落实	1235	开展	783
加强	719	各地	423	实施	1223	责任	774
退出	712	……	……	单位	1160	……	……

为了更直观地观察两个层次的高频词汇，将词汇进行降序排列，选取前 50 个词汇制作词汇云图，如图 10.7 所示。云图中词汇的大小是由词汇的频率决定的，频率越高词汇字体越大。观察两个层级的云图可知，除了产能、企业、煤矿、煤炭、重组均为中央政府和地方政府的核心词汇外，中央政府中淘汰、落后相较于其他高频词汇字体稍大，说明中央政府较为注重落后产能的淘汰。地方政府中职工、改革相较于其他高频词汇字体较大，说明地方政府较为注重淘汰产能过程中职工问题及煤炭企业改革发展的问题。

（a）中央政府　　　　　　　　　　　（b）地方政府

图 10.7　2009~2020 年中央政府、地方政府政策文本高频词云图

为更充分地展现中央政府和地方政府的纵向协同特征，本章研究选用高频词占比的变化来反映政策关注点的变化，从而进一步量化中央政府和地方政府去产能政策的纵向协同度。在量化过程中，因政策纵向执行过程中不同措施之间文本量差异较大，故对所有政策文本进行了合并，选取了总政策文本数据库中词频序列前 30 个词作为中央政策关键词。使用式（10.2）、式（10.3）对政策纵向协同度进行量化，结果如表 10.14 所示。

表 10.14　中央政府和地方政府去产能政策纵向协同度

政策类别	中央政府	山西	内蒙古	河南	山东	陕西	贵州
政策目标	0.523	0.460	0.267	0.371	0.488	0.376	0.354
政策措施	0.236	0.216	0.288	0.193	0.250	0.275	0.325
政策保障	0.214	0.181	0.143	0.182	0.187	0.133	0.103
纵向协同度	0.887	0.603	0.367	0.436	0.764	0.462	0.395

由表 10.14 的数据结果我们可以看出：首先，从整体上看，中央政府的纵向协同度为 0.887，均高于地方政府的纵向协同度，这表明中央政府在制定政策时注重上下级政策原始意图的一致性。其次，地方政府的纵向协同度差距较大，其中山东的纵向协同度最高为 0.764，是内蒙古的 2 倍多。

3）政策时间协同

时间协同主要是考察各地区各部门去产能政策在目标、措施和保障等方面的连续性。从中央政府和地方政府颁布政策数量上分析政策的时间协同度，2016 年 2 月国务院下发了《关于煤炭行业化解过剩产能实现脱困发展的意见》，标志着煤炭行业去产能进入实质性实施阶段，中央政府和地方政府颁布去产能政策在 2016~2017 年达到顶峰阶段。

时间维度协同主要确保政策在可预见的未来具有持续效力，因此通过分析 z 年政策文本与总政策文本 y 方面词频占比来表示中央和地方政府政策的时间协同度。在量化过程中，因政策纵向执行过程中不同措施之间文本量差异较大，故对所有政策文本进行了合并，选取总政策文本数据库中词频序列前 30 个词作为政策关键词，使用式（10.4）、式（10.5）对政策纵向协同度进行量化。结果如表 10.15 所示。从整体上看，中央政府政策时间协同度远高于地方政府，中央政府在制定去产能政策时更加关注去产能政策的连贯性。我国作为能源生产和消费大国的事实在短期内无法改变，中央政府充分认识煤炭去产能的长期性和艰巨性，明确去产能政策的实效性和连续性，将煤炭去产能分解到社会发展的各个阶段，从而实现最大幅度的煤炭去产能。

表 10.15　中央政府和地方政府去产能政策时间协同度

年份	中央政府	山西	内蒙古	河南	山东	陕西	贵州
2009	0.064	0.041	0.039	—	—	—	—
2010	0.498	0.000	0.000	—	0.190	0.041	0.147
2011	0.544	0.334	0.000	—	—	—	0.155
2012	0.069	0.081	—	—	0.125	0.000	0.120
2013	0.339	—	0.088	—	—	—	—
2014	0.160	0.027	0.230	0.074	0.075	0.255	—
2015	0.073	0.400	0.000	0.124	0.066	0.196	0.017
2016	0.390	0.325	0.279	0.387	0.469	0.126	0.252

续表

年份	中央政府	山西	内蒙古	河南	山东	陕西	贵州
2017	0.785	0.104	0.197	0.051	0.357	—	0.084
2018	0.661	0.041	0.239	0.057	—	—	0.215
2019	0.744	0.000	0.086	0.014	—	0.023	0.191
2020	0.385	0.334	0.052	—	0.126	—	—
平均	0.393	0.141	0.101	0.059	0.117	0.053	0.098

注：—表示没有去产能相关政策颁布

由表 10.15 可知，从整体上看，中央政府去产能政策时间协同度远高于地方政府，可知中央政府在制定去产能政策时更加关注去产能政策的连贯性。我国作为能源生产和消费大国的事实在短期内无法改变，中央政府充分认识煤炭去产能的长期性和艰巨性，明确去产能政策的实效性和连续性，将煤炭去产能分解到社会发展的各个阶段，从而实现最大幅度的煤炭去产能。

4）政策综合协同

为了比较中央政府和地方六省区政策协同度的差异，研究运用熵值法对六省区政策综合协同度进行构建，基本结构为政策协同综合评价指数 $= \omega_1 \times$ 横向协同度 $+ \omega_2 \times$ 纵向协同度 $+ \omega_3 \times$ 时间协同度，其中，ω_1、ω_2 和 ω_3 均代表各指标对应的权重系数，具体情况如表 10.16 和表 10.17 所示。

表 10.16　去产能政策横向、纵向和时间协同度权重系数

指标	横向协同度	纵向协同度	时间协同度
熵值	0.856	0.750	0.666
差异系数	0.144	0.250	0.334
权重系数	0.198	0.343	0.459

表 10.17　中央政府和地方政府去产能政策综合协同度

协同度	中央	山西	内蒙古	河南	山东	陕西	贵州
横向协同度	1.000	1.000	0.000	0.600	0.600	0.300	0.200
纵向协同度	0.887	0.603	0.367	0.436	0.764	0.462	0.395
时间协同度	0.393	0.141	0.101	0.059	0.117	0.053	0.098

协同度	中央	山西	内蒙古	河南	山东	陕西	贵州
综合协同度	0.683	0.470	0.172	0.295	0.435	0.242	0.220

进一步确定各指标的权重系数后，如表10.16所示，在横向、纵向和时间协同度的权重系数汇总中，时间协同度的权重系数最大，为0.459，表明时间协同度对综合协同度影响较大；其次是纵向协同度，为0.343。由表10.17可知，首先，中央政府在绝大多数指标评价中都拥有最高得分，表明其作为拥有绝对协同优势的政策主体，对国家政策的回应最为积极，部门间的合作最为主动，对政策的延续性最为关注。其次，在地方政府中，山西省政策综合协同度最高，山西省作为重要能源基地，其煤炭工业的发展基础牢固，与山西省经济金融的发展息息相关（Li et al.，2017）。自国家推动煤炭去产能政策以来，山西省积极执行，引导退出煤炭产能力度较大（Liu et al.，2016），在煤炭去产能的政策道路上，山西省既遵循上级国家战略，又注重协调配合同级部门制定政策，同时注意政策的时间延续性。

10.3　去产能政策有效性及协同度提升策略

10.3.1　去产能政策有效性提升策略

基于煤炭行业去产能政策有效性评估结果，即去产能政策有效性虽达成了良好的经济效益，但其环境效益和社会效益的实现仍需进一步努力。鉴于此，我们提出一些去产能政策有效性提升策略，为未来中国深化煤炭行业去产能工作、优化行业供给侧结构性改革、促进经济高质量发展提供有效的决策参考和政策建议，同时也对钢铁、煤电等行业的去产能政策的设计和制定给予到一定的借鉴和启发。

第一，在国家层面上，设计煤炭行业去产能政策要兼顾实现经济、环保、安全、社会福利等多个维度的目标。目前来看，煤炭行业去产能政策虽然取得了不错的经济效应，但其社会效应和环境效应不理想。因此，政府在制定煤炭去产能相关政策措施，以及考虑行业经济绩效的同时，还应重点关注绿色、行业安全、社会福利等维度的政策目标，以总量性去产能为主转向以结构性优化产能为主，优化煤炭产能过剩调控机制向多元化拓展，进而推动煤炭行业的可持续和高质量发展。

另外，随着政策实施时间的变化，不同维度的政策效果变化也存在差异。因此，政府在评估煤炭行业去产能效果时，避免仅关注产能利用率单一指标，可以从煤炭行业的绿色、安全、绩效水平等多维度出发，构建一套多元有效的政策有效性评估体系，以期更细致、全面、定量、动态地测度去产能政策的实施效应，确保煤炭行业产能调控策略的及时调整和精准实施。

第二，在地方层面上，设计去产能政策要综合考虑不同省区市之间在财政能力、资源与环境基础和政府治理水平等方面的异质性，以提高政策的精准性和有效性。具体而言，中央政府在设计顶层的去产能方案时应充分考虑不同区域间的差异化特征（如经济发展水平、资源禀赋条件、去产能成本等），避免"一刀切"的政策。同时，地方政府在制定区域内的去产能政策时要和自身的自然资源属性、产业发展条件相匹配，以减少煤炭去产能过程中引发的利益冲突，顺利实现落后产能的顺利退出。例如，贵州省作为中国西南地区的资源大省，其煤炭去产能任务较重，小煤矿众多，去产能成本相对较高，该类型地区去产能政策的重点是，鼓励煤炭企业兼并重组，淘汰落后产能，减少因无序、低效、违规开采而引发的环境问题和社会问题，提高煤炭行业集中度和竞争力，进而实现社会效益、环境效益和经济效益联合最大化。又如，江苏省作为东部地区经济发达省份，其去产能任务较轻，该类型地区的去产能政策应注重通过加大技术改造和创新投入、延伸煤炭上下游产业链等方式将落后产能转换为先进产能，加快煤炭产业转型升级和结构优化，最终提升煤炭行业的社会效益、经济效益和环境效益。

第三，在行业层面上，去产能是我国供给侧结构性改革的首要任务之一，但去产能绝不是将过剩产能行业彻底消除，而是通过去产能达到两个目的：一是过剩产能行业的落后产能被削减，合规科学的新增产能得到控制，产业本身实现结构优化升级；二是被淘汰的落后产能，利用其"减量置换"的原则实现跨行业、跨领域的转型升级。对于地方煤企应当坚持以市场为导向和以提高质量为中心，生产高质量煤炭产品和提供更为优质的服务，树立"质量第一"的服务意识，研发与市场需求相适应的个性化、定制化产品，加快煤炭设备技术创新和产品创新，推动整个行业的创新发展。在去产能政策的落实过程中，煤炭企业都在各自观望，试图通过等待其他煤炭企业去产能而从中获利，这也是去产能困难的原因之一，而打破这种困境的关键是煤炭企业间的兼并重组，利用市场手段进行企业间的兼并重组是淘汰地方煤炭企业落后产能的一大助推剂。在市场机制的调节下，企业应当主动进行转型升级或兼并重组，进一步优化资源配置，淘汰落后产能，发展"科学"新产能。

10.3.2　去产能政策协同度提升策略

基于煤炭行业去产能政策协同度评估结果，发现中国煤炭去产能政策协同度整体偏低。需要从横向、纵向和时间3个方面提高中国煤炭行业去产能的政策协同度。基于此，我们从不同视角出发为未来提升煤炭去产能政策协同度提出一些政策建议，具体如下。

第一，就宏观整体而言，中央政府应该注重构建跨层级、跨部门、跨时间的去产能治理体系。政府应该强化去产能政策间协同，完善煤炭去产能政策协同现状，可通过综合利用各部门、各层级掌握的信息和资源，制定协同度水平高的去产能政策，从而提高政策实行可行性和科学性以降低在政策实施过程中面对的阻力。根据政策目标建立各部门之间的协调合作机制，针对去产能政策需要解决的议题，确定政策制定的中心部门和辅助部门，提高部门间合作的深度与有序性，形成有效决策。要从源头上治理煤炭产能过剩，应当从体制上去除我国地方政府干预煤炭投资的动因，深入推进我国行政管理与财税体系改革，强化市场在协调配置煤炭产能中的基本作用，使企业成为兼并收购行为的主体，避免政府的硬性指派。

第二，就地区行业而言，政府应该注意上下级部门之间及同级部门之间的协同。上级政府在加强顶层设计时，需要注重地方政治生态的差异性，在全局视角下把握去产能政策协同性。政策制定部门应树立政策协同的意识，转变治理理念，在坚持政策协同的原则下制定煤炭去产能政策，从金字塔的顶层进行宏观把控，这是下级部门实施政策的重要前提。与此同时，地方政府应考虑自身经济水平、产业背景、财政基础等现实情况，在符合自身情况的基础上，大力整顿关闭布局不合理、不符合安全标准、浪费资源和不符合环保要求的小型煤矿，早日形成以大型煤矿企业为主体的煤炭供应体系，进一步提升煤炭行业的整体抗风险能力和竞争实力。具体地，一方面，为提高上下级部门间的协同，中央政府在顶层设计政策时，应该充分考虑各地方政府在财政承受能力、产业多样性、经济发展水平的差异性，避免"一刀切"的政策；与此同时，地方政府在制定落地政策时，领会中央政策的意图，在符合自身经济、产业和财政的基础上，追随中央政策的战略布局。另一方面，为了提高同级部门间的协同，中央政府和地方政府应立足煤炭经济产业链发展现状，加强供产销等职能管理部门间（如人社部、工信部等）的协同机制。各部门通过建立部门间的协调配合机制，加强部门间的信息共享和交流，以联合发文的形式制定相关的去产能政策，建立有效配合、协作顺畅的去产能政策体系。

第三，就未来发展趋势而言，我国政府应该提升去产能政策的稳定性，尽管去产能政策应该与环境适配，但仍需要尽可能避免政策目标、措施、保障等方面的急剧变化。在我国政治制度背景下，政策的稳定性往往与政府干部的变更存在紧密关联。因此，政府部门应尽量保持管理层的稳定性，避免政府干部的频繁更替，保持各省区市政治生态的稳定性，杜绝因干部变更造成的政策各方面的不连续性。与此同时，政府在制定政策时，应具有对未来发展情况的前瞻性，最大限度保证政策的一致性和连贯性，也要提高去产能政策与不断发展变化的环境之间的匹配程度。目前我国煤炭行业产能达到顶峰，行业进入壁垒高，市场规模相对稳定，但是上下游企业的横纵向兼并加剧，技术需求呼声越来越高。政府部门应该及时了解行业发展现状，在最大化政策连贯性的基础上，根据行业需求灵活调整政策导向，保证年度制定政策的均衡。政策的一致性和连贯性对达成政策目标至关重要，因此，在制定政策时，政府部门应具有对未来发展情况的前瞻性，最大限度保证政策实施的效率。

10.4 本章小结

为提升去产能政策的有效性和协同性，本章从政策本身出发，构建了政策的多维有效性和多维协同性评估模型，并以煤炭行业去产能政策为典型对象进行了实证分析，并在研究结果的基础上从多角度、多层级、跨部门的角度提出了去产能政策有效性及协同度提升策略。本章研究结论如下。

第一，煤炭去产能政策取得了较为良好的经济效应，但环境效应和社会效应没有体现出显著的效果。具体而言，煤炭去产能政策的实施显著提升了煤炭行业的产能利用率、TFP 增长率和成本费用利润率 3 个指标，且对经营绩效的影响程度最高，然而去产能政策的实施对原煤生产能耗、百万吨死亡率、煤炭从业人员工资水平 3 个指标没有显著性的影响。另外，就经济效益的影响期限而言，短期内去产能政策的实施实现了煤炭产能利用率的跳跃性提升，但从中长期来看，对煤炭产能利用率的影响效应逐渐趋于平稳，对 TFP 增长率和成本费用利润率的影响随着时间的增加有逐渐增强的趋势。

第二，煤炭去产能政策效应具有显著的空间异质性。在经济发展水平、资源禀赋条件、去产能成本等具有不同特征的区域省份，不同维度的政策有效性存在显著差异。首先，就经济效应而言，煤炭去产能政策在中西部地区及其他资源禀赋水平和去产能成本较低的地区具有显著的正向影响。其次，就环境效应而言，在东部地区，煤炭去产能政策显著降低了煤炭生产的能耗，但中西部地区没有显著效果。同时，资源禀赋条件和去产能成本对政策的环境效应发挥没有起到明显的调节作用。最后，就社会效应而言，去产能政策显著提升了中西部地区及其他资源禀赋水平和去产能成本较高的地区的煤炭从业人员工资水平，但在其他区域效果不显著。在资源禀赋条件较好的地区，去产能政策显著提升了煤炭行业的安全水平，同样地，在其他区域效果不显著。

第三，我国煤炭去产能政策协同度整体偏低。尽管通过比较可以区分出横向、纵向、时间和综合协同度的先后顺序，但从整体来看，我国煤炭去产能政策整体协同度普遍偏低，除中央政府综合协同度超过 0.6 外，其余产煤大省均低于 0.5。这意味着在跨越行政边界、行政部门的前提下，地方政府部门仍需采取一定的协同和保障措施来提升去产能政策的一致性、连续性和协调性。

第四，中央政府和地方政府之间协同度在各维度均存在显著差异。中央政府在横向、纵向及时间协同度指标评价中均显著优于地方政府，这表明中央政府在制定政策的过程中考虑更为全面细致，而省级政府作为中央政策的贯彻者政策协同度得分较低，这与长期以来地方政府在执行政策中所暴露出的弱协同性相一致。由此可见，中央政府作为拥有绝对协同优势的政策主体，对国家政策的回应最为积极，对部门间的合作最为主动，对政策的延续性最为关注。相较于横向和纵向协同度，时间协同度对去产能政策综合协同度的影响最为显著。在构成去产能政策综合协同度系统评价指标的 3 项权重系数中，时间协同度最大，为 0.459，远超过横向和纵向协同度权重，表明加强时间方面的协同度是提升政策综合协同度的重中之重。由此可见，为推进供给侧结构性改革及促进煤炭行业发展质量，中央政府和地方政府应增强政策在时间上的延续性。

本 章 附 录

附录 A　煤炭行业去产能政策汇总

附表 10.1　2016 年煤炭去产能主要政策文件汇总（国家层面）

类型	颁布时间	文件编号	文件名称	注释
纲领性政策	2016 年 2 月 5 日	国发〔2016〕7 号	《国务院关于煤炭行业化解过剩产能实现脱困发展的意见》	该文件是煤炭供给侧结构性改革的纲领性文件，也是煤炭去产能工作的主线，此政策的出台标志着煤炭供给侧结构性改革从研究阶段向政策发布阶段进行过渡
配套政策	2016 年 3 月 30 日	国土资规〔2016〕3 号	《国土资源部关于支持钢铁煤炭行业化解过剩产能实现脱困发展的意见》	随着配套政策文件的陆续出台，煤炭去产能工作也进入了一个新的阶段。煤炭供给侧结构性改革得到了落实，执行力度也逐步加强。各省区市的去产能方案和目标也随之进一步细化，地方和煤炭企业相继公布了减员分流以及关闭煤矿的具体方案
	2016 年 4 月 7 日	人社部发〔2016〕32 号	《人力资源社会保障部 发展改革委 工业和信息化部 财政部 民政部 国资委 全国总工会关于在化解钢铁煤炭行业过剩产能实现脱困发展过程中做好职工安置工作的意见》	
	2016 年 4 月 15 日	安监总管四〔2016〕38 号	《国家安全监管总局 国家煤矿安监局关于支持钢铁煤炭行业化解过剩产能实现脱困发展的意见》	
	2016 年 4 月 16 日	国质检监〔2016〕193 号	《质检总局关于化解钢铁行业过剩产能实现脱困发展的意见》	
	2016 年 4 月 17 日	环大气〔2016〕47 号	《环保部、国家发改委、工信部关于支持钢铁煤炭行业化解过剩产能实现脱困发展的意见》	
	2016 年 4 月 17 日	银发〔2016〕118 号	《人民银行 银监会 证监会 保监会关于支持钢铁煤炭行业化解过剩产能实现脱困发展的意见》	
	2016 年 4 月 17 日	财建〔2016〕151 号	《财政部 税务总局关于支持钢铁煤炭行业化解过剩产能实现脱困发展的意见》	
	2016 年 5 月 10 日	财建〔2016〕253 号	《工业企业结构调整专项奖补资金管理办法》	

附表 10.2　2016 年 25 个产煤省区市的煤炭去产能主要政策文件汇总（地方层面）

省区市	颁布时间	文件编号	文件名称	工作目标
辽宁	2016 年 8 月 15 日	辽政发〔2016〕55 号	《辽宁省人民政府关于推进工业供给侧结构性改革的实施意见》	2016 年，压减粗钢产能 602 万吨，到 2020 年，化解煤炭过剩产能 3040 万吨
吉林	2016 年 4 月 12 日	吉政发〔2016〕11 号	《吉林省人民政府印发关于吉林省推进供给侧结构性改革落实"三去一降一补"任务的指导意见及五个实施意见的通知》	煤炭行业：用 2—3 年时间，压减产能 2733 万吨，退出煤矿 132 处，保留产能 2164 万吨、煤矿 25 处。在大幅压减煤炭产能基础上，存续煤矿实现质量标准化二级以上
黑龙江	2016 年 7 月 21 日	黑政办发〔2016〕77 号	《黑龙江省人民政府办公厅关于印发黑龙江省化解煤炭过剩产能实施方案的通知》	我省化解煤炭过剩产能实施中将坚持市场倒逼与政府支持相结合、化解产能与转型升级相结合、整体推进与重点突破相结合等原则，从 2016 年开始，用 3 年至 5 年的时间退出煤矿 44 处、退出产能 2567 万吨（省外 45 万吨）。其中，龙煤集团引导退出煤矿 24 处（省外 2 处）、退出产能 1814 万吨（省外 45 万吨）；地方退出煤矿 20 处、退出产能 753 万吨。"十三五"期间，全省拟分流安置人员 6.2 万人，其中，龙煤集团 5 万人，地方煤矿 1.2 万人
北京	2016 年 9 月 30 日	/	《关于本市 2016 年化解煤炭产能目标任务的通告》	2016 年本市化解煤炭产能 180 万吨，其中：6 月份退出长沟峪煤矿，化解产能 100 万吨；8 月份退出王平村煤矿，化解产能 80 万吨
河北	2016 年 5 月 4 日	冀政发〔2016〕18 号	《河北省煤炭行业化解过剩产能实现脱困发展的实施方案》	用 3~5 年时间，全省退出煤矿 123 处、退出产能 5103 万吨。到 2020 年，力争全省剩余煤矿数量达到 60 处左右、产能控制在 7000 万吨左右。煤炭企业组织结构集约化程度更高，技术更为先进，产品结构更加符合清洁利用需求，企业综合竞争力明显提升，行业转型发展取得实质性进展
江苏	2016 年 4 月 6 日	苏政发〔2016〕50 号	《省政府关于供给侧结构性改革去产能的实施意见》	初步确定，到 2020 年（"十三五"末），退出和压减煤炭产能 800 万吨，再压减钢铁（粗钢）产能 1750 万吨、水泥产能 600 万吨、平板玻璃产能 800 万重量箱，化解船舶产能 330 万载重吨，在轻工、纺织、印染、电镀、机械等其他传统行业退出一批低端低效产能；发展一批中高端产能。到 2018 年，煤炭钢铁行业实现经营性亏损企业亏损额显著下降，煤炭行业完成"十三五"压减产能目标的 90%，钢铁行业完成"十三五"压减产能目标的 70%，水泥、平板玻璃、船舶行业完成"十三五"压减产能目标的 100%；"僵尸企业"基本出清。2016 年，退出和压减煤炭产能 600 万吨，压减钢铁（粗钢）产能 400 万吨、水泥产能 380 万吨、平板玻璃产能 300 万重量箱、化解船舶产能 330 万载重吨

续表

省区市	颁布时间	文件编号	文件名称	工作目标
福建	2016 年 7 月 31 日	闽政办〔2016〕123 号	《福建省人民政府办公厅关于印发煤炭行业化解过剩产能实施方案的通知》	较大幅度压缩煤炭产能,适度减少煤矿数量,确保煤炭市场供需平衡稳定,煤炭产业结构得到优化,行业转型升级取得实质性进展。在近年来淘汰落后煤炭产能的基础上,从 2016 年开始,用 3 至 5 年的时间,再化解剩产能 600 万吨/年左右;退出煤矿 78 处以上;2016—2018 年集中攻坚,退出煤矿 71 处以上。"十三五"期间,全省煤炭公告产能控制在 1500 万吨/年以内
山东	2016 年 5 月 19 日	/	《中共山东省委　山东省人民政府关于深入推进供给侧结构性改革的实施意见》	2016—2018 年,"5+4"产能过剩行业(钢铁、水泥、电解铝、平板玻璃、船舶、炼油、轮胎、煤炭、化工)产能利用率争回升到 80% 以上,按时完成国家下达的化解过剩产能任务目标,其中钢铁、煤炭产能分别压减 1000 万吨、4500 万吨以上
山西	2016 年 8 月 16 日	晋政办发〔2016〕114 号	《山西省人民政府办公厅关于加快推进煤炭行业化解过剩产能工作的通知》	2016 年全省目标任务是关闭退出和减量重组减少煤矿 21 座,退出能力 2000 万吨/年,安置职工 27 122 人
安徽	2016 年 8 月 19 日	皖政〔2016〕76 号	《安徽省人民政府关于煤炭行业化解过剩产能实现脱困发展的实施意见》	2016—2020 年,省属和地方煤炭企业关闭煤矿 21 对,退出产能 3183 万吨/年,分流安置职工 7 万余人。到 2020 年,全省煤矿数量减至 37 对,生产能力控制在 1.1 亿吨/年左右;煤炭企业生产经营成本和资产负债率进一步降低,全员劳动生产率和企业盈利能力显著提高,现代企业制度进一步完善,市场竞争力和抗风险能力明显增强
江西	2016 年 6 月 18 日	赣府厅字〔2016〕81 号	《江西省人民政府办公厅关于印发江西省煤炭行业化解过剩产能实现脱困发展实施方案的通知》	"十三五"期间,全省关闭退出煤矿 283 处以上,退出产能 1868 万吨以上。保留的煤矿全面实现正规开采,煤矿安全保障能力显著提高;产业结构得到优化,企业转型升级、脱困发展取得明显成效
河南	2016 年 2 月 20 日	豫政〔2016〕10 号	《河南省人民政府关于促进煤炭行业解困的意见》	从 2016 年起,3 年内原则上停止审批建设不符合国家要求的矿井、新增产能的技术改造项目及煤矿生产能力核增项目;因结构调整转型升级需要新增产能的,一律实行减量置换
湖北	2016 年 8 月 3 日	鄂政办函〔2016〕72 号	《省人民政府办公厅关于印发湖北省钢铁和煤炭行业化解过剩产能实施方案的通知》	围绕推动钢铁行业供给侧结构性改革这条主线,坚持市场倒逼、企业主体,地方组织、中央支持,突出重点、依法依规的基本原则,综合运用市场机制、经济手段和法治办法,因地制宜、分类施策,在全部淘汰落后产能的基础上,从 2016 年开始,用三年时间压减粗钢产能 299 万吨(不包括武钢在鄂企业压减产能),其中 2016 年压减 228 万吨,使产能利用率达到合理水平,企业经济效益明显好转,产品质量和高端产品供给能力显著提升

续表

省区市	颁布时间	文件编号	文件名称	工作目标
湖南	2016年4月18日	湘政办发〔2016〕28号	《湖南省煤炭行业化解过剩产能实现脱困发展的实施方案》	全面完成落后小煤矿关闭退出工作。从2016年开始，用3—5年时间，全省化解落后产能1500万吨，全省煤矿总数控制在200处左右
内蒙古	2016年5月5日	鄂府发〔2016〕64号	《鄂尔多斯市化解煤炭过剩产能工作方案》	从2016年开始，5年内有序引导产能小于60万吨/年以下的煤矿退出，3年内单一煤矿企业产能达到300万吨/年以上，严格控制新增产能，有效化解过剩产能，推动煤炭行业转型升级
广西	2016年8月3日	桂工信能源〔2016〕535号	《关于下达2016年广西化解煤炭过剩产能实现脱困发展目标任务有关工作的通知》	2016年我区第一批引导退出煤矿矿井12处，化解煤炭过剩产能227万吨；高度重视产能退出矿井安全生产工作，切实做好职工安置工作
重庆	2016年6月24日	渝府〔2016〕39号	《重庆市人民政府关于印发重庆市煤炭行业化解过剩产能实现脱困发展实施方案的通知》	在近年来淘汰煤矿落后产能的基础上，从2016年开始，用2至3年的时间，关闭煤矿340个左右、淘汰落后产能2300万吨/年左右，其中2016年各产煤区县生产能力为9万吨/年及以下的煤矿数量和产能应"双减"50%以上。通过实施煤矿关闭退出和结构调整，煤矿数量压减到70个以内，煤炭产能压减到2000万吨/年以内，煤炭行业过剩产能得到有效化解，产业结构得到优化，脱困转型升级取得实质性进展
四川	2016年8月19日	川办发〔2016〕59号	《四川省人民政府办公厅关于煤炭行业化解过剩产能实现脱困发展的实施意见》	根据省省政府与国家签订的目标责任书，从2016年开始，用3至5年时间，退出关闭煤矿215处左右，化解产能3303万吨左右，其中省属国有重点煤矿18处、产能1209万吨左右，有效化解煤炭行业过剩产能，基本平衡市场供需，大幅减少煤矿数量，优化产业结构，实现转型升级的实质性进展。分离国有企业办社会职能，妥善处置退出煤矿职工分流安置问题
贵州	2016年8月28日	黔府函〔2016〕187号	《省人民政府办公厅关于印发贵州省煤炭行业化解过剩产能实现脱困发展实施方案的通知》	通过减量置换、改造升级、淘汰落后，大幅减少煤矿数量，有效化解过剩产能，稳定市场供需平衡，优化产业结构，实现企业脱困发展。从2016年开始，用3至5年的时间，再关闭退出煤矿510处、压缩煤矿规模7000万吨以上。妥善安置退出煤炭企业职工。到2020年全省煤矿总数减少到750处，产量控制在2亿吨左右，淘汰30万吨/年以下煤矿
云南	2016年6月15日	云政发〔2016〕50号	《云南省人民政府关于煤炭行业化解过剩产能实现脱困发展的实施意见》	按照我省供给侧结构性改革的总体要求，到2018年，全省煤炭产能总量控制在7000万吨以内。在确保完成国家与我省签订的化解煤炭过剩产能目标责任书中化解2088万吨煤炭产能的基础上，进一步加大引导退出力度。根据各产煤州、市和单位合法合规煤炭产能基数，在综合考虑当地和有关单位实际情况基础上，将全省煤炭产能总量控制目标任务分解到产煤州、市和单位

续表

省区市	颁布时间	文件编号	文件名称	工作目标
陕西	2016 年 11 月 3 日	/	《陕西省发展和改革委员会关于公布 2016 年煤炭行业化解过剩产能引导退出煤矿名单的通知》	对我省 2016 年化解煤炭过剩产能引导退出的陕西苍村煤业有限责任公司等 61 处煤矿实施关闭
甘肃	2016 年 7 月 29 日	/	《中共甘肃省委甘肃省人民政府关于推进供给侧结构性改革的意见》	坚持化解过剩产能与加快结构调整并举，全面完成"十三五"压减产能目标。到 2020 年底，压减生铁产能 160 万吨、粗钢产能 174 万吨；压减落后煤炭产能约 991 万吨。其中：2016 年退出生铁产能 160 万吨、粗钢产能 144 万吨、煤炭产能 397 万吨
青海	2016 年 5 月 10 日	青政〔2016〕41 号	《青海省人民政府关于实施工业领域供给侧结构性改革工程的意见》	集中利用 3—5 年时间，关闭退出煤矿 14 处、产能 276 万吨
宁夏	2016 年 8 月 12 日	宁政办发〔2016〕124 号	《自治区人民政府办公厅关于印发钢铁行业化解过剩产能实现脱困发展实施方案的通知》	未来 5 年，通过积极鼓励引导企业主动退出、推进兼并重组，争取现有产能在一定程度上实现压减和整合，产业结构得到优化，资源利用效率明显提高，企业经济效益逐步好转
新疆	2016 年 7 月 22 日	新政办发〔2016〕100 号	《自治区 2016 年度煤炭行业化解过剩产能工作方案》	2016 年度计划关停煤矿 17 个，退出产能 238 万吨/年

附录 B　省级煤炭行业边界生产函数估计

边界生产函数是一种估算潜在产出和技术效率的常用方法。该方法建立在经济增长理论基础上，能够揭示要素投入和产出之间的关系，被广泛应用于各类生产管理领域。因此，选取边界生产函数对各省区市煤炭产能进行测度。主要步骤如下：首先，选取合适的生产函数形式，利用 OLS 估算得到平均生产函数方程式。其次，利用平均生产函数加上 OLS 得到的最大残差值来表示边界生产函数。最后，根据所得到的边界生产函数测算各省区市的煤炭产能。

将边界生产函数设定为使用最为广泛的两要素 Cobb-Douglas 生产函数，其基本形式为

$$Y = A \times K^{\alpha} \times L^{\beta} \times e^{-u} \qquad (u \geqslant 0) \qquad (B10.1)$$

其中，Y 为实际产出量；K 和 L 分别为资本和劳动力要素的投入量；A 为技术水平；α、β 分别为投入要素资本及劳动力的产出弹性；e^{-u} 为生产非效率。将式（B10.1）两边分别取对数，则

$$\ln Y = \ln A + \alpha \ln K + \beta \ln L - u \qquad (\text{B}10.2)$$

令 $\ln A = \lambda$，$E(u) = \delta$，将其代入式（B10.2），得

$$\ln Y = (\lambda - \delta) + \alpha \ln K + \beta \ln L - (u - \delta) \qquad (\text{B}10.3)$$

由于 $E(u) - \delta = 0$，采用 OLS 进行估计参数，则平均生产函数为

$$\ln \overline{Y} = \varepsilon + \hat{\alpha} \ln K + \hat{\beta} \ln L \qquad (\text{B}10.4)$$

其中，$\varepsilon = \lambda - \hat{\delta}$，根据所有实际产出量均在边界生产函数下方这一性质，可以进一步得到最大残差值 $\hat{\delta}$ 的值：

$$\max \left(\ln Y - \ln \overline{Y} \right) = \max \left\{ \left(\lambda + \alpha \ln K + \beta \ln L - u \right) - \left[\varepsilon + \hat{\alpha} \ln K + \hat{\beta} \ln L \right] \right\}$$

$$(\text{B}10.5)$$

将所得 $\hat{\delta}$ 值代入式（B10.4）得 $\hat{\lambda}$ 值，则边界生产函数表达式为

$$Y^* = e^{\hat{\lambda}} \times K^{\hat{\alpha}} \times L^{\hat{\beta}} \qquad (\text{B}10.6)$$

其中，Y^* 表示煤炭产能，则煤炭产能利用率 CU 的值为

$$\text{CU} = Y / Y^* \qquad (\text{B}10.7)$$

附录 C　基于索洛余值法的省级煤炭全要素生产率增长率测算

全要素生产率（TFP）作为衡量经济增长质量的重要指标，能够真实反映整体经济投入转化为产出的效率。因此，在去产能目标分配过程中引入全要素生产率概念是十分必要的。在综合考虑数据的可得性、适用性及算法一致性的基础上，采取两要素 Cobb-Douglas 生产函数形式的索洛余值法进行测算。

根据附录 B 的估计结果，已知煤炭行业平均生产函数 $\ln \overline{Y} = \varepsilon + \hat{\alpha} \ln K + \hat{\beta} \ln L$，则 t 时刻的生产函数为

$$Y_t = e^{\varepsilon_t} \times K_t^{\hat{\alpha}} \times L_t^{\hat{\beta}} \qquad (\text{C}10.1)$$

其中 Y_t、K_t、L_t 分别代表 t 时刻的实际产出、资本及劳动力投入。等式两边同时对 t 求导并除以 Y 得

$$\frac{1}{Y}\frac{\mathrm{d}Y}{\mathrm{d}t} = \frac{1}{e^{\varepsilon}}\frac{\mathrm{d}\left(e^{\varepsilon}\right)}{\mathrm{d}t} + \hat{\alpha}\frac{1}{K}\frac{\mathrm{d}K}{\mathrm{d}t} + \hat{\beta}\frac{1}{L}\frac{\mathrm{d}L}{\mathrm{d}t} \qquad (\text{C}10.2)$$

由于规模报酬不变原则，故将生产要素的弹性系数正则归一化，令

$$\alpha = \frac{\hat{\alpha}}{\hat{\alpha} + \hat{\beta}}, \quad \beta = \frac{\hat{\beta}}{\hat{\alpha} + \hat{\beta}}$$

则 $\alpha + \beta = 1$。TFP 增长率 $\dot{\text{TFP}}$ 为

$$\dot{\text{TFP}} = \frac{1}{e^{\varepsilon}}\frac{\mathrm{d}\left(e^{\varepsilon}\right)}{\mathrm{d}t} = \frac{1}{Y}\frac{\mathrm{d}Y}{\mathrm{d}t} - \alpha\frac{1}{K}\frac{\mathrm{d}K}{\mathrm{d}t} - \beta\frac{1}{L}\frac{\mathrm{d}L}{\mathrm{d}t} \qquad (\text{C}10.3)$$

　　考虑到数据的可得性和一致性，我们在此采用各省区市煤炭工业历年原煤产量指标来衡量实际产出量 Y，采用各省区市煤炭工业历年固定资产年平均余额（1990年价）来衡量资本投入量 K，采用各省区市煤炭功能工业全部从业人员年平均人数衡量劳动力投入 L，以上数据均取自 25 个采煤省区市统计年鉴及《中国工业经济统计年鉴》，固定资产投资价格指数取自《中国价格统计年鉴》。

附录 D　子样本划分结果

附表 10.3　分组结果

分组	省区市	分组	省区市	分组	省区市
东部	北京	禀赋 I	内蒙古	去产能成本 I	山西
	河北		山西		安徽
	江苏		陕西		山东
	福建		新疆		河北
	山东		贵州		河南
	辽宁		河南		贵州
中西部	山西		山东		陕西
	安徽		安徽		内蒙古
	江西		宁夏		辽宁
	河南		河北		新疆
	湖北		四川		黑龙江
	湖南		黑龙江		吉林
	吉林		云南		四川
	黑龙江	禀赋 II	辽宁	去产能成本 II	江西
	重庆		湖南		湖南
	内蒙古		甘肃		云南
	广西		吉林		江苏
	四川		重庆		重庆
	贵州		江西		湖北
	云南		江苏		宁夏
	陕西		福建		甘肃
	甘肃		青海		福建
	青海		湖北		北京
	宁夏		广西		广西
	新疆		北京		青海

　　注：地区划分标准参考中国 20 世纪 80 年代所采用的经济区域划分方法；煤炭平均产量为 2010~2019 年原煤的年平均产量，数据来源于 25 个产煤省区市的统计年鉴；去产能成本数据来源于 Wang 等（2020b）

第四篇 总 结 篇

第 11 章　结论与展望

11.1　研究结论

本书面向国家"积极稳妥地推进碳达峰、碳中和"和"经济高质量发展"双重需求,重点阐明了工业产能过剩的经济后果及传导机制,创新构建了中国情境下涵盖"风险评估→预测预警→分层调控→协同治理"的全景式产能过剩治理决策机制与量化模型体系,进而以经济地位显著、产能过剩严重、发展空间受限且产业关联复杂的煤炭行业为典型对象开展实证研究,发展和完善了产能过剩治理理论与建模方法,显著提高了产能调控的精准性、有效性和科学性,有效揭示出产能过剩治理困境的形成机理及当前去产能政策实施的有效性和协同度,并为破解煤炭行业产能过剩治理困境提供了决策参考和政策启示,同时为煤电、钢铁、化纤等其他行业的产能过剩治理研究和实践提供借鉴与参考。本书主要研究结论如下。

(1)基于工业产能过剩的经济后果及传导机制研究,得到的主要结论如下。

第一,首次从区域工业经济系统层面出发,构建了产能过剩的经济后果及传导机制传的动力学模型,并基于煤炭行业历史数据对该模型的真实性和灵敏性进行了验证,拟合结果显示模型的运行结果在长时间维度和多变量比较上与真实数据接近,能够较为准确地反映区域工业经济系统脆弱性状况的现实水平及发展演化趋势,证明了所构建模型的有效性与合理性。

第二,从产能过剩经济冲击的模拟仿真结果来看,区域工业经济系统内各产业在产能过剩冲击情景下的演化行为及趋势不尽相同。由于产能过剩所引起的煤炭价格和原油价格的双重下跌将会促进非资源型产业的发展,但是却会对煤炭产业、煤化工产业及煤炭资源型城市整体的工业经济发展产生较大的不利影响,而且煤炭价格下跌对工业总利润的不利影响要大于其对总产值的影响。

(2)基于工业产能过剩风险评估模型构建与实证研究,得到的主要结论如下:

第一，基于数据驱动思想和产业关联理论构建的工业产能过剩风险评估指标体系与评估模型具有明显的优越性。一是建立的指标体系充分考虑了行业关联效应，较为全面地覆盖了产能过剩的内外部影响因素；二是CFS-ARs-DEA 融合算法从数据事实出发，有效解决了指标间的信息冗余和相关性问题，避免了指标赋权与综合指数合成时过多的主观性，从而有助于提高产能过剩评估结果的科学性。该模型为准确甄别工业行业及其关联行业产能过剩水平、监测行业产能过剩趋势提供了基于有效数据驱动的量化分析工具。

第二，面向煤炭行业的产能过剩实证评估结果揭示了我国煤炭产能过剩的波动变化规律，结果显示煤炭行业产能过剩呈现出"下降—上升—下降"的周期性特征。另外，煤炭行业产能过剩受关联行业经营状况的影响较为显著。从环境效益来看，下游煤电行业环境规制的约束将抑制煤炭行业的产能过剩，而下游钢铁行业环境规制的增加会加重煤炭行业的产能过剩。从行业基本面来看，煤炭行业的产业集中度、对外开放程度与行业产能过剩呈正相关，下游钢铁行业的产业集中度、市场化水平及建材行业的对外开放程度也均与煤炭行业产能过剩呈正相关。

第三，基于关联规则剖析了煤炭行业产能过剩的风险驱动因素，除受到自身供需状况影响外，关联行业的环境效益和基本面状况对于煤炭行业的产能过剩也具有显著影响，这些被忽视的关键驱动因素值得未来进一步研究。

（3）基于工业产能过剩规模组合预测预警模型构建与实证研究，得到的主要结论如下：

第一，提出的基于数据特征驱动的分解集成建模方法，以及据此所构建的基于 EEMD-LSSVM-ARIMA 的组合预测模型具有良好的预测效果。相比现有的单项模型及双混合预测模型，该模型通过对时间序列的分解，能够最大限度捕获原始序列线性和非线性的波动结构特征，并且基于数据特征选择最适宜的预测方法，能够显著提升预测精度，无论是在预测值上还是在预测方向上都达到了较为理想的效果。

第二，通过识别产能过剩规模时间序列数据的本质特征和模式特征，发现了其不仅具有非平稳性、非线性特征，还具有高复杂性和突变性特征。这不但为类似煤炭行业产能过剩时间序列数据的有关计量模型与数据模型构建提供了科学的理论指导和建模依据，而且表明煤炭行业产能过剩是由多种驱动因素耦合形成的，多种力量决定着其发展趋势。

第三，从煤炭行业产能过剩趋势预测结果来看，2021 年、2022 年、

2023年我国煤炭行业产能过剩规模分别约为17.31亿吨、18.61亿吨和19.16亿吨，表明煤炭行业产能过剩规模在此期间处于相对稳定的过剩态势，不会出现剧烈的波动。受经济周期波动对煤炭需求的影响，煤炭产能过剩规模仍会呈现小幅度的波动。随着煤炭市场机制的自我调节及适当地干预，市场失灵对产能过剩的影响效果逐渐减弱，而体制性因素对产能过剩的影响效果仍会持续显现。因此，各级政府应该进一步提高对体制性产能过剩问题的关注程度，并采取合理的调控策略。

第四，从产能过剩系统演化特征的角度出发，创新性地将替代数据法与 MF-DFA 方法结合构建产能过剩预警模型，用以解决产能过剩风险预警问题。从煤炭行业产能过剩规模序列数据自身运行规律中自动确定风险阈值，客观准确。基于风险预警实证结果，根据产能过剩规模划分出了煤炭行业产能过剩的风险等级，为政府与煤炭企业建立和提出相应的风险防范机制及产能调控举措提供了理论依据和决策参考。

（4）基于工业产能过剩调控省级配额分配模型构建与实证研究，得到的主要结论如下：

第一，从省级产能调控配额优化方案结果来看，各省区市对产能调控的执行意愿存在显著差异。有些地方政府在执行中央政府的产能调控政策意愿程度低，存在欺瞒行为，而有些地方政府产能调控政策的积极性较高，超过中央政府的预期，如福建、内蒙古、贵州、甘肃、青海等，这与中国产能调控的实际情况相符。

第二，与政府分配方案和单层优化分配方案相比，本书求解得到的优化方案的煤炭产能调控总成本更低，全要素生产率增幅更大，矿区环境效益更优，同时具有较好的公平性，能够更好地兼顾效率、成本、环境和公平。具体而言，二层优化分配方案的总成本比政府分配方案和单层优化分配方案分别降低了 642.304 亿元和 196.969 亿元，TFP 比政府分配方案和单层优化分配方案分别提高了 2.14%和 0.60%，环境效益比政府分配方案和单层优化分配方案分别提高了 730 亿元和 710 亿元。同时，采用不同指标计算得到的二层优化分配方案的基尼系数都小于 0.3，属于绝对公平或比较公平的范畴。

第三，尽管在不同情景下的产能调控目标分配方案存在一定差异性，但变化趋势与实际情况相符，说明模型具有良好的内在一致性，能够为政府在不同偏好下制定政策提供一定参考。具体而言，在环境导向情景下，去产能环境效益增幅较大且单位产能调控成本较低的省区市所分配的产能较多，而去产能环境效益增幅较小且单位产能调控成本较高的省区市所分配的产能较少；在质量导向情景下，全要素生产率增幅较大且单位产能调控成本较低的省区市所分配的产能较多，而全要素生产率增幅较小且单位产能调控成本较高的省区市所分配的产能较少。此外，基于煤炭行业的产能过剩调控省级配额分配模型和分配思想与逻辑，对于钢铁、水泥、化纤等其他行业也具有一定的适用性和参考价值。

（5）基于工业产能过剩治理困境的形成机理研究，得到的主要结论如下：

第一，在中央政府、地方政府和煤炭企业的演化博弈过程中，各主体的演化策略会受到其余两方主体的共同影响，即 3 个博弈主体之间存在相互依赖的机制。具体而言，中央政府选择市场化调控的策略可以促进地方政府采取严格执行产能调控的策略，并且当地方政府越倾向严格执行策略时，煤炭企业越倾向选择积极响应策略。因此破解产能过剩治理困境的关键在于充分考虑政策参与主体之间的互动机制，以充分发挥产能调控政策的有效性，实现政策效应最大化。

第二，当满足一定的条件时，各博弈主体的演化博弈行为最终会达到一个理想且稳定的策略组合，即中央政府选择市场化调控策略，地方政府选择严格执行策略，煤炭企业选择积极响应策略，由此可得市场化调控是解决我国煤炭行业产能过剩问题的有效机制，仿真结果在一定程度上也验证了产能治理的关键在于中央政府调控模式的选择及政策激励程度。

第三，把握产能调控的关键影响因素有助于产能调控政策的有效执行。具体而言，降低产能调控成本，构建经济发展与生态质量并重的政绩考核体系，建立产能调控政策的监督和惩罚机制，提高煤炭企业技术创新投入，对于我国煤炭产能过剩的有效治理具有重要的促进作用。合理的经济与发展指标比重设置，会促进其选择严格执行产能调控政策，生态质量改善带来的正向效应也就越高。产能调控成本也是影响地方政府产能调控积极性的重要因素。加大生产企业特别是大型企业创新升级与技术改造投入程度，将有利于企业灵活多元地化解过剩产能，同时地方政府对生产企业适度的处罚及成本补贴能够激励其积极响应去产能任务。

（6）基于工业产能过剩经济冲击应对政策组合优化模型构建，得到的主要结论如下：

第一，采用集成化的最优数据挖掘方法构建的产能过剩背景下 CCIES 脆弱性评估模型，能够科学地评估分析 CCIES 内脆弱性的时空格局、演变规律及其主要影响因素，准确揭示出 CCIES 的演化行为及趋势，从政策的累积效应、协同效应和挤出效应等多个角度阐释了产能调控政策的效果，从而为煤炭产能过剩经济冲击应对政策工具设计提供坚实的现实依据。

第二，我国 CCIES 普遍呈现较高或高脆弱性，且从时间趋势来看，脆弱性较高的区域多数未出现脆弱性状况的明显改善，少数城市甚至脆弱性继续增加，健康状况明显恶化。同时，即使一些煤炭城市脆弱性程度始终较低并呈逐年下降趋势，但仍旧面临一些问题，甚至有些问题是十分严峻的。系统的脆弱性状况存在区域差异性，产业生态系统脆弱性水平始终维持在较低水平的煤炭城市，大都分布于经济较发达的中国东部地区；产业生态系统脆弱性水平始终维持在较高水平的煤炭城市，大都分布于经济相对落后的中国西部地区和东北地区。

第三，不同的调控政策对于 CCIES 中各个产业的作用效果不尽相同。以鄂尔多斯市为例，从该市总利润和总产值来看，科技创新（TI）政策和发展替代产业（AI）政策对工业的总产值与总利润均具有显著的提升效果，但是这两个政策都具有一定的时间滞后效应。因此，各政策对于鄂尔多斯市经济的复苏及绿色可持续发展的影响将会随着时间的推移而逐渐体现出来。降低增值税（VAT）的政策效果最快，具有较好的短期效果，而限制产能（PL）政策对于总利润的影响要大于对总产值的影响。同时，尽管加大金融投入（FS）政策可以快速地提高相关产业以及总产业的产值，但是却会严重地削弱他们的营利能力。另外，从提高鄂尔多斯市工业总利润的角度来说，PL、TI 和 AI 政策的同时实施将会对它们产生一定的协同效应，而 VAT 政策与其他一个或多个政策进行组合实施时，将会对 VAT 政策或者其他政策均产生一定的挤出效应。

（7）基于工业产能过剩协同治理的政策效应评估与提升策略研究，主要结论如下：

第一，煤炭行业去产能政策取得了较为良好的经济效应，但环境效应和社会效应没有体现出显著的效果。具体而言，煤炭行业去产能政策的实施显著提升了煤炭行业的产能利用率、TFP 增长率和成本费用利润率，且对经营绩效的影响程度最高，然而去产能政策的实施对原煤生产能耗、百万吨死亡率、煤炭从业人员工资水平没有显著性的影响。另外，就经济效益的影响期限而言，短期内去产能政策的实施实现了煤炭产能利用率的跳跃性提升，但从中长期来看，对煤炭行业的产能利用率的影响效应逐渐趋于平稳，对 TFP 增长率和成本费用利润率的影响随着时间的增加有逐渐增强的趋势。同时，煤炭行业去产能政策效应具有显著的空间异质性。在经济发展水平、资源禀赋条件、去产能成本等具有不同特征的区域省份、不同维度的政策有效性存在显著差异，这为政府制定差异化的去产能政策措施提供了启示。

第二，煤炭行业去产能政策协同度整体偏低。尽管通过比较可以区分出横向、纵向、时间和综合协同度的先后顺序，但从整体来看，我国煤炭行业去产能政策整体协同程度普遍偏低，除中央政府综合协同度超过 0.6，其余产煤大省均低于 0.5，这表明我国煤炭行业去产能政策协同度整体偏低。这意味着在跨越行政边界、行政部门的前提下，地方政府部门独立制定的煤炭去产能政策仍然以"自我""现在"为中心，未能充分提升煤炭去产能政策的一致性、连续性和协调性。

第三，中央政府和地方政府之间协同度在各维度均存在显著差异。中央政府在横向、纵向及时间协同度指标评价中均显著优于地方政府，这表明中央政府在制定政策的过程中考虑更为全面细致，而省级政府作为中央政策的贯彻者政策协同度得分较低，这与长期以来地方政府在执行政策中所暴露出的不系统一致。由此可见，中央政府作为拥有绝对协同优势的政策主体，对国家政策的回应最为积极，对部门间的合作最为主动，对政策的延续性最为关注。相较于横向和纵向协同度，时间协同度对去产能政策综合协同度的影响最为显著，加强时间方面的协同度是提升政策综合协同度的重中之重。因此，为推进供给侧结构性改革及促进煤炭行业发展质量，中央政府和地方政府应增强治理政策在时间上的延续性。

11.2　主　要　观　点

（1）产能过剩将会对本已脆弱的 CCIES 造成严重冲击，加剧区域经济衰退，给地区经济发展和社会稳定造成巨大压力和威胁。基于 2007~2019 年 33 个典型煤炭资源型城市的评估结果表明：28 个城市的经济系统脆弱性处于中高度水平，18 个城市呈现出明显递增态势，且西部地区的脆弱性水平显著高于东部地区；造成脆弱性时空格局分异的主要原因在于各煤炭资源型城市经济系统内部结构的异质性。基于典型煤炭资源型城市的模拟仿真结果表明：煤炭产能过剩会对地区主导产业和整体工业经济发展（特别是营利能力）具有较大的负面影响。因此，作为国民经济的基础产业和 41 个工业大类中从业人数最多的行业，煤炭行业产能过剩问题能否成功解决，已成为煤炭供给侧结构性改革和资源型地区高质量发展的关键。

（2）煤炭行业产能过剩治理已陷入产能"过剩—化解—不足—激励—

再过剩"的恶性循环, 其根源主要在于产能治理过程中多方参与主体之间的信息不完全和信息不对称。基于演化博弈的解析分析与模拟仿真结果表明: 由于信息不完全和不对称, 煤炭产能过剩治理有效性由中央、地方和企业的策略选择共同决定, 而且各行为主体的策略选择随着时间的推移及综合各种信息在不断调整变化, 呈现出复杂动态博弈的特性。因此, 为有效应对产能过剩治理中的信息不完全和信息不对称问题, 需要立足中国情境并融合多源数据信息, 构建涵盖 "统计监测→预测预警→分层调控→协同治理" 的全景式煤炭产能过剩治理决策的整体解决方案。

（3）工业产能过剩的形成和恶化是一个在各种供需力量交互作用下由量变到质变的过程, 为准确把握产能过剩状态和波动规律, 需要充分考虑产业间的关联机制和信息传递效应, 构建科学全面的产能过剩统计监测指标体系和评估模型。基于产业关联视角的煤炭产能过剩实证评估结果表明: 近年来我国煤炭行业全要素生产率呈 "上升—下降—上升" 的波动特征, 但年平均增长率为-10.16%, 行业发展质量亟须提升, 同时平均产能利用率不足 71%, 资源浪费问题十分突出; 同时, 煤炭产能过剩呈现出 "下降—上升—下降" 的周期性特征, 但产能过剩指数仍处高位并在 0.6~0.8 小幅波动, 究其根源, 除煤炭行业自身供需状况外, 其关联行业（如煤电、化工和建材等行业）的基本面状况、供需状况及环境效益等因素对煤炭产能过剩也具有显著影响。因此, 在产能过剩防范与化解政策制定中, 政府部门需要从全产业链视角出发, 通过系统化的产能规划和投资引导措施, 来规避煤炭行业自身投资状况及其关联行业对煤炭产能过剩的不利影响。

（4）尽管随着我国煤炭供给侧结构性改革的推进, 煤炭供给质量不断提高, 但其产能过剩的基本态势并未根本改变, 并蕴藏着周期性集中爆发的风险。基于组合模型的煤炭产能过剩预测与预警实证研究结果表明: 受经济下行、市场失灵、资源错配、能源转型等多重因素影响, 2021~2023 年煤炭行业产能过剩规模将在 17 亿~18 亿吨小幅度波动, 并存在长期过剩的趋势; 煤炭产能过剩的高风险阈值约为 14.6 亿吨, 意味着煤炭行业产能过剩风险仍将在高位徘徊; 在影响煤炭行业产能过剩发展趋势的众多力量中, 资源错配是最重要的决定性因素, 其影响程度超过 75%。因此, 进一步深化经济体制改革, 提高资源配置效率, 优化资源配置路径, 持续推动产能过剩化解, 提高行业发展质量仍是未来相当一段时期内煤炭供给侧结构性改革的重点。在当前逆全球化思潮涌动、地缘政治冲突加剧等新形势下, 这一点显得尤为重要。

（5）中国情境下的产能调控决策是一个典型的多层级、多主体、多目标、高维非线性优化问题，需要统筹兼顾各省区市实际情况及地方政府、煤炭企业等关键利益相关者诉求，进行煤炭产能过剩调控省级配额分配机制与方案设计。基于二层多目标规划方法的煤炭产能过剩调控省级分配实证结果表明：由于去产能成本、财政能力等方面不同，各省区市对中央分配的去产能任务的执行意愿存在显著差异；相较于现行分配方案，二层优化分配方案在全要素生产率增长率方面提高了 2.14%，在去产能总成本方面降低了 642 亿元，在环境效益方面则增加了 730 亿元，同时该方案的基尼系数均小于 0.3，属于绝对公平。因此，在产能过剩调控省级配额分配过程中，应充分考虑产能过剩治理系统博弈过程的复杂性和动态性，以及产能过剩化解的"减量、提质、增效"这一综合目标，从而提高地方去产能积极性，避免"明修栈道，暗度陈仓"的地方和企业去产能违规行为发生。

（6）去产能政策虽取得了良好的经济效益，但在社会和环境方面的有效性有待进一步提升，而且不同地区间去产能政策的实施效果存在较大的差异。部门分治与属地管理的行政管理体制使得当前煤炭产能过剩治理政策的碎片化问题突出，不同层级、不同部门和不同类型政策工具间的协同性较低，亟须构建基于多层级、跨部门、多主体协同的煤炭产能过剩治理政策体系。通过对 2009~2020 年我国煤炭行业去产能政策进行文本挖掘和定量分析，发现煤炭行业去产能政策协同度整体偏低，特别是地方政府在制定煤炭去产能政策时以"自我""现在"为中心；中央政府和地方政府之间协同度在各维度均存在显著差异，地方政府显著低于中央政府。在制定政策的过程中，中央政府比地方政府的考虑更为全面细致。相较于横向和纵向协同度，时间协同度对去产能政策综合协同度的影响最为显著。在未来后续去产能工作的部署和优化中，去产能政策的制定和设计需要着重考虑地区异质性与时间协同性。

11.3　创 新 之 处

1. 研究视角创新

现有研究主要是基于政府视角并以经济目标为导向探讨工业产能过剩的治理问题，而本书则从利益相关者视角出发，综合考虑成本、效率、效益、公平等多重目标，统筹兼顾产能过剩治理过程中中央政府、地方政府、生产企业等多方决策主体和利益相关者的利益诉求，以煤炭行业为典型研究对象，对煤炭行业产能过剩的经济后果、治理困境及全景式治理机制进行深入研究，从而为煤炭行业及煤电、钢铁、化纤等其他工业行业的产能过剩治理研究和实践提供新的思考路径。

2. 研究内容创新

现有研究主要聚焦于产能过剩的影响因素、形成机理与防范机制等问题，而本书则以产能过剩治理研究的内在逻辑和科学问题为主线，首次从中观（区域）层面定量揭示煤炭行业产能过剩的经济影响及其传导机制，并将中央、地方和企业纳入统一框架，阐明产能过剩治理困境的形成机理；在此基础上，构建中国情境下涵盖"统计监测→预测预警→分层调控→协同治理"的全景式煤炭产能过剩治理决策机制和量化模型体系，有效解决煤炭产能过剩科学治理的综合量化模型问题；定量揭示中国煤炭行业产能过剩时空格局、演变规律及驱动机制，提出相应的调控策略与政策工具优化组合方案，为煤炭行业产能过剩治理提供新的理论依据和决策参考。

3. 研究方法创新

现有研究以知识驱动范式下的案例分析、理论推演、计量统计等方法为主，而本书则通过管理科学、经济科学、能源科学与系统科学、计算机科学等多学科的交叉，综合采用数据驱动范式下的运筹优化、机器学习、文本挖掘、复杂系统动力学等集成化建模方法，面向煤炭产能过剩治理场景创建了一系列多源数据环境下的评估、预测、预警与决策模型，从而促进多学科视角、方法的交叉和多源数据、知识的融合。

11.4　学　术　价　值

本书不仅发展和完善了产能过剩治理的理论、机制与方法，拓展和丰富了多源数据环境下的评估、预测、预警与决策模型，而且为政府部门提供了破解煤炭及其他行业产能过剩治理困境的新思路、新途径和新建议，从而助力国家供给侧结构性改革与经济高质量发展双重战略目标的实现。本书主要学术价值具体体现在以下 6 个方面。

（1）构建了基于"情景—应对"的产能过剩的经济后果及传导机制与应对政策工具组合优化情景仿真模型，定量揭示出煤炭行业产能过剩的经济效应及其传导机制。鉴于当前中观区域层面上产能过剩传导机制研究的缺失，本书基于对煤炭行业产能过剩情境下 CCIES 脆弱性机理的分析，构建了基于 RS-TOPSIS-RSR 的 CCIES 评估指标体系和模型，揭示出 CCIES 的时空格局及演变规律；开发了产能过剩的经济后果及传导机制与应对政策组合优化情景仿真模型，阐明了煤炭行业产能过剩的经济后果及传导机制，揭示了不同扰动情景下不同应对政策工具的互动效应和有效性，提出了降低产能过剩经济冲击的政策工具组合优化策略。这不但有助于深刻理解产能过剩的经济后果及其影响机理，而且为应对政策的制定提供新的理论依据和分析工具。

（2）构建了基于产业关联理论的产能过剩风险评估指标体系与评估模型，定量揭示出我国煤炭行业产能过剩的时空格局、演变规律及驱动机制。鉴于当前有关产能过剩判别中单变量和静态化分析方法的局限性，本书充分考虑产能过剩形成的动态机制和产业间的关联机制与信息传递效应，从煤炭行业及其关联行业的基本状况、供给状况、需求状况和经济环境绩效等多个维度出发，并采用基于数据驱动的集成化机器学习方法，创新构建了基于 CFS-ARs-DEA 的产能过剩风险监测指标体系与评估模型，实证揭示了我国煤炭行业产能过剩的时空格局、演变规律及驱动机制。这不但是多源数据环境下评估理论与方法的创新，而且能够全面表征和科学评估产能过剩的风险状态，实现产能过剩的精准画像及其动态演变规律的理论诠释。

（3）构建了基于数据特征驱动与多模态信息集成思想的产能过剩规模组合预测预警建模方法与模型体系，定量揭示出我国煤炭行业产能过剩的未来发展趋势、风险态势及其关键驱动因素。鉴于当前有关组合预测预警模型建模机制不明的局限性，本书充分考虑了产能过剩时间序列数据构成的复杂性，将数据特征驱动与多模态信息集成建模思想进行有机融合，创新构建了"数据特征驱动的模态分解集成"方法论，并据此构建了产能过剩规模组合预测与预警模型体系，定量揭示了我国煤炭行业产能过剩的未来发展趋势、风险态势及其关键驱动因素，确立了煤炭行业产能过剩预警阈值和风险等级，建立了煤炭行业产能过剩调控的触发机制。这不仅是多源数据环境下预测预警理论与方法的创新，而且能够准确刻画产能过剩未来发展态势，提高产能过剩调控时机和调控力度的精准性。

（4）构建了基于多层级、跨部门、多主体协同的省级产能调控配额分配与治理政策工具组合优化模型，提出了产能过剩调控的最优策略选择与政策工具优化组合方案。鉴于当前调控策略静态化和政策设计碎片化的局限性，本书充分考虑中国情境下产能过剩治理决策的复杂性，从利益相关者视角出发，创新构建了基于二层多目标非线性规划方法的产能过剩调控省级配额分配模型,提出了优化后的我国 25 个主要产煤省区市的煤炭行业产能过剩配额调控方案,这不但有助于拓展复杂非线性动态规划建模与求解方法,而且能够提高煤炭产能调控策略的科学性和公平性。

（5）构建了基于多主体视角的产能过剩治理系统动态演化博弈模型,阐明了产能过剩治理系统的复杂性和治理困境的形成机理。鉴于当前有关产能过剩治理困境分析框架和传统静态博弈模型的局限性,本书从我国国情出发,立足我国制度背景和行政体制,充分考虑中央政府与地方政府的目标诉求,创新构建了由中央政府、地方政府和生产企业 3 个种群构成的产能过剩治理系统动态演化博弈模型,阐明了煤炭行业产能过剩治理过程中中央政府、地方政府与煤炭企业策略选择的交互机制、演化路径及其关键影响因素。这不但有助于深刻理解中国情境下产能过剩治理困境的形成机理,而且能够为煤炭行业产能过剩治理研究和实践提供新的理论依据与决策参考。

（6）构建了基于多维层面和跨部门范畴下去产能政策有效性及协同度评估模型,测度了去产能政策在经济、社会和环境效益上的实现效果,揭示了去产能政策在纵向、横向和时间演化上的协同效应。鉴于当前去产能政策间、非去产能与去产能政策间、行政指令型与市场调节型政策间协同性较低这一突出问题,本书基于前部分研究成果,进一步开展了基于多层级、跨部门、多主体协同的产能过剩治理政策组合优化策略研究。在对我国煤炭行业去产能政策进行梳理的基础上,借助断点回归方法和文本挖掘方法揭示了去产能政策在经济、环境和社会效益方面的有效性及纵向、横向、时间与综合协同性及其关键影响因素,从局部与整体、短期与长期的角度,提出了基于多层级、跨部门、多主体协同的煤炭产能过剩协同治理政策工具组合优化策略。这不但有助于深入剖析各级各类去产能政策实施的效果,而且能够为未来深化去产能工作的科学部署提供可靠的决策依据和政策启示。

11.5　研　究　展　望

本书遵循"实地调研→问题提炼→理论阐释→模型构建→实证分析→获得结论→对策建议→有效性研讨"的基本范式,通过管理科学、经济科学、系统科学和计算机科学等多学科知识的交叉与融合,综合运用社会调查、演化博弈、计量统计等经典方法和基于数据驱动的运筹优化、机器学习、文本挖掘、系统动力学建模等前沿方法，以煤炭行业为重点研究对象，深入开展了中国工业产能过剩的经济后果及传导机制研究、治理机制与治理政策的理论与实证研究。在未来的研究中，可对此研究主题做进一步拓展，具体如下。

（1）在研究方法方面，当前研究工作主要采用基于数据驱动的研究范式，该研究范式在一定程度上能够直接发现特定变量关系模式，最终形成问题的解决方案，但需要注意的是，煤炭产能过剩治理作为一项复杂系统工程，关联众多研究领域，跨越不同层级主体，涉及不同粒度的要素约束。在未来的研究中，应用数据和知识融合驱动的研究范式将煤炭产能过剩问题在不同维度和层次上进行分解与聚合，充分发挥数据驱动范式的关联挖掘能力和知识驱动范式的因果机理识别能力的优势，在更加全面、系统和多维的问题视角映射下，实施煤炭产能过剩相关问题的管理决策研究。

（2）在数据利用方面，本书研究主要利用国家和地域、行业和企业等层级的统计数据，然而统计数据不可避免存在发布的滞后性，这在一定程度上制约了有关研究结果的时效性和精准性。在未来的研究中，可以充分参考时间窗口期内的国际国内政治经济形势、煤炭行业及其行业供需关系、有关重要政策举措等方面呈现出的新情况、新变化和新动向，综合应用平台发布的统计数据与网络渠道的实时跟踪数据，利用云计算和大数据分析技术，提升模型对动态环境的捕捉和适应能力，开展工业产能过剩的精准治理研究。

（3）在研究内容方面，本书研究主要聚焦于产能过剩的经济后果、治理困境及治理决策的建模与实证研究。在未来研究中，可进一步采用数据库技术、软件设计与开发技术，基于相关理论研究成果研发与之配套的模块化、可视化、智能化产能过剩综合治理决策支持系统，从而提高产能过剩治理的智能化水平。

（4）在研究视角方面，当前研究主要基于利益相关者视角和产业关联视角，能够保证在最大程度上捕捉到产能过剩治理问题这一复杂架构在中观区域层面上的现实映射。然而，基于能源市场需求视角和能源部门投入产出的研究视角来进一步探讨产能过剩治理问题在微观经济效率层面上的映射同样值得重点关注，这有助于促进以能源市场优化为起点的能源可持续转型工作的开展。

参 考 文 献

白雪洁，闫文凯. 2017. 中国新兴产业产能过剩的形成机理及疏解策略——基于光伏行业的案例分析[J]. 南开学报（哲学社会科学版），（1）：133-142.

包群，唐诗，刘碧. 2017. 地方竞争、主导产业雷同与国内产能过剩[J]. 世界经济，（10）：144-169.

曹海霞. 2008. 煤炭价格市场化改革历程及发展趋势研究[J]. 经济问题，（9）：49-51.

茶娜，邬建国，于润冰. 2013. 可持续发展研究的学科动向[J]. 生态学报，33（9）：2637-2644.

陈慧远. 1988. 土石坝有限元分析[M]. 南京：河海大学出版社.

陈真玲，王文举. 2017. 环境税制下政府与污染企业演化博弈分析[J]. 管理评论，29（5）：226-236.

崔畅. 2007. 货币政策工具对资产价格动态冲击的识别检验[J]. 财经研究，33（7）：31-39.

董敏杰，梁泳梅，张其仔. 2015. 中国工业产能利用率：行业比较、地区差距及影响因素[J]. 经济研究，（1）：84-98.

樊纲，王小鲁，马光荣. 2011. 中国市场化进程对经济增长的贡献[J]. 经济研究，（9）：4-16.

范林凯，李晓萍，应珊珊. 2015. 渐进式改革背景下产能过剩的现实基础与形成机理[J]. 中国工业经济，（1）：19-31.

方福前. 2017. 寻找供给侧结构性改革的理论源头[J]. 中国社会科学，（7）：49-69.

冯东梅，王森，翟翠霞. 2015. 中国煤炭产业产能利用率估算与影响因素实证研究[J]. 统计与信息论坛，30（12）：48-55.

顾振华，陈强远. 2017. 中央和地方的双重政策保护与产能过剩[J]. 财经研究，43（11）：84-97.

韩国高. 2018. 环境规制、技术创新与产能利用率——兼论"环保硬约束"如何有效治理产能过剩[J]. 当代经济科学，40（1）：84-93.

韩国高，高铁梅，王立国，等. 2011. 中国制造业产能过剩的测度、波动及成因研究[J]. 经济研究，（12）：18-31.

韩国高，张倩. 2019. 技术进步偏向对工业产能过剩影响的实证研究[J]. 科学学研究，（12）：2157-2167.

韩心灵，韩保江. 2016. 利益博弈、去产能困境与治理政策的有效性[J]. 经济社会体制比较，（6）：180-189.

贺京同，何蕾. 2016. 国有企业扩张、信贷扭曲与产能过剩——基于行业面板数据的实证研究[J]. 当代经济科学，38（1）：58-67.

贺晓宇. 2013. 煤炭价格波动对区域经济增长影响的实证研究——以安徽省为例[J]. 价格理论与实践，（8）：52-53.

侯威，章大全，周云，等. 2011. 一种确定极端事件阈值的新方法：随机重排去趋势波动分析方法[J]. 物理学报，60（10）：790-804.

侯治平，吴艳，杨堃，等. 2020. 全产业链企业国际化程度、研发投入与企业价值[J]. 中国软科学，（11）：124-133.

胡川，郭林英. 2020. 产能过剩、闲置成本与企业创新的关系研究[J]. 科研管理，41（5）：40-46.

胡筱沿，戴璐. 2017. 正确把握去产能过程中的几个关键问题[J]. 宏观经济管理，（2）：50-54.

黄建毅，刘毅，马丽，等. 2012. 国外脆弱性理论模型与评估框架研究评述[J]. 地域研究与开发，31（5）：1-5.

黄俊，陈信元，丁竹. 2019. 产能过剩、信贷资源挤占及其经济后果的研究[J]. 会计研究，（2）：65-70.

贾琳. 2010. 煤炭价格波动及其对区域经济发展的影响研究[D]. 山西财经大学硕士学位论文.

金太军. 1999. 当代中国中央政府与地方政府关系现状及对策[J]. 中国行政管理，（7）：67-71.

寇宗来，刘学悦，刘瑾. 2017. 产业政策导致了产能过剩吗？——基于中国工业行业的经验研究[J]. 复旦学报（社会科学版），（5）：148-161.

李博，赵树宽，余海晴. 2017. 政府补贴、过度投资与产能过剩——基于国有、非国有工业上市公司的实证研究[J]. 预测，36（6）：50-55.

李鹤，张平宇. 2011. 全球变化背景下脆弱性研究进展与应用展望[J]. 地理科学进展，30（7）：920-929.

李鹤，张平宇，程叶青. 2008. 脆弱性的概念及其评价方法[J]. 地理科学进展，27（2）：18-25.

李后建. 2017. 信息通讯技术应用能缓解产能过剩吗？[J]. 科学学研究，35（10）：1491-1507.

李婧颖. 2017. 经济波动背景下煤炭产业共生网络的脆弱性机理——基于三类网络的比较研究[D]. 中国矿业大学硕士学位论文.

李书方. 2014. 煤炭价格变动对榆林市经济发展的影响研究[D]. 西安科技大学硕士学位论文.

李树丞，曾华珑，李林. 2008. 房地产价格波动对货币政策传导的作用研究[J]. 财经理论与实践，（6）：17-21.

李鲜玲，张大田，雷翠玲. 2015. 陕西煤炭价格波动对区域 GDP 影响分析[J]. 现代商贸工业，（3）：55-56.

李心芹，李仕明，兰永. 2004. 产业链结构类型研究[J]. 电子科技大学学报（社科版），6（4）：60-63.

李永忠，董凌峰，吴真玮. 2017. 基于系统动力学的政务信息共享博弈分析[J]. 电子科技大学学报（社科版），19（1）：39-42.

林伯强. 2016. 供给侧改革促进煤炭"去产能"[J]. 煤炭经济研究，36（4）：1.

林芹，郭东强. 2017. 企业网络舆情传播的系统动力学仿真研究——基于传播主体特性[J]. 情报科学，（4）：54-60，67.

林毅夫，巫和懋，邢亦青. 2010. "潮涌现象"与产能过剩的形成机制[J]. 经济研究，（10）：4-19.

凌立文，张大斌. 2019. 组合预测模型构建方法及其应用研究综述[J]. 统计与决策，35（1）：18-23.

刘晨跃，徐盈之. 2019. 市场化、结构性产能过剩与环境污染——基于系统 GMM 与门槛效应的检验[J]. 统计研究，36（1）：51-64.

刘贵富. 2006. 产业链基本理论研究[D]. 吉林大学博士学位论文.

刘海林，刘永清. 2002. 基于多目标进化算法的目标规划研究[J]. 计算机科学，29（9）：42-43.

刘戒骄，王振. 2017. 市场化解产能过剩的原理与措施分析[J]. 经济管理，39（6）：20-35.

刘京星，黄健柏，丰超. 2017. 企业性质、区域差异与产能过剩治理——基于三层级共同前沿 DEA 模型的研究[J]. 中国软科学，（9）：127-140.

刘小敏，付加锋. 2011. 基于 CGE 模型的2020年中国碳排放强度目标分析[J]. 资源科学，33（4）：634-639.

刘小茜，王仰麟，彭建. 2009. 人地耦合系统脆弱性研究进展[J]. 地球科学进展，24（8）：917-927.

刘志强，陈渊，金剑，等. 2010. 基于系统动力学的农业资源保障及其政策模拟：以黑龙江省为例[J]. 系统工程理论与实践，30（9）：1586-1592.

吕一博，程露，苏敬勤. 2015. 组织惯性对集群网络演化的影响研究——基于多主体建模的仿真分析[J]. 管理科学学报，18（6）：30-40.

马刚. 2017. 煤炭城市工业经济系统应对能源价格冲击的政策模拟研究——以鄂尔多斯市为例[D]. 中国矿业大学硕士学位论文.

马红旗，黄桂田，王韧，等. 2018. 我国钢铁企业产能过剩的成因及所有制差异分析[J]. 经济研究，（3）：94-109.

毛伟华. 2014. 煤炭价格波动对内蒙古经济发展影响探析[J]. 内蒙古煤炭经济，（4）：78-79，94.

潘峰，西宝，王琳. 2015. 基于演化博弈的地方政府环境规制策略分析[J]. 系统工程理论与实践，35（6）：1393-1404.

潘文轩. 2016. 化解过剩产能引发负面冲击的总体思路与对策框架[J]. 财经科学，（5）：63-73.

芮明杰，刘明宇. 2006. 产业链整合理论述评[J]. 产业经济研究，（3）：60-66.

石连栓，达林，戎卫东. 2009. 遗传算法在多目标决策中的应用研究[J]. 计算机科学，（9）：54-55.

宋学锋，刘耀彬. 2006. 基于 SD 的江苏省城市化与生态环境耦合发展情景分析[J]. 系统工程理论与实践，（3）：124-130.

苏芳，徐中民，尚海洋. 2009. 可持续生计分析研究综述[J]. 地球科学进展，24（1）：61-69.

苏飞，储毓婷，张平宇. 2013. 我国典型旅游城市经济脆弱性及障碍因素分析[J]. 经济地理，33（12）：189-194.

孙博，王广成. 2012. 矿区生态产业共生系统的稳定性[J]. 生态学报，32（10）：3296-3302.

孙巍，张子健. 2020. 产能配置的市场传导机制与政策效应来自中国钢铁行业的证据[J]. 数理统计与管理，39（1）：12-21.

汤铃，余乐安，李建平，等. 2016. 复杂时间序列预测技术研究：数据特征驱动分解集成方法论[M]. 北京：科学出版社.

唐丽敏，曾颖，王成武，等. 2013. 基于系统动力学的物流节能减排政策模拟[J]. 系统工程，31（6）：87-94.

陶化成. 1982. 处理多目标决策问题的一个方法[J]. 系统工程理论与实践，（2）：25-28.

万凯迪. 2019. 经济波动下矿工生计脆弱性评估及降低策略研究[D]. 中国矿业大学硕士学位论文.

王德鲁，马刚. 2016. 煤炭城市应对能源价格冲击的政策模拟研究——基于系统动力学[J]. 北京理工大学学报（社会科学版），（6）：10-22.

王德鲁，赵成. 2018. 中国煤炭去产能省区分配研究[J]. 经济问题，（4）：77-82.

王缉慈. 2004. 关于中国产业集群研究的若干概念辨析[J]. 地理学报，59（S1）：47-52.

王珏，冯宗宪. 2013. 煤炭价格波动对能源富集地区经济发展的影响研究——以陕西省为例[J]. 价格理论与实践，（12）：42-44.

王黎明，关庆锋，冯仁国，等. 2003. 全球变化视角下人地系统研究面临的几个问题探讨[J]. 地理科学，23（4）：391-397.

王文甫，明娟，岳超云. 2014. 企业规模、地方政府干预与产能过剩[J]. 管理世界，（10）：17-36.

王小鲁，樊纲，胡李鹏. 2019. 中国分省份市场化指数报告（2018）[M]. 北京：社会科学文献出版社.

王亚东. 2019. 中国煤炭行业产能过剩的组合预测及其治理策略研究[D]. 中国矿业大学硕士学位论文.

王昱, 杨珊珊. 2021. 考虑多维效率的上市公司财务困境预警研究[J]. 中国管理科学, 29（2）: 32-41.

王自锋, 白玥明. 2017. 产能过剩引致对外直接投资吗? ——2005~2007 年中国的经验研究[J]. 管理世界, （8）: 27-35.

威布尔 J W. 2006. 演化博弈论[M]. 王永钦译. 上海: 上海人民出版社.

魏然. 2010. 产业链的理论渊源与研究现状综述[J]. 技术经济与管理研究, （6）: 140-143.

吴福象, 段巍. 2017. 国际产能合作与重塑中国经济地理[J]. 中国社会科学, （2）: 44-64.

吴利学, 刘诚. 2018. 项目匹配与中国产能过剩[J]. 经济研究, （10）: 67-81.

吴彤. 2001. 自组织方法论研究[M]. 北京: 清华大学出版社.

席鹏辉, 梁若冰, 谢贞发, 等. 2017. 财政压力、产能过剩与供给侧改革[J]. 经济研究, （9）: 86-102.

肖明月, 郑亚莉. 2018. 供给质量提升能否化解中国制造业的产能过剩? ——基于结构优化与技术进步视角[J]. 中国软科学, （12）: 126-139.

谢赤, 邓艺颖. 2003. SVAR 模型及其在货币政策传导机制分析中的应用[J]. 系统工程理论方法应用, 12（4）: 293-297.

谢和平, 王金华. 2014. 中国煤炭科学产能[M]. 北京: 煤炭工业出版社.

谢鹃. 2012. 区域性煤炭价格与经济增长关系的实证探析——基于新疆 1992—2010 年时间序列数据的分析[J]. 价格理论与实践, （3）: 25-26.

谢识予. 2001. 有限理性条件下的进化博弈理论[J]. 上海财经大学学报, 3（5）: 3-9.

谢文浩, 曹广喜. 2022. 基于 MFXDMA 方法的加密货币和中国股市间的多重分形交叉相关性研究[J]. 中国管理科学, 30（10）: 72-84.

熊升银, 王学义. 2020. 产能过剩、技术创新与中国经济高质量发展[J]. 统计与决策, （16）: 86-90.

徐朝阳, 白艳, 王韡. 2020. 要素市场化改革与供需结构错配[J]. 经济研究, （2）: 20-35.

徐朝阳, 周念利. 2015. 市场结构内生变迁与产能过剩治理[J]. 经济研究, （2）: 75-87.

徐广才, 康慕谊, 贺丽娜, 等. 2009. 生态脆弱性及其研究进展[J]. 生态学报, 29（5）: 2578-2588.

徐业坤, 马光源. 2019. 地方官员变更与企业产能过剩[J]. 经济研究, （5）: 129-145.

徐一帆, 吕建伟, 史跃东, 等. 2019. 基于贝叶斯学习的复杂系统研制风险演化分析[J]. 系统工程理论与实践, 9（6）: 1580-1590.

宣烨. 2019. 要素价格扭曲、制造业产能过剩与生产性服务业发展滞后[J]. 经济学动态, （3）: 91-104.

颜恩点, 李上智, 孙安其. 2019. 产能过剩、信息成本与分析师盈余预测——来自 A 股上市公司的经验证据[J]. 中国软科学, （10）: 145-157.

颜晓畅，黄桂田. 2020. 政府财政补贴、企业经济及创新绩效与产能过剩——基于战略性新兴产业的实证研究[J]. 南开经济研究，（1）：176-198.

杨翱，刘纪显，吴兴弈. 2014. 基于 DSGE 模型的碳减排目标和碳排放政策效应研究[J]. 资源科学，36（7）：1452-1461.

杨公朴，夏大慰. 2005. 现代产业经济学[M]. 2 版. 上海：上海财经大学出版社.

杨岚，毛显强，刘琴，等. 2009. 基于 CGE 模型的能源税政策影响分析[J]. 中国人口·资源与环境，19（2）：24-29.

杨丽花，佟连军. 2012. 基于社会网络分析法的生态工业园典型案例研究[J]. 生态学报，32（13）：4236-4245.

杨莲，石宝峰. 2022. 基于 Focal Loss 修正交叉熵损失函数的信用风险评价模型及实证[J]. 中国管理科学，（5）：65-75.

杨振. 2013. 激励扭曲视角下的产能过剩形成机制及其治理研究[J]. 经济学家，（10）：48-54.

杨振兵. 2015. 对外直接投资、市场分割与产能过剩治理[J]. 国际贸易问题，（11）：121-131.

杨振兵. 2016. 有偏技术进步视角下中国工业产能过剩的影响因素分析[J]. 数量经济技术经济研究，（8）：30-46.

杨振兵. 2018. 产能过剩治理：靠政府还是靠市场[J]. 现代财经：天津财经大学学报，（5）：3-16.

叶昌鹏，刘国华，何先龙，等. 2019. 基于传递熵和改进替代数据法的损伤识别[J]. 中南大学学报（自然科学版），50（12）：3023-3034.

易余胤，刘汉民. 2005. 经济研究中的演化博弈理论[J]. 商业经济与管理，（8）：8-13.

于斌斌，陈露. 2019. 新型城镇化能化解产能过剩吗？[J]. 数量经济技术经济研究，（1）：22-41.

于长革. 2009. 中国式财政分权激励下的经济社会非均衡发展[J]. 当代财经，（6）：36-40.

于立，张杰. 2014. 中国产能过剩的根本成因与出路：非市场因素及其三步走战略[J]. 改革，（2）：40-51.

于涛，刘长玉. 2016. 政府与第三方在产品质量监管中的演化博弈分析及仿真研究[J]. 中国管理科学，24（6）：90-96.

余东华，吕逸楠. 2015. 政府不当干预与战略性新兴产业产能过剩——以中国光伏产业为例[J]. 中国工业经济，（10）：53-68.

虞晓芬，薛永晓. 2008. 房价对货币政策传导的消费效应实证研究——基于 SVAR 模型[J]. 河南金融管理干部学院学报，26（6）：23-26.

郁义鸿. 2005. 产业链类型与产业链效率基准[J]. 中国工业经济，（11）：35-42.

原磊，王秀丽. 2013. 宏观政策取向对工业经济影响的模拟分析——基于动态 CGE 模型[J]. 中国工业经济，（9）：44-55.

曾国屏. 1998. 论系统自组织演化过程[J]. 系统辨证学报, 6（1）: 13-17, 26.

曾湘泉, 杨涛, 刘华. 2016. 兼并重组、所有制与产能过剩——基于山西省煤炭去产能困境的案例分析[J]. 山东大学学报（哲学社会科学版）, （5）: 24-31.

张国兴, 高晚霞, 张振华, 等. 2017. 产业协同是否有助于提升节能减排的有效性？——基于 1052 条节能减排政策的研究[J]. 中国管理科学, 25（3）: 181-189.

张国兴, 高秀林, 汪应洛, 等. 2014. 政策协同: 节能减排政策研究的新视角[J]. 系统工程理论与实践, 34（3）: 545-559.

张华明, 张聪聪, 薛晓达, 等. 2016. 中国煤炭产业产能过剩的影响因素[J]. 北京理工大学学报（社会科学版）, 18（6）: 40-46.

张林. 2016. 中国式产能过剩问题研究综述[J]. 经济学动态, （9）: 90-100.

张平宇. 2007. 全球环境变化研究与人文地理学的参与问题[J]. 世界地理研究, 16（4）: 76-81.

张青, 徐之舟, 蔡仲秋. 2011. 资源型企业群落脆弱性评价与治理模式[J]. 软科学, 25（5）: 5-10.

张少华, 蒋伟杰. 2017. 中国的产能过剩: 程度测算与行业分布[J]. 经济研究, （1）: 89-102.

张维迎. 2004. 博弈论与信息经济学[M]. 上海: 上海三联书店, 上海人民出版社.

张文修, 吴伟志, 梁吉业, 等. 2001. 粗糙集理论与方法[M]. 北京: 科学出版社.

张言方. 2014. 我国煤炭产能过剩的形成机理及调控对策研究[D]. 中国矿业大学硕士学位论文.

张莹, 王磊. 2015. 地方政府干预与中国区域产业结构趋同——兼论产能过剩的形成原因[J]. 宏观经济研究, （10）: 102-110.

张哲晰, 穆月英. 2016. 城镇居民恩格尔系数降速趋缓成因研究——基于 LES-LA/AIDS 两阶段模型的实证[J]. 华南理工大学学报（社会科学版）, 18（3）: 16-27.

张子婷, 郑彦宁, 袁芳. 2020. 多指标核心作者识别方法研究[J]. 现代情报, 40（7）: 144-151.

章卫东, 成志策, 周冬华, 等. 2014. 上市公司过度投资、多元化经营与地方政府干预[J]. 经济评论, （3）: 139-152.

赵宝福, 黄振国. 2014. 中国煤炭产业产能利用率估算与演变特征研究[J]. 统计与信息论坛, 29（9）: 15-20.

赵昌文, 许召元, 袁东, 等. 2015. 当前我国产能过剩的特征、风险及对策研究——基于实地调研及微观数据的分析[J]. 管理世界, （4）: 1-10.

赵成. 2018. 基于多目标规划的中国煤炭去产能省区分配研究[D]. 中国矿业大学硕士学位论文.

赵美丽. 2011. "资源诅咒"假说的验证: 基于我国煤炭城市的数据[J]. 中国证券期货, （9）: 178.

赵卿，曾海舰. 2017. 中国式产业政策引致产能过剩吗——基于中国工业行业面板数据的经验分析[J]. 华中科技大学学报（社会科学版），31（3）：75-85.

郑建萍. 2017. 煤炭城市产业生态系统脆弱性评估模型及应用[D]. 中国矿业大学硕士学位论文.

钟春平，潘黎. 2014. "产能过剩"的误区——产能利用率及产能过剩的进展、争议及现实判断[J]. 经济学动态，（3）：35-47.

钟永光，贾晓菁，钱颖，等. 2013. 系统动力学[M]. 2版. 北京：科学出版社.

周超，苏冬蔚. 2019. 产能过剩背景下跨国经营的实物期权价值[J]. 经济研究，（1）：20-35.

周伏秋，王娟. 2017. 煤炭行业进一步去产能的思考与建议[J]. 宏观经济管理，（11）：12-16.

周李磊，官冬杰，杨华，等. 2015. 重庆经济-资源-环境发展的系统动力学分析及不同情景模拟[J]. 重庆师范大学学报（自然科学版），32（3）：59-67.

周密，刘秉镰. 2017. 供给侧结构性改革为什么是必由之路？——中国式产能过剩的经济学解释[J]. 经济研究，（2）：67-81.

周振华. 2004. 论信息化进程中的产业关联变化[J]. 产业经济研究，（2）：1-8，18.

朱亮峰，朱学义. 2021. 煤炭行业去产能、调整资产结构对煤炭经济的撬动效应[J]. 资源科学，43（2）：316-327.

朱希伟，沈璐敏，吴意云，等. 2017. 产能过剩异质性的形成机理[J]. 中国工业经济，（8）：44-62.

Adger W N. 2006. Vulnerability[J]. Global Environmental Change，16（3）：268-281.

Agrawal R，Imieliński T，Swami A N. 1993. Mining association rules between sets of items in large databases[Z].

Ahn S，Lim G C，Kim S H，et al. 2011. Analysis of stock prices of mining business[J]. Physica A：Statistical Mechanics and Its Applications，390（12）：2340-2349.

Aiolfi M，Capistrán C，Timmermann A G. 2010. Forecast combinations[J]. CEPR Discussion Papers，29（5）：135-196.

Akram V，Rath B N. 2019. Optimum government size and economic growth in case of Indian states：evidence from panel threshold model[J]. Economic Modelling，88：151-162.

Albino V，Fraccascia L，Giannoccaro I. 2015. Exploring the role of contracts to support the emergence of self-organized industrial symbiosis networks：an agent-based simulation study[J]. Journal of Cleaner Production，112：4353-4366.

Al-Musaylh M S，Deo R C，Adamowski J F，et al. 2018. Short-term electricity demand forecasting with MARS，SVR and ARIMA models using aggregated demand data in Queensland，Australia[J]. Advanced Engineering Informatics，35：1-16.

Ambler S. 2007. The costs of inflation in New Keynesian models[R]. Bank of Canada Review.

Andrews-Speed P, Ma G, Shao B J. 2005. Economic responses to the closure of small-scale coal mines in Chongqing, China[J]. Resources Policy, 30（1）: 39-54.

Ansari N, Seifi A. 2012. A system dynamics analysis of energy consumption and corrective policies in Iranian iron and steel industry[J]. Energy, 43（1）: 334-343.

Arellano M, Bover O. 1995. Another look at the instrumental variable estimation of error-components models[J]. Journal of Econometrics, 68: 29-51.

Arfa C, Leleu H, Goaïed M, et al. 2017. Measuring the capacity utilization of public district hospitals in Tunisia[J]. International Journal of Health Policy and Management, 6(1): 9-18.

Athey S, Tibshirani J, Wager S. 2019. Generalized random forests[J]. The Annals of Statistics, 47（2）: 1148-1178.

Baffier J F, Poirion P L, Suppakitpaisarn V. 2018. Bilevel model for adaptive network flow problem[J]. Electronic Notes in Discrete Mathematics, 64: 105-114.

Bahn O, Haurie A, Kypreos S, et al. 1998. Advanced mathematical programming modeling to assess the benefits from international CO_2 abatement cooperation[J]. Environmental Modeling & Assessment, 3（1）: 107-115.

Bai L B, Chen H L, Gao Q, et al. 2018. Project portfolio selection based on synergy degree of composite system[J]. Soft Computing, 22（16）: 5535-5545.

Ben-Ayed O, Boyce D E, Blair III C E. 1988. A general bilevel linear programming formulation of the network design problem[J]. Transportation Research Part B: Methodological, 22（4）: 311-318.

Bergerson J, Lave L. 2007. The long-term life cycle private and external costs of high coal usage in the US[J]. Energy Policy, 35（12）: 6225-6234.

Bhattacharyya M N. 1980. Bates-Granger composite forecast and its application in evaluating econometric model[C]//Bhattacharyya M N. Comparison of Box-Jenkins and Bonn Monetary Model Prediction Performance. Berlin: Springer: 20-24.

Bhattacharyya S, Hodler R. 2010. Natural resources, democracy and corruption[J]. European Economic Review, 54（4）: 608-621.

Blaikie P, Cannon T, Davis I, et al. 2014. At Risk: Natural Hazards, People's Vulnerability and Disasters[M]. New York: Routledge.

Bohle H G. 2001. Vulnerability and criticality: perspectives from social geography[J]. IHDP Update, 2（1）: 3-5.

Bolleyer N. 2011. The influence of political parties on policy coordination [J]. Governance, 24（3）: 469-494.

Brana S，Prat S. 2016. The effects of global excess liquidity on emerging stock market returns：evidence from a panel threshold model[J]. Economic Modelling，52：26-34.

Brans J P，Mareschal B. 2005. Promethee methods [J]. Multiple Criteria Decision Analysis State of the Art Surveys，78：163-186.

Burns P. 2002. The intergovernmental regime and public policy in Hartford，Connecticut[J]. Journal of Urban Affairs，24（1）：55-73.

Cai W，Ye P. 2020. How does environmental regulation influence enterprises' total factor productivity? A quasi-natural experiment based on China's new environmental protection law [J]. Journal of Clean Production，276：124105.

Calonico S，Cattaneo M D，Titiunik R. 2014. Robust nonparametric confidence intervals for regression-discontinuity designs[J]. Econometrica，82（6）：2295-2326.

Carney D. 1998. Implementing a Sustainable Livelihood Approach[M]. London：Department for International Development.

Carnovale S，Yeniyurt S，Rogers D S. 2017. Network connectedness in vertical and horizontal manufacturing joint venture formations：a power perspective[J]. Journal of Purchasing and Supply Management，23（2）：67-81.

Chen F，Wang J，Deng Y. 2015. Road safety risk evaluation by means of improved entropy TOPSIS-RSR[J]. Safety Science，79：39-54.

Chen J，Quang T. 2014. The impact of international financial integration on economic growth：new evidence on threshold effects[J]. Economic Modelling，42：475-489.

Chen L，Jia G. 2017. Environmental efficiency analysis of China's regional industry：a data envelopment analysis（DEA）based approach[J]. Journal of Cleaner Production，142：846-853.

Chen L，Zerilli P，Baum C F. 2019. Leverage effects and stochastic volatility in spot oil returns：a Bayesian approach with VaR and CVaR applications[J]. Energy Economics，79：111-129.

Chen Z，Zhang X，Ni G. 2020. Decomposing capacity utilization under carbon dioxide emissions reduction constraints in data envelopment analysis：an application to Chinese regions[J]. Energy Policy，139：1-11.

Cheong T S，Wu Y. 2018. Convergence and transitional dynamics of China's industrial output：a county-level study using a new framework of distribution dynamics analysis[J]. China Economic Review，48：125-138.

Coleman J S. 1988. Social capital in the creation of human capital[J]. American Journal of Sociology，94：95-120.

Corden W M. 1984. Booming sector and Dutch disease economics：survey and consolidation[J]. Oxford Economic Papers，36（3）：359-380.

Corden W M, Neary J P. 1982. Booming sector and de-industrialisation in a small open economy[J]. The Economic Journal, 92 (368): 825-848.

Cozza C, Rabellotti R, Sanfilippo M. 2015. The impact of outward FDI on the performance of Chinese firms[J]. China Economic Review, 36: 42-57.

Cutter S L, Boruff B J, Shirley W L. 2003. Social vulnerability to environmental hazards[J]. Social Science Quarterly, 84 (2): 242-261.

Dagdeviren H. 2016. Structural constraints and excess capacity: an international comparison of manufacturing firms[J]. Development Policy Review, 34 (5): 623-641.

Dalal-Clayton D B, Dent D, Dubois O. 2004. Rural planning in developing countries: supporting natural resource management and sustainable livelihoods[J]. Journal of Rural Studies, 20 (3): 373-374.

Davidson C, Deneckere R. 1990. Excess capacity and collusion[J]. International Economic Review, 31 (3): 521-541.

de Assis Cabral J, Legey L F L, de Freitas Cabral M V. 2017. Electricity consumption forecasting in Brazil: a spatial econometrics approach[J]. Energy, 126: 124-131.

Desai M A, Foley C F, Hines J R. 2005. Foreign direct investment and the domestic capital stock[J]. The American Economic Review, 95: 33-38.

Dessus S, O'Connor D. 2003. Climate policy without tears CGE-based ancillary benefits estimates for Chile[J]. Environmental and Resource Economics, 25 (3): 287-317.

Ding Z, He L, Feng C, et al. 2016. The impact of coal price fluctuations on China's economic output[J]. Applied Economics, 48 (24): 2225-2237.

Dong B, Guo G. 2013. A model of China's export strengthening outward FDI[J]. China Economic Review, 27: 208-226.

Dong C, Qi Y, Nemet G. 2021. A government approach to address coal overcapacity in China[J]. Journal of Cleaner Production, 278: 123417.

Dong J, Dai W, Tang L, et al. 2019. Why do EMD-based methods improve prediction? A multiscale complexity perspective[J]. Journal of Forecasting, 38 (7): 714-731.

Dong Y. 2019. Regression discontinuity designs with sample selection[J]. Journal of Business & Economic Statistics, 37 (1): 171-186.

Doshi M, Chaturvedi S K. 2014. Correlation based feature selection (CFS) technique to predict student perfromance[J]. International Journal of Computer Networks & Communications, 6 (3): 197-206.

Du W, Li M. 2019. Can environmental regulation promote the governance of excess capacity in China's energy sector? The market exit of zombie enterprises[J]. Journal of Cleaner Production, 207: 306-316.

Du W, Wang F, Li M. 2020. Effects of environmental regulation on capacity utilization:

evidence from energy enterprises in China[J]. Ecological Indicators, 113: 106217.

Du Y, Takeuchi K. 2020. Does a small difference make a difference? Impact of feed-in tariff on renewable power generation in China[J]. Energy Economics, 87: 104710.

Eakin H, Luers A L. 2006. Assessing the vulnerability of social-environmental systems[J]. Annual Review of Environment and Resources, 31 (1): 365.

Ebi K L, Kovats R S, Menne B. 2006. An approach for assessing human health vulnerability and public health interventions to adapt to climate change[J]. Environmental Health Perspectives, 114 (12): 1930-1934.

Elbourne A. 2008. The UK housing market and the monetary policy transmission mechanism: an SVAR approach[J]. Journal of Housing Economics, 17 (1): 65-87.

Elsido C, Martelli E, Grossmann I E. 2019. A bilevel decomposition method for the simultaneous heat integration and synthesis of steam/organic rankine cycles[J]. Computers&Chemical Engineering, 50: 105-126.

Erfani S M, Rajasegarar S, Karunasekera S, et al. 2016. High-Dimensional and large-scale anomaly detection using a linear one-class SVM with deep learning[J]. Pattern Recognition, 58: 121-134.

Fang D Q, Lian J T, Meng J. 2011. Adaptability assessment of industrial ecological system of mining cities in Northeast China [J]. Geographical Research, 30 (2): 243-255.

Feijoo F, Das T K. 2015. Emissions control via carbon policies and microgrid generation: a bilevel model and Pareto analysis[J]. Energy, 90: 1545-1555.

Filippopoulou C, Galariotis E, Spyrou S. 2020. An early warning system for predicting systemic banking crises in the Eurozone: a logit regression approach[J]. Journal of Economic Behavior & Organization, 172: 344-363.

Friedman D. 1991. A simple testable model of double auction markets[J]. Journal of Economic Behavior and Organization, 15 (1): 47-70.

Fu Y, He C, Luo L. 2021. Does the low-carbon city policy make a difference? Empirical evidence of the pilot scheme in China with DEA and PSM-DID[J]. Ecological Indicators, 122: 107238.

Gabrielsen A. 1975. On estimating efficient production functions[R]. Working Paper No. A-85. Christian Michelsen Institute.

Gao W, Su C. 2020. Analysis of earnings forecast of blockchain financial products based on particle swarm optimization[J]. Journal of Computational and Applied Mathematics, 372: 112724.

Gaspar I, Benavente J, Bordagaray M, et al. 2015. A bilevel mathematical programming model to optimize the design of cycle paths[J]. Transportation Research Procedia, 10: 423-432.

Gelman A, Imbens G. 2019. Why high-order polynomials should not be used in regression discontinuity designs[J]. Journal of Business & Economic Statistics, 37 (3): 447-456.

Geng R, Bose I, Chen X. 2015. Prediction of financial distress: an empirical study of listed Chinese companies using data mining[J]. European Journal of Operational Research, 241 (1): 236-247.

Gharavian D, Bejani M, Sheikhan M. 2017. Audio-visual emotion recognition using FCBF feature selection method and particle swarm optimization for fuzzy ARTMAP neural networks[J]. Multimedia Tools and Applications, 76 (2): 2331-2352.

Greenblatt R E. 2017. Oscillatory dynamics of investment and capacity utilization[J]. Physica A: Statistical Mechanics and Its Applications, 456: 486-493.

Greene W H. 2011. Econometric Analysis[M]. 7th ed. New York: Prentice Hall.

Güçlü Y S. 2018. Multiple Şen-innovative trend analyses and partial Mann-Kendall test[J]. Journal of Hydrology, 566: 685-704.

Hafezalkotob A, Hafezalkotob A. 2017. Interval target-based VIKOR method supported on interval distance and preference degree for machine selection[J]. Engineering Applications of Artificial Intelligence, 57: 184-196.

Hakansson H. 1987. Industrial Technological Development: A Network Approach[M]. London: Routledge.

Haken H. 1983. Advanced Synergetics[M]. New York: Springer-Verlag.

Han S, Chen H, Long R, et al. 2018. Peak coal in China: a literature review[J]. Resources Conservation and Recycling, 129: 293-306.

Hao X, Song M, Feng Y, et al. 2019. De-capacity policy effect on China's coal industry[J]. Energies, 12 (12): 2331.

Hatefi S M, Torabi S A. 2010. A common weight MCDA-DEA approach to construct composite indicators[J]. Ecological Economics, 70: 114-120.

Hausman C, Rapson D S. 2018. Regression discontinuity in time: considerations for empirical applications[J]. Annual Review of Resource Economics, 10: 533-552.

He X. 2019. China's electrification and rural labor: analysis with fuzzy regression discontinuity[J]. Energy Economics, 81: 650-660.

He X, Li S. 2012. Status and future tasks of coal mining safety in China[J]. Safety Science, 50 (4): 894-898.

Helpman E, Melitz M J, Yeaple S R. 2004. Export versus FDI with heterogeneous firms[J]. American Economic Review, 94: 300-316.

Herzer D. 2010. Outward FDI and economic growth[J]. Journal of Economic Studies, 37: 476-494.

Hessel M, Modayil J, van Hasselt H, et al. 2018. Rainbow: combining improvements in deep reinforcement learning[C]//Thirty-Second AAAI Conference on Artificial Intelligence, 32: 3215-3222.

Hirschman A O. 1958. The Strategy of Economic Development[M]. New Haven: Yale University Press.

Hirschman A O, Lindblom C E. 1962. Economic development, research and development, policy making: some converging views[J]. Behavioral Science, 7: 211-222.

Hodler R. 2006. The curse of natural resources in fractionalized countries[J]. European Economic Review, 50（6）: 1367-1386.

Holden K, Peel D A. 2010. An empirical investigation of combinations of economic forecasts[J]. Journal of Forecasting, 5（4）: 229-242.

Holling C S. 2001. Understanding the complexity of economic, ecological, and social systems[J]. Ecosystems, 4（5）: 390-405.

Holmes P, Marsden J. 1981. A partial differential equation with infinitely many periodic orbits: chaotic oscillations of a forced beam[J]. Archive for Rational Mechanics and Analysis, 76（2）: 135-165.

Hu K, Lu Y, Shi C. 2003. Feature ranking in rough sets[J]. AI Communications, 16（1）: 41-50.

Huang J, Shuai Y H, Liu Q, et al. 2018. Synergy degree evaluation based on synergetics for sustainable logistics enterprises [J]. Sustainability, 10（7）: 2187.

Huang X, Huang X, He Y, et al. 2017. Assessment of livelihood vulnerability of land-lost farmers inurbanfringes: a case study of Xi'an, China [J]. Habitat International, 59: 1-9.

Huang Y, Zhang Y. 2017. How does outward foreign direct investment enhance firm productivity? A heterogeneous empirical analysis from Chinese manufacturing[J]. China Economic Review, 44: 1-15.

Hwang C L, Yoon K. 1981. Multiple Attribute Decision Making: Methods and Applications[M]. New York: Springer-Verlag.

Iacoviello M. 2000. House prices and the macroeconomy in Europe: results from a structural VAR analysis[Z].

Im K S, Pesaran M H, Shin Y. 2003. Testing for unit roots in heterogeneous panels[J]. Journal of Econometrics, 115: 53-74.

Imbens G W, Lemieux T. 2008. Regression discontinuity designs: a guide to practice[J]. Journal of Econometrics, 142（2）: 615-635.

Iturriaga E, Aldasoro U, Campos-Celador A, et al. 2017. A general model for the optimization of energy supply systems of buildings[J]. Energy, 138: 954-966.

Iwata Y. 2011. The government spending multiplier and fiscal financing: insights from

Japan[J]. International Finance，14（2）：231-264.

Jeon C，Shin J. 2014. Long-term renewable energy technology valuation using system dynamics and Monte Carlo simulation：photovoltaic technology case[J]. Energy，66：447-457.

Jia R，Nie H. 2017. Decentralization，collusion and coalmine deaths[J]. Review of Economics and Statistics，99（1）：105-118.

Jian Y，Li Y. 2019. Research on intelligent cognitive function enhancement of intelligent robot based on ant colony algorithm[J]. Cognitive Systems Research，56：203-212.

Jung H，Choi S，Park B B，et al. 2016. Bi-level optimization for eco-traffic signal system[C]//IEEE International Conference on Connected Vehicles and Expo（ICCVE）：29-35.

Karagiannis R. 2015. A system-of-equations two-stage DEA approach for explaining capacity utilization and technical efficiency[J]. Annals of Operations Research，227（1）：25-43.

Kavouridis K，Koukouzas N. 2008. Coal and sustainable energy supply challenges and barriers[J]. Energy Policy，36（2）：693-703.

Kawashima R. 2013. Mental exercises for cognitive function：clinical evidence[J]. Journal of Preventive Medicine and Public Health，46：S22.

Khwaja A S，Zhang X，Anpalagan A，et al. 2017. Boosted neural networks for improved short-term electric load forecasting[J]. Electric Power Systems Research，143：431-437.

Kim J，Jeon S G，Kim K A，et al. 2016. The pharmacological stimulation of nurr1 improves cognitive functions via enhancement of adult hippocampal neurogenesis[J]. Stem Cell Research，17（3）：534-543.

Klein L R，Preston R S. 1967. Some new results in the measurement of capacity utilization[J]. The American Economic Review，57（1）：34-58.

Kooiman J. 2000. Working with governance[J]. Public Management，2（3）：287-288.

Korhonen J，Malmborg F V，Strachan P A，et al. 2004. Management and policy aspects of industrial ecology：an emerging research agenda[J]. IEEE Engineering Management Review，13（5）：289-305.

Kou Z L，Liu X Y，Liu J. 2017. Do industrial policies lead to excess capacity? An empirical evidence from China[J]. Fudan Journal，（5）：148-161.

Kourentzes N，Barrow D，Petropoulos F. 2019. Another look at forecast selection and combination：evidence from forecast pooling[J]. International Journal of Production Economics，209：226-235.

Kuznets S. 1946. National income：a summary of findings [J]. NBER Books，67（3）：338-339.

Leach M，Mearns R，Scoones I. 1999. Environmental entitlements：dynamic sand in stitutions incommunity-based natural resource management [J]. World Development，27（2）：225-247.

Lee D S，Lemieux T. 2010. Regression discontinuity designs in economics[J]. Journal of Economic Literature，48（2）：281-355.

Lee S W，Sarp S，Jeon D J，et al. 2015. Smart water grid：the future water management platform[J]. Desalination and Water Treatment，55（2）：339-346.

Leontief W W. 1986. Input-Output Economics[M]. 2nd ed. Oxford：Oxford University Press.

Li H，Long R，Chen H. 2013. Economic transition policies in Chinese resource-based cities：an overview of government efforts [J]. Energy Policy，55：251-260.

Li J，Hu S Y. 2017. History and future of the coal and coal chemical industry in China [J]. Resources Conservation and Recycling，124：13-24.

Li L，Liu X，Yuan D，et al. 2017. Does outward FDI generate higher productivity for emerging economy MNEs？ - Micro-level evidence from Chinese manufacturing firms[J]. International Business Review，26：839-854.

Li T，Li Y，An D，et al. 2019. Mining of the association rules between industrialization level and air quality to inform high-quality development in China[J]. Journal of Environmental Management，246：564-574.

Lin J Y，Wu H，Xing Y. 2010. Wave phenomena and formation of excess capacity[J]. Economic Research Journal，10：4-19.

Liu H，Wu K. 2015. Coal price based on hedonic model：evidence from panel data of China's provinces[J]. Journal of Shanghai Finance University，3：13.

Liu J，Liu H F，Yao X L，et al. 2016. Evaluating the sustainability impact of consolidation policy in China's coal mining industry：a data envelopment analysis [J]. Journal of Cleaner Production，112：2969-2976.

Liu M，Chen M，He G. 2017. The origin and prospect of billion-ton coal production capacity in China[J]. Resources，Conservation and Recycling，125：70-85.

Liu Q，Li X，Meng X. 2019. Effectiveness research on the multi-player evolutionary game of coal-mine safety regulation in China based on system dynamics[J]. Safety Science，111：224-233.

Liu X，Gou Q，Lu F. 2015. Remedy or poison：impacts of China's outward direct investment on its exports[J]. China & World Economy，23：100-120.

Londono G，Lozano A. 2014. A bilevel optimization program with equilibrium constraints for an urban network dependent on time[J]. Transportation Research Procedia，3：905-914.

Long R，Chen H，Li H，et al. 2013. Selecting alternative industries for Chinese resource cities based on intra- and inter-regional comparative advantages[J]. Energy Policy，57：82-88.

Ma G，Li X，Zheng J. 2020. Efficiency and equity in regional coal de-capacity allocation in China：a multiple objective programming model based on Gini coefficient and data envelopment analysis[J]. Resources Policy，66：101621.

Martensa P，McEvoya D，Chang C. 2009. The climate change challenge：linking vulnerability，adaptation，and mitigation[J]. Current Opinion in Environmental Sustainability，1（1）：14-18.

Mathews J A，Tan H. 2011. Progress toward a circular economy in China[J]. Journal of Industrial Ecology，15（3）：435-457.

Mathis S，Koscianski J. 1997. Excess capacity as a barrier to entry in the US titanium industry[J]. International Journal of Industrial Organization，15（2）：263-281.

McCrary J. 2008. Manipulation of the running variable in the regression discontinuity design：a density test[J]. Journal of Econometrics，142（2）：698-714.

Meijers E，Stead D. 2004. Policy integration：what does it mean and how can it be achieved? A multi-disciplinary review[R]. Berlin Conference on the Human Dimensions of Global Environmental Change：Greening of Policies-Interlinkages and Policy Integration，Berlin.

Mensi W，Hamdi A，Yoon S M. 2018. Modelling multifractality and efficiency of GCC stock markets using the MF-DFA approach：a comparative analysis of global，regional and islamic markets[J]. Physica A Statistical Mechanics & Its Applications，503：1107-1116.

Merton R C. 1987. A simple model of capital market equilibrium with incomplete information[J]. The Journal of Finance，42：483-510.

Metcalfe L. 1994. International policy co-ordination and public management reform [J]. International Review of Administrative Sciences，60（2）：271-290.

Milligan G W，Cooper M C. 1988. A study of standardization of variables in cluster analysis[J]. Journal of Classification，5（2）：181-204.

Montaña E，Diaz H P，Hurlbert M. 2016. Development，local livelihoods，and vulnerabilities to global environmental change in the South American Dry Andes [J]. Regional Environmental Change，16：2215-2228.

Moran C J，Lodhia S，Kunz N C，et al. 2014. Sustainability in mining，minerals and energy：new processes，pathways and human interactions for a cautiously optimistic future[J]. Journal of Cleaner Production，84：1-15.

Moret S，Babonneau F，Bierlaire M，et al. 2020. Overcapacity in European power systems：analysis and robust optimization approach[J]. Applied Energy，259：1-12.

Morse S, Mcnamara N, Acholo M. 2013. Sustainable Livelihood Approach: A Critique of Theory and Practice[M]. Dordrecht, Heidelberg, New York, London: Springer.

Moutinho V, Madaleno M, Robaina M. 2017. The economic and environmental efficiency assessment in EU cross-country: evidence from DEA and quantile regression approach[J]. Ecological Indicators, 78: 85-97.

Muhuri P K, Nath R. 2019. A novel evolutionary algorithmic solution approach for bilevel reliability-redundancy allocation problem[J]. Reliability Engineering & System Safet, 191: 106531.

Mulligan R F. 2017. The multifractal character of capacity utilization over the business cycle: an application of Hurst signature analysis[J]. The Quarterly Review of Economics and Finance, 63: 147-152.

Murshed S M. 2004. When does natural resource abundance lead to a resource curse?[R].

Murshed S M. 2020. Are trade liberalization policies aligned with renewable energy transition in low and middle income countries? An instrumental variable approach[J]. Renewable Energy, 151: 1110-1123.

Nguyen H T, Torrano-Gimenez C, Alvarez G, et al. 2011. Application of the generic feature selection measure in detection of web attacks[C]//Herrero A, Corchado E, Redondo C, et al. Computational Intelligence in Security for Information Systems. Berlin: Springer: 25-32.

Nguyen V H, Cheng J S, Yu Y, et al. 2019. An architecture of deep learning network based on ensemble empirical mode decomposition in precise identification of bearing vibration signal[J]. Journal of Mechanical Science and Technology, 33 (1): 41-50.

OECD. 2000. Government coherent: the role of the centre of government[R]. OECD Public Management Service/ Public Management Committee.

Olatubi W O, Hughes D W. 2002. Natural resource and environmental policy trade-offs: a CGE analysis of the regional impact of the wetland reserve program[J]. Land Use Policy, 19 (3): 231-241.

Papyrakis E, Gerlagh R. 2006. Resource windfalls, investment, and long-term income[J]. Resources Policy, 31 (2): 117-128.

Pelling M. 1999. The political ecology of flood hazard in urban Guyana[J]. Geoforum, 30 (3): 249-261.

Pendergast S M. 2007. Corruption and the curse of natural resources[D]. Master Dissertation of Victoria University.

Peng J, Xiao J, Zhang L, et al. 2020. The impact of China's 'Atmosphere Ten Articles' policy on total factor productivity of energy exploitation: empirical evidence using synthetic control methods[J]. Resources Policy, 65: 101544.

Penrose E T. 1995. The Theory of the Growth of the Firm[M]. Oxford: Oxford University Press.

Peters B G. 1998. Managing horizontal government: the politics of co-ordination[J]. Public Administration, 76（2）: 295-311.

Pindyck R S. 1986. Irreversible investment, capacity choice, and the value of the firm[R]. NBER.

Polsky C, Neff R, Yarnal B. 2007. Building comparable global change vulnerability assessments: the vulnerability scoping diagram[J]. Global Environmental Change, 17（3）: 472-485.

Prebisch R. 1950. Crecimiento, desequilibrio y disparidades: interpretación del proceso de desarrollo económico[Z].

Qin X, Zhuang C C, Yang R. 2017. Does the one-child policy improve children's human capital in urban China? A regression discontinuity design[J]. Journal of Comparative Economics, 45（2）: 287-303.

Quashie M, Bouffard F, Marnay C, et al. 2018. On bilevel planning of advanced microgrids[J]. International Journal of Electrical Power & Energy Systems, 96: 422-431.

Ramachandran S, Jayalal M L, Riyas A, et al. 2020. Application of genetic algorithm for optimization of control rods positioning in a fast breeder reactor core[J]. Nuclear Engineering and Design, 361: 110541.

Ray S C. 2015. Nonparametric measures of scale economies and capacity utilization: an application to US manufacturing[J]. European Journal of Operational Research, 245: 602-611.

Reed M S, Podesta G, Fazey I, et al. 2013. Combining analytical frameworks to assess livelihood vulnerability to climate change and analyse adaptation options[J]. Ecological Economics, 94: 66-77.

Reynolds K D, Buller D B, Buller M K, et al. 2020. Randomized controlled trial evaluating an intervention supporting implementation of sun safety policies in California public elementary schools[J]. Preventive Medicine, 137: 106125.

Risch A. 2020. Are environmental fiscal incentives effective in inducing energy-saving renovations? An econometric evaluation of the French energy tax credit[J]. Energy Economics, 90: 104831.

Ritzberger K, Weibull J W. 1995. Evolutionary selection in normal-form games[J]. Econometrica, 63（6）: 1371-1399.

Romer P M. 1986. Increasing returns and long-run growth[J]. Journal of Political Economy, 94（5）: 1002-1037.

Sachs J D, Warner A M. 1995. Natural resource abundance and economic growth[Z].

Sachs J D, Warner A M. 1997. Natural resource abundance and economic growth. Revised version[Z]. Unpublished manuscript. Harvard Institute for International Development. Cambridge, MA.

Sachs J D, Warner A M. 1999. The big push, natural resource booms and growth[J]. Journal of Development Economics, 59（1）: 43-76.

Sachs J D, Warner A M. 2001. The curse of natural resources[J]. European Economic Review, 45（4/6）: 827-838.

Sala-i-Martin X. 2003. Algunas lecciones de 10 años de literatura empírica sobre crecimiento[J]. Revista Económica de Castilla la Mancha, 2: 35-53.

Savelli I, Cornélusse B, Giannitrapani A, et al. 2018. A new approach to electricity market clearing with uniform purchase price and curtailable block orders[J]. Applied Energy, 226: 618-630.

Schlag C, Zeng K. 2019. Horizontal industry relationships and return predictability[J]. Journal of Empirical Finance, 53: 310-330.

Sennaroglu B, Celebi G V. 2018. A military airport location selection by AHP integrated PROMETHEE and VIKOR methods[J]. Transportation Research Part D: Transport and Environment, 59: 160-173.

Serebrenik A, Brand M V D. 2010. Theil index for aggregation of software metrics values[C]//IEEE International Conference on Software Maintenance: 1-9.

Shen G, Chen B. 2017. Zombie firms and over-capacity in Chinese manufacturing[J]. China Economic Review, 44: 327-342.

Shen L, Gao T, Cheng X. 2012. China's coal policy since 1979: a brief overview[J]. Energy Policy, 40: 274-281.

Shi X, Rioux B, Galkin P. 2018. Unintended consequences of China's coal capacity cut policy[J]. Energy Policy, 113: 478-486.

Shi X, Shen Y, Wang K, et al. 2021. Capacity permit trading scheme, economic welfare and energy insecurity: case study of coal industry in China[J]. The Singapore Economic Review, 66（2）: 369-389.

Shi X, Wang K, Shen Y, et al. 2020. A permit trading scheme for facilitating energy transition: a case study of coal capacity control in China[J]. Journal of Cleaner Production, 256: 1-11.

Singer H W. 1950. US Foreign investment in underdeveloped areas—the distribution of gains between investing and borrowing countries[C]//The American Economic Review Papers and Proceedings, 40（2）: 476-485.

Skowron A, Rauszer C. 1992. The discernibility matrices and functions in information systems[Z].

Smeets E, Weterings R. 1999. Environmental Indicators: Typology and Overview[M]. Copenhagen: European Environment Agency.

Smit B, Wandel J. 2006. Adaptation, adaptive capacity and vulnerability[J]. Global Environmental Change, 16（3）: 282-292.

Smith J M. 1982. Evolution and the Theory of Games[M]. Cambridge: Cambridge University Press.

Smith J M, Price G R. 1973. The logic of animal conflict[J]. Nature, 246（5427）: 15.

Song J, Wang B, Fang K, et al. 2019. Unraveling economic and environmental implications of cutting overcapacity of industries: a city-level empirical simulation with input-output approach[J]. Journal of Cleaner Production, 222: 722-732.

Song T, Cai J, Chahine T, et al. 2014. Modeling urban metabolism of Beijing city, China: with a coupled system dynamics: emergy model[J]. Stochastic Environmental Research and Risk Assessment, 28（6）: 1511-1524.

Song X, Li Z. 2012. Modified index system for eco-efficiency evaluation of circular economy in economy in coal mining area based on network flow analysis[J]. Journal of Convergence Information Technology, 7（13）: 1-9.

Song Z, Niu D, Xiao X. 2017. Focus on the current competitiveness of coal industry in China: has the depression time gone? [J]. Resources Policy, 51: 172-182.

Sood S, Kumar M, Pachori R B, et al. 2016. Application of empirical mode decomposition-based features for analysis of normal and CAD heart rate signals[J]. Journal of Mechanics in Medicine and Biology, 16（3）: 164-184.

Strehlow H, von Stackelberg M. 1950. Zeitschrift für elektrochemie und angewandte physikalische chemie[J]. Zur Theorie Der Polarographischen Kurve, 54（1）: 51-62.

Sun C, Yuan X, Yao X. 2016. Social acceptance towards the air pollution in China: evidence from public's willingness to pay for smog mitigation[J]. Energy Policy, 92: 313-324.

Sun C, Zhang F, Xu M. 2017. Investigation of pollution haven hypothesis for China: an ARDL approach with breakpoint unit root tests[J]. Journal of Cleaner Production, 161: 153-164.

Sun S, Anwar S. 2015. R&D status and the performance of domestic firms in China's coal mining industry[J]. Energy Policy, 79: 99-103.

Sun W, Dong K, Zhao T. 2017. Market demand dynamic induced mechanism in China's steel industry[J]. Resources Policy, 51: 13-21.

Tan X. 2013. China's overseas investment in the energy/resources sector: its scale, drivers, challenges and implications[J]. Energy Economics, 36: 750-758.

Tang E, Peng C. 2017. A macro-and microeconomic analysis of coal production in China[J].

Resources Policy, 51: 234-242.

Tang L, Shi J, Bao Q. 2016. Designing an emissions trading scheme for China with a dynamic computable general equilibrium model[J]. Energy Policy, 97: 507-520.

Tang L, Yu L, He K. 2014. A novel data-characteristic-driven modeling methodology for nuclear energy consumption forecasting[J]. Applied Energy, 128: 1-14.

Tang X, Jin Y, McLellan B C, et al. 2018. China's coal consumption declining-impermanent or permanent? [J]. Resources, Conservation and Recycling, 129: 307-313.

Taylor J W. 2008. An evaluation of methods for very short-term load forecasting using minute-by-minute British data[J]. International Journal of Forecasting, 24(4):645-658.

Taylor P D, Jonker L B. 1978. Evolutionary stable strategies and game dynamics[J]. Mathematical Biosciences, 40 (1/2): 145-156.

Tulyakov S, Jaeger S, Govindaraju V, et al. 2008. Review of classifier combination methods[Z]. Machine Learning in Document Analysis and Recognition.

Turner B L, Kasperson R E, Matson P A, et al. 2003. A framework for vulnerability analysis in sustainability science[J]. Proceedings of the National Academy of Sciences of the United States of America, 100 (14): 8074-8079.

Vakili G, Khorsandi S, Papaioannou T G. 2012. A self-organized mechanism of resource allocation in P2P systems[J]. International Journal of Computational Intelligence Systems, 5 (6): 1148-1159.

Vasquez-Leon M, West C T, Finan T J. 2003. A comparative assessment of climate vulnerability: agriculture and ranching on both sides of the US-Mexico border[J]. Global Environmental Change, 13 (3): 159-173.

Wang C, Zhang Y, Yang Y, et al. 2016. Assessment of sustainable livelihoods of different farmers in hilly red soil erosion areas of southern China[J]. Ecological Indicators, 64: 123-131.

Wang D, Liu Y, Wang Y, et al. 2020b. Allocation of coal de-capacity quota among provinces in China: a bi-level multi-objective combinatorial optimization approach[J]. Energy Economics, 87: 1-17.

Wang D, Ma G, Song X, et al. 2017b. Energy price slump and policy response in the coal-chemical industry district:a case study of Ordos with a system dynamics model[J]. Energy Policy, 104: 325-339.

Wang D, Nie R, Long R, et al. 2018b. Scenario prediction of China's coal production capacity based on system dynamics model[J]. Resources, Conservation and Recycling, 129: 432-442.

Wang D, Tong X, Wang Y. 2020a. An early risk warning system for outward foreign direct investment in mineral resource-based enterprises using multi-classifiers fusion[J].

Resources Policy，66：101593.

Wang D，Wan K，Song X. 2018a. Coal miners' livelihood vulnerability to economic shock：multi-criteria assessment and policy implications[J]. Energy Policy，114：301-314.

Wang D，Wan K，Song X. 2020c. Understanding coal miners' livelihood vulnerability to declining coal demand：negative impact and coping strategies[J]. Energy Policy，138：1-17.

Wang D，Wang Y，Song X，et al. 2018c. Coal overcapacity in China：multiscale analysis and prediction[J]. Energy Economics，70：244-257.

Wang D，Zheng J，Song X，et al. 2017a. Assessing industrial ecosystem vulnerability in the coal mining area under economic fluctuations[J]. Journal of Cleaner Production，142：4019-4031.

Wang X，Chen L，Liu C，et al. 2019. Optimal production efficiency of Chinese coal enterprises under the background of de-capacity—investigation on the data of coal enterprises in Shandong province[J]. Journal of Cleaner Production，227：355-365.

Wang X，Liu C，Chen S，et al. 2020. Impact of coal sector's de-capacity policy on coal price[J]. Applied Energy，265：114802.

Wang Y，Wang D，Shi X. 2021. Exploring the dilemma of overcapacity governance in China's coal industry：a tripartite evolutionary game model[J]. Resources Policy，71：102000.

Wang Y，Wang D，Shi X. 2022. Exploring the multidimensional effects of China's coal de-capacity policy：a regression discontinuity design[J]. Resources Policy，75：102504.

Wang Y，Zhang Z，Zhang L，et al. 2020. A genetic algorithm for constructing bijective substitution boxes with high nonlinearity[J]. Information Sciences，523：152-166.

Watts D J，Strogatz S H. 1998. Collective dynamics of 'small-world' networks[J]. Nature，393（6684）：440-442.

Wu C，Wang J，Chen X，et al. 2020. A novel hybrid system based on multi-objective optimization for wind speed forecasting[J]. Renewable Energy，146：149-165.

Wu K，Li B. 1995. Energy development in China：national policies and regional strategies[J]. Energy Policy，23（2）：167-178.

Xiao W，Du G，Zhang Y，et al. 2018. Coordinated optimization of low-carbon product family and its manufacturing process design by a bilevel game-theoretic model[J]. Journal of Cleaner Production，184：754-773.

Xie G，Zhang N，Wang S. 2017. Data characteristic analysis and model selection for container throughput forecasting within a decomposition-ensemble methodology[J]. Transportation Research Part E：Logistics and Transportation Review，108：160-178.

Xu F，Liu J，Lin S，et al. 2017. A VIKOR-based approach for assessing the service performance of electric vehicle sharing programs: a case study in Beijing[J]. Journal of Cleaner Production, 148: 254-267.

Yang Q, Hou X, Han J, et al. 2019. The drivers of coal overcapacity in China: an empirical study based on the quantitative decomposition[J]. Resources, Conservation and Recycling, 141: 123-132.

Yang Q, Hou X, Zhang L. 2018. Measurement of natural and cyclical excess capacity in China's coal industry[J]. Energy Policy, 118: 270-278.

Yang Q, Zhang L, Zou S, et al. 2020. Intertemporal optimization of the coal production capacity in China in terms of uncertain demand, economy, environment, and energy security[J]. Energy Policy, 139: 1-12.

Yang Q J, Wu H J. 2016. Overcapacity, central government regulation and local government's responses[J]. The Journal of World Economy, 11: 126-146.

Yang Z, Ce L, Lian L. 2017. Electricity price forecasting by a hybrid model, combining wavelet transform, ARMA and kernel-based extreme learning machine methods[J]. Applied Energy, 190: 291-305.

Yao L, Liu J, Wang R, et al. 2015. A qualitative network model for understanding regional metabolism in the context of social-economic-natural complex ecosystem theory[J]. Ecological Informatics, 26: 29-34.

Yin Y, Shang P J. 2015. Modified cross sample entropy and surrogate data analysis method for financial time series[J]. Physica A, 433: 17-25.

You K, Solomon H. 2015. China's outward foreign direct investment and domestic investment: an industrial level analysis[J]. China Economic Review, 34: 249-260.

Yu C, Li Y, Zhang M. 2017. Comparative study on three new hybrid models using Elman neural network and empirical mode decomposition based technologies improved by singular spectrum analysis for hour-ahead wind speed forecasting[J]. Energy Conversion and Management, 147: 75-85.

Yu D, Li W J, Zhou Y. 2019. Analysis of trends in air temperature at Chinese stations considering the long-range correlation effect[J]. Physica A: Statistical Mechanics and Its Applications, 533: 122034.

Yu F, Wang S, Sha Y, et al. 2018. Coal power overcapacity in China: province-level estimates and policy implications[J]. Resources, Conservation & Recycling, 137: 89-100.

Yu L, Wang Z, Tang L. 2015. A decomposition-ensemble model with data-characteristic-driven reconstruction for crude oil price forecasting[J]. Applied Energy, 156: 251-267.

Yu S, Wei Y M, Wang K. 2012. A PSO-GA optimal model to estimate primary energy demand of China[J]. Energy Policy, 42: 329-340.

Yuan J. 2018. The future of coal in China[J]. Resources Conservation and Recycling, 129: 290-292.

Yuan J, Li P, Wang Y, et al. 2016. Coal power overcapacity and investment bubble in China during 2015-2020[J]. Energy Policy, 97: 136-144.

Zeng Z. 2011. A theory of the non-neutrality of money with banking frictions and bank recapitalization (August 1, 2011) [R]. Economic Theory, Forthcoming, Available at SSRN.

Zhang H, Zheng Y, Ozturk U A, et al. 2016. The impact of subsidies on overcapacity: a comparison of wind and solar energy companies in China[J]. Energy, 94: 821-827.

Zhang J, Fu M, Geng Y, et al. 2011. Energy saving and emission reduction: a project of coal-resource integration in Shanxi province, China[J]. Energy Policy, 39 (6): 3029-3032.

Zhang J, Zhang Y, Zhang L. 2015. A novel hybrid method for crude oil price forecasting[J]. Energy Economics, 49: 649-659.

Zhang M, Shan C, Wang W, et al. 2020. Do driving restrictions improve air quality: take Beijing-Tianjin for example?[J]. Science of the Total Environment, 712: 136408.

Zhang W, Meng J, Tian X. 2020. Does de-capacity policy enhance the total factor productivity of China's coal companies? A regression discontinuity design[J]. Resources Policy, 68: 101741.

Zhang Y, Chen B, Pan G, et al. 2019. A novel hybrid model based on VMD-WT and PCA-BP-RBF neural network for short-term wind speed forecasting[J]. Energy Conversion and Management, 195: 180-197.

Zhang Y, Nie R, Shi R, et al. 2018. Measuring the capacity utilization of the coal sector and its decoupling with economic growth in China's supply-side reform[J]. Resources, Conservation and Recycling, 129: 314-325.

Zhang Y, Zhang M, Liu Y, et al. 2017. Enterprise investment, local government intervention and coal overcapacity: the case of China[J]. Energy Policy, 101: 162-169.

Zhang Z, Chai N, Ostosi E, et al. 2019. Extraction of association rules in the schematic design of product service system based on Pareto-MODGDFA[J]. Computers& Industrial Engineering, 129: 392-403.

Zhao L, Cheng L, Wan Y, et al. 2015. A VAR-SVM model for crude oil price forecasting[J]. International Journal of Global Energy Issues, 38 (1/3): 126-144.

Zhou P, Ang B W, Poh K L. 2007. A mathematical programming approach to constructing composite indicators[J]. Ecological Economic，62：291-297.

Zhou Z，Duan K，Lin L，et al. 2015. Forecasting long-term and short-term crude oil price：a comparison of the predictive abilities of competing models[J]. International Journal of Global Energy Issues，38（4/6）：286-297.